2010年度国家社科基金项目（批准号：10BZS042）："民国时期西北乡村借贷关系的历史考察研究"结题成果

2015年度宁夏大学优秀学术著作出版基金资助

民国时期西北乡村借贷关系的历史考察研究

高石钢 著

中国社会科学出版社

图书在版编目（CIP）数据

民国时期西北乡村借贷关系的历史考察研究 / 高石钢著．
—北京：中国社会科学出版社，2016.12
ISBN 978-7-5161-9583-3

Ⅰ.①民… Ⅱ.①高… Ⅲ.①农村—借贷—经济关系—研究—西北地区—民国 Ⅳ.①F832.479

中国版本图书馆 CIP 数据核字（2017）第 020382 号

出 版 人	赵剑英
责任编辑	孔继萍
责任校对	朱妍洁
责任印制	李寡寡

出　　版	中国社会科学出版社
社　　址	北京鼓楼西大街甲 158 号
邮　　编	100720
网　　址	http://www.csspw.cn
发 行 部	010-84083685
门 市 部	010-84029450
经　　销	新华书店及其他书店
印　　刷	北京君升印刷有限公司
装　　订	廊坊市广阳区广增装订厂
版　　次	2016 年 12 月第 1 版
印　　次	2016 年 12 月第 1 次印刷
开　　本	710×1000 1/16
印　　张	26.75
插　　页	2
字　　数	439 千字
定　　价	98.00 元

凡购买中国社会科学出版社图书，如有质量问题请与本社营销中心联系调换
电话：010-84083683
版权所有　侵权必究

目 录

绪 论 …………………………………………………………… (1)
  一 课题研究的目的和意义 ……………………………………… (1)
  二 课题研究现状述评 …………………………………………… (4)
  三 课题研究运用的主要资料 …………………………………… (15)
  四 课题研究运用的主要方法 …………………………………… (18)

第一章 民国时期西北地区农户借贷的基本状况 …………… (21)
  第一节 负债率 …………………………………………………… (21)
  第二节 负债额 …………………………………………………… (25)
  第三节 借贷的利率 ……………………………………………… (28)
    一 借贷利率的情况 …………………………………………… (28)
    二 借贷利率的特点 …………………………………………… (35)
  第四节 借贷的用途 ……………………………………………… (39)
  第五节 借贷的期限 ……………………………………………… (41)

第二章 民国时期西北地区农户借贷原因分析 ……………… (44)
  第一节 沉重的农民负担 ………………………………………… (44)
    一 超额的地租剥削 …………………………………………… (45)
    二 田赋的急剧增长 …………………………………………… (49)
    三 其他杂捐杂税、兵差力役等临时摊派的征收 …………… (56)
  第二节 灾荒的影响 ……………………………………………… (65)
    一 近代西北灾害发生的基本情况 …………………………… (66)
    二 灾荒的危害 ………………………………………………… (71)

第三节　人地矛盾的突出 ……………………………………… (78)
一　可耕地匮乏 …………………………………………… (78)
二　地权分配不公 ………………………………………… (80)

第四节　农业生产力发展水平低下 ……………………………… (86)
一　生产技术落后 ………………………………………… (86)
二　农业生产效益低下 …………………………………… (87)
三　家庭副业不发达 ……………………………………… (88)

第五节　农村金融枯竭，金融机构少，资金缺乏 ……………… (89)

第六节　一些陋习的影响 ………………………………………… (95)
一　婚丧铺张陋习 ………………………………………… (95)
二　吸食鸦片 ……………………………………………… (96)
三　赌博活动 ……………………………………………… (96)

第三章　对民国时期西北地区传统借贷机构——典当业的考察 …… (98)
第一节　清代西北典当业的繁荣 ………………………………… (98)
第二节　民国时期西北地区典当业的发展状况 ……………… (103)
一　当铺的数量及分布 …………………………………… (103)
二　行业类别 ……………………………………………… (108)
三　业务范围 ……………………………………………… (109)
四　资本组织 ……………………………………………… (112)
五　经营管理 ……………………………………………… (114)
六　民国时期西北地区典当业的特点 …………………… (123)

第三节　典当业与农户的借贷关系及经济社会功能 ………… (129)
一　典当业与高利贷的关系 ……………………………… (129)
二　土地典当加剧土地兼并 ……………………………… (133)
三　典当业与农民生活 …………………………………… (134)

第四节　民国时期西北典当业的衰落及原因分析 …………… (140)
一　衰落的表现 …………………………………………… (140)
二　衰落的原因分析 ……………………………………… (143)

第四章 对民国时期西北乡村传统互助借贷组织——合会的考察 (149)

第一节 合会概述 (149)
一 合会的起源与发展 (149)
二 合会的定义、性质及特点 (153)

第二节 民国时期西北地区合会制度及其社会价值 (155)
一 合会的种类、数量及各类合会的比重 (155)
二 借贷类合会的内部结构 (165)
三 民国时期西北合会与全国其他地区的差异性比较 (170)
四 西北合会的社会经济功能 (173)

第三节 合会的流弊及其衰落 (179)
一 合会的流弊 (179)
二 合会的衰落 (182)

第五章 对民国时期西北乡村传统借贷的核心——高利贷的考察 (186)

第一节 对高利贷问题的再认识 (186)
一 问题的提出 (186)
二 对"高利贷"问题认识角度的再思考 (190)
三 关于借贷利率的一些商榷 (194)

第二节 中国古代高利贷的起源与发展 (197)
一 高利贷的起源 (197)
二 高利贷的发展 (199)
三 高利贷资本向近代借贷资本的转化 (205)

第三节 民国时期西北乡村高利贷的主要活动形式 (209)
一 货币借贷 (210)
二 实物借贷 (215)
三 押当高利贷 (219)
四 商业高利贷 (223)

第四节 高利贷网络的构成 (225)
一 私人的放贷队伍 (226)

二　寺院、学校的放贷 …………………………………………（230）
　　三　商号、典当行、钱庄的放贷 ………………………………（232）
　第五节　对高利贷资本的评价 ……………………………………（235）
　　一　全盘否定的观点 ……………………………………………（235）
　　二　一分为二的观点 ……………………………………………（260）

第六章　对民国时期西北地区新式借贷机构的考察 …………（269）
　第一节　银行机构的建立及其农贷活动 …………………………（269）
　第二节　信用合作社 ………………………………………………（276）
　　一　西北农村信用合作社建立的背景 …………………………（276）
　　二　西北农村合作运动开展概况 ………………………………（279）
　　三　信用合作社的运行方式 ……………………………………（287）
　　四　西北农村信用合作社借贷活动的特征 ……………………（294）
　第三节　农民借贷所、农业仓库和合作金库 ……………………（299）
　　一　农民借贷所 …………………………………………………（299）
　　二　农业仓库 ……………………………………………………（300）
　　三　合作金库 ……………………………………………………（304）
　第四节　新式借贷机构对西北农村经济发展的影响 ……………（308）
　　一　新式金融对西北农村经济、社会发展的积极作用 ………（308）
　　二　新式金融机构进行农贷活动的缺陷与不足 ………………（312）

第七章　对民国时期陕甘宁根据地（边区）借贷关系的考察 ……（316）
　第一节　陕甘宁根据地建立之前借贷之基本情形 ………………（316）
　　一　债权人与债务人之构成 ……………………………………（317）
　　二　私人借贷 ……………………………………………………（317）
　　三　有组织的传统借贷 …………………………………………（321）
　第二节　陕甘宁根据地传统借贷关系的革命历程 ………………（324）
　　一　废债毁约运动 ………………………………………………（325）
　　二　减息清债运动 ………………………………………………（335）
　　三　打击高利贷活动 ……………………………………………（348）

  第三节 陕甘宁边区借贷关系之恢复与重建 …………… (353)
   一 民间借贷的恢复与重建 ……………………………… (353)
   二 信用合作社的建立和发展 …………………………… (358)
   三 中共农贷政策的推行 ………………………………… (372)

结 语 ……………………………………………………………… (395)

主要参考文献 ………………………………………………………… (402)

后 记 ……………………………………………………………… (420)

绪　　论

提起借贷之事，人们并不陌生，因为自古至今，历史著述、文学作品中对借贷活动多有记载和描述。即使在现代生活中借贷活动也随处可见，许多人甚至还需要通过借贷来解决生产、经营和生活、消费中遇到的资金需求，这其中有通过向私人借贷的（如私人高利贷），也有通过向传统的借贷组织进行借贷的（如典当行、钱会、标会、摇会等），还有通过向银行、信用社等新式借贷机构进行借贷的，从而形成了某一时期个人、组织、金融机构之间的一种借贷关系。就中国传统乡村社会而言，"借贷关系是中国乡村主要的经济关系之一，农民生活常常与之相伴"[①]。其背后，隐藏着十分复杂的社会经济关系。因此，"对一个历史时期借贷关系的各个方面进行剖析，实有助于对此一历史时期的社会经济、政治矛盾所在增加具体的了解"[②]。

在进入课题研究之前，首先要回答这样几个问题：研究乡村借贷关系的意义何在？为什么要选择民国时期西北地区的乡村借贷关系问题作为研究对象？与课题相关的国内外研究现状如何？课题研究使用了哪些主要的资料？研究运用的主要方法有哪些？

一　课题研究的目的和意义

之所以选择民国时期西北地区的乡村借贷关系进行研究，主要目的和意义在于：

[①]　张玮：《战争·革命与乡村社会》，中国社会科学出版社2008年版，第235页。
[②]　韦庆远：《康、雍、乾时期高利贷的恶性发展》，韦庆远《档房论史文编》，福建人民出版社1984年版，第15页。

第一，对历史上包括乡村借贷关系问题在内的"三农"问题展开研究有着重要的历史和现实意义。从历史上看，中国是一个以农立国的社会，农民是社会的主体力量，这个基本国情是我们正确认识和研究中国社会历史的出发点。正如费孝通先生所言，"农村研究实在是了解中国国情的基础工作，只从百分之八十以上的人口住在农村里这一事实就足够作为这句话的依据了，而且还可以说即使是那小部分不住在农村里的人，他们的基本社会结构和生活方式大部分还是等同于农民或是从农民的型式中发展起来的"①。因此，"要认识中国，认识中国人，不认识农民生活，不认识农村经济是不行的"②。而探讨与中国农村经济发展、农户生产与生活密切相关的借贷关系问题，是我们研究中国乡村社会的一个新视角。

第二，有助于拓展和加深对中国近代史、中国近代乡村史的研究。长期以来，对中国近代历史的研究更多的是重视政治、军事、外交等几个最表层的方面，而对包括乡村借贷关系问题在内的乡村史的研究无形中被忽略了。"事实上，任何人对作为研究对象的特定的历史首先应该是整体的历史，这一历史包括了社会演进与变化的全部层次"③。同时，经济学原理告诉我们，货币资金及其代用手段的融通是一切生产生活领域不可或缺的重要组成部分。在借贷关系的背后，隐藏着十分复杂的社会经济关系。从一定程度上说，借贷关系是显示乡村社会经济变动的一个晴雨表。因此，对乡村借贷关系的研究是对近代中国乡村史研究的一个重要内容，其意义十分重大。

第三，有助于促进西北区域社会经济史的研究。虽然民国时期农户的借贷关系从全国整体来说，在许多方面具有同质性的特征，但由于自然、历史、经济和文化等方面的原因，区域之间的差异也很明显，如西北内陆地区与长江中下游和华北地区就有很大的差异，体现出各自的特殊性。鉴于长期以来学术界对此问题的研究在区域上呈现出很大的不平衡性，西北

---

① 费孝通：《重读〈乡村经济·序言〉》，潘乃谷主编《社会研究与社会发展》（上），天津人民出版社1996年版，第19—20页。
② 潘乃谷：《但开风气不为师——费孝通学科建设思想访谈》，潘乃谷主编《社会研究与社会发展》（上），天津人民出版社1996年版，第287页。
③ 傅建成：《社会的缩影——民国时期华北农村家庭研究》，西北大学出版社1993年版，第2页。

地区的乡村史、借贷关系问题的研究一直处于一个被忽视和研究薄弱的境况。因此，本课题不是从宏观上和整体上对民国时期中国乡村中的借贷关系问题进行研究，而是在空间上把处于西北的陕、甘、宁、青、新五省的农户借贷关系问题界定为探讨和研究的范围，其目的：一是希望能通过本课题的研究来深化对西北近代经济社会史、乡村史的研究；二是希望能通过对民国时期西北区域乡村借贷关系的研究来促进整体性的研究①。

第四，从历史中总结经验教训，为解决现实问题提供借鉴。通过对民国时期西北乡村借贷关系问题的研究，总结一些带有共性的特点和规律，对我们正确认识和解决当前全国和西北乡村社会中出现的一些新的借贷现象提供一定的经验借鉴和历史启示。众所周知，改革开放以来，民间借贷（含高利贷）在各地又死灰复燃。一些地区的民间借贷，甚至是高利贷非常活跃。一些统计数据表明，仅20世纪90年代，中国民间借贷的资金就高达1500多亿元。随着民间借贷的发展，高利贷也随之蔓延，1995年时，全国高利贷资金已达400亿元之多②。另据温铁军先生主持进行的中国人民银行货币政策委员会委托课题："农户信用与民间借贷"课题组2000年对分布在全国东、中、西15个省24个市县的41个村落的调查统计：民间借贷的发生率高达95%，高利息的民间借贷发生率达到了85%。民间借贷中月息低于1.5分的借贷占了近36.4%，其余为高利率的借贷，占63.6%。高利息借贷分别为：月息1.5—2分的占了20.5%；2—4分的占了18.2%强；超过4分的也占了近25%。而且当前民间借贷还有加剧和盛行之势。和全国其他地区一样，改革开放以来西北地区的民间借贷现象也十分活跃，特别是高利贷现象在西北一些乡村地区表现得也很突出，对此，笔者在曾主持的2004年国家社科基金项目"二十世纪西北乡村民间高利贷与乡村社会变迁研究"课题中，通过查阅大量的文献资料和对该地区进行的社会调查资料给予了较充分的分析说明。对于长期存在于中

---

① 可以说，目前学术界在对民国乡村借贷关系问题的研究上，已取得了很大成就，以李金铮教授为代表的一批中青年学者的研究成果也已将这一研究推向很高的水平。但令人感到遗憾的是，研究在区域上表现为极大的不平衡性，学者们关注和研究的重点区域基本是民国时期的中、东部地区，而对西部地区乡村借贷问题的研究很不深入，成果也寥寥无几。因此，从此方面来说，本研究具有一定的开拓性。

② 姜旭朝：《中国民间金融研究》，山东人民出版社1996年版，第253页。

国社会的民间借贷现象，特别是高利贷现象，我们不能简单地予以谴责和否定，而应从历史学、社会学、经济学的角度去重新认识和分析它。从这个意义上说，分析和研究民国时期人们的借贷活动，将这一历史现象展示在世人面前，使人们认清其本质，总结其经验，这也是本课题研究的现实意义之所在。

二　课题研究现状述评

关于民国时期乡村借贷关系的研究，李金铮教授在《民国乡村借贷关系研究》一书的"绪论"中已经对21世纪初以前的研究现状作了详细的梳理[1]，笔者也在《高利贷与20世纪西北乡村社会》一书的"绪论"中，围绕传统借贷的核心高利贷问题对学术界研究的现状进行了综述[2]，对此本书不再赘述。

以下仅就本项课题研究涉及的相关具体论题进行一简要述评。

（一）关于民国时期传统借贷机构——典当业的研究

民国时期许多学者开始重视对中国典当业的研究，其主要代表之一是杨肇遇先生的《中国典当业》[3]一书。虽然此书只是一本小册子，但作为近代中国典当业研究的开山之作，具有划时代的意义。此后，宓公干先生的《典当论》[4]在学术界有很重要的影响。该书的学术贡献主要在两方面：一是对中外的典当业进行了全面、系统的描述，为此后学者的研究提供了大量宝贵的材料和研究的范式。二是对诸如"典当行为""典当业"等概念进行了界定，为典当业的相关理论研究打下了坚实的基础。此外，还有一些研究区域典当业的成果，如北京联合准备银行调查室编撰并出版的《北京典当业之概况》[5]、区季鸾著的《广东之典当业》[6]、金陵大学农学院农业经济系编的《豫鄂皖赣四省之典当业》[7]等。总体上看，民国时

---

[1] 李金铮：《民国乡村借贷关系研究》，人民出版社2003年版，第6—12页。
[2] 高石钢：《高利贷与20世纪西北乡村社会》，中国社会科学出版社2011年版，第5—15页。
[3] 杨肇遇：《中国典当业》，商务印书馆1929年版。
[4] 宓公干：《典当论》，商务印书馆1936年版。
[5] 北京联合准备银行调查室：《北京典当业之概况》，中国联合准备银行，1940年。
[6] 区季鸾：《广东之典当业》，中山大学经济调查处1934年版。
[7] 金陵大学农学院农业经济系：《豫鄂皖赣四省之典当业》，编者1936年自刊。

期典当业的研究属于初始阶段，研究成果多为对典当业自身的调查研究，还缺乏典当业与社会关系的深入论述。

新中国成立之初，典当业被看成封建社会遗留下的糟粕，受政治斗争和极"左"思想影响，少有学者对此问题感兴趣。直到1987年12月，伴随着中国改革开放后的第一家典当行——四川省成都市华茂典当服务商行建立，典当业又开始了新的发展，它也再一次受到了学者们的重视，形成了一批质量较高的研究成果。其中刘秋根教授撰写的《中国典当制度史》①一书，跳出了单一的典当业研究，将典当业与高利贷资本联系起来，资料完备、论述翔实，并且对典当业的利息等许多方面进行了深入的阐述，对后续典当业的研究产生了重要影响。常梦渠先生也于1996年出版了《近代中国典当业》②一书，该书不仅阐述了典当业的经营管理和发展概况，还在下编中摘录整理了大量关于全国各省市的典当业资料，为后人开展典当业的研究工作提供了重要的素材。曲彦斌先生也先后撰写了《中国典当手册》③《中国典当史》④《中国典当史话》⑤等著作。其中《中国典当手册》一书中，对典当业的发展做了较为系统的阐述。《中国典当史话》，不仅进一步论述了典当业的发展历程，而且将典当业与中国社会的宗教文化、政治生活、社会生活、社会风尚和文学艺术相联系，为典当业的研究赋予了文化内涵。

除了内地学者外，港台学者也纷纷开始对典当业进行较为深入和全面的研究，其中以香港学者罗炳绵和台湾学者潘敏德的研究成果最具代表性。前者于20世纪70年代先后发表《清代以来典当业的管制及衰落（1644—1937）》⑥《近代中国典当业的社会意义及其类别与税捐》⑦《近代

---

① 刘秋根：《中国典当制度史》，上海古籍出版社1995年版。
② 常梦渠：《近代中国典当业》，中国文史出版社1996年版。
③ 曲彦斌：《中国典当手册》，辽宁人民出版社1998年版。
④ 曲彦斌：《中国典当史》，九州出版社2007年版。
⑤ 曲彦斌：《中国典当史话》，沈阳出版社2007年版。
⑥ 罗炳绵：《清代以来典当业的管制及衰落（1644—1937）》，分载于（台湾）《食货》第7卷第5、6期。
⑦ 罗炳绵：《近代中国典当业的社会意义及其类别与税捐》，原载于（台湾）《"中央研究院"近代史研究所集刊》第7期。

中国典当业的分布趋势和同业组织》① 等系列论文。后者撰有《中国近代典当业之研究》② 一书，运用日本人在民国时期的调查资料，对民国时期的地方典当业进行了研究。

中国典当业的研究也引起了一些国外学者的兴趣，其中以日本学者的研究为代表。安部健夫发表了《清代典当业的发展趋势》③ 一文，他从清代的会典、方志及奏销册等资料中的当税资料入手，寻找出清代典当业的发展趋势。此外，浅田泰三的学术著作《中国质屋业史》④ 一书也很有代表性。

近年来，国内一些博士、硕士研究生的毕业论文的选题也围绕着明清以至近代以来中国的典当业，写出了一些质量较高的论文⑤。这些研究成果涉及历史学、经济学、法学等多个领域，既有关于典当业的整体研究，又有关于区域典当业的研究。总体上看，上述选题研究范围，多集中在华北、华东等省，几乎很少涉及西北地区。事实上，近代以来，典当业作为西北旧式金融的重要组成部分之一，对西北地区社会经济乃至人民生活的影响不容小觑，但从研究方面讲，研究成果则寥寥无几，因此需要重视和加强对近代西北典当业的研究，以弥补学术界对此区域问题研究的不足。

（二）关于民国时期传统借贷组织——合会的研究

关于我国合会的研究，早在 20 世纪 20—30 年代就已经开始了。学者们在进行广泛深入的农村调查后，形成了一些有价值的研究成果，如李纪如的《广西农村固有合作的调查》⑥、朱轶士的《江北农村间之合会》⑦、

---

① 罗炳绵：《近代中国典当业的分布趋势和同业组织》，分载于（台湾）《食货》第 8 卷第 2、3 期。

② 潘敏德：《中国近代典当业之研究》，台湾师范大学历史研究所，1985 年。

③ ［日］安部健夫：《清代に於ける典當業の趨勢》，《清代史の研究》，东京创文社 1971 年版。

④ ［日］浅田泰三：《中国质屋业史》，日本东方书店 1997 年版。

⑤ 博士论文有：复旦大学杨勇的《近代江南典当业研究》（2005 年）、厦门大学郑小娟的《徽州典商在明清徽商发展中的作用研究》（2008 年）等；硕士论文有：郑州大学李莎的《典当业与明清社会发展关系探析》（2000 年）、苏州大学鲍正熙的《二十世纪上半叶苏州典当业论述》（2001 年）、四川大学秦素碧的《民国时期四川典当业研究》（2003 年）等。

⑥ 李纪如：《广西农村固有合作的调查》，《新农村》第 16 期，1934 年 9 月 15 日。

⑦ 朱轶士：《江北农村间之合会》，《农行月刊》第 3 卷第 6 期，1936 年 6 月 15 日。

崔晓立的《浙江鄞县农村中的"会"组织》①等。虽然以上成果有力地推动了民国时期合会问题的研究，但不足和缺憾也非常明显，那就是研究成果更多地属于资料性的成果，主要是把各地合会的史实罗列出来，缺乏对其理论上、学术上的深入论述。而民国时期，从理论上对合会组织进行较为系统分析的第一位学者是王宗培先生，他在《中国之合会》②一书中详尽论述了合会的起源、类别、内部构成、资金分配模式等，并从经济学角度进行了具体分析。在这之后，杨西孟先生的著作《中国合会之研究》③除了对合会的种类进行探讨外，还从合会会规入手，利用数学计算公式深入地探究了合会会金的分配方式，使合会的研究有了更深层次的进展。

新中国成立之后相当长一段时间，合会组织曾一度销声匿迹或转入地下活动。20世纪90年代以来，合会这种民间金融形式在一些地方又恢复、发展起来，并引起人们的关注，一些学者开始对合会组织的活动进行较为细致的研究，形成了一些研究成果，如徐畅教授的《合会"述论"》④一文，重点介绍了合会的运行机制、种类、功能及特点，同时还对合会在乡村借贷中的地位与发展趋向进行了探讨。李金铮教授在其著作《借贷关系与乡村变动——民国时期华北乡村借贷之研究》⑤一书中的第三章和《民国乡村借贷关系研究》一书中的第五章也分别对民国时期华北和长江中下游地区乡村的钱会组织的种类、数量与分布，钱会的内部结构，钱会的运作方式以及钱会的功能与衰落等问题进行了较为系统、深入的论述。单强、昝金生的《论近代江南农村的"合会"》⑥在对历史资料进行整理的基础上，分析了江南地区合会的数量、类型及功能，肯定了合会在促进江南农村经济发展中的作用。此外，还有学者从社会史的角度对合会进行了研究，如：储建国的《论钱会的由来及其性质和特点》⑦一

---

① 崔晓立：《浙江鄞县农村中的"会"组织》，《东方杂志》第33卷第6号，1936年3月。
② 王宗培：《中国之合会》，中国合作学社1931年版。
③ 杨西孟：《中国合会之研究》，商务印书馆1935年版。
④ 徐畅：《合会"述论"》，《近代史研究》1998年第3期。
⑤ 李金铮：《借贷关系与乡村变动——民国时期华北乡村借贷之研究》，河北大学出版社2000年版。
⑥ 单强、昝金生：《论近代江南农村的"合会"》，《中国经济史研究》2002年第4期。
⑦ 储建国：《论钱会的由来及其性质和特点》，《浙江学刊》2010年第11期。

文，对各种"会"的名称做了梳理并探讨了钱会的起源和特点，认为钱会的运行并不违反法律法规的规定，提出将钱会合法化的观点；胡中生的《钱会与近代徽州社会》及《徽州民间的会书与钱会》[①] 论述了近代以来钱会与徽州社会经济、文化间的互动关系，特别指出了钱会的社会救助功能，为民间社会在面临突发性事件时提供了一种应对机制；王沛郁在《民国时期山西的"合会档案"》[②] 一文中以山西的合会档案为依据，对山西地区合会组织的形成、运作、发展及衰落等问题做了大致的梳理。

国外学者对此问题的研究，笔者尚未发现专门的论著，然而，有关合会的研究还是引起了国际上一些学者的注意。美国公理会传教士明恩溥（Arthur Henderson Smith）的《中国乡村生活》[③] 一书中记述了当时农村中的协作贷款团体（即合会），对其基本运作方式和缺陷进行了简单的分析。英国社会人类学家 Edwin Ardener 对 ROSCA（Rotating Savings and Credit Association，即中国的"会"）给了一个理论的概括[④]。

综上所述，学者们对合会的研究开始得较早，也取得了很大成就。但从总体上看，关于合会的研究大部分集中在合会的类型、基本构成和具体运行方式上，对合会所反映的社会经济关系及其与乡村社会变迁之间的联系论述的较少。而且区域性的研究成果也多集中在华北、华中和长江中下游各省份，几乎没有涉及西北内陆地区，现有研究成果仅在一些对陕甘宁边区借贷活动的研究中略有提及，目前还未见有学者对民国时期西北乡村的合会组织进行较为系统的研究，因此对此方面的研究也具有一定的开拓性。

（三）关于民国时期传统借贷的主体——高利贷问题的研究述评

请参见笔者著《高利贷与20世纪西北乡村社会》一书"绪论"中的"20世纪上半期农村高利贷问题研究状况评述"，在此不再赘述。

（四）关于民国时期新式金融及农贷活动的研究

民国时期新式金融及农贷问题是学者们研究中国近代乡村史、金融史

---

① 胡中生：《钱会与近代徽州社会》，《史学月刊》2006年第9期；胡中生：《徽州民间的会书与钱会》，《寻根》2008年第6期。
② 王沛郁：《民国时期山西的"合会档案"》，《山西档案》2006年第2期。
③ [美] 明恩溥：《中国乡村生活》，午晴、唐军译，时事出版社1998年版。
④ 参见刘民权、徐忠、俞建拖《ROSCA研究综述》，《金融研究》2003年第2期。

所关注的一个热点问题，已取得了不少的研究成果①。然而，对此问题的研究仍存在许多需要深入研究的方面：一是从研究的时间跨度上看，许多研究成果关注的是抗战时期及其之后的新式金融及农贷活动，它包括抗战时期国统区新式金融的农贷和各边区的农贷活动，而对于民国前期的新式金融的农贷活动关注较少。二是研究从区域上看，也很不平衡。尽管对民国时期西北地区新式金融及其农贷进行研究已在一些著述中和少量的专题研究论文有所论及②，但和华北、华东、华中地区的研究相比，对新式金融及其农贷问题的研究还不够深入和系统。三是从研究的角度上看，对民国时期西北地区新式金融及其农贷进行研究的一些研究成果主要把农贷放在抗战时期国民政府所倡导的开发西北的背景中去分析，突出政府在农贷活动中所发挥的作用，而把西北地区新式金融及其农贷活动放在民国时期社会历史发展的大背景中去分析的成果较少。

（五）关于民国时期农村信用合作社的研究

对民国时期农村信用合作社的研究是包括在对民国时期农村合作运动的整体性研究当中的。20世纪初，合作思想由国外传入中国后，许多学者开始重视对合作运动问题的研究，但此时的研究仍处于初期阶段，对于合作运动只停留在理论的阐释上，并没有形成系统的研究成果，但却为后来全国大规模合作运动的开展提供了理论基础。到了30年代，关于合作

---

① 发表的主要论文有：黄立人《论抗战时期国统区的农贷》，《近代史研究》1997年第6期；李金铮《1938—1949年华北抗日根据地、解放区的农贷》，《近代史研究》2000年第4期；杨琪《二三十年代国民政府的仓储与农业仓库建设》，《中国农史》2003年第2期等。此外，在许多学术著作中对新式金融的农贷活动也多有论及，如李金铮的《借贷关系与乡村变动——民国时期华北乡村借贷之研究》《民国乡村借贷关系研究——以长江中下游为中心》，徐畅的《二十世纪三十年代华中地区金融研究》（齐鲁书社2005年版）等。

② 参见魏永理主编《中国近代西北开发史》，甘肃人民出版社1993年；李清凌主编《甘肃经济史》，兰州大学出版社1996年版；陈舜卿《陕甘近代经济史》，西北大学出版社1994年版；王致中、魏丽英《中国西北社会经济史》，三秦出版社1996年；谷苞主编《西北通史》，兰州大学出版社2005年版；高石钢《高利贷与20世纪西北乡村社会》，中国社会科学出版社2011年版等。对西北地区的农贷进行专门研究的论文有：黄正林《农贷与甘肃农村经济的复苏》，《近代史研究》2012年第4期；高石钢《民国时期新式金融在西北的农贷活动绩效评价》，《中国农史》2009年第3期；闫庆生《抗战时期陕甘宁边区的农贷》，《抗日战争研究》1999年第4期；君羊《抗战时期甘宁青三省之农贷探讨》，《开发研究》1988年第3期；罗舒群《抗日战争时期甘宁青三省农村合作运动述略》，《开发研究》1987年第3期；张致健《旧时宁夏农村金融及农贷要略》，《宁夏史志研究》1986年第1期等。

运动的研究逐渐升温。这一时期具有代表性的成果主要有寿勉成先生写的《中国合作运动史》[①]，该书共10章内容，介绍初期的合作运动、合作社、促进合作运动的机关团体、合作行政及领导、合作辅导制度、合作教育、金融机关与合作运动的关系，并分析了中国合作运动的性质及其前途。该书还提到了陕西省的合作行政及指导机关的情况。此外，还有梁思达先生写的《中国合作事业考察报告》[②]，他从1935年12月起对河北、河南、陕西、山东、江苏、浙江、江西、安徽等8省的合作事业进行了考察。郑厚博先生的《中国合作运动之研究》[③]，内容分为3编，概述中国合作运动史的发展及现状，并对合作行政、指导、金融上的改进提出作者自己的意见。方显廷先生的《中国之合作运动》[④]，主要对当时影响较大的河北华洋义赈会开展的合作事业进行了研究等。

20世纪80年代之后，随着改革开放的深入，关于此问题的研究成果较多。其中，赵泉民先生的《政府·合作社·乡村社会——国民政府农村合作运动研究》一书[⑤]，是目前唯一系统研究民国时期农村合作运动的论著，对全国范围内的农村合作运动进行了全面的探讨。此外，一些学术论文也从不同的角度和区域，对民国时期的农村合作运动进入了较为深入的研究。如：张士杰重点对国民政府开展的合作运动的背景及过程进行了详尽的研究[⑥]。林善浪对国民政府的合作运动进行了客观评价，既肯定了合作运动的积极作用，同时也指出其不彻底性所带来的危害[⑦]。姜枫的《抗战前国民党的农村合作运动》[⑧]一文，从宏观上对民国时期的农村合作运动进行了梳理，并进行简要的评述。在对民国时期西北农村合作运动进行研究的成果中，以罗舒群先生的《抗日战争时期甘宁青三省农村合

[①] 寿勉成：《中国合作运动史》，正中书局1937年版。
[②] 梁思达：《中国合作事业考察报告》，天津南开大学经济研究所，1936年。
[③] 郑厚博：《中国合作运动之研究》，农村经济月刊社，1936年。
[④] 方显廷：《中国之合作运动》，《大公报》1934年6月16日。
[⑤] 赵泉民：《政府·合作社·乡村社会——国民政府农村合作运动研究》，上海社会科学院出版社2007年版。
[⑥] 张士杰：《中国近代农村合作运动的兴起和发展》，《民国档案》1992年第4期；《国民政府推行农村合作运动的原因与理论阐释》，《民国档案》2000年1期。
[⑦] 林善浪：《中国近代农村合作运动》，《福建师范大学学报》1996年第2期。
[⑧] 姜枫：《抗战前国民党的农村合作运动》，《近代史研究》1990年第3期。

作运动述略》① 一文为代表，重点对抗战时期甘宁青三省的合作事业发展进行了研究。

除了内地学者外，港、台地区的部分学者的一些研究成果也很有代表性。如陈岩松先生的《中华合作事发展史》②、赖建成先生的《近代中国的合作经济运动：社会经济史的分析》③ 两本著作，均从宏观上着重论述抗战前的合作运动以及产生的影响。

众所周知，国民政府开展的农村合作运动主要是以信用合作社的形式展开的，由于本课题研究的重点是农村信用合作社，所以有必要对此问题的研究成果进行一简要的介绍。民国时期，对农村信用合作社的研究比较有代表性的研究成果有：张镜予的《中国农村信用合作运动》④ 和宋荣昌的《陕西农村合作事业之质的分析》⑤ 两篇论文，其中后者重点对陕西省信用合作社的社员、组织数量、信用贷款等做了详细的分析，并指出陕西省农村合作事业的突出特征是发展农村信用合作事业。

20 世纪 80 年代以后，民国时期农村信用合作社的研究出现了一个热潮，主要研究成果有：范崇山、周为号的《抗战前我国农村信用合作社之考察》⑥，对抗战前我国农村信用合作社兴起、发展、特点、社会功能、利弊及其失败的原因做了初步探讨。李金铮、邓红对 20 世纪 20—30 年代华北乡村合作社的建立与发展过程以及合作社的重要业务——借贷活动及其产生的经济效果进行了研究⑦。昝金生在《20 世纪二三十年代江南农村信用合作社述论》⑧ 中，对江南地区的信用合作社的建立、业务的开展及其绩效做了简要评价。

从学术史的回顾来看，学术界对于国民政府开展的农村合作运动的研

---

① 罗舒群：《抗日战争时期甘宁青三省农村合作运动述略》，《开发研究》1988 年第 3 期。
② 陈岩松：《中华合作事发展史》，（台湾）台湾商务印书馆 1983 年版。
③ 赖建成：《近代中国的合作经济运动：社会经济史的分析》，（台湾）正中书局 1990 年版。
④ 张镜予：《中国农村信用合作运动》，商务印书馆 1930 年版。
⑤ 宋荣昌：《陕西农村合作事业之质的分析》，《中农月刊》1941 年第 11 期。
⑥ 范崇山、周为号：《抗战前我国农村信用合作社之考察》，《学海》1992 年第 2 期。
⑦ 李金铮、邓红：《二三十年代华北乡村合作社的借贷活动》，《史学月刊》2000 年第 2 期；《论二三十年代华北乡村合作社的借贷活动及其效果》，《史学月刊》2000 年第 4 期。
⑧ 昝金生：《20 世纪二三十年代江南农村信用合作社述论》，《中国农史》2003 年第 3 期。

究，其主要的切入点有二：一是合作社的成立、发展及失败的原因分析，二是对合作运动对乡村经济社会发展的互动关系。从研究区域来看，已有研究成果也更多是涉及华北、华中以及长江中下游地区农村合作运动，对西北地区的农村合作运动关注较少，因此对民国时期该地区农村合作运动的研究有进一步拓展和深入研究的必要。

（六）关于陕甘宁根据地借贷关系的研究

陕甘宁根据地借贷关系的研究是民国时期西北乡村借贷关系研究的重要组成部分，也是近代西北社会经济史研究的重要内容之一。学术界对此问题的研究主要是附带在对边区减租减息政策、合作社、农业史、金融史等相关领域的研究中进行的。

作为民国时期一个特殊的区域，关于陕甘宁根据地社会经济史的研究自抗战时期就已经引起了关注，当时的一些调查资料和初步的研究成果较为深刻地揭示了那时根据地社会经济的基本状况①。20世纪80年代以来，诸多学者在陕甘宁根据地资料整理方面做出了巨大的贡献，许多关于陕甘宁根据地历史的大部头文献资料相继问世。这些资料"涉及政治、经济、军事、科技、文化教育等几个大的领域，从史料学的角度来看，陕甘宁边区的史料已经形成比较完整的体系"②。其中关于社会经济史的资料尤为全面翔实，都或多或少涉及借贷关系方面的信息，对我们研究陕甘宁根据地借贷历史有很大帮助。

关于根据地借贷关系中减租减息运动的研究，肖一平、郭德宏虽然是对全国抗日根据地的减租减息进行了全面研究，但对研究陕甘宁边区的减租减息具有指导意义③。陈瞬卿也认为减租减息政策在陕甘宁边区贯彻得很彻底，取得了很大的成效④。汪玉凯指出，陕甘宁边区的减租减息在调整边区农村阶级关系、调动广大农民群众的积极性、发展农业生产、支援

---

① 张闻天：《神府县兴县农村调查》；延安农村调查团：《米脂县杨家沟调查》；柴树藩、于光远、彭平：《绥德、米脂土地问题初步研究》；等等。
② 黄正林：《20世纪80年代以来国内陕甘宁边区史研究综述》，《抗日战争研究》2008年第1期。
③ 肖一平、郭德宏：《抗日战争时期的减租减息》，《近代史研究》1981年第4期。
④ 陈瞬卿：《试论陕甘宁边区的减租减息政策》，《西北大学学报》1982年第4期。

抗战等方面发挥了重要作用①。孔永松认为减租减息政策是中共为了建立抗日民族统一战线在阶级关系上做出的一个很大的让步，具有革命和改良的两重性质②。

合作社是陕甘宁边区集体经济的主要组成部分，尤其是信用合作社是边区借贷资本流通的枢纽，在边区社会经济活动中占有重要地位。李祥瑞的《合作社经济在陕甘宁边区经济建设中的地位》一文对包括信用合作社在内的边区各类合作社进行了量化研究③。

在边区农业史的研究中，张杨、赵汝成、闫庆生、黄正林等在文章中把发放农贷作为抗战时期边区农业政策的一项重要内容进行了阐述④。现代农村金融业逐步成为乡村借贷主要诉求对象，是历史发展的必然。

在陕甘宁根据地金融事业的研究方面，杨希天等主编的《陕甘宁边区金融史》⑤是一部全面论述边区金融的专著。李祥瑞、姚会元、黄正林等著文对陕甘宁边区金融事业也进行了论述⑥。郝琦、壬子对陕甘宁边区银行农贷活动的基本状况作了梳理，总结了边区银行在农贷方面的经验，肯定了其现实意义⑦。

近年来"伴随着抗日战争史学界研究范式的转变，社会史的研究视角日益受到重视，对社会史相关理论及研究方法的探讨，不仅赋予了众多相关资料新的生命，大大开阔了抗日战争史的研究视野，也使战时社会史

---

① 汪玉凯：《陕甘宁边区实行减租减息政策的历史考察》，《党史研究》1983年第3期。
② 孔永松：《试论抗战时期陕甘宁边区的特殊土地问题》，《中国社会经济史研究》1984年第4期。
③ 李祥瑞：《合作社经济在陕甘宁边区经济建设中的地位》，《西北大学学报》1981年第3期。
④ 张扬：《抗日战争时期陕甘宁边区的农业》，《西北大学学报》1981第4期；赵汝成：《抗日战争时期陕甘宁边区的农业生产》，《古今农业》1992年第4期；闫庆生、黄正林：《论抗战时期陕甘宁边区的农业政策》，《西北师范大学学报》1999年第5期。
⑤ 杨希天等：《陕甘宁边区金融史》，中国金融出版社1992年版。
⑥ 李祥瑞：《抗日战争时期陕甘宁边区的银行》，《西北大学学报》1985年第3期；姚会元：《抗日战争时期陕甘宁边区的金融事业》，《党史研究》1985年第3期；黄正林：《边钞与抗战时期陕甘宁边区的金融事业》，《近代史研究》1999年第2期。
⑦ 郝琦、壬子：《论陕甘宁边区银行的农业贷款及其经验》，《延安大学学报》1997年第3期。

颇受关注"①。这就使对抗战时期历史的研究跳出了政治、经济、军事、外交等传统领域，将目光转向更广阔的社会生活史的研究领域，更加完整的社会面貌和更加细微的社会现象在不断涌出的新作中被广泛揭示。陕甘宁根据地借贷关系的研究也开始受到关注。文月琴、黄正林在《抗战时期陕甘宁边区的农村信用合作社》中着重讨论了抗战时期信用合作社在边区借贷活动中的作用，也涉及民间传统借贷组织"请会"对恢复农村经济的作用②。闫庆生、黄正林在论述陕甘宁边区的农村经济时，将举办农贷作为抗日战争时期边区促进农业生产的一项重要举措，论述了其对于促进农村经济发展、促使边区农村的阶级关系和农村的社会经济结构的变化以及和满足群众需要等方面的作用③。2006 年，长期从事陕甘宁边区社会经济史研究的学者黄正林教授出版了《陕甘宁边区社会经济史（1937—1945）》一书④，资料翔实，内容丰富。作者在该书第九章"抗日战争后期边区的农业"和第十四章中分别专门开辟出一节对边区的农贷和信用合作社的基本状况作了细致的梳理。而且在博士论文中对黄河上游区域的农村借贷问题作了探讨⑤。

可以说，直接或间接地将陕甘宁根据地借贷关系作为研究对象的文章或著作几乎都将目光锁定在抗战时期的陕甘宁边区，对于抗战前中共在陕甘宁根据地的革命活动引起的借贷关系甚至于社会经济变迁的论述很少。而对于抗战时期陕甘宁边区借贷关系的论述也主要集中在中共的减息运动和农贷政策两个方面，并没有能够充分地论述中共的借贷政策在农村中的效果和乡村社会对中共借贷政策做出的反应，因此，中共革命政策与陕甘宁根据地具体社会现实之间的互动过程不能很好地体现出来。对于自1927 年中国共产党在陕西组织农民武装起义，到土地革命、再到抗战时

---

① 江沛、迟晓静：《国内抗战时期社会史研究的回顾和展望：1995—2006》，《抗日战争研究》2008 年第 2 期。

② 文月琴、黄正林：《抗战时期陕甘宁边区的农村信用合作社》，《河北大学成人教育学院学报》2005 年第 2 期。

③ 闫庆生、黄正林：《抗战时期陕甘宁边区的农村经济研究》，《近代史研究》2003 年第 3 期。

④ 黄正林：《陕甘宁边区社会经济史（1937—1945）》，人民出版社 2006 年版。

⑤ 黄正林：《黄河上游区域农村经济研究（1644—1949）》，博士学位论文，河北大学，2006 年。

期的减租减息及农贷政策这一系列在革命和战争背景下的重要活动所引起的陕甘宁根据地乡村借贷历史变迁的研究还不够充实。陕甘宁根据地借贷关系研究仍然停留在对个别问题的分析、论述上,整个边区借贷关系的基本框架还不够明朗,因此,需要专门著文论述。

三 课题研究运用的主要资料

基于以上对学术史的检讨,我们以为,真正的历史研究应当建立在可靠的资料的基础之上,即傅斯年先生所认为的"一分材料出一分货,十分材料出十分货,没有材料便不出货"①。只有这样,才能保证历史研究的客观性和真实性。本课题研究资料主要来源于调查资料、已刊档案及相关资料汇集、报刊、方志等。

(一) 调查资料

民国时期,在"复兴农村"口号的呼吁下,一些有志于斯的团体、机构和个人开始在全国各地农村社会展开调查,从而在三十年代前后掀起了一股颇具规模的农村调查热潮。这些调查的结果大都出版成册,或以报告文章的形式散见于各种刊物之中,尽管上述调查的规模大小不同、角度各异,涉及的地区和所要达到的目的也不尽相同,甚至有些还存在漏洞和缺陷,但从总体上看,由于大多数调查使用的是现代的调查方法,注重所选样本的代表性,有一套设计较为严密的调查程序,不仅调查内容具体全面,而且所得数据也较为精确,可资研究的利用价值较高。如:南京国民政府中央农业实验所农业经济科编的《农情报告》(月刊),冯和法的《中国农村经济资料》及其《续编》等。对于西北地区的调查也成效卓著,主要成果有:陕西实业考察团编辑的《陕西实业考察》,行政院农村复兴委员会编的《陕西农村调查》,安汉、李自发编的《西北农业考察》,丘咸的《青海农村经济》,李扩清的《甘肃河西农村经济研究》,李化方的《甘肃农村调查》等,都是这方面较有代表性的资料。关于陕甘宁边区的调查,1941年8月,中共中央根据毛泽东《改造我们的学习》的精神,发布《关于调查研究的决定》。随后,中共中央各单位和陕甘宁边区

---

① 傅斯年:《历史语言研究所工作之旨趣》,《史料论略及其他》,辽宁教育出版社1997年版,第47页。

各部门纷纷制定调查研究措施并组织各种调查团，深入农村进行了广泛的社会调查和研究，其中资料保存较完整的是以时任中共中央书记处总书记的张闻天为团长的"延安农村调查团"针对陕北和晋西北的农村调查，并撰写有《神府县兴县农村调查》《米脂县杨家沟调查》等调查报告。而且已经有一些如《绥德、米脂土地问题初步研究》等研究报告，其中所记录的关于借贷关系方面的信息是我们研究陕甘宁边区借贷历史的重要资料。

（二）民国时期相关的报刊、年鉴、档案以及其他汇集成册的资料选辑

如《益世报》《西北日报》《甘肃民国日报》《申报》《大公报》《申报年鉴》《新西北》《新青海》《文化建设月刊》《西北杂志》《陇铎》《中农月刊》《西北论衡》《东方杂志》《红色中华》《新中华报》《西北问题》《解放日报》等。档案是极具价值的第一手资料。课题研究中，课题组在西北一些省区的档案馆查阅了许多保存较好的民国时期政府、民政厅的公文、调查资料等，其中有关于各地农村的金融调查报告、政府禁止重利盘剥的公告等资料，如《十年来宁夏省政述要》第1册中记录了民国二十四年马鸿逵在省政会议上关于严禁重利盘剥的讲话。民国时期，一些学者到西北考察后，撰写的游记、考察记中也有许多相关记载，如甘肃人民出版社编辑的《西北行记丛萃》收录了林鹏侠的《西北》、陈赓雅的《西北视察记》、刘文海的《西北见闻记》。而著名记者范长江的《中国的西北角》更有对西北农村现状的深刻描写，本书在写作中多处引用了其中的资料。此外，还有当代学者或机构编选的资料集，也为本课题的研究提供了重要的资料来源，如严中平等人编写的《中国近代经济史统计资料选辑》，章有义主编的《中国近代农业史资料》（第2、第3辑），薛暮桥、冯和法选的《〈中国农村〉论文选》，秦孝仪主编的《革命文献》，萧铮主编的《民国二十年代中国大陆土地问题资料》，中国人民银行金融研究所编的《中国农民银行》，人民银行宁夏分行金融研究所编的《宁夏金融史近代史料汇编》（上、下）等。

20世纪80年代以来，有关中共陕甘宁根据地的档案资料也被大批整理出版。如《中共中央文件选集》《陕甘宁边区政府文件选编》《中共陕甘宁边区党委文件汇集》《中共中央西北局文件汇集》《陕西革命历史文

件汇集》《陕甘宁边区法律法规汇编》《陕甘宁革命根据地史料选辑》《共产国际有关中国革命的文献资料》《中国新民主主义革命时期根据地法制文献选编》等档案汇集或多或少地记载了陕甘宁根据地借贷的历史。其他专题资料汇编如《中共党史参考资料》《中国土地改革史料选编》《陕甘宁边区的农业合作》《陕甘宁革命根据地银行编年纪事》等。

（三）地方志（县志）资料

从某种意义上说，县志是中国特有的文献资料。它广泛地记载了历史上人们的生活状况特别是农村社会人们生活的状况，可以发掘的内容很多，如有关村落的构成、各地疆域的沿革、耕地面积的增减、户口与田赋税收的变迁、物产的种类、天灾人祸、婚丧习俗、宗教信仰，以及农户的衣、食、住等民生状况，均为其他史书很少或没有的记载。虽然在民国时期的旧地方志中，直接涉及乡村借贷的资料并不多，但新中国成立后，特别是 20 世纪 80 年代以来的许多新志在农业和金融的章节中，都收录了大量民国时期乡村借贷的资料，颇有价值。笔者曾率课题组成员在西北的一些省区的地方志办公室查阅到大量的史志资料，这其中有县志，还有金融志、财政志等。如丁世良、赵放主编的《中国地方志民俗资料汇编·西北卷》，戴安钢、黄苇主编的《中国地方志经济资料汇编》《宁夏财政志》《甘肃志·财税志》，甘肃省地方史志编纂委员会编纂的《甘肃省志·金融志》《陕西省志·金融志》《青海省志·金融志》《宁夏金融志》，以及出版的西北各省的县志资料等，对本课题的研究起了很重要的资料支撑作用，本书将在书后的参考文献一一列出。

搜集资料固然是一项非常艰苦和烦琐的工作，但将搜集的资料进行有效的整理、组织和分析，使其富有逻辑性地表现出来，也是非常重要的。对此，研究者要具有清晰的思维和理论分析能力，才能驾驭史料、分析史料，得出符合实际的科学的结论。通过研究，特别是实地调研，我们强烈地感到，对任何一个历史课题的研究，仅凭传统的历史研究方法是很难得到圆满、客观的结论的，各门学科之间的交叉渗透，研究理论和研究方法的相互借鉴，是今后社会科学发展的一个方向。对于本课题的研究而言，就不仅仅是一个历史学所包含的问题，它需要运用社会学、经济学，特别是农村社会学、农村经济学的理论和研究方法才能深入开展下去，笔者对此感受颇深。

四　课题研究运用的主要方法

"认识是思维与存在的统一，方法是思维的工具"[①]。方法的运用则取决于研究对象的基本特征和认识研究对象的客观需要。本课题所采用的研究方法有以下几种。

（一）实证分析的方法

实证分析是本书最重要的研究方法。本书在搜集大量史料的基础上，主要从两个方面着手分析。一方面，从已有关于西北地区乡村借贷的相关史料入手，对民国时期西北各地传统借贷、新式金融借贷以及陕甘宁根据地借贷运行的基本情况进行实证的分析；另一方面，从记载乡村内部借贷关系变迁的调查资料及其他文献入手，对各种借贷关系在乡村社会中的反响进行了比较系统的分析。从这两方面的史料梳理和对比分析中，窥探乡村借贷与民国时期西北乡村社会经济发展的互动过程，更能够显示出历史的真相。

（二）定量分析的方法

经济史家梁方仲认为，"在经济史研究中定量的研究最能科学地说明历史上各种经济现象，从而找出社会经济发展的趋势和规律"[②]。对数据的运用，一方面是为了能够在量上对事物作出具体而精确的描述，以观察其细微之变化，从细节上把握事物的变迁轨迹；另一方面，则是通过宏观的数据统计、比较和分析，以说明事物在量上所达到的水平，用以分析导致质变发生的诸多因子。这对于事物性质的描述是一个量变方面的肯定和促进。然而不确切或来路不正的，甚至错误的数据，则会给研究者造成很大的困扰。如果没有足够的信心和花足够力气去做校对和正误工作，做出的研究成果，即便不是完全没有意义的，也离事物的真相相去甚远。

借贷关系作为经济活动的一个重要组成部分，运用定量的研究方法进行分析，更能够清晰地显示出一个地区、一个社会群体借贷的基本情形，进而透视出这个地区、这个群体的经济状况和社会地位。民国以来，经过

[①] 吴承明：《经济史：历史观与方法论》，上海财经大学出版社2006年版，第180页。
[②] 陈争平、常旭：《梁方仲对经济史统计工作的贡献——兼评经济史研究中的统计方法与计量经济学方法》，《清华大学学报》（哲学社会科学版）2011年第2期。

许多学者的不辞辛苦，积累了民国时期西北乡村借贷方面的一些文献资料，为本书的定量分析提供了可资利用的数据。当然，这些数据资料也并非尽可为我所用。一些文献所载借贷数据详略不一，许多统计数据甚至残缺不全。鉴于这样的事实，对于文献的校对就显得格外重要。笔者主要的校对方法是后面所述的"史料比较"的方法。笔者在书中对一些重要的数据进行了再统计、计算、比较和编排。虽然还不能达到系统的计量分析和完善的统计分析的程度，但严格遵循经济史家吴承明先生主张的"凡能定量者，必须定量"[1]的经济史研究的宗旨。这些基本的数据分析也已经能够充分地解释本书所要阐述的问题。

（三）"史料比较"法

"史料比较"的方法是傅斯年最先提出的，主要用于对一个史实有多种记载的情况，为考订史实的准确性，将记载之史料进行对勘。这种方法是笔者做前期史料工作的主要方法，使笔者所用史料之准确性有了保障。

正如刘克祥先生所指出，"中国近代经济史的研究资料，呈现一种矛盾状态：一方面资料数量庞大，另一方面又极不完整、连贯，大多残缺不全，资料搜集和整理的工作量极大，往往令人望而却步"[2]。民国时期西北乡村借贷方面的资料更是如此。以陕甘宁根据地借贷关系为例，虽然课题组收集的借贷资料数量较大，然异常庞杂，零散分布在一些大部头的资料集和其他文献资料中，不成体系。而且中共革命政权主导下的借贷关系是随着土地关系的变化而变化。在文献记载上，借贷关系与土地关系的文献也往往交织在一起。多数文献资料的编写人员在做文献的取舍时，往往详于记载土地关系的文献而略于借贷文献。种种事实造成陕甘宁根据地借贷关系方面的文献支离破碎、模糊不清。以收录借贷资料最多的《抗日战争时期陕甘宁边区财政经济史料摘编》为例，这部资料集是按照农业、金融等各大类进行编排的，借贷方面的文献被肢解于各类、各个章节和零碎片段之中。很多资料只是截取了原始文献的一部分，给我们了解借贷信息的全貌造成了障碍。很多数据的记载没有清楚地说明对象，不知此数据所要描述的是何种现象，亦不知此数据出自于何处。资料的收集也是极不

---

[1] 吴承明：《关于研究中国近代经济史的意见》，《晋阳学刊》1982年第1期。
[2] 刘克祥：《十年耕耘 终有收获》，《中国经济史研究》2010年第4期。

均衡的，以新式农贷的资料居多，减息清债资料次之，废债毁约方面的资料仅有少数几则。须将此材料与他材料相互印证，才能发挥其应有之作用。

鉴于此，对资料的认真搜求、精心考证、细心梳理和客观分析，也是课题组在研究过程中耗时最多的一项工作。课题组仍然以记载借贷史实比较详备的主要文献为依据，参以调查资料、报刊资料、方志资料及其他相关资料，互补互校，厘清事实。经过与其他记载相比较，课题组发现，依据的主要史料中的数据与其他资料中记载同一史实的数据多有出入，有的只是零头上的不同，经过校对，尚可利用。有的则是数据记述对象上的模糊导致牛头不对马嘴式的数据的不同，则须慎重取舍。没有绝对把握，不予采用。对于各种文献在不同史实方面的记载缺失，则互相增补，以取得对借贷历史全貌的认识。

在数据资料的运用方面，课题组对于必须用到的数据有多种记载的，往往采取"史料比较"的方法，以取得最大的准确性；对于出处模糊或描述对象不清楚的数据，如有其他文本则互校，如无其他记载，则弃之不用；相关数据不全面者，笔者根据其他材料的记载，校对之后补充之。力求做到数据运用上正确、准确、精确和完整。

第一章

民国时期西北地区农户借贷的基本状况

负债是乡村各种借贷关系建立的重要表现形式，也是体现农户生活状况和农村经济发展状况的"晴雨表"。在论述民国时期西北地区乡村借贷关系之前，有必要首先搞清此时期、该区域农户负债的基本状况，它包括农户的负债率、负债额，借贷的利率、用途、限期等问题。

第一节 负债率

衡量民国时期西北农户借贷规模的大小，首先可从农户的负债率和负债额两个指标反映出来。所谓负债率，是指负债者占乡村总户数或总人数的比例，简言之，是有多少农户是借债的。

首先需要说明的是，由于民国时期西北地区特殊的地理位置，远离国家的政治、经济和文化中心，交通不便等因素的影响，关于民国时期对该地区农户负债情况的调查相较于全国其他地区（尤其是华北和长江中下游地）进行的要少，资料也相对零散和缺乏，从已查到的资料来看，除了南京国民政府实业部农业经济科编的《农情报告》较为系统且具有权威性外，许多资料仅是一些学者（或记者）到西北进行的一些范围较小的调查和采访报道。此外还有国立西北技艺专科学校农业经济科与西北经济研究所联合进行的调查、新中国成立后西北各省所编的土地改革资料和县志资料也部分涉及。因此下文对民国时期西北农村农户负债率和负债额的分析，主要采用以上资料。

1933年南京国民政府实业部中央农业实验所农业经济科编的《农情报告》上公布的统计数据表明，位于西北的宁夏5县中借债家数为66%，青海 10 县中借债家数为 71%，甘肃 19 县中借债家数为 63%，陕西 44 县中借债家数为 67%，四省平均借债家数为 66.8%，高于同期全国 22 省平均借债家数 5.8 个百分点①。1934 年，《农情报告》公布的全国 850 县农民借贷调查的统计数据更全面、详细，其中处于西北的宁夏、青海、甘肃、陕西四省的农户借贷情况，见表 1—1。

表 1—1　　　　　　西北四省农户负债率统计（1934 年）

省份	报告县数	现金负债家数（%）	粮食负债家数（%）
宁夏	6	51	47
青海	6	56	46
甘肃	21	63	53
陕西	45	66	56
四省	78	59	50.5
全国	850	56	48

资料来源：根据南京国民政府中央农业实验所农业经济科编《农情报告》第 2 卷第 4 期（1934 年 4 月 1 日）第 30 页整理。

由表 1—1 可以看出，四省现金负债率平均为 59%，粮食负债率平均为 50.5%。这一调查结果既明显高于全国平均水平 3 个百分点和 2.5 个百分点，也明显高于同期华北四省（河北、山西、山东、河南）8 个百分点、17.5 个百分点。

以上统计是全国抽样调查的结果，我们还可以从民国时期对西北局部地区进行的调查来进一步来证实农户借贷比率高的事实。在甘肃省，梁敬錞 1935 年在定西等 20 县的调查结果就显示，农户的负债率平均达到总户数的 52%，最高的县达到 98%（见表 1—2）。

---

① 南京国民政府中央农业实验所农业经济科编：《农情报告》第 2 卷第 9 期，1933 年 9 月 1 日，第 3 页。

表1—2　　　　1935年甘肃定西等20县农户负债率统计

县别	负债率（%）	县别	负债率（%）	县别	负债率（%）	县别	负债率（%）
环县	98	庆阳	78	临泽	50	和政	20
平凉	86	漳县	75	临潭	50	民勤	18
永登	80	武威	70	靖远	40	临夏	15
酒泉	80	张掖	60	宁定	40	夏河	10
民乐	80	临洮	50	静宁	30	定西	9

资料来源：梁敬錞：《甘肃之农村经济》，《新西北》（月刊）创刊号，1939年，第18页。

另据1940年国立西北技艺专科学校农业经济科与西北经济研究所对甘肃平凉、武威和天水农村的合作调查，负债农家占全体农家的比例，以平凉最高，为73.08%，武威为63.83%，天水为54.3%，三县平均为63.74%[1]。1936年《中央日报》登载的酒泉1754户农家负债的统计为：不负债者0.5%，不能负债者12.5%，负债者87.3%[2]。甘肃各县农户负债的情况如下：洮沙县"经济状况十室九空，负外债者以全县计居十之八九"[3]。民乐县翟寨村，全村133户中有127户有债务，未欠账者仅6户。[4] 徽县广大劳苦农民饱受高利贷的剥削，尤其是距县城很远的四宁村，情况更为严重，全村负债户在90%以上[5]。通渭县华川乡1949年共有农户545户，其中有债主16户，债户478户，债户中业不抵债的84户，不负债的仅有51户[6]。榆中县李家营区三角城乡受高利贷剥削者有198户，达总户数的57%强，其中魏家圈自然村除地富外的71户农民，受高利贷剥削者即有40户，占全村总户数的56%强；虎家营自然村67

---

[1] 李中舒：《甘肃农村经济之研究》，《西北问题论丛》第3辑，1943年，第47页。
[2] 李扩清：《甘肃河西农村经济之研究》，（台湾）成文出版社、[美国]中文资料中心1977年版，第24675页。
[3] 《洮沙县自然及人文概况》，1946年4月至1948年1月28日，甘肃省档案馆，15—11—182。
[4] 中国共产党甘肃省委员会农村工作部编：《甘肃省土地改革文集》（党内文件），1954年，第443页。
[5] 同上书，第437页。
[6] 同上书，第447页。

户农民即有60户受高利贷剥削,达全村总户数的85%①。

宁夏农村,1936年在豫旺县,"百分之七十的农民欠债,百分之六十的农民靠借粮糊口"②。宁夏永宁县胜利乡东魏村,1949年全村有185户贫下中农,借过高利贷的有160户③。

在青海地区,民国二十年时高利贷相当盛行,借贷面宽且增幅迅速。当年,西宁县借债人占全县人口的50%,民国二十三年增加到70%④。新中国成立前夕,循化孟达大庄140户,有104户借过债,占72.4%⑤。

在陕西省,1933年陕西省44县的农户借贷中,现金借贷家数达到了66%,借粮家数为56%,在西北陕、甘、宁、青四省中是最高的⑥。1936年,陕西关中地区农村金融调查数据也表明,在所调查的1012户农家中,负债的农家有879户,占86.9%⑦。1937年全国土地委员会关于农家经济贫困状况与土地金融情况的调查报告也显示,陕西省12县65064农户中,负责农户为31656户,负债率达到48.65%⑧。

从以上统计和调查资料来看,我们可以得出以下几点结论:

第一,民国时期西北农村地区至少有一半以上的农户陷于高额的债务之中,且负债率高于全国和其他地区的平均水平。

第二,从看到的一些对西北局部地区农户负债率的调查数据,普遍比《农情报告》中公布的数字要高。其中一些地方农户的负债率已达到了80%,甚至90%以上。可能是由于受传统观念的影响,许多农户以负债为羞耻,不愿对外公布自己的借债情况,从而使公布的调查统计数据不能

---

① 中国共产党甘肃省委员会农村工作部编:《甘肃省土地改革文集》(党内文件),1954年,第445页。
② [美]埃德加·斯诺:《西行漫记》,董乐山译,生活·读书·新知三联书店1979年版,第9页。
③ 永宁县志编纂委员会编:《永宁县志》,宁夏人民出版社1995年版,第238页。
④ 青海省地方志编纂委员会:《青海省志·金融志》,黄山书社1997年版,第9页。
⑤ 青海省编辑组:《青海省回族撒拉族哈萨克族社会历史调查》,青海人民出版社1985年版,第98页。
⑥ 南京国民政府中央农业实验所农业经济科编:《农情报告》第2年第4期,1934年4月1日。
⑦ 蒋杰:《关中金融调查》,《西北农林》1938年第4期。
⑧ 中国第二历史档案馆:《中华民国史档案资料汇编》第5辑第1编"财政经济(七)",江苏古籍出版社1994年版,第38页。

客观反映农户负债的真实状况。正如1936年陈翰笙对广东地区农户的负债率调查时说得一样:"由于调查负债情况有一些特殊困难,因此这种调查所得的结果往往低于实际的百分比①。"

第三,西北各省农户的负债率表现不平衡。上述1934中央农业实验所的调查显示,在西北地区,农户的现金和粮食负债率均以陕西最高,达到66%和56%,其次是甘肃,也达到63%和53%。

第二节 负债额

在大批农户负债的前提下,我们还有必要进一步考察农户的负债数额的情况。所谓负债额,是指负债者在一定时间内借贷数额的总量。一般用两个指标来衡量:一是现金借贷;二是实物借贷(主要是粮食借贷)。虽然从总体上,我们还缺乏丰富的资料对西北各地农户负债额的整体情况加以分析,但从可搜集到的一些调查资料中还是能够反映出该地区农户的负债数额的情况。

1934年全国土地委员会关于农家经济贫困状况与土地金融情况的调查报告中,陕西省12县65064户中,负债户数为31656户,负债总额为2942905.63元,负债户中每户平均负债额92.965元。这个调查资料显示陕西负债农户的平均负债额与全国其他地区相比,还不是处于最高位的,并且低于全国16省的平均水平9.844元②。在甘肃,《中央日报》1936年所载的对酒泉农家负债的统计数字表明:调查的1754户农家共负债78300元(人均5.135元);其中,负债10—50元者占60%,50—100元者占30%,100—200元者占7%,200—300元者占3%③。另据国立西北技艺专科学校农业经济科与西北经济研究所1940年对甘肃平凉、武威和天水农村的合作调查,天水农家平均负债100.6元,武威为94.03元,平

---

① 陈翰笙:《解放前的地主与农民——华南农村经济危机研究》,中国社会科学出版社1984年版,第94页。

② 中国第二历史档案馆:《中华民国史档案资料汇编》第5辑第1编"财政经济(七)",江苏古籍出版社1994年版,第38页。

③ 李扩清:《甘肃河西农村经济之研究》,(台湾)成文出版社、[美国]中文资料中心1977年版,第24676页。

凉为 70 元，三县平均为 88.21 元。从全年借入额分组来看，农家所占之百分比，在百元以下者占 2/3，百元以上者占 1/3，其中武威 50 元以下者几占 1/2，百元以下者几占 4/5，平凉百元以下亦达 4/5，唯天水百元以下仅占 1/2，而 100—500 元却占 1/3①。

农户的负债额在各地多有不同，在一些地区表现得更为明显，而且既有现金借贷，又有实物或粮食借贷。如山丹魏机寨 70 户中有 84% 的农户借过高利贷，每户平均负债 10.71 石粮②。1936 年在宁夏豫旺进行的调查也发现，60% 的人口"平均欠债三十五元和三百六十磅粮食——比他们的土地价值高的多"③。在青海贵德县进行土改的八个半乡，就有负债农户 612 户，借债银圆 33316 元，纸币 2250 元，粮食 69.3 万公斤④。湟中"全县负债农户 12223 户，贷款达银币 212168 元，黄金 263.88 两，白银 5430.47 两，粮食 43773 多石"⑤。循化水田盖村 34 户农民百分之百借过债，最少的 80 元，有的高达千元以上⑥。陕西绥德县的鹅崩峪村共有 14 户农家，平均借贷三四次，高的借贷 7 次，借贷两三次的有 7 户，占 14 户的半数。每次平均借款不到 20 元⑦。

农户的负债额还可以从新中国成立后的减租减息运动中反映出来，如 1950 年在甘肃临泽县由人民政府组织的农民减租清债中，全县 6 个区，其中第 5 区（板桥区）有债户 53 户，向农民贷放的本息小麦 6867.74 石，糜谷 2159.53 石，稻谷 199.84 石，白米 486.99 石，荞麦 39.94 石，黄豆 21.43 石，小麦 8.34 石，各类粮食合计 9783.82 石，银圆 468.94 元，白银 423.96 两，鸦片 119.5 两，铜钱折粮合计 384.44 石。第 3 区（沙河区）有债主 88 户，向农民贷放本息粮 114589.78 石（以明永乡大地主曹

---

① 李中舒：《甘肃农村经济之研究》，《西北问题论丛》第 3 辑，1943 年，第 47 页。
② 李化方：《甘肃农村调查》，西北文化书店 1950 年版，第 53 页。
③ [美] 埃德加·斯诺：《西行漫记》，董乐山译，生活·读书·新知三联书店 1979 年版，第 286 页。
④ 贵德县志编委会：《贵德县志》，陕西人民出版社 1995 年版，第 122 页。
⑤ 湟中县志编委会：《湟中县志》，青海人民出版社 1990 年版，第 82 页。
⑥ 青海省编辑组：《青海省回族撒拉族哈萨克族社会历史调查》，青海人民出版社 1985 年版，第 98 页。
⑦ 冯和法编：《中国农村经济资料》（续编），黎明书局 1935 年版，第 890 页。

丕怀发放款为巨）①。在渭源县的减租减息运动中，全县共废除付息已超过本金二倍以上的旧债契约3523张，共计停付的粮食9117石，银圆6905元，法币49074元，铜钱2849串，铜圆76串，清油624斤，牛5头，羊34只②。

总之，不论从农户的借债家数还是从农户借贷的数额都可看出，负债是民国时期西北农村社会的普遍现象，这与同时期全国的其他地区相比具有相似性。

需要指出的是，在上述西北地区农户的负债率和负债额的统计中，虽然负债者的主体包括了农民的各个阶层，但许多材料又表明，若以地权分配作为划分农村阶层的标准，则自耕农和半自耕农是负债队伍的主要组成部分（见表1—3）；若以生产关系划分各阶层，则中农和贫雇农是借贷队伍的绝对主体（见表1—4）。

表1—3　　　1948年甘肃省会宁县韩家集各种农家负债户数

种类	地主	自耕农	半自耕农	佃农	农工
户数	6	37	24	10	2

资料来源：谷苞：《会宁县农家经济概述》，《西北论坛》第1卷第7期，1949年3月，第13页。

表1—4　　　　青海省土地改革中债务人及债务数量统计　　　　单位：元

阶层	户数	银币	纸币	食粮	其他	债务合计
中农	13829	307680	1148	36221.74	5419000	5764049.74
贫雇农	17371	270867	7210	42424.60	3570000	3890501.60
其他	2033	116499	50	3504.60	3391000	3511053.60
合计	33233	694996	8408	82150.94	12380000	13165554.94

资料来源：青海省地方志编纂委员会：《青海省志·农业志·渔业志》，青海人民出版社1993年版，第68页。

---

① 临泽县志编委会：《临泽县志》，甘肃人民出版社2001年版，第281页。
② 渭源县志编委会：《渭源县志》，兰州大学出版社1998年版，第98页。

第三节 借贷的利率

可以肯定地说，民国时期西北的广大农户普遍陷于债务的旋涡之中，但这种债务有多少超过了农家的实际承受能力，换句话说，农户的债务中有多少需要支付高额的利息，这是我们下面需要加以重点考察的问题。

所谓借贷利率是指利息额占本金的比例，其表示方法有年利率、月利率和日利率，分别按本金的百分之几、千分之几、万分之几表示。习惯上称利率为几分、几厘、几毫。譬如年利率为2分，可表示为20%；月利率为2分，可表示为20‰等。

本书中所引用的资料也更多是用年利率或月利率来表示。从各方面的调查统计资料来看，民国时期西北农户的借贷，"以低利率借得之资金为极少数，向银行等借得者更不逮百分之十，其大多数粮债钱债的利率约在三分以上，甚至多在月息十分者"[①]。可以说，无论从借贷利率还是借贷来源看，农户的借贷大多具有高利贷性质。

一 借贷利率的情况

首先我们看南京国民政府中央农业实验所对全国22省的农村借贷利率所进行的调查统计，在1933—1934年处于西北的宁夏、青海、甘肃、陕西四省的一般借贷利率中，现金借贷年利率以宁夏最高（就是和同期全国其他省份比较也是最高的），平均都在30%以上，其中达到50%以上的就占了57.3%，粮食借贷月利率为11.7%，在西北四省中处于第二位；其次为陕西省，现金借贷年利率平均在30%以上的就达到92.5%，其中借贷利率在50%以上的也达到了51%。粮食借贷月利率平均为14.9%，不仅在西北四省，就是在全国22省中也是最高的；青海省虽在四省中最低，但现金借贷年利率在30%以上的仍有57.1%。四省现金借贷年利率平均为9.8%，高于全国平均利率2.7个百分点，现金借贷利率仅5分以上的利率平均为40%，高于全国平均利率27.1个百分点。粮食借贷月利率平均为9.8%，高于全国平均利率2.7个百分点（见表1—5）。

---

① 李丛泌：《西北农业概况》，《新西北》（月刊）第4卷第5期，1941年7月，第33页。

表1—5　　　西北四省农村一般借贷利率（1933—1934年）

地区	粮食借贷月利（%）	现金借贷各种利率（年利）所占之百分比					
		合计	10%—20%	20%—30%	30%—40%	40%—50%	50%以上
宁夏	11.7	100	—	—	28.5	14.2	57.3
青海	5.1	100	—	42.9	19.0	14.2	23.9
甘肃	7.3	100	2.7	22.3	19.4	27.8	27.8
陕西	14.9	100	0.9	6.6	29.3	12.2	51.0
平均	9.8	100	0.9	18	24.1	17	40

资料来源：根据南京国民政府中央农业实验所农业经济科编《农情报告》第2年第4期第30页和第11期第109页整理。

应当指出的是，上面的调查结果是根据普通利率计算得来的，而对真正的高利率并未加以计算。实际上此时期西北农村各地普遍盛行的高利贷利率比一般利率高出许多，而且在一些地方的高利贷利率还达到了惊人的程度。安汉、李自发在《西北农业考察》一书中，谈到甘、青、宁三省的借贷利率时说："其利息之高，不特为全国所无，且非其他各省一般人所能想到，倘非实地调查，其惊人之程度，亦决难以自信。甘肃山丹县竟有三十分之利率（即十元每元利息三元），比之各省最高二分计算，多至十五倍。若又以银行贷款之利率八厘相较，则至四十余倍。"三省的高利贷利率情况可从表1—6中清楚地看到。

表1—6　　　甘肃、青海、宁夏三省各地高利贷利率比较

地域	每月利率	由春至秋粮食借债利率	其他	地域	每月利率	由春至秋粮食借债利率	其他
平凉	10—20分	春借1斗秋还半斗		天水	10分	春借1斗秋还斗半	有借1元年还30元者
皋兰	2—5分		有以复利计算者	酒泉	5—15分		
临洮	10—15分			西宁	2—4分		
洮沙	10分			湟源	10—30分		有复利
永登	2—5分			贵德	5—20分		
古浪	3—5分		有借本1元年还50元者	宁夏	5—10分	春借1斗年还5斗	
山丹	30分	春借1斗秋还5斗					

资料来源：安汉、李自发：《西北农业考察》，国立西北农林专科学校，1936年，第53—54页。

从各省情况看，甘肃省除了上列1933—1934年南京国民政府中央农业实验所的调查统计可有力地证明之外，另据1940年国立西北技艺专科学校农业经济科与西北经济研究所对甘肃的借贷调查，从平均借入次数分析，各类利率之比重：甘肃天水县3—5分占68.57%，1.5—2分占11.43%，其中2分以上者占55.31%；平凉、武威、天水三县平均以3—3.5分最多，占28.67%，1.5—2分22.35%，计在2分以上者占55.31%。从贷款数额分析，各类利率的比重：天水3—3.5分占72.13%，2—2.5分占18.44%，计在2分以上者占93.85%；武威2—2.5分占42.32%，1—1.5分16.96%，计在2分以上者占71.01%；平凉、武威、天水三县平均以3—3.5分最多，占28.97%，其次2—2.5分占25.02%，计在2分以上者占66.36%①。此外，在甘肃河西各县，"利率之高，亦非吾人所能想象"，例如张掖的高利贷利率是："借现金者——百分之五十的利率为最轻者！借鸦片者——百分之三百！借粗食者——百分之百！"临泽县："每元每月利息二角，只照单利计算每年利息是二元四角，就是百分之二百四十的高利！"②范长江1936年在甘肃酒泉马坊进行调查时记载道：有一中年男子，借了临水镇吴家6块大洋，每一元每月三角利，共计借了18个月，该利18元，范长江替他算算，单利的年利率是360%！③永登县的一个老农谈到，他在二、三月青黄不接的时候借了8块大洋，到九月收获后归还，不知利息如何计算，共还麦子五石，鸦片50两，现洋30元，并给了两头牛，结果仍欠本利80元。④1946年以后有的月息高达100%⑤。临洮县，"信贷利率最大者为大一分，即100元本金每月计利息10元，一般为三分，即100元本金，每月计息3元。由于三分息较为普遍，群众又照例行息，也叫三年一个驴打滚"⑥。

在青海各地，如表1—6所列，西宁、湟源、贵德地区现金借贷利率

---

① 李中舒：《甘肃农村经济之研究》，《西北问题论丛》第3辑，1943年，第48—49页。
② 余昌源：《甘肃的农村经济》，《农村周刊》第130期，天津《益世报》1936年9月5日。
③ 范长江：《中国的西北角》，天津大公报馆1936年版，第223页。
④ 安汉、李自发：《西北农业考察》，国立西北农林专科学校，1936年，第54页。
⑤ 大通回族土族自治县概况编写组：《大通回族土族自治县概况》，民族出版社2009年版，第13页。
⑥ 临洮县志编委会：《临洮县志》（中册），甘肃人民出版社1990年版，第358页。

都在二分以上，其中湟源地区最高月利有达30分的，粮食借贷还有计复利的。西宁地区"农民借贷利率之高，着实惊人，最低月利三分（即百分之三），而有高至十分，十五分，二十分者，甚至有三十分者，以债务人与债权人的关系不等"①。另据调查资料显示：农民借贷，大通为二分至三分，循化为二分半至三分，门源为二分至三分，互助为三分，化隆为二分二，民和为三分六，乐都为四分，共和为二分半至三分②。而且借贷利率逐年攀升，如大通县放债利率在1938年以前月息10%—12%；1942年后增加到20%—40%。一些少数民族中的借贷利率也是很高的，如"回教徒中有做高利贷者，放款农民，其办法甚为苛毒。例如今日向某甲借洋一元，明日即须还一元二角，后日须二元四角，再过一日，即须四元八角；依此类推，到相当时期，仍不归还，即须以田地抵押，或侵占其妻女"③。在循化撒拉族聚居区，借贷利息一般分为粮息和银息，"粮息，借三十元，年息一石，也有借二十元，年息一石不等；借粮年息二分。争息，一般为二分五到三分，个别也有七分到十分的"④。

在宁夏，"高利贷利息分年利、月利、日利，利率均在30%—50%，高的达80%—100%。民国初年吴忠堡杨胖子放的高利贷，早出一元，晚收二元"⑤。永宁县"高利贷由富商、地主向城市贫民、手工业者和农民以货币或实物信用收取高额利息，即货币借贷，利率在30%—50%；粮食借贷，月息在某11.7%"⑥。中卫县，"放债者除地主、富农外，还有少数人专以放债收利。借贷期一般为一年，月利为3分，也有4、5分或本利对开者（即借1元还2元）。被农民称为'黑驴子打滚'"⑦。海源县，1940年"民间借贷形式在农村频繁出现，期限三个月至一年不等，年息少则2%，多则4%—5%。还有放青苗（春借秋还），押干谷（以产物担

---

① 顾执中、陆诒：《到青海去》，商务印书馆1934年版，第298页。
② 国立暨南大学西北教育考察团：《西北教育考察报告》，《中国西部开发文献》第8卷，第260页。
③ 天津《大公报》1935年3月9日。
④ 青海省编辑组：《青海省回族撒拉族哈萨克族社会历史调查》，青海人民出版社1985年版，第98页。
⑤ 宁夏金融志编审委员会编：《宁夏金融志》，内部资料，第106页。
⑥ 永宁县志编纂委员会编：《永宁县志》，宁夏人民出版社1995年版，第238页。
⑦ 中卫县志编纂委员会编：《中卫县志》，宁夏人民出版社1995年版，251页。

保）的借款，年息一般每斗 2—3 升。也有驴打滚的高利贷"[①]。

陕西省 1933—1934 年，在报告的 42 县中，借款利率（年利）在二分以上的就占 99.1%，其中仅五分以上的就达 51%[②]。另据 1933 年陕西省民政厅对该省 41 县的调查，"计算其平均利率，在月利四分左右，此较之江浙两省之普通利率，几多一倍以上"（见表 1—7）。

表 1—7　　　　　陕西各县农村借贷利率概况（1933 年）

县名	最高利率（月利）	最低利率（月利）	平均利率（月利）
长安	三分	二分	二分五
临潼	十分	三分	六分五
凤翔	十五分	三分	九分
华县	十分	一分	五分五
泾阳	八分	三分	五分五
郃阳	十分	二分	六分
扶风	三分	一分	二分
商县	十分	三分	六分五
陇县	二十分	八分	十四分
鄠县	十分	三分	七分
蓝田	三分	一分	二分五（原计算有误）
醴泉	三分	一分	二分
洛南	三分	一分	二分
武功	五分	三分	四分
白水	六分	二分五	四分二
澄城	三分	二分	二分五
麟游	五分	二分五	三分八
淳化	五分	二分	三分五

---

① 海源县志编纂委员会编：《海源县志》，宁夏人民出版社 1999 年版，第 515 页。
② 南京国民政府中央农业实验所农业经济科编：《农情报告》第 2 年第 11 期，1934 年 11 月 1 日。

第一章 民国时期西北地区农户借贷的基本状况 / 33

续表

县名	最高利率（月利）	最低利率（月利）	平均利率（月利）
安康	十分	三分	六分五
城固	六分	二分	四分
麦城	五分	二分五	三分八
汉阴	四分	二分	三分
略阳	八分	三分	五分五
留坝	三分	二分	二分五
岚皋	四分三	二分	三分二
石泉	五分	三分	四分
榆林	三分	一分五	二分二厘五
鄜县	四分	二分	三分
府谷	五分	三分	四分
肤施	三分	二分	二分五
绥德	三分	一分五	二分一厘五
米脂	六分	一分	三分五
洛川	五分	一分	三分
子洲	五分	二分	三分五
宜川	五分	三分	四分
横山	五分	三分	四分
安塞	三分	二分	二分五
安定	三分	二分	二分五
延长	六分	二分五	四分二厘五
延川	三分	一分五	二分二厘五
清涧	三分	一分五	二分二厘五
平均	五分八	二分三	四分一

资料来源：秦孝仪主编：《革命文献》第 87 辑"抗战前国家建设史料合作运动"（四），（台湾）"中央"文物供应社 1981 年版，第 447—449 页。

借贷利率不仅高，而且增长也快。如在陕西澄县，从清末至民国十五年，"利率之高下，固因贫富而有异"，"清末时，南乡债多系月利二分，北乡二分五乃至三分。近数年来，南乡则增至三分，北乡则四分"。"近有粮商放债，里长不讲利率，而十元则十日加三元以为常。"① 宜川县民国初年，民间借贷，"月息三分至五分（系以元计算）。迨至民国十年后以后，月息竟达十分"。"乡民借贷粮食者，春借秋还，每斗加利五升或七、八升，至一斗为限。"② 民国初年至三十一年，洛川县"民间借贷，向以田房契约作抵，或由证人担保，书立字据，行利三分至五分不等。民国十年，有越一账之例，即按月十分行息"。"乡间尚有借贷粮食者，春借秋还，每斗加利五升或至一斗之多。"③ 民国33年前后，黄陵县"昔日民间借贷，凭中担保承还，亦有质押田地房屋者，书立字据，利息三分至五分不等；如有借贷粮食，每斗加利三升至五升，大半麦秋两料收割后清还"④。陕西绥德县鹅崀峪村进行借贷的14户农户中，"利率普通是月利3%，但也有高到5%"⑤。

青海大通县在1938年以前，债务利率较低，一般为10%—20%。马步芳出任青海主席后，加重人民负担，求借者大增，到1942年后利率逐渐上升为20%—40%。1946年以后，通货膨胀严重，利率升到100%⑥。湟中县"在近七八年间，利息变动相差甚大，在民国三十年前，利息并不太大，白洋每月每元三分，一般则是二分五。在三十年后因马步芳专制统治的压迫剥削，一切苛捐杂税繁重，同时加上替丁款、丈地款、马款、献金款等之逼迫，弄得人民无法过活了，为解决生活而告贷者日有所增，借贷利息亦随之升高"⑦。甘肃省的情况更为显著。民国中期，临洮县民间私人借贷利率最高者为大一分，即100元本金每月计利息10元。一般为三分息，即100元本金，每月计利息3元。随后因法币、金圆券贬值，借贷又逐渐转为银圆和粮食，而且"借贷期限愈来愈短，利息也愈来愈高"⑧。甘南地区"1931年以前，一般利率为月息2%—5%；1931年以

---

① 王怀斌修，赵邦楹纂：《澄城县附志》卷4"商务"，1926年铅印本。
② 余正东等纂修：《宜川县志》卷14"财政志·附金融"，1944年铅印本。
③ 余正东修，黎锦熙纂：《洛川县志》卷14"财政志·金融"，1944年铅印本。
④ 余正东修，吴致勋等纂：《黄陵县志》卷12"财政志·地方金融"，1944年铅印本。
⑤ 冯和法编：《中国农村经济资料》（续编），黎明书局1935年版，第892页。
⑥ 青海省编辑组：《青海省回族撒拉族哈萨克族社会历史调查》，青海人民出版社1985年版，第58页。
⑦ 湟中县志编委会：《湟中县志》，青海人民出版社1990年版，第443页。
⑧ 临洮县志编委会：《临洮县志》（中），甘肃人民出版社1990年版，第358页。

后，利率一般为10%"①。1934年，甘肃康县，据记载，当时的借贷利率以2.5分为度，期限为10个月，而民国后期"借贷利率月息高达30%；粮、布利率竟高达50%"②。

二 借贷利率的特点

从以上西北各地农村借贷利率的基本情况中，我们看到以下几个方面的特点：

第一，如果我们仅从借贷利率的量的方面来衡量，参考南京国民政府对借贷利率的规定，把超过年利率20%或月利1.67%就算高利贷，那么上述所引证的大量材料表明，民国时期西北农村的借贷利率一般都在此标准以上，大多属于高利贷的性质。

第二，如果把西北借贷的平均利率和高于30%的利率和同期全国其他地区相比来看，无论是现金借贷还是实物借贷，西北地区的借贷利率都高于全国其他地区。

如根据表1—5所显示的1934年南京国民政府中央农业实验所对全国22省的民间借贷利率的调查计算，在对宁夏的样本调查中没有一笔借贷年利率低于30%，所有借贷利率都超过30%，平均借贷利率是49.6%，利率高于30%的借贷占样本的100%，是全国最高的。陕西省民间借贷的平均利率处于第二，为47.1%，利率高于30%的借贷占总样本的92.5%，排在22省的第二位；青海的平均借贷利率也为37.6%，利率高于30%的借贷占总样本的57.1%。而同期位于东部的浙江省，有41.2%的民间借贷利率为10%—20%，有57.7%的借贷利率为20%—30%，只有1.1%的借贷利率超过30%，平均利率为21.0%，这与西部调查各省差距很大。

如果把全国分为西北区（包括甘、宁、青等五省）、北方区、中部区、东部区、西南区、东南区六大地区来比较，西北地区的现金借贷和粮食借贷利率也明显高于全国其他区域（见表1—8）。即使从借款周息看，在六大区域中，西北区也是最高的（见表1—9）。

---

① 甘南州志编委会：《甘南州志》（上），民族出版社1999年版，第964页。
② 康县志编委会：《康县志》，甘肃人民出版社1989年版，第155页。

表 1—8　　　　中国六大区 22 省农村两种主要借贷利率（%）

区域	报告县数	现金借贷（年利）	粮食借贷（月利）
西北区	60.5	3.9	9.1
北方区	49.7	3.6	5.0
中部区	52.0	2.9	8.6
东部区	64.0	3.2	7.2
西南区	49.0	3.6	6.8
东南区	55.0	2.7	7.1
平均	56	3.4	7.1

资料来源：徐雪寒：《中国农村中的高利贷》，1934 年，转引自中国社会科学院、中央档案馆编《中华人民共和国经济档案资料选编》（农村经济体制卷），社会科学文献出版社 1992 年版，第 27 页。

表 1—9　　　　　　全国农民负债百分比与借款利息统计

区域	有报告之县数	占负债农家之百分比（%）	借款周息（厘）
西北区	84	68	51
北方区	305	57	39
中部区	80	62	28
东部区	107	66	31
西南区	90	59	39
东南区	71	60	27
平均	737	62	36

资料来源：许涤新：《农村破产中底农民生计问题》，《东方杂志》第 32 卷第 1 号，1935 年 1 月，第 48 页。

第三，西北地区实物借贷的利率远远高于货币借贷利率，属于更为残酷的高利贷。民国时期西北地区由于生产力落后，商品经济不发达，实物借贷广泛存在。实物借贷主要是粮食借贷，粮食借贷利率一般高于现金借贷。前面引用的南京国民政府实业部中央农业实验所农业经济科编的《农情报告》中对西北各省借贷利率的调查统计（见表 1—5），也充分证明了这一点。而进行粮食借贷的农户，正如经济学家徐雪寒所说：借贷粮食者（多是少量借贷）主要是特别贫困、缺乏信用的农民[1]。这种借贷多发生在青黄不接的季节，粮食价格比平时要高，故进行粮食借贷利率自然要高。对于那些平时就家境不富裕的农户，此时正处于严重的生活困难，必须要通过借贷才能维持温饱，而这也更有利于高利贷者提高利率。所以，一般情况是在现代金融越不发达、农业生产力发展水平越低、农民生活贫困的地区，实物借贷越普遍，其借贷利率也就越高。

第四，尽管此时期在西北农村的借贷关系中，半封建的高利贷占据统治地位，但从西北各地借贷利率的实际情况看十分复杂，即使在同一地区、同一时期，借贷利率的高低也依借贷时间的长短、借贷数额的多少、借贷急需的程度、借贷者的贫穷程度、离都市的远近、借贷双方的亲疏程度以及与时局的变化和通货膨胀的影响等有很大的关系。

一般情况是：利率的高低与借贷期限的长短和借贷数额的多少成反比。"长期每洋一元月息五分，短期有加倍者[2]。""短期息高，有15分账，25分账、30分账；长期息较低，有10分账、15分账、20分账[3]。""借款额较少者每洋一元每月四分；较多者每洋一元每月二分[4]。"

借贷利率的高低又与借贷者的急需程度成正比。如在青海省，"普通利息二分或三分，苟逢急用时，有高至六七分者"[5]。甘肃景泰"农民借款普通每月每元行息三分，至紧急时期每月每元行息一角"[6]。埃德加·斯诺在《西行漫记》中也谈道：甘肃泰安"在商号及私人借贷，普通为二分或三分，倘遇特殊情形时，则有五分、八分或十分者"[7]。农户急需借贷时，也正是生活上遇到困难的时候，此时，高利贷放贷者会利用这样

---

[1] 徐雪寒：《中国农村底高利贷》，中国经济情报社编《中国经济论文集》，生活书店1935年版。

[2] 《甘肃省敦煌农村借贷关系调查表》，1935年4月，甘肃档案馆，15—6—187。

[3] 《张家川回族自治县志》编委会：《张家川回族自治县志》，甘肃人民出版社1999年版，第754页。

[4] 《甘肃省崇信农村借贷关系调查表》，1935年10月20日，甘肃档案馆，15—6—178。

[5] 林鹏侠：《西北行》，甘肃人民出版社2002年版，第127页。

[6] 《甘肃省二十七县社会调查纲要·景泰》，1933—1934年，甘肃省图书馆藏书，第3页。

[7] [美]埃德加·斯诺：《西行漫记》，董乐山译，生活·读书·新知三联书店1979年版，第199页。

的机会提高利率,也会出现一些苛刻的高利贷名目,如"卡脖子账",多发生在紧急需要钱的时候,利息之高,非常惊人。计息时间以集日论(3天),多则5天、10天,利率高达30%—50%,甚至一倍①。"鞭杆账",一般以集日(3—5天)为限,最多不得超过10天,利率40%—60%,也有高达一倍的,到时无力偿还,就要挨"鞭杆",而这种时紧息高惊人的现金账,多是"借账人发生危机时借的一种账"②。家庭越贫穷的农户借贷利率越高,贫苦农民偿还能力低,借款数额小,高利贷者就通过提高利率,增加利息收入。

借贷利率的高低也与距离都市的远近有一定关系。一般情况是距离都市越近的地区借贷利率相对较低,而距都市较远的地方利率则较高。此皆为"环境所承认,法律所默许"。"至其(普通商号)流行之放款利率、普通月息均在三分以上,若穷乡僻壤地小额之高利贷,则在十分以上"③。安汉、李自发《西北农业考察》一书中的调查资料也证实,甘肃皋兰县和西宁市分别为甘肃和青海省会所在地,故其利率最轻,仅为2至5分和2至4分,而山丹在武威和张掖之间,距都市较远,故其最高,为30分。④ 甘肃泾县的利息标准,"概由三分至五分不等。距县城较远处,则有抹头子账者,即三倍利息之谓也"⑤。

借贷双方关系越密切借贷利率越低,反之越高。甘肃陇西"承借人与债权人有亲戚或知友关系者,可得最低利率,以一分五厘为标准(最高利率为月息三分)"⑥。皋兰县"查借贷人与债权(人)有亲族观念,最低者以一分五厘或二分不等"⑦。

时局变化较大、通货膨胀率较高的时期,借贷利率也会越高。如甘肃和政县"查本县地方未乱以前,凡有借,年息不过二分;经此乱后,农商均各破产,富有者甚少,加之差徭频繁,农民贫困,因此借贷粮食尚有

---

① 文县志编委会:《文县志》,甘肃人民出版社1997年版,第246页。
② 通渭县志编委会:《通渭县志》,兰州大学出版社1990年版,第174页。
③ 岷县分行:《岷县经济概况》,《甘行月刊》第1卷第4、5期,1940年7月。
④ 参见安汉、李自发编《西北农业考察》,国立西北农林专科学校,1936年,第53页。
⑤ 《甘肃各县调查·泾川(四)》,《西北日报》1935年6月14日。
⑥ 《甘肃省陇西农村借贷关系调查表》,1935年1月24日,甘肃省档案馆,15—5—180。
⑦ 《甘肃省皋兰县农村借贷关系调查表》,1933年10月11日,甘肃省档案馆,15—6—179。

年息至四五分者"①。平安县"每年下种和青黄不接时，农民向地主贷粮食作籽种或口粮，年息加三至加五，即30%—50%，荒年或灾年，年息高达80%"②。

此外，通货膨胀对借贷利率的影响很大，如1949年的陇南山区，当地最高的利率是月息40%，最低的利率是月息10%—15%，而"前者为一贬值再贬值的法币为对象，后者为一般百姓认为稳定的白洋"③。

第四节 借贷的用途

要了解民国时期西北地区乡村借贷的基本情况，还有必要对农户的借贷用途加以介绍。因为这是分析农户借贷原因和总结其特点、体现借贷社会经济效果的重要指标。

通常情况下，农家借贷的用途，可分为消费、生产、非经济用途三类。用于消费方面的主要有衣食杂用、婚丧、应酬、年节、医药、教育等项；用于生产用途方面的主要有购买田地、农舍、耕畜、种子、肥料等以及建筑房舍经营副业等项；用于非经济用途方面，主要有支付利息、还债、诉讼、赌博损失、犯罪科金等项。对于借贷用途的分类，李金铮教授还认为："倘若借贷用于生产经营，当属开发性借贷；如果用于生活消费和意外事故，则属于维持性和消费性借贷。"④

总体上看，民国时期西北地区农户借贷的用途，有着和全国其他地区相类似的特征，即农家借贷的用途主要不是用于生产方面，而更多的是用在消费方面。换句话说，农家借贷的原因主要是由于生活出现了严重困难，被迫进行借贷的。金陵大学农学院农业经济系1929—1933年在对全国22省142县农民的借贷调查后，就指出："中国农贷多用于购买粮食及婚丧喜庆等特别事件之消费贷款。"⑤ 李丛泌在《西北农业概况》一文中也说道："一般农户借得资金多分配于日常生活及婚丧等项，或弥补旧因

---

① 《甘肃省和政县农村借贷关系调查表》，1934年2月10日，甘肃省档案馆，15—6—179。
② 平安县志编委会：《平安县志》，陕西人民出版社1996年版，第100页。
③ 蕴如：《陇南山村杂记》，《和平日报》1949年3月3日。
④ 李金铮：《民国乡村借贷关系研究》，人民出版社2003年版，第54页。
⑤ 卜凯：《中国土地利用》，金陵大学农学院农业经济系，1931年，第660页。

税课，天灾，而发生之亏空，至于用在改良农具品种等上者，却属寥寥无几①。"

据1940年国立西北技艺专科学校农业经济科与西北经济研究所对甘肃平凉、天水和武威三县的合作调查，从借入次数看，各县均以用作日常生活费者占最多，次则用作农业生产资本，再次在平凉为还债，在天水为纳税，在武威为婚丧与经商等。三县平均日常生活费占56.81%，农业生产资本占28.47%，纳税占4.54%，还债占3.52%。从借款数额说，大致与借入次数所分析者相同，三县平均日常生活费占48.97%，农业生产资本占24.35%，其他一项占12.15%，纳税占5.44%，还债占4.16%②。

一些具体地区的调查，也证实了农户借贷用途以生活消费为主的事实。如：李化方1948年在甘肃山丹县甲村进行的调查就显示，"因缺乏食粮和籽种而借贷者一百家，因办丧事者两家，因交官差者一家，此外用作小生意本钱者两家"。而乙村则"全因食粮和籽种不足而借贷"③。山丹卢家铺和魏机寨农民的借债用途"主要是吃饭，其次是借籽种"，其中卢家铺籽种借贷为99.31市斤，占全部债额的20.99%，而食粮借贷则为79.01%；魏机寨籽种借贷为33.05市斤，占全部债额的5.38%，而食粮借贷则为94.62%。在商品经济较发达的泰安两个村庄（辛家沟、雏家川）的农民负债，多为婚丧的开支，其次则是小担贩的资本，或地租的累欠④。安西县"因连年歉收，差款繁重，以至农村破产，经济枯竭，一般农民无力输纳粮款，多以高利告贷"⑤。

1938年，陕西关中六县农家借贷用途排序如下：农业生产资金占14.9%，副业资本占8.3%，不动产投资占3.7%，即生产用途占26.9%；家庭消费占43.8%，偿还旧债占11.4%，婚丧嫁娶占有15%，诉讼占2.2%，烟酒赌博费占0.6%，习俗耗费占0.1%，即消费用途占

---

① 李丛泌：《西北农业概况》，《新西北》（月刊）第4卷第5期，1941年7月，第33页。
② 李中舒：《甘肃农村经济之研究》，《西北问题论丛》第3辑，1943年，第48页。
③ 高杰：《河西农村一角》，《西北论坛》第1期第7卷，1949年3月，第22页。
④ 李化方：《甘肃农村调查》，西北文化书店1950年版，第54页。
⑤ 《甘肃省安西县农村借贷关系调查表》，1935年10月15日，甘肃省档案馆，15—6—187。

73.1%①。陕西绥德县鹅崆村有 14 家农户,"因为衣食,尤其是食不足而借贷的有 16 次;为着添买耕畜而借贷的有 3 次。此外的原因有婚丧,支付利息,完纳捐税"②。宁夏永宁县农户的借贷,不管是货币借贷、实物借贷,还是"放青苗""押干谷","所有这些借贷多属农村中贫苦农民因苛捐杂税、各项摊派费用过多,一时无力支付所为"③。

第五节 借贷的期限

借贷期限是借贷运行方式的重要内容之一,它是从实施借债之日起到偿还债务之前的时间,简言之,就是借了多长时间的债务。

许多材料表明,民国时期西北农村地区的借贷期限绝大部分是在一年以下,属短期借贷,这和同期全国其他地区相似(见表 1—10)。

表 1—10 　　　　西北四省乡村借贷期限(1934 年)

省名	报告县数	借款时期之报告次数	借款时期百分比(%)					
			六月以下	六月至一年	一年至两年	两年至三年	三年以上	不定期
宁夏	4	7	—	71.5	—	—	—	28.5
青海	5	21	—	71.4	4.8	4.8	9.5	9.5
甘肃	21	36	16.6	47.4	5.5	22.3	2.7	5.5
陕西	42	100	48.0	42.0	3.0	1.0	1.0	5.0
平均	72		16.2	58.1	3.3	7.0	3.3	12.1

资料来源:南京国民政府中央农业实验所农业经济科编:《农情报告》第 2 年第 11 期,1934 年 11 月 1 日。

由表 1—10 可知,西北乡村四省借贷期限以 6 个月至 1 年者最多,平均为 58.1%;其次为 6 个月以下,合计 1 年以下者占借贷期限总数的 74% 以上。

此外,我们还可以从西北各地的一些调查资料来证实借贷期限短的事

---

① 蒋杰:《关中金融调查》,《西北农林》1938 年第 4 期。
② 冯和法编:《中国农村经济资料》(续编),黎明书局 1935 年版,第 891 页。
③ 永宁县志编纂委员会编:《永宁县志》,宁夏人民出版社 1995 年版,第 239 页。

实。甘肃张掖的情形是，1—3 万月借账，5—6 万月还账，借贷期限不到半年。河西农村借贷"期限以半年者为最普遍，一年以上者少见"①。另据 1940 年国立西北技艺专科学校农业经济科与西北经济研究所对天水等地的调查统计，借贷期限均在一年以内，其中 3—4 万月占 20%，6—7 万月占 20% 稍弱，8—9 万月占 20%，10—12 万月占 40%②。20 世纪 20 年代青海大通县"各种借贷，限期最多一年"③。宁夏永宁县民国时期，"短期借贷，一般不超过三个月；定期借贷，三个月至一年不等"④。海原县农村民间借贷"期限三个月至一年不等"⑤。

  借贷期限不仅短，而且从发展的趋势来看也是越来越短，还出现了更为短期的"集债"和"日债"。如民国末期甘肃农村借贷的情形是，"从前的借期约在六个月，现在最多不过三个月"⑥。"集债"在甘肃庆阳地区的正宁、宁县一带盛行，"上集借一元，下集还一元二角至一元五角不等。三天一集，一月九集，月息高达百分之五十至百分之一百"。"日债，也称天天债，日借日还，期限短，利息高"⑦。

  借贷期限的长短本应由贷入者决定，但实际情况是多由放债者决定。借贷期限短的主要原因是根据农村中借贷者的经济条件的优劣和借贷的急需程度而定。一般来讲，农村中借贷的大部分是贫农，由于民国时期西北农村经济落后，广大农户的经济状况越来越差，许多农民失去了土地，由自耕农变成佃农。失去了土地即失去了生活上的依靠，也失去了以土地做抵押的条件，故很不容易得到长期借款。另一方面，农家借贷大部分是以每年的冬春两季为最多，此时也是农家生活最紧张的时期，高利贷者正是利用这样的机会，提高利率，迫使农家答应借贷的苛刻条件。但当夏秋两季农民收获以后，生活上偶有宽裕之时，高利贷者则要求农家连本带利还

---

  ① 李扩清：《甘肃河西农村经济之研究》，（台湾）成文出版社、[美国]中文资料中心 1977 年版，第 24677 页。
  ② 李中舒：《甘肃农村经济之研究》，《西北问题论丛》第 3 辑，1943 年，第 48 页。
  ③ 冯和法编：《中国农村经济资料》（续编），黎明书局 1935 年版，第 360 页。
  ④ 永宁县志编纂委员会编：《永宁县志》，宁夏人民出版社 1995 年版，第 238 页。
  ⑤ 海原县志编纂委员会编：《海原县志》，宁夏人民出版社 1999 年版，第 515 页。
  ⑥ 百夫：《农村中的吸血鬼——高利贷》，《西北日报》1949 年 3 月 29 日第 2 版。
  ⑦ 庆阳地区金融志编纂委员会编：《庆阳地区金融志》，中国金融出版社 1992 年版，第 165 页。

清债务。借贷期限短,一方面意味着农民借了钱马上就要还,这给农民施加了巨大的经济压力,它使农民在经济上很难得到复苏的机会,从而使许多负债者陷于高利贷的罗网不能自拔。另一方面,也体现了中国农村借贷关系中,债权人和债务人处于很不平等的地位,它仍然带有浓厚的半封建色彩。

第二章

民国时期西北地区农户借贷原因分析

民国时期西北的广大农村社会，尽管近代以来的资本主义生产方式开始渗透，但以一家一户为生产规模的自给自足的自然经济仍占主导地位，这就使得农户的借贷仍有其深厚的土壤。但为什么此时期该地区农户的借贷如此普遍？是什么原因促使农户产生这种借贷行为？对此，我们不能只从某一个方面进行考察和分析，也不能简单地把它归于某一方面的原因，而应结合当时中国社会所处的历史背景，通过对该地区的自然条件、政治、经济发展状况，特别是生产力的发展水平、农民的物质生活条件等方面进行综合的分析。进一步说，民国时期西北农户借贷的原因是由于各种因素综合作用的结果，具有浓厚的时代性和地域性。

第一节 沉重的农民负担

在促使农家借贷的多种社会经济性因素中，我们首先要关注的是超过广大农民自身承受能力的各种负担在促使农家贫困从而引发借贷方面所起的影响和作用，即人们经常所说的"人祸"的影响。

所谓负担主要是指农村家庭自身直接用于生产、生活和其他自身消费之外的一切支出。它包括农民以货币、实物和劳务形式向地主、国家和社会提供的地租、赋税以及社会上的各种各样的摊派和征发。在这里，我们首先要强调指出的是，衡量民国时期西北农村家庭负担是否沉重、是否合理，并不是随意性的，确定一定的指标非常必要，否则对负担的分析很可能会陷入就负担论负担的境地。对此，重要的指标应该是考察负担是否超过了当时农家的实际承受能力。我们认为农家实际负担量的最高限度，应以不影响农家最基本的生活水平与维持简单再生产的基本能力为标准。超过此项标准,即属于负担过重。依据上述指标来衡量,民国时期西北农村家庭的负担状况,给人强烈印象的是负担不仅种类多、数量大,而且呈逐年增长趋势。本书所谈的农民负担主要从地租、赋税以及其他苛捐杂税、兵差力役等临时摊派三个方面进行分析。

一 超额的地租剥削

地租是地主阶级凭借地权和超经济的强制力量,无偿占有农民剩余劳动的经济形式。它包括实物地租、货币地租和劳役地租。

(一)实物地租

实物地租是地主把土地租给农民,按照规定的比例或数额,占有农民剩余劳动所生产的新产品。它一般分为两种,即分成租制和定额租制(西北一些地方称"死地租")。分成租制是封建租佃关系的原始形态,在汉代就有"见税什五"的记载,这种制度一直延续到近代,如据国民政府实业部调查,1934年全国22省879县中分成租仍占28.1%,其中西北四省51县分成租甚至高达32.9%[①]。它的特点是佃农须将当年收获物按一个固定的比例数(或称若干成)作为交纳给地主的地租,这种分成租制有三种不同的方式:第一种是一切农本如耕畜、农具、种子、肥料等都由地主供给,佃农出劳动力,收获物按二八或三七分成,这种形式多流行于西北和东北各省,当地又叫"二八分种"制或"分益雇役制"。这种农民介于佃农和雇农之间,也可以说是一种变相的雇佣劳动。第二种是地主供给一部分农本,例如出一半种子、肥料或耕畜等,收获所得都按成对半分,这是一种典型的分成租制。第三种是一切农本全由佃农负担,收获也是按成分配。这种制度再向前发展即变为定额租制,因为它与定额租制并没有本质的区别。从各地的情况看,一些在乡的中小地主往往采用这种分成租。每当农作物成熟时,地主本人或派管家到农田估产和监督收割。地主估产毫无客观标准,往往是尽量高估,结果地主拿去的不是原定成数,而是高于原成数。至于佃农利用多投资和多劳动所获得的增收部分,几乎也全被地主所占有。地主或其代理人下乡收租时的食住等项也都由佃农供

---

① 南京国民政府中央农业实验所农业经济科编:《农情报告》第3卷第4期,1935年4月。

应，这又增加了佃农的负担。这种分成租制存在种种不利于佃农发挥生产积极性的因素，严重地束缚了生产力的发展。

和分成租制相比，定额租制是更为流行的一种实物地租。它是农本全由佃农负担，租额由主佃双方预先议定，每亩租粮若干。一般来说，好地和产量较稳定的土地多实行定额租。定额租制一般有"硬租"和"软租"两种，硬租又叫"铁板租"，不论丰歉都是不折不扣的实足交纳。软租（一些地方称"活地租"）是在遇到灾荒时，可以商议酌情减少纳租成数。实行定额租制，佃农在生产上有较多的自主权和灵活性。因为租额事先已定，当佃农通过增加投资和劳动获得较多的收获物，在租期内可以归佃农所有。所以这种租佃有利于刺激佃农的生产积极性。

统计资料表明，民国时期包括西北各省在内的中国农村实物地租之高，在世界上都是罕见的。其中西北四省农民所受地租剥削的程度，尤其是占统治形式的实物地租的租率平均占78.5%，其中青海、甘肃、陕西三省甚至达到80%以上（见表2—1）。

表2—1　　　西北四省实物地租及货币地租的比重（1934年）

省别	调查县数	合计（%）	实物地租 分租（%）	实物地租 谷租（%）	货币地租（%）
总计	84	100	32.9	45.6	21.5
宁夏	5	100	35.4	18.5	46.1
青海	7	100	35.6	53.8	10.6
甘肃	21	100	34.5	51.2	14.3
陕西	51	100	25.9	59.0	15.1

资料来源：根据南京国民政府中央农业实验所农业经济科编《农情报告》第3卷第4期第90页资料整理。

分成租的比例虽然和主佃双方对农业投资的多少有关，但地主凭借对土地的私有权，就是不付出资本也要榨取半数左右的地租，若付出资本则不止半数，而将收取七成，甚至八成以上。如陕西省地租特重，"在关中及陕北为取上季之麦租，汉中则收下年之稻租。佃农与地租之分配最少为对半，最多地主则占三分之二。即遇灾荒，亦须尽量先交纳地主。若交纳不足，'则扣顶手'；此种'顶手'在陕南颇重。乃农民租地主之田时，如城市租房时之押租，先交若干钱于地主……佃租字约上写明。'不论雨霖天旱租谷不得短少升合，如若短少，准于顶手顶下扣除'①。"陕西汉中1932年，每亩稻产量是3石，每亩租额是2石，租额占产量的66.7②。陕西省竹溪县1949年土地改革前，每亩谷物产量是4石，每亩租额3石，租额占产量的75%。甘肃皋兰县土地改革前水田每亩产小麦是1石，每亩租额是0.48石，租额占产量的48%；旱地每亩产小麦是0.12石，每亩租额是0.08石，租额占产量的66.7%③。可见实物地租对农民的剥削是很重的。

（二）货币地租

货币地租是地主把土地租给农民，按规定的货币数额占有农民剩余劳动所生产的产品价格。货币地租是实物地额租的转化形式，是地主在货币形态上占有农民的剩余劳动。所以最初的货币地租有实物折租，即原规定为实物地租，交纳时按市场价格折价交纳，这是实物地租向货币地租的过渡形式。货币地租是以商品经济为前提的，只有在商品生产比较发达的条件下才会出现货币地租。

和实物地租相比，由于西北地区农村商品经济不发达，因此和全国其他地区相比，西北四省的正租中，货币地租从数字看并不是很高，其中宁夏最高占46.1%，其次是陕西占15.1%，再次为甘肃占14.3%，最低的为青海占10.6%，四省平均仅占21.5%。但从货币地租与地价的比例和货币地租的"购买年"来看并不低。其中甘肃省货币地租与地价的比例达到11.4%，陕西省为10.1%（同期全国18省货币地租租额占地价平均为11%）；甘肃省货币地租平均"购买年"为8.75，陕西为9.92④。一般来讲，"购买年"越长，剥削越轻；"购买年"越短，剥削越重。与西方资本主义国家相比较，英国在18世纪末，"购买年"一般为20—25年，

---

① 冯和法编：《中国农村经济资料》（续编），黎明书局1935年版，第416页。
② 陈翰笙：《破产中的汉中农民》，《东方杂志》第30卷第1期。
③ 严中平等：《中国近代经济史统计资料选辑》，科学出版社1955年版，第306页。
④ 国民政府主计处：《中国租佃制度之统计分析》，第79—80页，转引自严中平《中国近代经济史统计资料选辑》，科学出版社1955年版，第309页。

欧战后达到27—30年；德国在俾斯麦当政时代"购买年"为28—32年，欧战后"购买年"降为20年。而中国在1934年货币地租的"购买年"仅为9.06年。处于西北的甘肃也仅为7.29—8.75年；陕西省为7.93—9.92年[①]。可见包括西北在内的中国广大农户在民国时期所受地租剥削之重。

需要指出的是，从数字上看，货币地租似乎比实物地租轻，但实际情况并不如此。因为货币地租多系预付地租，即在订立租约时须预先交纳一部分地租。贫苦农民无钱就得借贷，这样佃农就还要遭受一层高利贷的剥削。预付货币地租须加付利息，因此其剥削程度实际上超过了实物地租。即使不预付地租，佃农在新谷收获后，由于急需钱交租还债，往往都需要在新谷充斥市场而价格最低的情况下将新谷卖掉，这样佃农在交租之前，就又加上了一层商业资本的剥削。

（三）额外地租

佃农除高额的正租（即实物和货币地租）之外，还要承受各种名目的额外地租。主要有：一是小亩出租与大斗收租。如陕西关中："地主往往以8分田作1亩出租[②]。"1950年在新疆"只有8、9亩地，硬算10亩或11亩的租，称'亏心租'[③]。"二是佃户代地主负担差徭赋税。如陕西咸阳"一切田赋杂捐，均由佃户负担"[④]。新疆南疆土改前"佃户摊派捐项"[⑤]。青海共和县"蒙番佃户若向地主租田耕种时，应先送茶、斜布、哈达或牛羊等礼物……每年地主之一切杂差如千百户王公等之出差费，本部与他部的交涉赔款，及省里派来的各项差徭，均须收租户担任"[⑥]。三是租佃制度中流弊最大的，莫过于劳役地租。由于租佃双方身份悬殊，地主对于农民，可以颐指气使，奴隶待之。如在陕西南部，甘肃天水、武都、泰安、礼县等14县，"农闲时，佃户须各尽所能，为田主服役，能

---

① 严中平：《中国近代经济史统计资料选辑》，科学出版社1955年版，第310页。
② 陈翰笙：《崩溃中的关中小农经济》，《申报月刊》1卷6期。
③ 中央农业部计划司：《两年来中国农村经济调查汇编》，中华书局1952年版，第195页。
④ 实业部中国经济年鉴编纂委员会：《中国经济年鉴》第7章，商务印书馆1934年版，第265页。
⑤ 中央农业部计划司：《两年来中国农村经济调查汇编》，中华书局1952年版，第195页。
⑥ 冯和法编：《中国农村经济资料》（续编），黎明书局1935年版，第366页。

扛轿者扛轿,能拉车者拉车,能做饭者做饭。田主视佃农为雇农,佃农为保其佃种权,亦不得不俯首贴耳也"①。1934 年,在陕南佃户"每年平均无偿劳动数十天。佃户妻媳有为地主作女佣或奶妈等义务"②。以上这些地租以外的额外剥削,大大提高了实际舷,实际上是一种超经济的强制剥削和压迫,它大大加重了农民的负担。

综上所述,包括实物地租、货币地租以及各种名目繁多的附加租在内的地租剥削,对农村经济的发展和农民的生活带来了巨大的影响。一方面它摧毁了农业再生产的能力。我们知道,广大农村的佃农阶层仅仅靠农业生产,往往没有什么剩余收入,一些佃农不得不靠从事各种手工业和副业生产,来弥补农业收入之不足,即使如此,在交纳高额地租后,佃农也是入不敷出,这样不仅不能扩大再生产,就连简单再生产都难以维持。佃农为了苟延生存往往不得不以借债来解燃眉之急。另一方面,高额的地租剥削还严重地阻碍着农业技术和社会的进步。在高额地租下,不仅佃农感到窘困难以支持,就连富农也感到经营农业白白操心费力,无利可图,反不如坐收地租更落得清闲稳妥,从而使中国的富农经济在高额地租的盘剥和引诱下,往往蜕变为出租地主,因此大大限制了农业中资本主义的发展和农业技术上的进步。

二　田赋的急剧增长

在农家所承受的各种赋税负担中,田赋负担是很重要的一项。它既是各届政府财政收入的主要来源,也是农民承受赋税剥削的最主要方面。民国时期,农家的田赋负担大致分为两类:一是田赋正税,主要包括地丁两项,这是 19 世纪清代田赋的进一步延续;二是田赋附加税,这是民国时期地方政府为了应付经费的需要而发起征收的税。虽然没有明确的法律规定,但省、县政府在财源上的区别是:田赋正税归省库,田赋附加税归县库。田赋的急剧增长,具体表现在以下几个方面:

(一) 田赋正附税征收的数额呈增长的趋势。尽管南京国民政府实业

---

① 章有义主编:《中国近代农业史资料》第 3 辑,生活·读书·新知三联书店 1957 年版,第 249 页。

② 转引自严中平《中国近代经济史统计资料选辑》,科学出版社 1955 年版,第 297 页。

部公布的全国 22 省每亩田赋正附税总额之变迁统计表中涉及西北各省的统计数据并不完整,增长高度也参差不齐,但和全国平均相比,我们还是可以从数据中推论出自 1912 年民国建立到 1936 年,西北各省的田赋正附税征收数额是增长的(见表2—2)。

表 2—2　　　西北三省历年田赋变迁统计（1931 年田赋 = 100）

省别	报告县数	水田				平原旱地				山坡旱地			
		1912年	1934年	1935年	1936年	1912年	1934年	1935年	1936年	1912年	1934年	1935年	1936年
全国平均	1020	59	108	101	101	62	111	103	101	61	111	104	101
青海	7	—	111	117	119	—	103	115	116	—	125	117	122
甘肃	22	—	107	91	83	—	106	97	86	—	118	107	92
陕西	42	42	98	101	94	62	109	98	97	40	112	105	100

资料来源：南京国民政府中央农业实验所农业经济科编：《农情报告》第 7 卷第 4 期,1939 年 4 月,第 49 页。

另从田赋正附税占地价的百分率也可看出田赋征收数额增长的高度。尽管国民政府在 1928 年明确规定,田赋征收不得超过地价的 1%,但在实际征收中,田赋正附税不超过地价 1% 的情况在包括西北各省在内的全国各地极为罕见。据统计,1934 年全国田赋占地价的百分率：水田平均为 3.05,而宁夏、青海、甘肃、陕西四省分别为 5.00、4.92、4.43、3.07,四省平均为 4.36,高于全国平均水平 1.31 个百分点；全国旱地平均为 3.63,宁夏、青海、甘肃、陕西四省分别为 4.00、3.75、4.87、3.73,四省平均为 4.09,高于全国平均水平 0.46 个百分点；山坡旱地全国平均为 3.46,除宁夏没有统计数字外,青海、甘肃、陕西三省分别为 6.08、5.52、3.32,三省平均为 4.98,也明显高于全国平均水平 1.52 个百分点。同时还可以看出,西北各省田赋正附税平均都在地价的 3% 以上,而青海的山坡旱地在 1936 年甚至达到 7.2%,这在全国都是最高的[①]。

---

① 南京国民政府中央农业实验所农业经济科编：《农情报告》第 7 卷第 4 期,1939 年 4 月,第 50 页。

(二) 田赋附加税种类繁多，超过正税，成倍增长。附加税既然名为附加，则顾名思义，当然不能超过正税。对此，1928年国民政府财政部也曾颁布过限制征收田赋附加税办法8条，规定田赋附加税总额不得超过正税，正附税共计不得超过现时地1%，凡超过者皆须斟酌核减。但实际这种规定在各地多被突破，限制的具体规定变得毫无意义。就民国时期的西北农村而言，农家所面临的来自附加税的压力：一是种类过多、过滥，大多属巧立名目，并且标准不一；二是附加税征收项目在总量上常常超过正税许多倍。

据统计，1934年宁夏有田赋附加税4种，青海有1种，甘肃有13种，陕西有9种，新疆有5种；五省合计有32种附加税[①]。甘肃省在民国初年田赋附加的征收"仍循清制，即在地丁正供外，附征耗羡、盈余、百五经费；粮石盈余之内，又包括斛底、斛面、土粮检验等。附税收入除少数上解外，一般多作为弥补州、县官吏俸给和办公费用……民国4年（1915年），清理财政，将所有耗羡、盈余、经费等附加一律裁减，并入正供解省，县级财政顿感窘困。地方政府遂多巧立名目，开征附加，有按银两征收，有按粮石附征，税率既不相同，数目也各有异"。其"田赋附加，名目繁多，有地方行政附加、教育附加、保甲附加、农户摊款、地丁摊款、公安捐、自治捐、驻军给养等"。而且征收数额超过正税，1934年，甘肃省财政厅报部数，全省田赋正税130.9451万元，粮16.4001万市石，而附加即达到37.3957万元，为正税的28.5%[②]。成县"民国仍倚地、丁税为基石，而有脚、骡捐、商捐、杂税等目。迨18年（1929年），税种日繁，而税率日高。演至34年（1945年），税种遂演至40余目"[③]。宁夏虽于1929年从甘肃省分出后建省，但从1930年至1931年由于内战，各项赋税无暇整理，仍因袭甘肃旧例征收，"积习既深弊端低丛生。其最厉害者，实为主要收入之田赋"。"至所纳田赋名目甚多：正税则有正粮、草束、地丁之别；附税则有盈余、耗羡、陋规并清乡费，百五经费，县地方附加之分，名目繁多欺瞒甚易，遂使吏役巧立斗尖、斛面、验粮、看粮、随粮等名目从中浮收，运用折零抹尾等贯技以事剥削。种种弊端

---

① 邹枋：《中国田赋附加税的种类》，《东方杂志》第31卷第14号，1934年7月，第312页。
② 甘肃省志财税志编纂委员会：《甘肃省志·财税志》，甘肃人民出版社1990年版，第30页。
③ 成县志编委会：《成县志》，西北大学出版社1994年版，第673页。

不能尽述"①。

　　田赋及其附加税征收不仅名目繁多，而且增长很快，给农户带来了巨大的生活压力。如陕西省的正杂各税和田赋增长很快，在城固，民国初年，每年不过60900元，1931年竟达740000元，几乎增加了一倍。在石泉同样地从7000元，增加到240000元，增加了近30倍②。陕西政府因为很多的小地主逃亡，从1931年起，在许多地方，已勒令佃户直接完税。汉中的贫苦农民尽管将收获物尽数出卖，所得的进款还不够抵作税捐。③"农民收粮一石，市价不过三四元，而由此一石之粮须纳捐税达八九元，捐款超过生产价格一倍，农民为要捐款，不得不缩下食米，只好吃粥。"④青海贵德县，"每年农民须缴纳地亩粮食1251石有余，营买粮市900石，再加上其他借款杂支，总计每年全县民众须负担124000余元。以全县人口27000余口中，除去年迈残废及幼年男女不能生产者不计外，其年壮力富者每人每年负担40元以上。如此苛捐杂税，实为农民受苦最深者"⑤。田赋及其附加税这种不合理的税收，已成为农村经济衰落的致命伤。正如当时时论所评："农村经济破产普遍的原因，实为税捐之繁重；税捐中归农民直接负担者，厥惟田赋，而田赋之有加无已，使农民负担至不能负担者，实为附加税，故吾人可得一结论：农村经济破产一般的原因实为田赋附加税之有加无已"⑥。

　　(三)"田赋预征"在一些地方表现也很突出。田赋中除纳正附税外，还有预征一项。所谓预征即提前征收田赋。民国以来各级地方政府为了维持地方政权、支付军阀混战的庞大军需耗费，在财政日渐空虚、拮据的情况下，对农民实行竭泽而渔的极端措施之一就是预征。田赋预征开创于北

---

①　人民银行宁夏区分行金融研究所编：《宁夏金融史近代史料汇编》（上），油印资料，1987年3月，第57页。

②　何挺杰：《陕西农村之破产及趋势》，《中国经济》第1卷第4、5期合刊，1933年8月，第7页。

③　陈翰笙：《破产中的汉中的贫农》，《东方杂志》第30卷第1号，1933年1月，第71—72页。

④　董成勋：《中国农村复兴问题》，转引自章有义主编《中国近代农业史资料》第3辑，生活·读书·新知三联书店1957年版，第37页。

⑤　顾执中、陆诒：《到青海去》，商务印书馆1934年版，第262页。

⑥　中央大学经济资料室：《田赋附加税调查》，上海商务印书馆1935年版，第5页。

第二章　民国时期西北地区农户借贷原因分析 / 53

洋军阀时期的1918年，起初只出现于地方军阀割据的地区，如四川，之后在二三十年代，就连中央政府直接能号令的各省也普遍实行了起来。这种预征一年可以数征，甚至十数征。预征的年限逐年有所增加，一般可达数年，严重的达十几年以上。在陕西"预征田赋，也是普遍现象，例如渭南北阁村预征在三年以上，大上庄1929年时已预征到1932年，后来又从1929年征起。凤翔小渭村的田赋，已预征至1938年"①。陕西沔县、宁羌1931年3月开始征收，所征田赋年份是1938年，预征年数是7年②。甘肃省在1928—1932年实行田赋预征，每年1—2次，预征年份最高达5年以上。1938年1月11日，甘肃省政府决定本年预征田赋1年，其中以六成作军粮，以四成作价军费。1942年，甘肃省政府将田赋改征实物，并将各种摊派纳入额，每斗按正额加征三成，一并征实，赋额较以前增加180%。同时，根据田赋正额开始征购军粮。1943年，国民政府将田赋由征购改为征借，只发粮券，不付粮款；借粮不计利息。从第五年起分5年平均偿还或抵纳当年应交田赋。是年甘肃征借160万石。1948年7月9日，甘肃省政府公布本年田赋实行"借一征一"，总额为155万石③。可见，田赋预征不管是征实还是征借，其总额量有增无减，同时也意味着农民的负担一直在加重。

（四）"烟亩税"负担沉重。在分析民国时期西北农户所承受的田赋及其附加税的负担时，不应忽视"烟亩税"负担也是其中很沉重的一项。由于当地政府受巨大的税收利润驱使以及满足西北驻军军费需要，迫使农户种植鸦片，因此西北各省鸦片种植相当普遍。如在陕西，"省政府迫人民种烟，每亩至少纳烟捐十元，就是不种仍要照样纳烟亩税"④。"甘肃禁烟，自始即未遵照中央法令办理，名为禁种，实则只就交通便利之地，略加铲除，其他各县，仍迫令农民一律种烟；不论是否种植，均须抽收亩

---

① 国民政府农村复兴委员会编：《陕西省农村调查》，商务印书馆1934年版，第153页。
② 《新闻报》1931年2月4日，转引自章有义主编《中国近代农业史资料》第3辑，生活·读书·新知三联书店1957年版，第42页。
③ 甘肃省志农业志编委会：《甘肃省志·农业志》（上），甘肃人民出版社1995年版，第109页。
④ 许达生：《苛捐杂税问题》，转引自章有义主编《中国近代农业史资料》第3辑，生活·读书·新知三联书店1957年版，第45页。

捐"①。在这样的政策引导下，鸦片种植面积相当广泛。陕西每县平均，烟田1400亩，全省以40县计之，烟田当有56000亩之多。甘肃烟田占全省农田3/4，鸦片产额占农作物90%②。宁夏从甘肃省分出独立建省后，成为全国主要鸦片产区之一，全省10个县中有7个县种烟，其中有一个县鸦片的年产量即约为84000余担③。"农场作物，罂粟约占百分之三十五"④。若从农户所承担的烟税负担来看也是相当沉重的。1933年陕西留霸每亩烟税收16元、南郑收20元；甘肃1934年也收10元以上⑤。在陕西"如每县种五千亩者，今则勒令种一万亩，一县出款竟有逾二十四万至四十万以上者，且无论种与不种，非强令认款不可"⑥。汉中"民家被迫种植鸦片，年收二十两。每两值洋四角，计全年收入为八元。而政府向人民征纳十六元二角"⑦。1933年前后的宁夏财政中，其中对所有田亩都要征收的"清乡费"和对鸦片征收的"善后罚款"两项税收就占到60%以上，还不包括围绕鸦片征收的其他税收，如公益捐、行销捐、灯捐等等⑧。"甘肃全年收入九百万，恃鸦片税收五百万，……宁夏年收入百余万，恃鸦片收入仍一百万，青海虽无鸦片之栽种，然恃鸦片入境税仍在二十万左右，以青全省税收百万计，已占五分之一矣！"⑨可以说，民国时期特别是军阀统治的西北地区是名副其实的鸦片财政。

"烟亩税"的征收不仅加重了农民阶级的负担，而且其征收也刺激了高利贷的猖獗，引发了突出的社会问题。由于鸦片的种植不仅需要大量的劳动力，更需要大量的资金，这对经济力量十分薄弱的西北农民来说，在当地农村金融窘迫的情况下，解决资金短缺的唯一办法就是借高利贷。而

---

① 国民党政府内政部禁烟委员会：《禁烟纪念特刊》，1935年6月，第6页。
② 徐正学：《农村问题》下册第5章，1936年版，第13—14页，转引自章有义主编《中国近代农业史资料》第3辑，生活·读书·新知三联书店1957年版，第48页。
③ 罗运炎：《中国禁烟问题》，大明图书公司1934年版，第71页。
④ 陈赓雅：《西北视察记》上册，申报馆1936年版，第101页。
⑤ 章有义主编：《中国近代农业史资料》第3辑，生活·读书·新知三联书店1957年版，第51页。
⑥ 马乘风：《最近中国农村经济诸实相之暴露》，《中国经济》第1卷第1期，1933年4月，第4页。
⑦ 陈翰笙：《破产中的汉中的贫农》，《东方杂志》第30卷第1号，1933年1月，第68页。
⑧ 傅作霖：《宁夏省考察记》，正中书局1935年版，第64页。
⑨ 涵荣：《西北归来的回忆》，《新青海》第3卷第10期，1935年。

高利贷者对种鸦片的农民也特别欢迎，"因为种鸦片的土地全是肥田，如果农民有赖债的行动，土地的抵押可以较有把握。同时鸦片的收成也比稻子、麦子更可靠，鸦片的市价也不像人物的易于变动，高利贷者也愿意放款给种鸦片的农民，于是农民更多地种植鸦片了"①。农民对于沉重的烟税负担，"中上之家尚可缴纳，贫寒之户，无法应付，只得转向富户商人哀求借贷，不说利息几分，只说支土几两。普通借洋一元，至收新烟时，少则支土六两，多则八两，不论烟价高低，务须两数称足"②。

综上所述，民国时期包括西北地区在内的广大农民所担负的田赋及其附加税，名目繁多、税量之苛重，已到了极端的地步，它使农民背上了沉重的负担。需要指出的是，田赋作为对土地的征课，按法律规定应由土地所有者负担。但事实上，地主作为土地的最大所有者，它并不和自耕农、小土地所有者那样负担繁重的赋税，而总是要将田赋负担转嫁于广大佃农和自耕农身上。这种方式有多种多样：一是隐瞒田亩，它可以从根本上逃避土地赋税负担。由于国家对各地区的田赋征收是有定额的，因此地主对田亩的占有加以隐瞒，这就使大量的田赋负担被摊到广大农民身上。如在陕西，田赋银一钱，本为一亩田所负担之数，但地主与富农平均三亩、五亩只有田赋银一钱，中农尚与此数目接近，贫农则有一亩田而负担田赋银二钱以上者，甚至有无立锥之地而尚有负担数钱数两田赋银之怪现象。盖地主富农之购置田产，因恐县政府根据其田赋银多寡而派临时款之轻重，故情愿多出田价，而不愿多带地丁银。有购买数十亩田而仅增加数钱银之田赋。因而贫农之负担更重③。甘肃张掖"全年共粮四万石，历年'报荒'之结果，免去了二万七千石，现仅每年一万三千石。因为地方政权在绅士手中，绅士们的地，都是上等地多，他们得了报荒的机会，把自己的好地报了荒地，免去粮赋。而真正荒了田地，却仍然要按亩上粮。所以这一万三千石粮，十之六七还是由一般贫苦的农民负担"④。二是利用权

---

① 章有义主编：《中国近代农业史资料》第 3 辑，生活·读书·新知三联书店 1957 年版，第 356—357 页。

② 陈赓雅：《西北视察记》上册，申报馆 1936 年版，第 287—288 页。

③ 何挺杰：《陕西农村之破产及趋势》，《中国经济》第 1 卷第 4、5 期合刊，1933 年 8 月，第 6 页。

④ 范长江：《中国的西北角》，天津大公报馆 1936 年版，第 199—201 页。

势将应纳粮赋，强力分摊于农民。据1933年材料记载，青海贵德"本县绅董之权威，非常宏大，除勾结役吏剥削农民外，并将本应纳之粮赋，亦悉数摊给贫苦农民，更巧立名目，任意诈索，以饱私囊，农民畏其威力，忍痛默受，莫之敢抗"①。三是佃完主赋，即在租佃制盛行的地方，往往由佃户缴纳田赋及附加之全部或一部分。如在20世纪30年代的甘肃农村，佃户往往须缴田赋附加税的60%；在陕西咸阳"凡出租田地者多不在乡地主。……一切田赋杂捐及种籽、肥料、房屋等，统由佃农负担"②。可以说，地主借这种超经济强制的方式来转嫁赋税负担的事例，比比皆是，由此更进一步加重了农民的负担。

三 其他杂捐杂税、兵差力役等临时摊派的征收

民国时期对于西北广大农村家庭来说，过于沉重的负担还来自于各种名目繁多的杂捐杂税、兵差力役等临时摊派和征发上。

（一）各种杂捐杂税的征收，名目繁多；具体表现在：税额高、增长快

据资料统计，青海省苛捐杂税的名目有：收买羊肠专利营业费、征兵费（1名兵价）、征马费（1名马价）、戒烟款、皮毛捐、屯粮、番粮、其他粮、耗羡粮、盈余陋规粮、百五经费粮、营买粮、支应粮、营买草、支应草、支应柴、屯草折价洋、粮草串票洋、教育费、契纸税、验契税、税契捐、油梁磨捐、补助师范费、印花税、当税、平税、地方杂税、产销费、地方各机关经费、粮茶税、地执税、司法税、行政费、榷运税、盐税、畜税、附加法院费、番贡马价税、屠宰税、警察税、商摊税、民团费、烟酒税、喇嘛衣单口粮、交际费、慰劳费、接济费、电话费、粮茶税、出山税、入山税、羊毛筏捐，共计53种。

宁夏省苛捐杂税的名目有：船户营业捐、马厂地租、保安捐、驼户营业捐、担头捐、保安服装捐、善后罚款（即鸦片运销税）、县地亩捐、商店铺捐、羊只捐、粮石百五捐（正粮百分之五）、地丁百五捐、出口货税、鸽堂捐、验票费、烟灯捐、百货厘金、皮毛交易税、婚书费、磨税、军事捐、湖租、牲畜营业税、军服捐、临时维持费、清丈地亩捐、牙税、

---

① 顾执中、陆诒：《到青海去》，商务印书馆1934年版，第262—263页。
② 实业部中国经济年鉴委员会：《中国经济年鉴》第7章，商务印书馆1934年版，第265页。

当税、屠宰捐、驼捐、食盐驼运捐、地丁附加、车捐、粮石附加、牲畜捐、契税、警捐、牙行斗秤行运捐、建设费、水利捐、渠费,共计41种。

甘肃省苛捐杂税的名目有:地丁附加、粮草折价(又名折色粮)、驼捐、本色粮、持种销费、畜捐、税契(各种契约)、当税、刮地税(见海源县)、茶课、牙税(各种行运)、磨税(磨坊)、屠宰税、烟亩附加、烟亩捐、禁烟款、烟酒税、印花税、义务捐、盐税、保运税、各县府临时费、建设费、实业税、教育费、自治费、警察税、招待费、催款委员费、司法费、保卫团经费、鸦片坐销税,共计33种[①]。

上述征收的苛捐杂税基本是一些较长期和固定的税目。除此之外,各地还有一些临时性的纳捐和特定区域所独有的征收税目在不断增加。如宁夏"各县为解决地方困难,临时性捐纳之多不下10种。既无章则规定,又无起止年限"。其名目有:暗门税(系以入长城之门而征收的捐税)、籴峡捐、船符捐、炭秤捐、甘草捐、子口半税、枸杞税、夷税等。成县"民国初年仍倚地、丁两税,而有骡捐、商捐、杂目等项目。迨至十八年(1929)后,税种日繁,而税率日高。演至三十四年(1945),税种遂演至40余目"[②]。陕西省三原县民国时期的杂捐主要有中央及省捐和县捐二种。民国元年(1912)公布的"国税和地方税草案"中有杂税20种。民国二十六年(1937)又开征战时特种税,电影、戏剧每票回收1角,烟酒按价回收3/10,化妆品按价回收5/10,宴席按价回收2/10,特货(即鸦片)每两回收1角。民国三十六年(1947)又开征了"戡乱特捐"。县捐中,1946年创设了"棉包捐"(按值抽10%)、"畜头捐"(按价抽10%)和"旅业捐"(捐率3%)[③]。

从苛捐杂税征收的税额来看,也是很高的。如"驼捐",民国四年(1915),甘肃省开征,规定壮驼每峰年捐洋2元,附征公费洋0.2元,老幼驼减半征收。民国二十九年(1940),宁夏省规定每峰年纳捐2元,民国三十三年(1944),增为本省驼每峰年纳200元,外省驼300元,民国三十五年(1946),又增为本省驼每峰1000元,外省驼1500元。皮毛交

---

① 安汉、李自发:《西北农业考察》,国立西北农林专科学校,1936年,第47—50页。
② 成县志编委会:《成县志》,西北大学出版社1994年版,第673页。
③ 三原县地方志编纂委员会:《三原县志》,陕西人民出版社2000年版,第520—521页。

易税，民国四年（1915），甘肃省订立新章，将由原来商畜税中的皮毛另行计征皮毛公卖费。按照公卖费率，每百斤皮毛初征银1两，后加为2两，继而改征银圆4元①。宁夏省"驼捐"，征收总额在民国十九年（1930）为238200元，到民国二十九年即增加到3092150元。杂项收入民国十九年为654256元，到民国二十九年（1940）即达到12898165元②。

（二）各种乱摊派、乱征发现象

这种摊派往往是数额无边无际、税率标准全无，随时征收。关于摊派的情形，孙晓村在《废除苛捐杂税报告》中谈到"在中国北部诸省中，与田赋附加同为农民奇重的负担且有时更甚者，尚有临时摊派。附加税虽重，尚有一定限度，临时摊派则予取予求，漫无限制"③。如陕西省，"除掉田赋外，临时摊派数比较更大，而且没有一定的时期"。我们以绥德县第五区团自1930年以来，历年所摊派各项捐款为例，便知陕西省摊派的一般情况（见表2—3）。

表2—3　陕西绥德县第五区团历年摊派清单（该区团所抄录原文）

(1) 1930年		(2) 1931年	
县府派来股本正款	1550.0元	杂税正款	1034.95元
带派办公费	60.0	办公费	238.00
杂税正款	840.0	地亩捐	4545.00
又附加印花	1130.0	（内有办公费525.8元）	
（内有办公费290元）		出委员、法警及区费	535.00
区费	203.0元	花户登记	900.00
地亩捐	4214.0		
（内有办公费257.6元）			
门牌捐	324.8		
共计	8321.80元	共计	7252.95元

---

① 宁夏财政志编纂委员会：《宁夏财政志》，中国城市出版社1993年版，第162—163页。
② 人民银行宁夏分行金融研究所编：《宁夏金融史近代史料汇编》（上），油印资料，1987年3月，第59页。
③ 转引自章有义主编《中国近代农业史资料》第3辑，生活·读书·新知三联书店1957年版，第82页。

(3) 1932 年
杂税及印花　　　　　　1568.0 元
　（内有办公费 376.4 元）
水灾捐　　　　　　　　90.0
省库捐　　　　　　　　273.4
　（内有办公费 38.4 元）
地亩捐　　　　　　　　4281.6
　（内有办公费 80.0 元）
区费　　　　　　　　　513.6
汽车捐　　　　　　　　565.0
　（内有办公费 70.0 元）
出委员、法警公费　　　62.0
县政府派来维持（十一团）借款　490.0
县政府派来临时借款　1400.0
出委员、法警公费　110.0
　　　　　　　　　————
　　　　　共计 9353.60 元

(4) 1933 年 7 月止
杂税及印花　　　　　　1342.00 元
　（内有学款工费 399.1 元）
办公费　　　　　　　　161.0
地亩捐　　　　　　　　3672.00
　（内有办公费 436.44 元）
地亩附加各项公费　　　493.56 元
　　　　　　　　　————
　　　　　共计 5668.56 元

注：该表原文抄录，文字、格式未作改动。

　　第五区团全区只有 25 个村庄 220 户，如果以上列历年摊派每户平均计算，则 1930 年每户平均摊派 3783 元，1931 年平均 3297 元，1932 年平均 4252 元，1933 年 7 月为止的半年多时间里，每户平均已摊派了 2577 元①。三原县"除杂捐外，任意摊派更是群众一大灾难"，据统计，1947 年三原县苛杂捐就有 63 项②。

　　甘肃省"提款制度盛行，遂产生省府财政机关大批提款委员，委员车骑四出，络绎于道，往返稽留。……而提款制度盛行，乃复有军队直接派人到乡催提坐索之事"。如在 1933 年武山县，曾有 11 个部门同时来该县催提款项，有财政厅、亩款处、38 军、14 师、骑兵团等大大小小的提款委员一共有 42 人，随从尚在外不计。而同时在西和县县政府坐守的提款委员，则有 31 人。提款的项目大都是生活所需，主要有饮食、炭火、

————————

① 国民政府农村复兴委员会：《陕西省农村调查》，1934 年，第 153—155 页。
② 三原县地方志编纂委员会编：《三原县志》，陕西人民出版社 2000 年版，第 521 页。

烟纸、鸦片、洋烛以至于雪花膏、生发油等，应有尽有①。

在涉及摊派负担时，兵差对西北地区农家形成的压力最大。这主要是因为自民国以来，该地区兵灾连年，大小战事不断，故军事摊派相对突出。据王寅初1929—1930年对中国北部兵差的调查统计，位于西北的各省除宁夏、新疆二省情况不详外，青海省7县都有兵差负担，比例为100%；甘肃省66县中有51县有兵差，比例为77%；陕西省92县中负担过兵差的也有73县，比例高达78%②。

如此高的兵差给农户带来的负担是沉重的。如1927年下半年河南发生战事，陕西为战区后方，负责供应一切军需，单就8—12月5个月中间所征收的小麦一项而言，它的总值已占地丁正税的97%③。甘肃省在民国初年，虽无战事，但驻军万余。主要是中原战事影响甘肃，因此甘肃的督军也就开始招兵买马，逐年增加军队，因此各种的苛捐杂税也就随之而起。到了1927年冯玉祥进入甘肃，军队增加更多，省库无法支付军费，就向老百姓硬派了。永昌县，田赋除正粮向地主缴纳外，"余如每石地，应纳军粮二斗，军草三百斤，以及其他杂差、杂款，概归庄户负责"④。

民国后期，西北各地政府还实行残酷的"抓壮丁"制度，对农村经济的破坏极为严重。在征兵过程中借征兵勒索已成惯例，许多无壮丁之户被勒令以款代丁；有丁之户，被除数抓后还要家属缴纳"壮丁保证金"，以防壮丁逃跑。为此，许多被抓壮丁的人家还要卖掉牲口甚至全部家产。从而出现了一人当兵、全家破产的现象。在中央军与马步芳大量征兵时期，以银圆计息的高利贷大量出现，多为保长、甲长迫于限时限额交纳兵价，先

---

① 章有义主编：《中国近代农业史资料》第3辑，生活·读书·新知三联书店1957年版，第87页。

② 资料表明，宁夏和新疆也是有过兵差的。《申报》1929年6月26日报道，宁夏宁溯平罗等县在1929年是有兵差的。1928年宁夏确有兵差，参见国民政府赈灾委员会《甘肃请赈账案卷》（1928—1929年），《旅平甘肃赈灾会灾况调查表灵武表》。新疆的兵差材料参见谢彬《新疆游记》，上海，第7版，1929年，第371页："（新疆塔城）遇正当差徭，需费若干，仍由平民按户摊派。"第400页："（新疆）粮草征收，局部不无情弊；采办军需，官价半饱胥吏乡约。……车马之应役；人民之当差；……种种弊害留遗尚多。"

③ 王寅初等：《中国北部的兵差与农民》，1931年，第7—11页，转引自章有义主编《中国近代农业史资料》第3辑，生活·读书·新知三联书店1957年版，第66—67、11—18页。

④ 陈赓雅：《西北视察记》上册，申报馆1936年版，第239—240页。

行借付，然后连本带息向群众摊收。特别是"以马代丁"（所派兵丁不去，以马代替）的兵款马价，逼得农民借债、卖地、卖户。1947年国民政府在甘肃省海晏县金滩村张生福家摊军马款20元银圆，他被逼得走投无路，只好向地主包永德借20元银圆，张生福全家共还7头牦牛，1000斤油菜籽，其弟又去包家干了半年长工才算还清①。在兵差的沉重压迫下，出现了利息奇高的借贷。如甘肃临泽县"年末军款紧急，农民只得筹借，而一般贪利之徒，趁机重利盘剥，每洋1圆，月息1圆，至第二月变息为本，月息2圆，如此轮环不息，以1圆之本，全年可得4000余圆。"②

此外，政府大规模的力役征发也主要来自农户，如修建川陕公路和西兰公路，实行义务工，不给工资伙食，如果不亲自参加可出钱代工或雇工自代，这也加重了农户的负担。

一些地方官员、土豪劣绅不顾人民死活，巧立名目，严征苛索同样加重了农户的负担。一般情况有："浮收"（即在向农民征收各类税款、摊派时，实际征收额超过计划征收额）、"中饱"（主要有："飞"，即将应征粮户的银额，移于报荒的粮户下，以便取得业主所照缴者；"诡"，即以熟田报荒，以便侵蚀赋款；"寄"，即匿款并报称未缴三种以及擅自征收滞纳罚金或将地亩数或银两数用拨尾法使化零为整，以从中取利等形式）和"勒索"。如陕西农民交纳税款，要经过粮头、庄头、甲长、粮赋长、村长、区长的手，才到政府，这些经手人自然要得些利益，由此农民阶级身上又增加了一层负担。如凤翔县召村1933年派水利奖券，全村56元，一甲不到6元，而村长每甲派8元。又如邱村的里长派富户捐2000元，交公家的仅1000元。绥德县1931年和1932年两年的田赋还未收齐，1933年春，县政府就将这两年未收齐的田赋，交给包粮人包收，加征20%作为包粮人的手续费③。1931年2月16日西北的《新陇日报》报道说："（甘肃）定西县南二十里村被派借款二十五元，经手人员竟向索取一百十九元"④。对于"中饱"的现象，在西北各地也很普遍。仅以陕西

---

① 海晏县志编委会：《海晏县志》，甘肃文化出版社1994年版，第512页。
② 临泽县志编委会：《临泽县志》，甘肃人民出版社2001年版，第280页。
③ 国民政府农村复兴委员会：《陕西省农村调查》，1934年，第156页。
④ 章有义主编：《中国近代农业史资料》第3辑，生活·读书·新知三联书店1957年版，第93页。

为例，据陕南熟悉省财政的人谈起，人民所缴各项捐税，每元官府所得仅有4角左右，其余6角，悉入征收吏胥和当地土劣私囊中①。"勒索"也是间接征收中的必有现象。据青海西宁1933年的材料，"各经征机关的吏役，习于多年积弊，每下乡到民间时，便似虎似狼，向人民勒索，视若固然，往往政府征款一元，而人民须纳三元，勒索款项竟多至正项二倍，而人民也只能任其予取予求"②。陕西"农民每年收获，常不足供公家烟亩捐之半数。而县城税吏，百方搜刮，竟将乡农所备下的寿木、衣裳、变价抵偿；烂衣、破柜、旧毡、残布，亦用以支付捐税；甚至农民唯一充饥的山芋与腌白菜，也被抢劫一空"③。

由此可见，负担的多头化和高额化给大多数农家带来的显而易见的严重后果就是物质生活的每况愈下。农家微薄的收入抵不住沉重的负担，除去负担外，往往所剩无几，面临入不敷出的境况。据1937年调查，西北的甘、宁、青三省农家经常入不敷出，不得不"走上借贷之门，重受高利贷剥削"（见表2—4）。

表2—4　　　　甘、宁、青三省农民收支情况（1937年）　　　　单位：元

省区别		年收入	年支出	年盈亏
甘肃	兰山区	158.40	355.89	-197.49
	陇东区	83.31	159.57	-76.26
	陇南区	101.58	150.93	-49.35
	洮西	119.53	274.73	-163.72
	河西	131.25	294.97	-131.97
青海		98.20	226.43	-128.23
宁夏		194.94	351.99	-157.05

资料来源：雷勇、任承喜：《西北五省农家调查分析》第6章第3节，资源委员会，1937年。

---

① 转引自章有义主编《中国近代农业史资料》第3辑，生活·读书·新知三联书店1957年版，第97页。
② 顾执中、陆诒：《到青海去》，商务印书馆1934年版，第297页。
③ 许涤新：《捐税繁重与农村经济之没落》，《中国农村问题》，1935年，第43页。

另据调查，甘肃农民在民国以来，生产和生活表现为收入和消费呈递减趋势，收支相抵由盈余转为亏损（见表2—5）。

表2—5　　　　　20世纪20年代甘肃农民年均收支情况　　　　单位：石

年次 等级 项目	1920年以前			1920—1924年			1925年以来		
	上农	中农	下农	上农	中农	下农	上农	中农	下农
收入	100	50	30	50	20	5	30	15	0
消费	50	30	20	50	20	20	30	20	10
剩余	50	20	10	0	0	-15	0	-5	-10
储蓄	50	20	10	0	0	0	0	0	0

资料来源：根据冯杰仙《甘肃农业生产低落影响于甘肃前途之危机暨今后应有之补救》（《陇铎》第3卷第2期，1930年9月）第65—66页整理。

1920年甘肃敦煌南湖村有居民60余家、500余口，1932年负担12688元，每户约528.52元（仅有24户定为能支应的），但当年每户收获谷物约64担，以最高价格计算，不过256元。[①] 洮沙"全县农家入不敷出者，闻占十分之六七"[②]。河西临泽县三口之家，种田十亩的农户，1932年9月至1933年9月的收支情况如下：

收入项目有：麦收8担价值80元（种烟能收500两价值250元），麦草360斤值12元。支出项目中，生产成本费项目有：种子1石需洋10元，犁地人工牛工需10元，铲草人工10元（烟地倍之），灌溉人工6元（烟地倍之），收获人工13元，挖渠人工20元。各种税费负担项目有：完粮草1石价值8.15元，春夏水分子6斗价值6元，兵站粮秣2斗8升价值2.8元，指粮借款2.00元，旅部军费1.8元，师部军费0.5元，团部军费0.5元，金库券2.5元，补赔军粮款2.95元，二期金库券2.3元，

[①] 明驼：《最近甘肃的财政与社会》，《新中华杂志》第2卷第6期，1934年3月，第32页。

[②] 《甘肃各县调查·洮沙（二）》，《西北日报》1935年6月2日。

师部马干费 1.14 元，警款 0.24 元，县长扶灵费 0.6 元，行署军费 1.23 元，烟亩罚款 1.25 元，泅波渠涉讼旅费 1.62 元，印花费 0.11 元，县府杂费 1.64 元，二期烟亩罚款 0.24 元。生活资料费支出项目有：需粮食 3 石 6 斗 36 元，衣服添置费 10 元，零用 10 元。上述种植麦地十亩的产量，其价值共计 92 元，而生产成本、各种税费负担、生活资料三项支出总需 177.02 元，"其不敷之巨乃甚显然，农民无力缴款，而迫于需索，无已，只得以重息举债应命，或卖妻鬻女，或弃地逃亡，或铤而走险，或尽量种烟以应需索，——总之构成了促进甘肃社会益趋没落的动力"①。

青海自耕农的情况也大致如此。"如以每家二十五亩，——十亩至五十亩折半——其田上中各半，每年每亩的植产价格为四元八角五分，二十五亩计为一百二十一元二角五分。（其中投入及其消费大体应分三类。第一类，土地投入。）①养马一匹，每年须用料约六半，计十二元（每斗六十斤）；②养牛两头，每年须料约八斗，计洋十六元；③木车一辆，每年修理两次，约须八元；④农具每年平均约添置十元；⑤肥料（山地旱地多不用肥料），水地每石约须肥料二十五元；⑥捐税等等依以前所列估计每亩计一元，约合四十元（此项为作者估计的）；⑦人工须雇零工，约二十个，至少须十二元。以上七项，计每石地须洋一百二十三元，内除草料农家自己所固有，不需费钱；肥料大半不放外，至少每石地每年须洋八十元左右，每二十五亩约须洋五十元，又另加种子六斗二升半，合洋约十五元，共约洋六十五元。（第二类，生活消费。）据调查乡村农民之生活：食粮——上等为小麦，下等为青稞，每人每年共用一石，平均价值十五元。衣服——每人于每年或在夏添置一件，或在秋添置一件，多系价值极廉价之粗布，每人于每年，约用洋五元。住室——若新建一院落，则'祖传之父'，'父传之子'，'子传之孙'，辈辈相传，以笼统来计，每人于每年，约用洋五角。再于五年中置毡被各一条，每人于每年，约用洋一元。杂用——除醋盐由麦换，油菜由自种所用无几外，每年逢年关节下，再加添菜肉食，总计不出洋二元五角，统计每年共用洋二十四元。以一家五口计算，两个成年人，一个少年人，二个幼年人来论，那么须食粮五十

---

① 何让：《甘肃田赋之研究》，（台湾）成文出版社、[美国]中文资料中心 1936 年版，第 10345—10347 页。

元，衣服等类十五元，及其他杂用至少也需十元，共计七十五元。（第三类，苛捐负担。）农民除生活所必须及正税之外，此外无形的损失为：各种委员差役下乡的脚钱；区乡公所的经费；被派运送木料石煤皮毛筑路修桥的差役，总计每年因此而须直接支出的金钱，至少当三十元上下。以上三项，每一自耕农每年在耕地的收入，值一百二十一元二角五分，而支出至少估计约在一百七十元之谱，是已短少五十元之多。"①

由于收入少、负担重，使大多数农家倍感维持家庭成员最低限度生活水平之困难，因而不得不依靠举债度日。正如当时有人分析高利贷产生的原因时就说："农民在这样的繁重赋税之下如何能不穷，如何能不仰赖借贷以维持生活，这是给予高利贷发扬滋长的一个良好机会。"② 范长江在《中国的西北角》一书中也写道："政府一定要钱，农民没有，没有就打，那就只好促成高利贷的产生了。"③ "十余年来，三省（甘宁青）军政变乱几于无岁无之，以至人民失掉原来小农之稳定生活，渐至谋生不易，故不得不出之借贷。加之捐款层出不穷，人民本身生产，自给尚虞不足，益以急如星火之捐项，倘不及时措交，即须身入囹圄，是以遇有紧急需要，虽十倍加利，亦所乐从"④。沉重的地租剥削、繁杂的苛捐杂税、各种乱摊派、乱收费以及兵差力役的征发，使广大农户背上了沉重的负担。而这些负担，对于以一家一户为主的小农经济来说，在生产力不发达地区，生产技术落后的条件下，是难以支付的。可以说，这种高额的负担是迫使农户进行高利借贷的重要经济压力。

第二节 灾荒的影响

在分析民国时期西北农村农户负债的原因时，无论如何不能忽视肆虐的灾荒对于该地区农家生产、生活所带来的影响。从某种程度上说，灾荒对于依靠传统耕作方式并且靠天吃饭的小农家庭来说，无疑会使其贫困

---

① 丘咸：《青海农村经济》，甘肃省图书馆藏书，1934年，第86—87页。
② 余春寿：《高利贷产生之原因及影响》，《农林新报》第13卷第14期，1936年。
③ 范长江：《中国的西北角》，天津大公报馆1936年版，第134页。
④ 安汉、李自发：《西北农业考察》，国立西北农林专科学校，1936年，第51页。

化,甚至破产,从而走向负债之路。一般来说,大灾之后,农村生产力受到破坏、土地荒芜,大批农民离村逃亡,农村经济和农民生活状况急剧恶化。此时对于大多数农家来说,如果不依赖于借债、典当便不能维持生存。同时,农村中一部分富裕阶层也趁灾荒大发横财,向贫困农民施放高利贷,所以灾荒时期也是农村高利贷最为猖獗的时期。对此,一些学者针对西北地区农村高利贷盛行的原因分析中,都谈到了灾荒所起的作用。徐雪寒在《中国农村中底高利贷》一文中说道:"西北区负债百分数的特高,显然和更露骨的军事勒索、军阀内战,以及大旱灾的连绵有关。"[1]在青海省,对农民来说,"荒旱之年,食用种子均感缺乏,告贷之举,实所难免"[2]。

关于灾荒的概念,有学者认为灾荒是由"灾"和"荒"两个既相互区别又相互联系的概念所组成:"灾"俗称天灾,一般指自然灾害,它是在一定历史条件下由不可抗拒的自然力,通过非正常的、非一般的方式释放出来,对人类生存环境、物质财富乃至生命活动造成直接的破坏。"荒"多指饥荒或饥馑,亦即天灾人祸之后因物质生活资料缺乏特别是粮食短缺所造成的疾疫流行、人口死伤逃亡、生产萎缩衰退、社会动荡不宁等现象。通常情况下,自然灾害是形成灾荒的直接原因,但不是唯一原因,则"灾"到"荒"往往要通过"社会脆弱性"这个中介才能呈现出来。

一 近代西北灾害发生的基本情况

从历史上看,西北地区就是多灾的地区。由于西北地区特殊的自然地理环境,有大面积的高原区、荒漠区,许多耕地为山、坡、旱地,加之气候寒冷、降雨稀少,更容易遭受自然灾害的侵袭,而且西北的自然环境在近代以来就遭到严重的破坏,水利长年失修,大小的战争破坏,防灾御灾能力的落后以及赈灾能力的不足等,自然灾害的发生更加频繁,而且更容易转化为灾荒。可以说,西北历史的演进总是与各种自然灾害相伴而行,对此许多资料给予了大量记载。如在陕西省,据统计,从15世纪至20世

---

[1] 《玉门庭若县政府严禁重利盘剥维持农村拟贴布告底稿的呈文》(附布告原稿一份),1935年7月4日,甘肃档案馆,15—4—317。

[2] 星:《青海合作运动研究》(续七),《新青海》第2卷第3期,1934年3月。

纪上半叶期间：15世纪发生水旱风雹等灾害81次，频次为1.23，即每一年多就会有一次大的灾害发生；16世纪为55次，频次为1.82；17世纪为52次，频次为1.92；18世纪为50次，频次为2；19世纪为49次，频次为2.04；20世纪上半叶为85次，频次为0.59。① 据考证，仅在甘肃省定西地区自宋至民国35年（1946年）的931年间，就发生旱灾29次，平均30年一次，其中大旱12次；清朝268年中共发生旱灾16次，平均17年一次，其中大旱灾4次；1912—1946年中，出现旱灾8次，平均4年一次，其中大旱4次。② 当然西北地区的灾荒不仅仅表现为旱灾，它还包括水、蝗、风、雪、霜、雹、地震等灾害，一些特定时期旱灾之外的其他灾害危害可能更大。

历史推进到20世纪后，伴随此时期的社会动荡，西北地区的灾荒更为频繁，其时间之连续、范围之广、后果之严重前所未有，几乎无时不灾，无处不灾（见表2—6）。

表2—6　　20世纪20—40年代西北地区自然灾害统计

灾别 年份	旱灾 受灾省、县数	水灾 受灾省、县数	蝗灾、风灾 受灾省、县数	雪灾、霜灾 受灾省、县数	其他（包括雹灾、地震等） 受灾省、县数	灾别 年份	旱灾 受灾省、县数	水灾 受灾省、县数	蝗灾、风灾 受灾省、县数	雪灾、霜灾 受灾省、县数	其他（包括雹灾、地震等） 受灾省、县数
1920	1(75)	1(7)	5(17)	1(1)	2(16)	1935	5(69)	5(48)	1(10)	4(24)	5(41)
1921	1(46)	3(89)	1(1)	1(1)	3(33)	1936	5(18)	5(33)	3(4)	3(12)	5(52)
1922	2(9)	2(6)	2(5)	1(2)	2(7)	1937	4(11)	3(34)	2(3)	3(5)	4(40)
1923	2(43)	2(15)		2(17)	2(12)	1938	3(21)	2(5)	1(15)		2(4)
1924	3(77)	1(5)	1(2)	1(2)	2(11)	1939	3(50)	3(48)	2(4)	1(3)	3(13)
1925	3(35)	1(45)	1(4)	1(2)	1(21)	1940	4(51)	5(60)	2(30)	2(30)	5(54)

---

① 延军平：《灾害地理学》，陕西师范大学出版社1992年版，第11页。
② 定西县志编委会：《定西县志》，甘肃人民出版社1990年版，第2页。

续表

灾别 年份	旱灾 受灾省、县数	水灾 受灾省、县数	蝗灾、风灾 受灾省、县数	雪灾、霜灾 受灾省、县数	其他（包括雹灾、地震等） 受灾省、县数	灾别 年份	旱灾 受灾省、县数	水灾 受灾省、县数	蝗灾、风灾 受灾省、县数	雪灾、霜灾 受灾省、县数	其他（包括雹灾、地震等） 受灾省、县数
1926	3(39)	2(29)	1(3)	1(1)	2(32)	1941	5(99)	4(17)	3(19)	3(10)	4(46)
1927	2(4)	1(3)	1(2)	1(1)	2(21)	1942	4(91)	4(43)	2(12)	3(36)	5(46)
1928	2(150)	2(11)	2(8)	1(3)	2(39)	1943	4(28)	5(83)	3(48)	3(40)	5(60)
1929	2(150)	3(9)	2(8)	2(29)	2(11)	1944	4(78)	5(66)	3(86)	4(12)	3(82)
1930	5(146)	1(37)	2(38)	5(36)	3(42)	1945	3(154)	2(28)	2(28)	3(15)	2(46)
1931	4(54)	3(63)	1(43)	3(27)	4(32)	1946	2(36)	2(27)	1(9)	2(40)	4(45)
1932	5(143)	4(68)	2(134)	2(85)	4(103)	1947	3(68)	2(46)	1(18)	2(37)	4(71)
1933	4(64)	4(114)	2(68)	5(100)	4(119)	1948	1(16)	3(52)	1(9)	2(6)	4(14)
1934	3(42)	4(81)	2(27)	2(4)	4(83)	1949	1(6)	2(20)	2(3)		3(18)
						总计	92(1873)	85(1192)	53(658)	64(581)	95(1214)

资料来源：根据李文海等编《近代中国灾荒纪年续编》各省情况、夏明方《民国时期自然灾害与乡村社会》附录、李文海等《近代中国十大灾荒》附录"中国近代灾荒年表"、袁林《西北灾荒史》之西北灾荒志、孟昭华《中国灾荒史记》和陕西省赈务会《陕西周报》《陕西自然灾害史料》《陕西省志·气象志》《甘肃历史自然灾害录》及各省县志相关情况汇总。宁夏、青海1929年1月先后建省，之前属于甘肃省，两省灾害也一并入甘肃省，1929年起两省分列。

从表2—6可以看出，西北地区在1920—1949年的30年时间里，除了1923年、1938年和1949年三年不是各种自然灾害同时并发外，其余的年份都是数灾并发。而且有些年份受灾面积相当广泛，如1928—1930年、1932年、1945年的旱灾，1933年的水灾，1932年的蝗灾和风灾，1933年的雪灾、霜灾，1932—1933年的雹灾、地震等灾害，受灾的县数都在100个以上。再就各种灾荒的具体情况看，在30年间，西北各省遭受旱灾的县数累计达到1873个县，平均每年有62个县受灾；遭受水灾的县数累积达到 1192 个县，平均每年有近 40 个县受灾；遭受蝗灾、风灾的县数累积达到 658 个县，平均每年有近 30 个县受灾；遭受雪灾、霜灾的县数累积达到 581 个县，平均每年有 19 个县受灾；遭受包括雹灾、地震在内的其他灾害的县数累积达到 1214 个县，平均每年有 40 个县受灾。可见灾害次数之多、受灾面积之广。从灾害危害范围来看，排在第一位的是旱灾，其次是雹灾、地震等自然灾害，一向被人们认为在西北较少发生、危害范围不大的水灾排在第三位，超过了蝗灾、风灾、雪灾、霜灾等自然灾害。

如此频繁、影响范围广泛的自然灾害的严重程度，我们仅以几例典型的材料加以说明。

（一）旱灾

无论从史料记载还是当事人的回忆看，旱灾都是民国时期西北地区危害最严重、发生频率最高的灾害。1928—1933 年持续五年的西北大旱灾以陕西为中心，遍及甘肃等省，使"西北地区变成了活地狱"。1928 年从 3 月到 11 月，西北地区几乎滴雨未下，主要河流断流，庄稼枯死，冬麦无法下种，冬天即进入被称为"年馑"的粮荒时期①。当年陕西受灾 85 县，灾民 620 多万，冻饿而死的 20 多万，100 多万灾民流离各处。甘肃受灾 65 县，灾民 240 多万，"少壮者奔走远方，以求食，老羸者则不免饥疫而死，幸而存活者，则食油渣、豆渣、苜蓿、棉籽、麸糠、杏叶、地衣、槐豆、草根、树皮、牛筋等物，尤有以雁粪作食者，计瘠弱者不可胜数"。1929 年，陕西 92 个县中，受灾 91 县，渭河以北一带各县人口损失 40%②。甘肃情况也很严重，有报道说："甘肃情况已将无人迹，查灾者多不敢深入，恐粮尽水绝而不生还"③。1930 年继续干旱，庄稼绝收，灾荒愈演愈烈，陕西灾民达到 558 万人。④ 据当时媒体报道："食人惨剧，愈演愈烈，犬鼠野牲，更为上肴。一部分灾民，民国十七年以来，恒以人

---

① 《申报》1929 年 2 月 12 日。
② 陕西省地方志编纂委员会：《陕西省志·水利志》，陕西人民出版社 1999 年版，第 112 页。
③ 《大公报》1929 年 10 月 10 日。
④ 《申报年鉴》P 部分，1933 年，第 70 页。

肉充饥"①。

（二）水灾

水灾的发生相对集中在每年的8、9月份，这期间西北地区的降雨量约占全年降雨量的60%以上，而且暴雨较多，极易造成黄河、渭河等泛滥成灾。1933年黄河流域发生大水灾，包括陕西在内的黄河流域的许多省受灾严重。陕西有44县受灾，甘肃有52县遭受水灾②。1934年黄河宁夏段又发大水，"沿河一带到处淹漫，田庐淹没损失巨大，据报中卫、金积、灵武、平罗、磴口等县冲去村落一千余处，灾民数十万人，中卫、金积两地灾情尤重"③。

（三）震灾

在论述民国时期西北地区的各类灾荒时，不能忽视地震灾害所带来的危害。因为地震为群灾之首，尽管其发生的频率不高，但在短时间内造成的危害极大，特别是个别大地震，造成人员和财产损失就更大。由于西北甘宁青处在我国北方重要的地震带上，古代就多次发生地震，近代又正值该地震带的活跃期，期间所发生的几次大地震在世界地震史上都令人震惊。

1920年12月16日，甘肃海原（1929年后归辖宁夏省）发生8.5级大地震，震发时东六盘山地区村镇消失，海原全城房屋荡平，死亡73027人，伤者十之八九。固原城区被毁，死亡40176人，会宁县死亡13962人，静宁县死亡12447人。除上述极震区外，地震形成的重灾区波及东起庆阳、南至西和、西至兰州、北达灵武的现甘肃、宁夏、陕西三省的36个县的区域内（见表2—7）④。这次地震共造成30多万人的死亡，死亡率高达每分钟15000—30000人，成为近代史上破坏性最强的一次大地震。1927年甘肃古浪发生了8级地震，持续余震达10年之久⑤。地震致死8万人，伤4万人。

---

① 《大公报》1929年5月5日。
② 转引自夏明方《民国时期自然灾害与乡村社会》"附录：1912—1948年间各省区历年受灾县数统计"，商务印书馆2000年版，第378页。
③ 夏普明：《中国气象灾害大典》（宁夏卷），气象出版社2007年版，第105页。
④ 转引自李文海等《近代十大灾荒》，上海人民出版社1994年版，第149页。
⑤ 李民发主编，李培清修，唐海云纂：《重修古浪县志》，1939年铅印本。

表2—7   1920年甘肃海原地区非极震区受灾情况统计

县名	死亡人数	震毙牲畜	塌毁房屋	县名	死亡人数	震毙牲畜	塌毁房屋
泰安	10000	30000	69531	渝中	900	1200	十分之四
宁县	4000	10000	十之六七	临漳	900	1000	十分之二
甘谷	1365	25114	20000	临洮	700	1000	十分之三
庆阳	2405	36000	15394	漳县	700	2000	十分之四
合水	700	3000	十分之六	正宁	97	280	1000
泾原	4000	12000	十分之七	岷县	700	2000	十分之四
定西	4200	6000	十分之五	两当	322	5000	十分之五
泾川	3000	369	2102	阴平	700	2000	十分之四
环县	3000	75000	十分之七	武山	322	884	
礼县	90	1200	6000	陇县	700		
清水	334	1649	7890	岐山			
灵武	300	700	十分之二	凤翔	2353	3342	5362
金积	10000	22000	十分之七	渭原	13	380	778
中卫	700	1000	十分之四	镇原	3005	3904	11840
庄浪	1000	5000	十分之四	崇信	900	20000	十分之三
陇西	7000	10000	十分之六	平凉	2000		
西和	4000	15000	十分之七	华亭	42	81	601
灵台	1000	7000	十分之三	兰州	3000	7000	十分之三

除此之外，西北各地发生其他类型的灾害，在史料记载中也比比皆是，不胜枚举。

二 灾荒的危害

综合以上情况，我们可以明显地看到西北的灾害发生的频率越来越高，出现大灾害的间隔时间越来越短；灾害影响的范围越来越广，不仅影响本地区，甚至还涉及邻省或其他地区；各种灾害连续发生，交叉发生，形成灾害链等特点。由此形成大范围的灾荒（如饥荒等），对人们的生活和整个社会经济产生了严重的破坏。

一般来说，灾害所造成的破坏性后果的程度，会随着人类生产力的提高和生产组织的建立健全逐渐减弱，但每一次灾害的危害程度，却与特定的社会政治经济状况密切相连，如所谓"大兵之后，必有灾年"，表明了天灾与人祸的相关性。灾荒本身虽不能造成农业危机，但在农业危机阶段，灾荒则会表现得特别严重，并成为农业危机的促成因素和表现形态。因为第一，农业危机既然影响着生产和收入，那就将更加剥夺人们抵御自然灾害的能力，从而使水、旱、风、虫等灾害更容易作祟；第二，农业危机将加深农民的贫困，使他们更加无力去承受灾害的压迫，从而更使灾害成为农业危机的催化剂。具体来看民国时期西北的广大农村地区，在那样一个动荡不安、战祸频繁、吏治腐败、生产力极端落后的历史阶段，发生灾害的可能性以及灾荒所造成的危害就更加严重。从后果上看，此时期灾荒对西北广大农村所造成的危害是无法估量的，主要表现在以下几方面。

（一）使农业生产力和生产资料受到极为严重的破坏。灾害使成千上万甚至不计其数的农业人口死亡、受伤或患病，给农业生产造成极大的损失。对此我们无须再列举已有的大量数字证明灾民的人数，但从已掌握的统计数据看，数量十分惊人，远远超出了当时社会所能够解决的程度。灾害对生产资料所造成的损失表现在：

一是大批耕畜被各种灾害或灾民所杀，生产工具急剧减少。如前述1920年海原大地震，甘肃、陕西的大量耕畜被震毙；1927年古浪大地震，仅武威就压死牛、马等227095头，古浪压死牲畜28万多头[①]。灾民为了维持生命，也被迫采取出售或屠杀耕畜的方式，"耕牛、骡马、猫、狗，甚至老鼠都成灾民捕捉吞咽的对象"[②]。1928—1930年西北大旱灾后，陕西凤翔境内农具损失35%，耕畜减少70以上[③]。1937年，据陕西省建设厅在37县的调查统计，马、牛、驴三大耕畜共减少36.5万头[④]。耕畜、农具的减少，给灾后恢复生产带来了很大的困难，一些地方农户不得不以人力代替耕畜。据资料记载：陕西省"许多灾后孑遗，家中变卖一空，无力购置耕牛。耕田时只得以人代牛。其法以两人扛一长椽，有绳系椽之下，下拖一犁，前者挽，后者推，行颇迟。数步一歇，汗如雨下"[⑤]。

---

① 马永强：《甘肃近代灾荒备忘录》，《档案》2001年第6期，第41页。
② 席会芬、郭彦森、郭学德等：《百年大灾难》，中国经济出版社2000年版，第54页。
③ 冯和法编：《中国农村经济资料》，黎明书局1935年版，第805页。
④ 陕西省地方志编纂委员会：《陕西省志·农牧志》，陕西人民出版社1993年版，第147页。
⑤ 石荀：《陕西灾后的土地问题和农村新恐慌的展开》，《新创造》（半月刊）第1、2期，1932年7月，第230页。

二是耕地被毁，出现了大面积的荒地。土地是农家赖以进行农业生产并维持生活的最基本条件。然而正是在这个至关重要的问题上，灾荒给农家造成的损失最直接、最严重。几乎任何一种自然灾害，特别是水、旱灾害发生以后，随之而来的结果是大片耕地或尽成汪洋泽国，或干涸龟裂，昔日耕地顿变荒芜，而一时无法耕种。灾荒对耕地的破坏，主要表现在：一些典型的自然灾害如地震、洪水、旱灾直接使大片耕地消失、盐碱化或沙漠化，不经治理无法耕种。

同时，由于灾荒造成的人口死亡、逃离或缺乏生产工具、籽种等而导致的土地抛荒。1934年国民政府统计局公布全国各省荒地的情况，其中西北地区（缺新疆）的荒地情况如表2—8所示。

表2—8　　　　　　　　1934年西北四省荒地调查表

省名	调查县数	荒地面积（亩）
陕西	47县	37344548
甘肃	30	22976697
宁夏	10	11447213
青海	9	28249776

资料来源：国民政府主计处统计局：《中国土地问题之统计分析》，1941年，第48页。

到1937年，根据全国经济委员会的调查，西北地区抛荒现象仍很严重（见表2—9）。

表2—9　　　　　　　　1937年西北四省荒地调查表

省别	调查县数	荒地面积（亩）	荒地面积占总面积
陕西	23	1778978.816	1.83%
甘肃	29	3400914.612	2.48%
宁夏	10	1716995.970	2.62%
青海	9	6618564.680	7.53%

资料来源：中国第二历史档案馆：《中华民国史档案资料汇编》第5辑，江苏古籍出版社1994年版，第530页。

此外，据调查，甘肃河西地区 16 县自 1930 年至 1934 年五年中，"荒去耕地，已占原来耕地面积的三分之一以上"①。1935 年"环县、合水接近陕北地区，往往四五十里始有三五人家，土地荒芜极多"②。甘肃的临泽县，"五年之内，已有五千六百四十亩耕田成荒地了。换言之，五年之内，荒去耕地，已占原来耕地面积三分之一以上。这个比例可以普遍说明甘肃河西（甘肃西北的一部分，河西——包括永登、古浪、武威、民勤、永昌、山丹、民乐、张掖、临泽、高台、酒泉、金塔、鼎新、玉门、安西、敦煌十六县）各地的耕地荒废的情形"。安西县"在这天灾人祸的夹攻中，只好向外逃！像八工村里，最近三年来逃跑了六十四家，抛下了荒芜的田地有一千三百二十亩；六工村最近数年来逃跑了三十一家，抛下了田地有八百三十七亩；其他各村当然也免不了这种现象"③。1931 年天津《大公报》和西安《民意日报》报道了陕西 22 县灾后耕地的情况，22 县灾后荒弃地占耕地总面积平均为 71。造成荒弃地的主要原因是大部分农民没有农具耕畜和籽种，只能用人力来代替耕畜进行耕种④。宁夏"出灵武北门，有几里的小沙窝，……由此向西北行三十里，所过皆为肥沃的荒地。原有的阡陌痕迹，与村落废址，至今仍历历明现于大道两侧荒野之间。现存村舍，寥若晨星之落落。本来所谓'塞北江南'、'鱼米之乡'之宁夏，因变乱与征敛的结果，人民逃散，若干地方已渐即荒芜了！"⑤。可见当时西北耕地荒芜的严重程度了。

荒地面积的增加意味着许多农家生活收入来源有被撅断的忧患。

（二）农产品收获物大幅度减产，是灾荒带给农户生活的另一个严重后果。由于在灾荒期间，土地荒芜，土壤肥力减退，劳力溃散，因而农作物严重减产实际上是一个无可回避的现象。据农商部统计，1921 年以后，因灾荒日趋严重，农产品收获量的减少更为明显。如陕西在 1928 年以后

---

① 余昌源：《甘肃的农村经济》，《农村周刊》第 130 期，天津《益世报》1936 年 9 月 5 日。
② 范长江：《中国的西北角》，天津大公报馆 1936 年版，第 116 页。
③ 余昌源：《甘肃的农村经济》，《农村周刊》第 130 期，天津《益世报》1936 年 9 月 5 日。
④ 冯和法编：《中国农村经济资料》，黎明书局 1935 年版，第 779 页。
⑤ 范长江：《中国的西北角》，天津大公报馆 1936 年版，第 319 页。

的大旱灾中，每年的农产品收获量都不足一成，多数县份甚至无法播种，数年没有收成①。1928年西北大旱，据华洋义赈会的报告估计，陕西东北部的收成为二成至二成半，西部已经连旱三年，只有一成到一成半的收入②。1928年甘肃（包括宁夏、青海）各县在旱灾影响下农作物的收获量平均不足一成，多数县甚至全无收成（见表2—10）。

表2—10　1928年旱灾影响下的甘肃（含宁夏、青海）农作物收获成数

县名	收获成数 夏收	收获成数 秋收	县名	收获成数 夏收	收获成数 秋收
皋中	2成	无	漳县	1成	无
狄道	无	无	华亭	2成	无
洮沙	无	无	隆德	1成	1成
寻河	无	无	庄浪	1成	无
宁定	无	无	庆阳	无	无
榆中	2成	1成	泰安	1成	1成
陇西	2成	2成	红水	2成	1成
渭源	2成	2成	天水	无	1成
临潭	2成	无	徽县	2成	2成
岷县	2成	1成	清水	1成	1成
定西	2成	2成	通渭	1成	无
会宁	2成	1成	优羌	无	1成
靖远	2成	1成	武山	1成	无
西和	1成	1成	合水	无	无
武郁	无	1成	环县	1成	半成
成郁	2成	1成	漳川	无	半成
西周	1成	无	崇信	1成	无
文县	2成	1成	镇原	1成	无
平凉	1成	无	灵台	1成	半成
静宁	1成	无	固原	无	半成
金积	1成	无	海原	半成	无

---

① 邓云特：《中国救荒史》，生活·读书·新知三联书店1958年版，第129页。
② 转引自李文海等《近代十大灾荒》，上海人民出版社1994年版，第171页。

续表

县名	收获成数		县名	收获成数	
	夏收	秋收		夏收	秋收
中卫	2成	1成	灵武	1成	半成
西宁	2成	无	贵德	1成	半成
碾伯	2成	1成	湟源	1成	无
循化	1成	无	武威	无	无
礼县	2成	无	镇番	半成	无
两当	1成	无	永昌	半成	无
古浪	无	无	金塔	1成	无
平番	无	无	敦煌	半成	无
山丹	无	无			

资料来源：张水良：《中国灾荒史（1927—1937）》，厦门大学出版社 1990 年版，第 91 页。

农作物收获量的减少，必然促使粮食价格上涨。1928—1930 年西北旱灾最严重的时候，"粮价之昂贵，即闻所未闻"。据华洋义赈会成员的实地调查，"灾区内粮食之价皆 10 倍于平时，小麦每 230 斤为一石，价 65 元，若在平时，不过五六元而已"[1]。另据国民政府一位察灾委员的报告，1928 年冬天陕西华阴县，"每石麦子需洋 30 余元，较之平时约涨 5 倍，即油渣每千斤亦需洋 40 余元，较之平时，亦涨 5 倍"[2]。

（三）严重地影响广大农家的日常生活，使其生活状况恶化，达到难以为继的地步，被迫负债。灾害造成了成千上万的灾民，其生活状况惨不忍睹。因饥寒交迫、无家可归而得不到救济的灾民大量死亡，即使存活下来的，其生活质量也迅速下降，对此，我们无需用更多的材料加以证明。灾荒期间，地主、富农、商人及官吏等贱价收买田地，成为灾区的普遍现象。主要原因是"灾区农民在借钱时，主要的抵押当是田地，多数农民无力偿还，因此产权便移入地主、商人等手里"。对此卜凯教授也直率地申述："这种情形的结果，是富者益富，贫者益贫。"[3] 1928—1930 年的

---

[1] 《申报》1930 年 2 月 10 日。
[2] 《申报》1929 年 2 月 12 日。
[3] 章有义主编：《中国近代农业史资料》第 3 辑，生活·读书·新知三联书店 1957 年版，第 725 页。

陕西旱灾,关中地区的小农大批地出卖土地,仅咸阳、泾阳、三原、高陵、临潼五县,出卖的耕地已占到本县耕地总面积的20%。① 陕军17师宣传队在凤翔的调查显示:"因灾荒而完全失去耕地的农户就有二千二百八十户。这些无地化的农户求为雇农而不得。灾后,凤翔农村中失业的人数增加了百分之六十二"②。陕北杨家沟的马家大地主,1929—1933年间共买进土地136垧(每垧约等于3亩)③,以致灾后杨家沟附近六七十里以内的田地全是马家的领地④。1927—1928年西北地区大旱,农民普遍出卖或抵押其生产工具及田地,以维持最低生活水准;灾荒过后,多数农民急需向地主商人赎回其押出之田地与农具,不能不求诸高利贷。1938年甘肃临夏大旱,仅高、赵家庄60户居民,因贫饥典当土地给地主者,竟达32户之多,占总户数一半以上⑤。

对大多数农家来说,平时的生活已相当窘困,遇到灾荒,经济状况更加恶化,如果不依赖借贷、典当,便不能维持生活。俗语所谓"穷人成业在丰年,富人成业在灾年",说明天灾越流行,高利贷越猖獗。"灾荒过后,农民必须借贷以过活,于是农村高利贷便积极活跃起来"⑥。此时,农民的借贷要受到比平时更为残酷的剥削,借贷条件之苛刻、利率之高是平时不可比的。如青海民和县"近年以来,农村由于天灾肆虐,生计困难,而借贷利息日重,富豪家积粮放债,重利盘剥,每洋一元年利,约在三角以上"⑦。甘肃"本省迭遭灾祸,民生困苦,高利贷者遂乘机任意盘剥,数月之间有利息超过本金十倍或数十倍者,几成普遍现象"⑧。宁夏

---

① 石荀:《陕西灾后的土地问题和农村新恐慌的展开》,《新创造》(半月刊),1932年7月22日。
② 陈翰笙:《崩溃中的关中的小农经济》,《申报月刊》第1卷第6号,1932年10月,第13—14页。
③ 延安农村调查团编:《米脂县杨家沟调查》,生活·读书·新知三联书店1957年版,第29页。
④ 冯和法编:《中国农村经济资料》(续编),黎明书局1935年版,第481页。
⑤ 赵世英:《甘肃历代自然灾害简志》,甘肃省政协文史资料研究会《甘肃文史资料选辑》第20辑,甘肃人民出版社1985年版,第85页。
⑥ 余春寿:《高利贷产生之原因及其影响》,《农林新报》第13卷第14期,1936年。
⑦ 《青海民和县之社会概况》,《新青海》第2卷第5期,1934年5月,第51页。
⑧ 《甘肃省农村合作委员会呈为录本会决议拟请评定取缔高利贷办法通令全省以除障碍而维贷政请鉴核由》,1938年3月14日,甘肃省档案馆,15—7—388。

由于灾害不断，很多农户背井离乡逃亡在外，没有外逃的人便求助于高利贷，维持生计。通常是"借1元还2元借1升还2升。这样高的加一倍利息，使有钱的人，毫不出力地就把穷人以血汗收获的东西，掠夺到他们手里"①。陕西"灾荒时代高利贷更加盛行，更加猖獗"。关中所称"大加一"月利是十分。"银子租"是借了十元三个月后要还本，再加上麦米三四斗。还有所谓"回头"的制度，是借出八元作为十元，每月三分或四分行息；每隔二月或三月，本利积算，要换新借契一次，换契两次以后不再续换；到期不偿，债主就可将契上所写的田地房产任意作抵。"回头"在一年内可将八元变成四十多元。其他如"连根倒""牛犊账""驴打滚"，都是利上加利；或四个月内，或一月又二十天内，甚至一月以内，本利就可相等。②

第三节　人地矛盾的突出

可以肯定地说，民国时期农户的负债大都是由于生活上的贫困所致，其中经济上的压力最主要。而农家物质生活水平的下降，则来自于经济上缺乏可靠有力措施的保障机制。民国时期包括西北广大农村在内的中国农村社会，自给自足的自然经济仍占主导地位，在一家一户的小农经济中，土地成为农家在生产与生活中赖以生存和循环的最主要的生产资料，是农村经济与农家生活的物质基础与保证。正是因为土地问题与农家的贫困有着最直接的关系，并且成为中国农村各种问题的焦点，因此，下面的分析便以土地问题为中心来展示导致农家进行高利借贷的综合性因素。在这里，需要特别指出的是，民国时期西北农村家庭在土地问题所面临的压力主要表现在以下方面。

一　可耕地匮乏

一般认为西北地区地域辽阔，人口稀少，耕地数量足以维持家庭的正常生活，人地矛盾不突出。如果仅从西北地区各省的每平方公里耕地的人口密度、每户农家所占有的耕地数量两项指标来看，似乎可以得出以上结论。但问题的实质是：由于西北特殊的地理环境，自然灾害严重，加之人

---

① 宁夏金融志编纂委员会：《宁夏金融志》，内部资料，第106页。
② 冯和法编：《中国农村经济资料》，黎明书局1935年版，第806页。

为的破坏等因素的影响，农户所占有的土地面积中荒地占很大的比例，而这些荒地又是许多没有开垦或无法开垦的荒地（见表2—11）。

表2—11　　　　　　西北四省土地统计情况（1934年）

省名	报告份数	每户普通农家耕种亩数	荒地占土地总面积比例（%）	可耕荒地占荒地总面积比例（%）
宁夏	3	39.5	53.3	21.7
青海	13	39.0	18.0	43.0
甘肃	27	38.5	17.8	15.8
陕西	68	38.4	19.7	23
西北四省加权平均	111	38.9	27.2	25.9
全国22省加权平均	1532	30.2	19.1	33.3

资料来源：根据南京国民政府中央农业实验所农业经济科编《农情报告》第2年第12期（1934年12月1日）第118页资料整理。

另据1937年1月土地委员会关于全国20省814县土地利用状况的调查报告显示：全国耕地面积占土地总面积比例平均为22.34%，而位于西北地区的陕西、甘肃、宁夏、青海四省耕地面积占土地总面积比例平均只有8.76%（见表2—12）。

表2—12　　　　　　西北四省垦殖指数（1936年）

省别	调查县数	总亩数	耕地面积（亩）	耕地面积占土地总面积的比例（%）
陕西	56	154301205	27829716.868	17.86
甘肃	34	155701365	13705060.032	8.45
宁夏	10	65464665	2130192.950	4.61
青海	10	95886915	3950723.320	4.12
总计	110	471354150	47615693.170	8.76

资料来源：根据《中华民国史档案资料汇编》第5辑第1编"财政经济（七）"第526页表格整理。

丘咸对青海农村经济调查后就写道："青海地广人稀这是事实，但地虽广，因为荒地太多，人虽稀，而集中于东部的一角，所以农民实际的土地，并不见得十分多。"[1] 因此，我们有理由说，西北地区农户在土地问题上面临的最大问题不是占有土地的数量问题，而是占有土地的质量问题，换言之，农户占有的土地中有多少土地是可耕种的土地。

二 地权分配不公

土地分配不均是中国农业社会长期存在的一个严重问题，它对社会变迁以及农村经济和农家生产与生活产生着重要影响。近代以来，特别是进入民国时期，土地分配不均的状况，尽管在全国各地农村存在着差异，但此问题对包括西北在内的各地农村都有不同程度的存在。

（一）土地分配不均从量上来说，一个重要的表现便是人口众多的佃农和小自耕农少地甚至无地，而寺院、地主、富农、军阀官僚占有相当数量的土地，和全国其他地区相比较，大地主的现象在西北各地较为突出。表2—13表明了西北各省农户占有土地的情况[2]。

表2—13　陕西、甘肃、新疆土地所有权分配统计情况（1919年）

省名	不满10亩 户数	百分比（%）	10—30亩 户数	百分比（%）	30—50亩 户数	百分比（%）	50—100亩 户数	百分比（%）	100亩以上 户数	百分比（%）	总户数 户数	百分比（%）
陕西	397897	30.4	451610	34.4	251510	19.2	146789	2.1	57533	4.4	1306336	100
甘肃	288748	33.8	213871	24.9	161013	18.8	113844	14.4	66653	8.0	854129	100
新疆	161542	36.7	155765	38.9	69210	17.2	53537	13.3	100072	5.0	400124	100

注：表3—12原表统计有误差。

由表2—13可以看出，陕西省1919年，30亩以下的自耕小农占总农户的比例为64.8%，其中10亩以下的就达30.4%，而占土地100亩以上的仅为4.4%；甘肃省30亩以下的自耕小农占总农户的比例为58.7%，其中10亩以下的占33.8%，而占土地100亩以上的仅为8.0%；新疆30

---

[1] 丘咸：《青海农村经济概论》，《新青海》第3卷第9期，1935年9月。
[2] 冯和法编：《中国农村经济资料》，黎明书局1935年版，第765—766页。

亩以下的自耕小农占总农户的比例为 75.6%，其中 10 亩以下的占 36.7%，而占土地 100 亩以上的也仅为 5.0%。

宁夏在 20 世纪 30 年代地权分配也存在着严重的不均衡（见表 2—14）。

表 2—14　　　　　1934 年宁夏各县土地所有权分配统计情况

耕地面积	户口数量									百分比(%)	土地数量(亩)	百分比(%)
	宁夏县	宁朔县	中卫县	平罗县	灵武县	金积县	盐池县	豫旺县	合计			
10 亩以下	3131	2994	4459	3325	2235	1594	1129	1119	19993	25.6	37457	7.7
10 亩以上	3766	3593	2973	3950	2682	1913	903	896	20676	26.5	150000	13.3
20 亩以上	3264	3114	4310	3457	2324	1658	1626	1612	21365	27.4	350000	31
50 亩以上	2197	2096	—	2327	2564	1116	813	806	14597	18.7	450000	40
100 亩以上	188	180	446	239	134	97	45	45	1374	1.8	900000	8
合计	12553	11977	14866	13298	9939	6378	4516	4478	78005	100	1127457	100

资料来源：徐西农：《宁夏农村经济之现状》，《文化建设月刊》1934 年第 2、3 期。

由表 2—14 可以看出，宁夏不足 20 亩土地的农户占农户总数的 52.1%，只占全部耕地的 21%，而拥有 100 亩以上土地的大中地主仅占农户总数的 1.8%，却占有全部耕地的 8%。进入 40 年代，宁夏地权分配不均的问题进一步加剧（见表 2—15）[①]。

表 2—15　　　20 世纪 40 年代初宁夏土地所有权分配统计情况

土地等级	10 亩以下	10 亩以上	30 亩以上	50 亩以上	100 亩以上	200 亩以上	300 亩以上	400 亩以上	500 亩以上	共计
户数（户）	46149	33672	16662	3837	606	50	16	20	16	100983
所占户数比例（%）	45.71	33.33	16.45	3.71	0.6	0.05	0.02	0.02	0.02	100
所占田地比例（%）	11.54	23.63	33.33	14.83	4.55	0.63	0.28	0.45	1.22	100

---

① 宁夏省政府秘书处：《十年来宁夏省政述要》第 6 册"地政篇（C）"，1942 年，第 183—184 页。

通过表 2—14 和 2—15 的比较可见，耕地不足的农户增加了，不足 30 亩的农户有 79821 户，占全部农户的 79%，比 1934 年增加了 1.8 万户，特别是耕地在 10 亩以下的农户达到了 4.6 万户，比 1934 增加了 2.6 万余户；同时有耕地 100 亩以上的地主户数减少了，但所拥有的土地数量增加了，1934 年拥有 100 亩以上的农户有 1374 户，占农户总数的 1.8%，占全部耕地的 8%，而在 20 世纪 40 年代初期减少到 708 户，占农户总数的 0.8%，占有全部耕地的 16.76%。

在青海省，据一项 30 年代的调查，农户所分配的土地仅有 20 亩土地的户数并不多，占 62900 余户的 46.59%。即使每户占有 50 亩土地，"但在每年只收成一次，大半又为靠天吃饭的山地、旱地，开冻迟，降霜早的地方，每户即有五十亩亦并不为多，以多半不易有好的收成的原故"[①]（见表 2—16）。

表 2—16　　　　　　　　青海省农村农户耕地分配情况

有耕地者户数	百分比（%）
不及 5 亩者	10.81
5 亩以上	16.55
10 亩以上	19.23
20 亩以上	19.42
50 亩以上	19.72
100 亩以上	10.88
200 亩以上	2.57
500 亩以上	0.56
1000 亩以上	0.26

许多小农因为耕地不足，必然要向地主租佃自种，因此西北的陕西和甘肃两省的租佃农在北部六省中居前位，而自耕农兼佃农的成分也比较多（见表 2—17）。

---

① 丘咸：《青海农村经济概论》，《新青海》第 3 卷第 9 期，1935 年 9 月。

表 2—17 陕西、甘肃自耕农、租佃农百分比与北部其他省的比较（1919 年）

省名	自耕农百份比（%）	租佃农百份比（%）	自耕兼佃农百份比（%）
陕西	57.7	22.8	19.3
甘肃	64.3	17.5	18.1
直隶	72.8	13.2	13.9
河南	56.3	26.0	17.6
山东	70.0	13.1	16.8
山西	70.5	15.6	13.8

资料来源：[日] 长野郎：《支那土地制度研究》，新生命书局 1933 年版，第 146—147 页。

如果遇到灾荒，地权则更为集中。这主要是在灾荒时期，农户为了维持生存不得不典卖土地，一般是农民向地主借钱，以土地为抵押，如果到期不还，抵押地则改为典地，典期终了时，农民若无钱赎地，所典之地就卖给地主。这种以土地为典押之赁贷形式，在灾区最为流行，其结果是大量土地从农民的手中转移到大地主、大商人的手里。如 1928—1930 年大灾荒中的陕西省，据 1930 年 8 月 4 日的天津《大公报》的报道："陕西在灾荒中农村中之关系，更有极大之变易，大有影响于国计民生者，即土地所有权之转移与土地之集中，盖农民卖妻鬻女者，其于卖妻鬻女之前，已将平时所赖以生存之土地，早已典卖一空矣。收买此种土地者自为乡村中之豪富与城市中之官吏。……因此土地集中之趋势极为迅速。"灾后"三千亩以上之地主占到农户百分之一。一百亩至三百亩之富农、地主在陕西已很平常的户头"，如陕北杨家沟的马家大地主，1929—1933 年共买进土地 136 垧（每垧约等于 3 亩）①，以至灾后杨家沟附近六七里以内的农地，完全变成了马家的领地②。在咸阳县，有 5—10 亩土地的占农户总数的 25%，比灾荒之前减少了 5%；10—50 亩的占农户总数的 45%，比灾前减少了 10.6%；50—100 亩的占农户总数的 25%，比灾前增加了 13.8%；100 亩的占农户总数的 10%，比灾前增加了 5.6%③。

---

① 延安农村调查团编：《米脂县杨家沟调查》，生活·读书·新知三联书店 1957 年版，第 29 页。
② 冯和法编：《中国农村经济资料》，黎明书局 1935 年版，第 480 页。
③ 同上书，第 785—786 页。

此外，灾荒时期，由于农民竞相出卖或典押土地，市场上地价狂跌，也给有经济实力的人提供了收买土地的绝好时机。如陕西高陵县1928—1929年，"每亩地价二三元，尚无受主"[①]。"1929年渭河北岸如泾阳、三原、浮化、富平、耀县、蒲城等地方，旱地一亩值五角，至多七八角。西安附近的户县、周至的水浇田也不过十余元"[②]。灾荒时期的陕西，"每亩数十元或数百元之田地，有跌至十余元者，有跌至三五元者，甚至有减低至每银一元可买田数亩者"[③]。"甚至百亩良田，只能换来二三（天）的粮食。"[④]

表2—18　　1928—1932年关中地区6县382村的土地价格

调查地点	调查村（个）	各村庄每亩平均地价（元）			地价指数增减（%）		
		1928年	灾荒时期	1932年	1928年	灾荒时期	1932年
关中东部	211	12.8	5.0	16.2	100	39.1	126.6
三原	59	14.0	4.0	21.6	100	30.0	154.3
蒲城	98	6.4	1.7	6.1	100	26.6	95.3
华阴	54	23.8	14.8	28.9	100	62.2	121.4
关中西部	171	19.4	6.4	17.6	100	33.3	90.7
户县	41	30.3	13.2	27.1	100	43.6	89.4
武功	68	22.7	3.8	20.5	100	16.7	90.3
凤翔	62	10.7	3.4	10.1	100	31.8	94.4
关中全部	382	16.3	5.7	17.0	100	35.0	104.3

资料来源：蒋杰：《关中农村人口问题》，国立西北农林专科学校，1938年，第13—15页。

由表2—18可见，灾荒时期关中地区的平均地价只有灾前的1/3，最高的华阴县也仅为灾前的62.2%，直到灾后的1933年，关中地区大部分

[①] 白附蓝：《高陵县经济调查》，陕西省银行经济研究室《陕行汇刊》第5卷第3、4期合刊，1941年4月，第24页。
[②] 陈翰笙：《崩溃中的关中的小农经济》，《申报月刊》第1卷第6号，1932年10月。
[③] 《河南民报》1931年2月6日，转引自冯和法编《中国农村经济资料》，黎明书局1935年版，第784页。
[④] 《新陕西》第1卷第5号，第88页，转引自冯和法编《中国农村经济资料》，黎明书局1935年版，第784页。

县份的地价仍未达到灾前的价格。

（二）地权分配不均的矛盾还表现在质上，即地主、富农不但占有大量土地，而且所占土地又是质量较好的，多半是产量高、土质比较肥沃的水田或上等田，而贫苦农民所拥有的土地则大多是产量低、比较贫瘠的下等田，而且旱地居多。如上述陕北的大地主马维新在兼并其亲属的土地时曾说，他之所以这样做，就因为这些地面积"比平常的更大，地质又比较好，打租子又多"[①]。民国以后陕西周至、户县、大荔等县置田买地的少数新军阀，收购的也大多是水田或"负郭之肥田"[②]。1930年冬陕西泾惠渠开工之后，灌区内的土地凭借灌溉之利，顿成关中平原地上之上品，土地投机商自然不会放过如此大好时机，趁着农民还未从灾荒中恢复过来，当地的土豪劣绅、外来的官僚军阀"都大量地在渠旁收买土地，一次千数百亩，已是经常见惯"[③]。到1934年这一工程建成时，泾惠渠所能灌溉之田，已非该地农民所有，60%已为劣绅、土豪、军阀、官僚、奸商们私有了，"中委们很多也成了此地的大地主"[④]。自此以后，"陕西每一惠渠兴工，恒有当地有力者以重价争买田地"[⑤]。

毫无疑问，在可耕之地不充裕且许多土地贫瘠的条件下，遍及西北各地农村的地权分配不均的现象必然会对农家的生产与生活产生巨大而深刻的影响。首先它进一步加剧农村可耕之地不足问题的严重性，使大多数处于困境的农家对摆脱少地或无地的阴影更加无望。其次，地权分配不均又促使贫困农家在数量上不断增加。由于土地逐渐向少数人手里集中，因而曾经拥有部分土地而因各种社会、自然以及自身变故逐渐失去土地的贫困农家与年俱增。所有这一切都表明，地权分配不均现象严重地打击了农村家庭的生产与生活，而首当其冲的受害者则是大多数中下层农家。这些置于被动和不利环境中的家庭，为了求得生存，便只好冒险去借高利贷。

---

① 延安农村调查团编：《米脂县杨家沟调查》，生活·读书·新知三联书店1957年版，第32—33页。

② 晴梵：《关于灾后土地问题的问题》，《陕灾周报》第9期，1931年1月26日。

③ 何挺杰：《陕西农村之破产及趋势》，《中国经济》第1卷第4、5期合刊，1933年8月，第31页。

④ 赵俊峰：《陕西农村经济破产真相之回顾与改进方式》，《西北农学》第3卷第1期，1936年5月，第30页。

⑤ 陈赓雅：《西北视察记》下册，申报馆1936年版，第461页。

第四节　农业生产力发展水平低下

农业生产力发展水平的高低会对农村经济和农家生活产生重要的影响。因此考察农户由贫穷而导致的负债问题，不能不关注农村经济的发展情况。由于民国时期西北农村特殊的自然环境，天灾人祸频繁，再加上自给自足的自然经济仍占主导地位等因素的影响，使农业生产力的发展水平始终处在一个较低的水平。具体来看，该地区农业生产力发展水平低下表现在以下几个方面。

一　生产技术落后

生产技术是农业生产力发展的重要因素。由于民国时期西北农村经济的主体是以自耕农为主的小农经营，受自然条件的影响，农民从选种、种植、整地、施肥，到灌溉、除草、收获等环节，基本上沿用一两千年的老法子，很少有改进。土地不能集约利用，再加上水利失修，因此农业只能广种薄收，靠天吃饭。"农业技术，又不进步，播种不知选择，施肥亦少研求"[1]。

农业生产技术的落后首先突出表现在生产工具不仅短缺而且落后。畜力主要是传统农业生产中的重要工具。"农民之耕畜，南则倚牛，北以驴、骡、马为重"。由于北方连年战事，均向农村勒征驴、骡、马，作军事运输。"此种现象于陕、甘、宁夏、青海等省为最甚"。故农民"自己有耕畜者极罕"[2]。陕西邠阳"在近十年间，毫无耕畜之农家，自百分之二十九增加至百分之四十七，有二三头耕畜之农家，则自百分之十三减至百分之八"（见表2—19）。

---

[1] 何让：《甘肃田赋之研究》，（台湾）成文出版社、[美国]中文资料中心1977年版，第10339页。

[2] 张淑琼：《中国农村破产之原因及救济办法》，《农业周报》第4卷第3期，1935年1月25日，第74页。

表 2—19　　　　　　　　陕西邠阳三村的耕畜情况

农家	1933 年 家数	百分比(%)	1928 年 家数	百分比(%)	1923 年 家数	百分比(%)
总　　计	309	100	308	100	364	100
无耕畜之农家	146	47.25	110	35.71	105	28.85
三家或二家共有一耕畜	30	9.71	29	9.42	5	1.37
有一耕畜之家	55	17.80	63	20.45	111	30.49
有二耕畜之家	52	16.83	57	18.51	97	26.65
有三耕畜之家	26	8.41	49	15.91	46	12.64

资料来源：章有义主编：《中国近代农业史资料》第 3 辑，生活·读书·新知三联书店 1957 年版，第 859—860 页。

农户通常拥有的是也是非常简陋的工具，采用的是"二牛抬扛"的耕作方式，而效率很低，"农民所用犁铧，尖小而入地不深，浮土不过二三寸，下皆坚硬阴寒，气脉不融，不惟不耐旱，并不耐潦"[1]。宁夏农村，"农具均系旧式。至于新式改良农具，迄今尚无采用者"[2]。可以说，广大农户使用的农具，不仅数量少、质量差，而且分配极不均匀，这种落后的生产工具和耕作方法，阻碍了农业生产力的提高。

二　农业生产效益低下

由于西北地区特殊的自然条件，农作物的收获大多每年一次，其产量与东南各省相比也处于较低的水平。虽然从土地面积上看，西北各地地广人稀，人均占有耕地超过华北和东南各省，但许多土地多处于黄土高原的高山地、半山地或边远地区的荒漠地，这些土地的收益平均仅为川地、水地的 1/4 或 1/5。受恶劣的自然条件的制约，农作物的亩产量较低。据记载，1934 年甘肃主要农作物小麦的产量只有 132 市斤。其他年份也大致如此。虽然农民占有的土地较多，但由于粮食产量不丰，所以"甘肃有

---

[1] 谢晓钟：《新疆游记》，甘肃人民出版社 2003 年版，第 43 页。
[2] 罗时宁：《宁夏农业状况概况》，《新西北月刊》第 7 卷第 10、11 期，1944 年 11 月，第 20 页。

田地四五亩者，尚不如内地各省之有一亩者为愈"①。土地的质量差，不仅造成农产品的产量低，而且也影响了土地的价格，使土地价格便宜，农产品价格低廉。从西北各地情况看，灌溉地最贵，其中甘肃的兰州最高为每亩平均为150元，宁夏为每亩20元，青海的镇海堡最低为14.64元；其次为平原旱地。"青海、宁夏地价低廉。因地广人稀，农人穷苦，极少买卖交易。加之交通不便，农产销路凝滞。故农产价值低微，影响于地价低廉也"②。"加以灾荒虽迭现，而粮价却仍是低落，每石小麦不过20元，一元可购30斤小麦……况且地价又是那么便宜，水田每亩只有7元余，山地与旱地只有3元余地"③。

三　家庭副业不发达

由于农民单靠在土地上耕种所获得的收入，不能维持其正常生活需要，故从事家庭副业，充分利用家庭劳动力和本地地理、资源优势，就成为增加收入的一条重要途径。进一步说，家庭副业与农户的小生产形同孪生姊妹，相互依存，对小农经济的生存、延续和发展起着十分重要的作用。然而具体到民国时期的西北广大农村，"最大的缺点，就是没有手工业，无论什么地方，除有特殊出产，为一部分人经营外，农民从事手工业者很少看得见"④。在山区地带，农民的副业主要是在农耕之暇，"砍天然林木运往邻县出售，冬季或燃炭卖之以养生"⑤。大部分农民可以从事的副业是拾柴草、饲养牲畜等，甘肃白龙江两岸"果木丛生，桃柿梨果花椒之产量极丰，价廉惊人。乡民自离城二三十里路程背一大捆木柴至西固城中，只能得价铜圆三百文。而银价为一元合铜圆五千文，是一大捆柴，尚不值一角也！"⑥河西农村的副业，"惟自鸦种植以来，各种副业，皆受

---

① 何让：《甘肃田赋之研究》，（台湾）成文出版社、[美国]中文资料中心1977年版，第10341—10344页。
② 安汉、李自发：《西北农业考察》，国立西北农村专科学校，1936年，第44页。
③ 丘咸：《青海农村经济》，甘肃省立图书馆藏书，1934年，第87页。
④ 罗麟藻：《西北农民副业的重要性》，《拓荒》第2卷第3期，1934年5月，第28页。
⑤ 盖世儒修，张逢泰撰：《化平县志》，民国二十九年付印，第360页。
⑥ 范长江：《中国的西北角》，天津大公报馆1936年版，第40—41页。

重大打击，较之往昔，颇形衰落"①。由于事业来源单一，副业不能给农户收入以更多的补助，因此西北农户收入来源大多以种植业为主，收入水平低，"农家全年的收获，不过田园里几种农产物而已，此外日常用品，全赖外界供给他们，他们的支出，全凭变卖粮食，若有特殊费用，只有当地借贷一途"②。

第五节 农村金融枯竭，金融机构少，资金缺乏

如果说农户的借贷主要是由于天灾人祸以及小生产者自身的局限性等因素所导致的广大农户生活无以为继、贫困化所致，那么，民国时期包括西北在内的中国广大农村地区金融枯竭，能够使广大农民进行正常借贷的金融机构很少，农村资金缺乏等因素，则为地主、商人、富农等私人在农村放高利贷大开方便之门。广大农民的借贷只能笼罩在高利贷的阴影之下，被迫接受高利贷的剥削。

许多材料都表明，尽管民国时期西北农村中从事借贷活动的主体构成非常复杂，但以私人为主体进行放贷的事实非常明显，这其中即包括地主、富农、商人，也包括寺院、军人及与军人有关系的放债者以及一些在地方既有经济实力、又有政治势力和社会背景的官僚和回民中的部分富裕阶层等都进行放贷，他们构成一张庞大的高利贷放贷者的队伍和网络。与此形成鲜明对比的是银行、信用合作社等金融机构不占主导地位。

抗战爆发后，四大家族掌握的金融机构开始向农村渗透，并建立了一些农村金融机构，向农户放贷，使农村贷款来源有了一些变动，但总体上说，20世纪30年代，农村借贷仍以放高利贷的私人为主，金融机构仍然很少。据统计到1939年时，包括陕西、甘肃、青海、宁夏在内的全国15个省，虽然金融机构的数量有了增加，但银行仍只占8%，信用合作社为23%，合计占31%，而放高利贷的地主、富农、商人仍占41%。到1946

---

① 李扩清：《甘肃河西农村经济之研究》，（台湾）成文出版社、［美国］中文资料中心1977年印行，第26441页。

② 李抟九：《西北农村经济凋敝及补救政策》，《互助》第1卷第3期，1935年1月，第91页。

年时虽然从数字上看，银行和信用合作社数量有了很大提高，合计占43%，地主、富农、商人为代表的私人借贷降到了21%[①]，但需要指出的是，以上统计数字是对全国而言的，它在颁布上差别很大。相对于全国其他地区，西北地区农村信用合作社的数量所占比例很少。如据1934年《申报年鉴》所记载，江苏占全国合作社的比例高达27.31%，而位于西北的陕西仅占0.13%[②]。可以说，大部分农信社集中于华北和华东地区。另据《农情报告》记载，到1936年底，在西北各省中也只有甘肃省和陕西有农村信用合作，其中甘肃10县总计有244个信用合作社，社员为14152人；陕西29县总计有2003个信用合作社，社员有75871人[③]。宁夏、青海等省金融机构所开展的较大规模的农贷活动，要更晚一些，所建立的合作事业主要在20世纪40年代以后。金融机构少，农户们在需要资金时，不能进行正常借贷，便不得不求助于私人借贷。

需要指出的是，西北各地所建立的农民借贷所、农业仓库和合作社等机构对农村的放贷，其作用也很有限。除了在数量上较少之外，一些农贷资金"仅分配于较大的县城，未能普遍，许多县份及边远农村，仍未得实惠"[④]。即使在同一地区由于地理条件的不同，借贷资金也存在着较大的差异，"农村资金在本区山川未能平衡，在山较困，在川较裕"[⑤]。信用合作社放贷的利率从表面上看虽然年利只有1.5分左右，但其间接费用较多，如社员入社的缴付、筹备费及开办费的摊派、贷款还款时的路费支付等，还有少数农业仓库，农民必须分担仓库房租及保管费等损失，导致实际成本较高。此外社员贷款要有抵押和担保，手续烦琐；贷款的数额较小，难以满足生产生活需要；贷款期限太短，也不能使资金充分周转利用。"普通生（即生月）放熟（即熟月）收，为期不过一年，农民于取得贷金后，即购为耕牛、种子、肥料、农具。及禾熟，无现金偿还，只得以

[①] 转引自严中平《中国近代经济史统计资料选辑》，科学出版社1955年版，第346页。
[②] 骆耕漠：《信用合作事业与中国农村金融》，《中国农村》第1卷第2期，1934年11月1日。
[③] 南京国民政府中央农业实验所农业经济科编：《农情报告》第5卷第2期，1937年2月15日，第54—56页。
[④] 梁好仁：《甘肃经济建设之商榷》，《陇铎》第2卷第2期，1941年1月，第9页。
[⑤] 《甘谷县第二区社会状况调查表》，1938年7月21日，甘肃省档案馆，4—8—564。

廉价售谷，不足复出卖耕牛、农具，以补之。其终也辛苦卒岁，仍一无所得，甚至饥寒交迫，不减于前。"① 对农村金融机构来说，乡村与城市距离甚远，往返调查督核费时，而且银行项目单位，类皆细微零碎，手续烦琐，人工输多，净利反薄，反而使借贷活动陷于不便，其实际效果是"利用农民银行者，不过中产以上的一小部分农民"。在西北各地农村，一些参与组织合作社的豪绅地主，其实他们并不需要贷款，而是为了获得低利贷款，再以高利放出，从中获利。如1937年春甘肃崇信县成立农贷办事处，而借贷对象"主要是商户及有权势的人家"②。1944年永昌县设立农贷通讯处，办理业务要靠当地政府协助，"贷款多面向农村富户，很少贷给贫苦农民"③。这种现象，正如有的学者所说："目前有些合作社社员，多为富农或地主，把持操纵，冒名顶替，一般普通农民，享受合作之利者甚少，或贫农须依赖农村有地位之人，始能借款，结果反以害者"④。"虽经政府举办农贷救济农村，而农民所借之款仍多被高利贷者苛索以去……"⑤。甘肃省银行在山丹县的实物（麦子）放款，是月息二分七厘，但经过合作社到农民手里，就变成"加五"或"对斗子"了，而在银行方面，为保证放款的安全，也愿意这样做，或被迫不得不这样做⑥。即使如此，"银行的贷款，不及农村需要的十分之一"，而"这不及十分之一需要的贷款，又不少是为有力者所化名顶替，根本未能直接到农民手里"，所以"贫苦农民生产资金的周转，十分之八九是要靠高利贷的"⑦。可见，新式金融机构业存在的弊端，使其在农村金融中没能占据主导地位，农村借贷仍是以高利贷为特征的私人借贷为主。

还需要强调的是，除了西北地区现代金融机构发挥的作用不甚明显之外，传统金融业的衰败也为私人高利贷的盛行提供了广阔的空间。由于天

---

① 陈筮泰：《甘肃人民的生活问题》，《陇铎》第1卷第6期，1940年3月，第3页。
② 崇信县志编委会：《崇信县志》，甘肃人民出版社1997年版，第325页。
③ 永昌县志编委会：《永昌县志》，甘肃人民出版社1993年版，第624页。
④ 梁好仁：《甘肃经济建设之商榷》，《陇铎》第2卷第2期，1941年1月，第9页。
⑤ 《甘肃省农村合作委员会呈为录本会决议拟请评定取缔高利贷办法通令全省以除障碍而维贷政请鉴核由》，1938年3月14日，甘肃省档案馆，15—7—388。
⑥ 李化方：《甘肃农村调查》，西北文化书店1950年版，第57页。
⑦ 赵从显：《为甘肃农村经济开辟新的道路——试拟省银行合作金库扩大粮食存贷业务方案》，《和平日报》1947年10月14日。

灾人祸，特别时局动荡、兵匪等的破坏，传统的金融业如当铺、钱庄等普遍处于衰落的境地。在甘肃因频年匪害，"典当铺户今已多半倒闭，其存有者多城市治安稳定地方，所以农村中物品典当极不通行"①。如"民国初年，抚彝、沙河、四坝堡共有当铺9家。至民国三十一年（1942），三堡有乙等当铺1家，丙等3家。"翌年全部倒闭"②。民国时期，宁夏吴忠境内连遭兵灾匪患，金银为政府立法强收，出号衣物等品多难处理，当铺"逐渐关门歇业"③。清代中叶，灵武的民间典当业，最多时达50余家，而到了民国初年，仅剩下8家，民国十年（1921）先后歇业④。民国初年固原"福盛远"当铺的资本合银7000元左右。民国九年（1920）地震后，铺舍倾圮，当铺歇业；以后高利贷乘机猖獗，有"驴打滚""本利对""大加一"等名目，月息高达30%—100%。为求生计，贫苦农民被迫借债，任其盘剥⑤。

西北农村金融的枯竭，除了金融机构的缺失，不能为农户提供有力的借款之外，该地区资金缺乏也是一个重要原因。西北地区地域辽阔，交通不便，所产物产不能输出，而且内部的商品交换也受到阻滞。与此同时，外来的商品却逐年增加，并占领当地的市场，使该地区的商品输入远远大于商品输出。如在甘肃"地利之富，初不亚于东南各省，惜乎交通梗阻，文化落后，工艺幼稚，虽有丰富之原料，人民不知利用，一切均仰给于外来"⑥。"甘肃出入口货，向为入超。年来输出不过二千多万，输入则多至六千多万元，相差达四千数百万元以上。全国对外贸易，入超激增，致民族经济，日感衰竭；甘肃入超，数巨如上，更感穷困，理势当然。"⑦据调查，1935年左右陇海铁路甘肃段沿线15县货物基本上处于入超的境地（见表2—20）。

---

① 南作宾：《建设甘肃农村的途径》，《陇铎》第5期，1940年2月，第22页。
② 临泽县志编委会：《临泽县志》，甘肃人民出版社2001年版，第271页。
③ 吴忠市志编委会：《吴忠市志》，中华书局2000年版，第465页。
④ 灵武市志编委会：《灵武市志》，宁夏人民出版社1999年版，第417页。
⑤ 固原地区志编委会：《固原地区志》，宁夏人民出版社1994年版，第92页。
⑥ 林鹏侠：《西北行》，甘肃人民出版社2003年版，第71页。
⑦ 陈赓雅：《西北视察记》上册，申报馆1936年版，第271页。

表2—20　　陇海铁路甘肃段沿线输出货物价值一览表（1935年）　　　单位：元

县　名	输出总值	输入总值	出超或入超
共　计	19883121	36946223	-17063102
皋　兰	9294135	17973055	-8678920
洮　沙	202300	234739	-32439
临　洮	818881	1401968	-583087
渭　源	285290	389066	-103776
陇　西	1191326	3494012	-2302686
岷　县	1405784	1628105	-222321
漳　县	200700	242365	-41665
武　山	956080	1274354	-318274
甘　谷	1183052	1404004	-220952
天　水	1408760	4417947	-3009187
清　水	478607	1290032	-811425
泰　安	842355	1281982	-439627
通　渭	619061	203377	+415684
定　西	398640	580802	-182162
榆　中	598150	1130415	-532265

资料来源：国民政府铁道部业务司商务科编：《陇海铁路甘肃段经济调查报告书》，第10—80页。

以甘肃经济比较发达的兰州为例。民国二十三年（1934），兰州进出口货物数量价值总值"输出3162868.73元，输入5153283.04元，入超1990414.31元"[1]。贸易逆差长期积累的结果，又导致资金外流，银根日竭，市场的资金周转不灵。其他因素也加剧了市场资金的周转不灵。如甘肃安西在20世纪20年代末，"因受甘交通阻碍，及吴廷章、马仲英骚扰之影响，金融异常枯竭，商业极形凋敝，农村利贷之高，可谓无出其左

---

[1]　高良佐：《西北随轺记》，甘肃人民出版社2003年版，第55页。

右"①。"近年因提解官款之数量过多,即商人在他处购办货物须用现金之各原因,现金尽量流出。而地方产品无能在外面销售者,无法弥补其漏厄,以至金融异常枯竭。"②两当县第二区"人民全赖党参变价活动金融,今岁受战争影响,销路停滞,农村资金异常缺乏"③。临夏"地方经济破产,金融颇形枯滞,有少数经济多由资本者操纵,至一般人民无论在交易上生活上甚感困难"④。

市场资金缺乏直接导致了农村金融的枯竭。"甘肃农村经济枯竭,周转不灵之现象,随处可见。"⑤ "每年农村资金缺乏十之四五"⑥。而"社会银根吃紧,借贷利率也因之而无限高涨"⑦。在这种情况下,最终出现了贷方市场,即有借无贷,贫苦农民陷入借贷无门的境地。甘肃高台,"查年来公款巨繁,农村凋敝,濒于破产,虽大利借贷亦不易得"⑧。"当此青黄不接之时,求贷粮一升,俟麦谷成熟后还一斗,相隔不过三月亦不可得。"⑨ "年利百分之百者,尚恐非由私人交情不能借到。"⑩ 而在有些地方,"却因税捐过于繁重,现金已快被刮尽,一般农民固然穷得'两板子打不出一块钱'(陕南俗语),商人和高利贷者也很少钱可以经商或放债"⑪。甘肃张掖黑泉镇,因为"人家不多,经济生活单纯,故有放高利贷资格的人都难找到"⑫。平凉"地方亦无合作之组织,农民需款,无门告贷,惟有贱卖牲畜及粮食,以应急需,生计至为困顿"。通过这种有借无贷现象的分析,我们就不难理解西北农村借贷利率奇高的原因了。

---

① 陈赓雅:《西北视察记》上册,申报馆1936年版,第188页。
② 《甘肃省二十七县社会调查纲要·安西》,1933—1934年,甘肃省图书馆馆藏资料,第11—12页。
③ 《两当县第二区社会状况调查表》,1938年7月20日,甘肃省档案馆,4—8—564。
④ 《甘肃省二十七县社会调查纲要·临夏》,1933—1934年,甘肃省图书馆馆藏资料,第11页。
⑤ 梁好仁:《甘肃经济建设之商榷》,《陇铎》第2卷第2期,1941年1月,第9页。
⑥ 《泰安县第三区社会状况调查表》,1938年7月21日,甘肃省档案馆,4—8—564。
⑦ 星:《青海合作运动研究》(续七),《新青海》第2卷第3期,1934年,第62页。
⑧ 刘文海:《西行见闻记》,甘肃人民出版社2003年版,第30—31页。
⑨ 同上。
⑩ 李扩清:《甘肃河西农村经济之研究》,(台湾)成文出版社、[美国]中文资料中心1977年版,第26482—26483页。
⑪ 陈翰笙:《破产中的汉中的贫农》,《东方杂志》第30卷第1号,1933年1月,第71页。
⑫ 范长江:《中国的西北角》,天津大公报馆1936年版,第140页。

第六节 一些陋习的影响

风俗习惯是经过多年积累逐渐形成和流传的一种民众生活文化。良好的风俗习惯可以促进社会经济的发展,提高人们的生活质量;反之,坏的风俗习惯则会阻碍社会和经济的进步,导致人们的贫困。

一 婚丧铺张陋习

在农户的风俗习惯中,对农户生活产生较大负面影响的陋习就是婚丧铺张,因为几乎每个家庭都要遇到这个问题。尽管在农村社区中"节俭是受到鼓励的。人们认为随意扔掉未用尽的任何东西会触犯天老",但"在婚丧礼仪的场合,节俭思想就烟消云散了"[1]。以致婚丧铺张等陋习加重了农民的负担,并经常导致其负债甚至破产。以民国时期的甘肃河西为例,山丹县"风俗尚旧,一般对于婚丧礼俗尤为注重"[2]。张掖县"对婚姻大设宴席招待亲友,对丧事请僧道讽经并大设宴席招待亲友"[3]。和政县"关于婚嫁丧葬等事,汉民喜铺张,爱奢侈,一切风俗大半与内(地)相同"[4]。临泽县"惟婚丧宴会多不节约,虽竭诚开导,而人民仍习故"[5]。婚礼"旧俗尚俭……后为纳彩,厚则校布绸缎各丈余,必须双数,或仅棉布十对,制钱四十串或三十六串。近年生活程度稍高,多以银洋……"[6]。崇信县风俗"近日婚姻论财大非昔比"[7],"惟年来以生活程度高昂,婚制上在男家纳聘时须数百万元之聘仪不能联婚,相沿成气"[8]。渭源县婚嫁"许字初,送酒两小瓶,毛红布一对,或深蓝布一对,富者任滋铺张……极贫之家纳采亦须聘金二三十元……近日习气奢侈,彩礼竟

---

[1] 费孝通:《江村经济——中国农民的生活》,商务印书馆2001年版,第112页。
[2] 《甘肃省山丹县自然及人文概况调查》,1947年8—11月,甘肃省档案馆,15—11—181。
[3] 《甘肃省张掖县自然及人文概况调查》,1947年9月,甘肃省档案馆,15—11—181。
[4] 《甘肃省和政县自然及人文概况调查》,1947年11月,甘肃省档案馆,15—11—181。
[5] 《临泽县第二区社会状况调查表》,1938年7月28日,甘肃省档案馆,4—8—563。
[6] 王存德修,高增兴撰:《临泽县志》,1943年铅印本,第123页。
[7] 张道明修,任瀛翰撰:《崇信县志》,1926年重修手抄本,第60页。
[8] 《崇信县自然及人文概况调查主要项目》,1947年8月至1948年2月,甘肃省档案馆,15—11—179。

达百元之多，赤贫者聘一儿妇，酒食礼仪非一二百元不可"①。固原县"昔日丧祭之礼，如送制钱，有120文者，有240文者，有800文者（亦称八卦）。后因生活程度日高，物价昂贵，送礼一层亦因之陡增，至薄之情亦不下二三角（合制钱1200文），或五六角或1元（合制钱6000文），甚至有3元、4元者不等。今则非法币数万元莫办矣"②。可以说，婚礼讲究排场，婚姻送聘礼的做法，在民国时期西北的广大农村地区普遍存在，对此我们无须再举更多的史料加以说明。婚丧陋习的做法，无疑会加重农户的负担，促使其贫困甚至破产。

二　吸食鸦片

民国时期，生活在社会底层的广大农民，不仅物质生活贫困，而且精神生活也十分贫乏。他们既没有正常的娱乐活动来排解生活的痛苦，也没有社会的关心来慰藉痛苦的心灵，于是许多农户养成了及时行乐的习惯，借助吸食鸦片来暂时麻醉自己。对此许多史料记载了民国时期西北民众吸食鸦片的情况：如在甘肃肃州，"十人之中，足有七人吸食鸦片"③。在宁夏，除回民外，"其不抽鸦片者，实比较占最少部分"④。即使在不种鸦片的青海互助县，吸食成瘾者约占全县人口的32%以上。⑤吸食鸦片花费极大，一般的农户，一旦染上此种恶习，就很难戒掉。由于吸食鸦片，很多人倾家荡产，甚至债台高筑，卖儿鬻女。

三　赌博活动

赌博活动刺激了高利贷。从借贷人来看，"赌也是造成高利贷的一大原因"⑥。因赌博而借高利贷的人不在少数。由于民国时期西北广大农村经济发展落后，物质生活匮乏而导致农户文化生活简单，民间娱乐活动极少，于是赌博活动便成为部分农户的主要娱乐活动，特别是农闲和每年农

---

① 陈鸿宾等：《渭源县志》，1926年手抄本，第85—86页。
② 固原县志办公室：《民国固原县志》（上），宁夏人民出版社1992年版，第207页。
③ 林竞：《西北丛编》，（台湾）文海出版社1974年版，第189页。
④ 范长江：《中国的西北角》，天津大公报馆1936年版，第198页。
⑤ 顾执中、陆诒：《到青海去》，商务印书馆1934年版，第336页。
⑥ 蕴如：《陇南山区杂记》，《和平日报》1949年3月3日。

历年关的前后，常以赌博打发其无聊时间①。相应地在赌场上出现许多高利贷的名目，如甘肃河西"有骡马会，实即赌场，放债十元每天息一元"②。皋兰县的债务形式"穿碾子"，"期限至多一天，利息是二十分，到日不还，也滚下去。这是给赌徒专设的"③。榆中县流行的"鸡上架鸡下架"的高利贷形式，即头天晚上鸡上架时借的钱，到第二天早晨鸡下架时计算利息，否则利上加利，而这种形式"多系赌博账"④。此外还有"垒垒账"，也多系赌博账，如甘谷的蒋文秀借巩穗友白洋5元，大加二利，10天一期即垒起来，利变本起息，该户在三年内，因这种钱将10亩地垒光了。⑤

此外，造成民国时期西北农户负债还有一些特殊因素也不能忽视，如该地区特殊的文化禁忌和商业文化的不发达现象。对此，陈志武教授就撰文指出，西北少数民族地区（如宁夏）的文化中禁止有偿、有利息的借贷，抬高了资本的成本，"在这种情况下，当你做有息的借贷时，你所面临的交易风险和契约风险会相当高"⑥。和东部、中部地区相比，西北地区的金融业不发达的一个重要原因，是该地区商业文化欠发达，不能为借贷市场提供一个更好的社会制度环境。

---

① 冯和法编：《中国农村经济资料》（续编），黎明书局1935年版，第363页。
② 谢觉哉：《谢觉哉日记》（上），人民出版社1984年版，第156页。
③ 人民出版社编辑部：《新区土地改革前的农村》，人民出版社1951年版，第104页。
④ 甘肃省委农工部：《甘肃省土地改革文集》（党内文件），1954年，第445页。
⑤ 同上书，第440页。
⑥ 陈志武：《反思高利贷与民间金融》（上），《北方经济时报》2005年8月10日。

第 三 章

对民国时期西北地区传统借贷机构——典当业的考察

典当业在我国的产生和发展历史悠久，它同钱庄、票号、商店等机构、组织以及私人借贷一起成为旧式金融的重要组成部分。由于典当业发展源远流长并形成了相当规模，在传统中国社会金融业中扮演着重要角色，特别是对乡村经济和下层百姓生活有着密切的联系和影响，因此俗有"典当者，穷人之后门也"之说法。在上千年的发展演变过程中，典当业从寺院扩展到市井、从城市深入至农村，逐渐渗透到百姓的日常生产生活。虽然其资本实力不如钱庄业与票号业，但其产生时间早，生命力旺盛，当铺数量庞大且面向穷苦大众，与仅面向商户的钱庄业和面向官府、巨富的票号业相比，典当业对广大农民和城市低收入人群产生的影响更为深远，因此本课题将重点论述作为传统借贷体系之一的典当业运行的基本状况与农户生产生活的关系，而对与农户借贷关系较为疏远的钱庄和票号则不涉及。

第一节 清代西北典当业的繁荣

"典当"一词从狭义上看，是指典当机构，即当铺。如《辞海》中将"典当"一词解释为"当铺"或"押店"，是"旧社会收取衣物等动产作为质押，向劳动人民进行放贷的高利贷机构"[①]。从广义上看，指的是

[①] 《辞海》，上海辞书出版社1979年版，第666页。

"以物质钱"的行为，当这种行为形成一定规模，成为一种普遍的现象时，就成了一种行业形态，即"典当业"。宓公干在其著作中就认为，典当业"从广义言，亦为一种典质行为"①。

典当业始于何时，学术界尚没有统一的说法。杨肇遇在《中国典当业》一文开篇就提到"我国之有典当业，由来已久，究起于何时，即老于斯业者亦多不能言，即言之，而亦无所据，未可以为信"②。目前学术界关于典当业的起源主要有"殷商说""西周说""汉说"和"南北朝说"等观点。如果从广义上看，把典当作为一种典质行为，那么根据许慎的记载，它也可以追溯到以贝为币的殷商时期。如果按《不列颠百科全书》的记载"典当业是人类最古老的行业之一，在中国二三千年前已存在"③的话，典当业在中国西周时期就已出现。而"汉说"的主要依据是《后汉书·刘虞传》中的记载："虞所赉赏，典当胡夷。"这是"典当"二字最早使用的记载。④刘秋根教授就认为："中国典当业大体源于汉代，这是与旧中国秦汉以来商品货币经济的发展、高利贷尤其是抵押借贷关系的发达有关的。"⑤常梦渠也认为，典当行为在汉朝已经颇为流行，其根据是《汉书·贾谊传》中有"家贫子壮则无赘"一句的原注"赘子犹今之典身，立有年限取赎者"，以及《后汉书·严助传》中有"岁比不登，民待卖爵赘子，以接衣食"一句的原注"淮南俗，卖子于人作奴婢名为赘子，三年不能赎，遂为奴婢"⑥。"南北朝说"的观点则认为典当业作为一个行业始于南北朝佛寺之中，名为"质库"或"长生库"，多由寺院经营管理，且形成了一定规模。如彭信威就认为："南朝货币经济发达，寺僧放贷的事一定很多，南朝寺院在中国信用史上有特殊的意义，它是典当的创办者"⑦。当百姓遇到灾荒和战乱，纷纷逃亡寺庙求得救济，因此寺院多有社会救济的义务。典质业务也由此广泛开展，并在《南史》

---

① 宓公干：《典当论》，商务印书馆1936年版，第1页。
② 杨肇遇：《中国典当业》，商务印书馆1929年版，第1页。
③ 《不列颠百科全书》第13册，中国大百科全书出版社2000年版，第91页。
④ 杨肇遇：《中国典当业》，商务印书馆1929年版，第1页。
⑤ 刘秋根：《中国典当制度史》，上海古籍出版社1995年版，第47—48页。
⑥ 常梦渠主编：《近代中国典当业》，中国文史出版社1996年版，第3页。
⑦ 彭信威：《中国货币史》，上海人民出版社1965年版，第288页。

《南齐书》等文献中留下诸多记录。

曲彦斌在其所著《中国典当史》一书中，对中国典当业的发展过程做了概括性的论述，即"初见萌芽于两汉，肇始于南朝寺库，入俗于唐五代市井，立行于南北两宋，兴盛于明清两代，衰落于清末民初，复兴于当代改革，新世纪有序发展"[①]。

西北地区的典当业具体始于何时，有待于进一步考证，但有一点可以肯定，即在清代至民初，这里以银钱业和典当业为主的传统金融已经相当发达。

资料显示，陕西典当业在清代最盛，康熙二十四年（1685）有当铺200家，典税银1000两；雍正二年（1724）有当铺533家，典税银2665两；乾隆十八年（1753）有当铺1373家，典税银6860两；嘉庆十七年前（1812）有当铺1482家，典税银7410两[②]。另据《陕西通志·当税》载，清雍正五年（1727），共有典当580座，具体分布在各府、州、县（见表3—1）。

表3—1　　　　　　　　清代陕西典当铺分布情况

州府名	各县实有数	合计（座）
西安府	长安27座、咸宁82座、咸阳30座、兴平9座、临潼34座、高陵13座、蓝田2座、泾阳43座、盩厔2座、渭南31座、富94座、醴泉17座、鄠县11座、三原64座	459
凤翔府	凤翔3座、眉县1座、宝鸡2座	6
汉中府	南郑1座	1
兴安府	安康1座	1
同州府	大荔9座、朝邑11座、郃阳18座、澄城3座、韩城39座	80
华州	华阴2座、蒲城14座	16
耀州	耀县2座、白水3座	5
乾州	乾县3座、武功1座	4

[①] 曲彦斌：《中国典当史》，九州出版社2007年版，第325页。
[②] 根据《康熙会典·奏销册》《雍正会典·奏销册》《会典则例·奏销册》《会典事例》中原表典当铺户数推算而来，转引自刘秋根《中国典当制度史》，上海古籍出版社1995年版，第28页。

续表

州府名	各县实有数	共有
邠（彬）州	邠县1座	1
葭（佳）州	神木1座、府谷6座	7
合　计		580

资料来源：陕西省地方志编纂委员会：《陕西省志·金融志》，陕西人民出版社1994年版，第272页。

即使到了清代后期，陕西的西、凤、汉、商、乾、延、绥、榆九府仍有当铺160座。内除韩城忠信当于宣统元年（1909）正月歇业，白水信昶典于光绪三十二年（1906）歇业外，实有当铺158座。从资本额来看，大都为数千两至两万两，最大的有10万两。当铺的类型大多是私人投资经营，但在西安、关中和陕南的一些当铺也有官府投资的，如光绪年间洋县的成顺当、协和当，西乡县和勉县也各有一家。此当铺一般是官府用公款给当铺作为资金的[1]。

具体到陕西各县来看，延安各县在清末有典当46家，其中，肤施县有11家，安塞县4家，保安县4家，鄜县16家，宜川县3家[2]。定边县，清乾隆年间，定边城、安边堡、红柳沟、张千户岔四地已有私人开的当铺，不仅典当，还放债存款[3]。三源县在清雍正五年（1727），就有当铺64座，乾隆三十年（1765）增加至69座[4]。武功县到嘉庆七年（1802），当铺数增为4家，清末，全县当铺"不足十家"[5]。兴平县，在清雍正五年（1727）有当铺9座，至乾隆四十二年（1736）"仍有当铺15座"[6]。泾阳县，"清雍正时，全县当铺43家"[7]。

---

[1] 陕西省地方志编纂委员会：《陕西省志·金融志》，陕西人民出版社1994年版，第273页。
[2] 延安地方编纂委员会：《延安地方志》，西安出版社2000年版，第551页。
[3] 定边县地方志编纂委员会：《定边县志》，方志出版社2003年版，第533页。
[4] 三原县地方志编纂委员会：《三原县志》，陕西人民出版社2000年版，第478页。
[5] 武功县地方志编纂委员会：《武功县志》，陕西人民出版社2001年版，第363页。
[6] 兴平县地方志编纂委员会：《兴平县志》，陕西人民出版社1994年版，第409页。
[7] 泾阳县志编纂委员会：《泾阳县志》，陕西人民出版社2001年版，第341页。

清初典当业在甘肃并不发达,直到康熙年间典当业在该地区开始繁荣。从当时编修的方志中的许多关于典当业的记载来看,在康、雍、乾、嘉四朝甘肃的典当业有了很大的发展,当铺的数量增加很快。如肃州"当税,原额当铺六十座。自雍正八年起,至乾隆元年止,陆续新增一十九座,二共当铺七十九座,每座每岁额征收税银五两,共征收税银三百九十五两"①。甘肃省典当业发展的最高峰出现在嘉庆十七年以前,当铺数达到1625家,其中康熙二十四年(1685)有当铺406家,典税银2030两;雍正二年(1724)有当铺695家,典税银3475两;乾隆十八年(1753)有当铺约543家,典税银2715两;嘉庆十七年前(1812)有当铺1625家,典税银8125两②。

具体到甘肃各地来看,按清康熙三年(1664)规定的当铺每年征收税银五两计,金县(榆中)年征收"当税银一百五两"③,应有当铺21座。秦安县征收"当税银一百六十五两",以每一当铺5两计,应有当铺33座。④ 清末民初,靖远县城先后建小押当十多处⑤。民勤县,清末民初,有当铺七八家,其中"公益当""永盛当""应义当""东盛当"最为兴盛,铺面阔绰,资金丰厚⑥。甘南地区临潭县的典当业始于清朝中期,该县最早的当铺是"张家当"(亦称"大丁当"),接着开设有"宋家当",清末开设的有"姜家当"。光绪年间又开设"万盛西当"⑦。清同治回民起义对甘肃的典当业给予沉重的打击,当铺大半歇业,直到光绪年间才又恢复起来。其中兰州地区的典当业在清末时期已相当发达,星罗棋布的当铺分布于大街小巷之中,不但数量惊人,而且种类齐全。临洮县在清光绪十六年(1890)成立的"仁西当"是同治变乱后的第一家当铺,

---

① (清)乾隆:《重修肃州新志》"杂税",《肃州》第3期。
② 根据《康熙会典·奏销册》《雍正会典·奏销册》《会典则例·奏销册》《会典事例》中原表当铺户数推算而来,转引自刘秋根《中国典当制度史》,上海古籍出版社1995年版,第28页。
③ (清)耿喻、郭殿邦纂:《金县志》(刻本)卷6"杂税",以每一当铺5两计,应有当铺21座。
④ (清)徐宗千修,蒋大庆等纂:《秦安县志》"食货,杂税"。
⑤ 靖远县志编纂委员会:《靖远县志》,甘肃文化出版社1995年版,第344—346页。
⑥ 民勤县志编纂委员会:《民勤县志》,兰州大学出版社1994年版,第367页。
⑦ 临潭县志编纂委员会:《临潭县志》,甘肃民族出版社1997年版,第341—342页。

随后发展至数十家①。

同陕西、甘肃一样,当铺也是宁夏传统金融的重要组成部分。宁夏典当行业清初最盛,乾隆年间有当铺205家,岁课税银1050两。其中:宁夏县当铺44家,岁课税银220两;宁朔县当铺48家,岁课税银240两;中卫县当铺41家,岁课税银205两;灵州当铺50家,岁课税银250两②。甚至到了辛亥革命后,宁夏"当铺设立,遍及大小城镇"③。

青海的典当业始于何时,无确切证据。据记载,西宁从雍正时期开始,就有民间的金融机构——当商,吸收民间钱款。清代"乾隆后,货币渐缺,贫民不得不将衣物用具以低价向当铺抵押,计息支钱"。"父老相传,道光年间城乡当商共有三十余家,经同治兵燹,城关及威远堡尚剩八九家"。"乾隆十年,(西宁府)征收(当税)银五百八十两,光绪二年起,(西宁府)征当税六十两"④。湟源县在清嘉庆年间,当地民族贸易特盛。"当铺应运而生,设肆典物。开设小当的就有30余家"⑤。大通在清同治年间,曾开设当铺一处,光绪初年,又在县城开设"钱泰当"和"天锡当"两处。⑥ 化隆县在清光绪二十八年(1902),开设有"积福当",稍后开设有"三顺当"⑦。由此推断,青海的典当业在乾隆前已经产生,道光、咸丰年间有一定发展,同治年间因西北回民反清斗争爆发,左宗棠率部进行镇压,典当也受到了影响和破坏,从此每况愈下。

第二节 民国时期西北地区典当业的发展状况

一 当铺的数量及分布

(一)陕西典当业的数量及分布

陕西省典当业在清末民初仍尚属兴盛,直到民国十五年(1926)西

---

① 临洮县志编纂委员会:《临洮县志》(中册),甘肃人民出版社1990年版,第358页。
② 宁夏金融志编审委员会:《宁夏金融志》,内部资料,第109页。
③ 人民银行宁夏分行金融研究所:《宁夏金融史近代史料汇编》(上),油印资料,1987年3月,第24页。
④ 青海省地方志编纂委员会:《青海省志·金融志》,黄山书社1997年版,第66页。
⑤ 湟源县志编纂委员会:《湟源县志》,陕西人民出版社1993年版,第361页。
⑥ 大通县志编纂委员会:《大通县志》,陕西人民出版社1993年版,第342页。
⑦ 化隆县志编纂委员会:《化隆县志》,陕西人民出版社1994年版,第378页。

安"围成之役",因受流通券影响,损失很大。据统计,1931—1941年间,陕西全省典质仅有9家,其中西安2家,大荔2家,户县1家,朝邑1家,榆林2家,富平庄里镇1家①。西安作为陕西政治、经济、文化中心,其典当业在清末民初还有当铺20座,民国十一至十四年(1922—1925)尚存5家。由于投当者人数太多,出现排队投当且拥挤不堪的现象,民国十六年(1927)省财政厅又在西安五味什字设典当铺一处。以后,由于不少当主用不兑换流通券赎当,使典当业损失严重,再加上政府限制当息不得超过月息二分,加之社会时俗变化,衣饰过时,逾期死当拍卖亏本,这些典当铺相继歇业②。

可以说,从清代到民国时期,陕西各地典当业的发展变化很大,如光绪年间,乾州有当铺5家,光绪二十三年(1897),"强迫当铺预交20年当税,再加上屡经兵燹,所以到民国初期,当商相继停业"③。横山县典当业创始于光绪年间,光绪至民国后期,全县典当业先后有四家。到民国二十七年(1938)"先后停业"④。清代关山城内还设有两家当铺,进行物品抵押借贷活动。但到清末就关闭了⑤。武功县在清末还有近十家当铺。民国初年除一些商号兼营典当业务外,县城知名当铺仅有3家。民国二十六年(1937)后,"本县再无此业"⑥。三原县清乾隆三十年(1765)有当铺69座,但到民国十八年(1929)前后,"因连年奇旱和兵荒马乱,市面冷落、业务不振,当铺相继停业"⑦。兴平县,在清乾隆四十二年(1777)仍有当铺15座。至民国初年城内有东、西、南、北四家当铺。东、南当铺1930年停业,西、北当铺1931年停业⑧。岐山县的典当业在

---

① 西安市档案局、西安市档案馆:《陕西经济十年(1931—1941)》,1997年,第302页。《陕西金融志》记载,民国后期陕西典当为11家,除以上9家外,加渭南的2家(同义永和同聚长当铺)。参见陕西省地方志编纂委员会《陕西省志·金融志》,陕西人民出版社1994年版,第300页。
② 陕西省地方志编纂委员会:《陕西省志·金融志》,陕西人民出版社1994年版,第300页。
③ 乾县地方志编纂委员会:《乾县志》,陕西人民出版社2003年版,第308页。
④ 横山县地方志编纂委员会:《横山县志》,陕西人民出版社1993年版,第379页。
⑤ 陕西省地方志编纂委员会:《关山镇志》,陕西人民出版社1991年版,第108页。
⑥ 武功县地方志编纂委员会:《武功县志》,陕西人民出版社2001年版,第363页。
⑦ 三原县地方志编纂委员会:《三原县志》,陕西人民出版社2000年版,第478页。
⑧ 兴平县地方志编纂委员会:《兴平县志》,陕西人民出版社1994年版,第409页。

1929—1932年期间，由于"连年饥馑，贫苦之家纷纷持物换钱以活命，使当业兴隆"，当时城关镇有同心成、集成祥、仁义、恒兴福等6家当铺，青化、蔡镇、高店各有一家。"年馑后期，物竭人稀，青化、蔡镇、高店等地当铺先后倒闭，城关各家勉强维持至民国34年（1945年），因物价大跌，严重亏损亦大部停业。"①

（二）甘肃典当业的数量及分布

在甘肃省，据20世纪30年代的调查，"甘肃全省，在民国十八年前，各县所设立典当甚多，嗣因频遭兵燹，益以灾祲，浩劫迭来，民生凋敝，而典当之倒闭者遂多，今仅存者，已无几矣"。各县当铺情况统计如下：

（1）酒泉县，全县设有私立当铺3家，资本5400元，每月利息6分，10个月出当。（2）临夏县，全县设有私立当铺3家，资本6000元，每月利息5分，18个月出当。（3）（未知县——笔者注）全县设有私立当铺四家，资本5900元，每月利息6分或8分，12个月出当。（4）敦煌县，全县设有私立当铺3家，资本11700元，每月利息6分或8分，10个月或12个月出当。（5）武威县，全县设有私立当铺1家，资本10000元，每月利息3分，24个月出当。（6）天水县，全县设有私立当铺4家，资本3100元，每月利息2分，12个月出当。（7）张掖县，全县设有私立当铺10家，资本14680元，每月利息5分，10个月出当②。仅以上甘肃7县共有当铺28家，资本总额达56780元。

另据民国二十四年（1935）甘肃各市县政府上报的典当业的调查数据显示，民国二十三年（1934）甘肃各县典当为37家，资本总额仅为66500元（见表3—2）。

表3—2　　　　　　　　甘肃省典当业调查表（1934年）

市县名	种类	家数	资本（元）
兰州市	典	10	22000
天水	小押	4	2600
永登	当	4	8000

---

① 岐山县志编纂委员会：《岐山县志》，陕西人民出版社1992年版，第294页。
② 潘益民：《兰州之工商业与金融》，中华书局1935年版，第72页。

续表

市县名	种类	家数	资本(元)
武威	当	1	10000
张掖	当	6	6000
张掖	小押	5	1800
酒泉	当	3	8600
临夏	当	4	7500
合计		37	66500

资料来源：宓公干：《典当论》，商务印书馆1936年版，第252页。

从表3—2可以看出：民国时期，甘肃省内的当铺数量与清代相比有了明显减少，而且分布多集中在兰州、张掖、临夏等城市中。在兰州市，据记载，民国十六七年，有14家当铺，大当6家、中当7家、小押当一家，分别设立在城关各街道，其中有中和当、致中当、树顺当、均和当、天成当、明德当、亨达当、裕亨当、锦德当、吕福当等[①]。兰州当铺的数量直到新中国成立前仍有15家[②]。而其他一些处于乡村地区的县、镇，许多当铺在民国中、后期倒闭。如两当县在清末仅有的一家当铺"兴顺号"民国三十年倒闭[③]。金昌县城有当铺4家。1935—1938年间陆续关闭[④]。纵观近代甘肃省典当业变化不难发现，从清代到民国时期，典当业总的趋势是在走向衰落，但是在1929—1936年，当铺数量仅从41家降至37家之间，而小押当则数量更多、更为广泛。这也说明，甘肃省的典当业在这一时期尚有一定生存发展空间。

（三）宁夏典当业的数量及分布

辛亥革命后，宁夏当铺数量虽比清初数量有所减少，但"尚遍及大小城镇"。据统计，民国初年宁夏府城有当铺21家，属宁夏县的有13家，

[①] 赵景亨：《对兰州当铺的回忆》，《兰州文史资料》第11期，转引自常梦渠主编《近代中国典当业》，中国文史出版社1996年版，第204页。
[②] 甘肃省地方志编纂委员会：《甘肃省志·金融志》，甘肃文化出版社1996年版，第57页。
[③] 两当县志编纂委员会：《两当县志》，甘肃文化出版社2005年版，第386页。
[④] 甘肃省金昌市地方志编纂委员会：《金昌市志》，中国城市出版社1995年版，第455页。

属宁朔县的有8家,吴忠堡有5家,金积县有4家,中卫、平罗等县亦有当铺数十家。民国二十年(1931)前,宁夏府城尚有当铺六七家。中卫县有广义当、天合当、中兴当3家。宁朔县所在地瞿靖堡,仅3000人,还有当铺2家,一是清泰当,二是吉兴当。民国二十年(1931)后宁夏所有当铺均先后歇业[①]。

可以说,从清代中期到辛亥革命后,宁夏当铺数量急剧下降,直到民国20年后完全歇业,这一大幅度变动表明宁夏的典当业在这一时间整体受到了打击。从现象上看,19世纪末至20世纪初,银行等现代金融机构在宁夏还没有出现,传统金融仍然占据地位,特别是以高利贷为主的私人借贷在农户的借贷中占一半以上,因此,此时宁夏典当业开始朝向衰落可以排除新式金融的冲击,而最有可能导致宁夏典当业快速衰落的原因,应是急剧的社会动荡,特别连绵不断的战乱、匪患对当铺带来的毁灭性的打击,对此本书将在后面论述。

(四)青海典当业的数量及分布

民国时期,青海的典当业只有当铺一种,主要业务是以收取衣物等动产作抵押,并吸收一些存款。开设当铺者,大多为本地的地主、官僚、富商,也有少数外地人。关于民国时期青海典当业发展的总体情况及当铺数量,课题组没有查到具体统计资料,只在一些志书中,查到了部分县典当的发展情况,现介绍如下:清末民初,湟源县"商务复兴,当铺又先后随之开设,大小当有7—8家之多",1921—1937年,小当先后消失,大当铺有世诚当、忠诚当、福源当三家[②]。化隆县民国十六年(1937),巴燕南街人陈炽在县城开设"永兴当",由于资金雄厚,并收买之前开设的"永兴当"和"三顺当",成为化隆县唯一的一家当铺,直到抗日战争前,生意仍然十分兴隆[③]。"大通县城西关、新城、北大通等市镇有当家多处,岁征典当税库平银六十两"[④]。西宁有源益当、德心当、统一当、世益当、恒泰当、益恒当等6家[⑤]。青海的典当业虽然在乾隆前就已产生,道光、

[①] 宁夏金融志编审委员会:《宁夏金融志》,内部资料,第109—110页。
[②] 湟源县志编纂委员会:《湟源县志》,陕西人民出版社1993年版,第361页。
[③] 化隆县志编纂委员会:《化隆县志》,陕西人民出版社1994年版,第378页
[④] 青海省地方志编纂委员会:《青海省志·金融志》,黄山书社1997年版,第67页。
[⑤] 崔永红、张德祖等:《青海通史》,青海人民出版社1999年版,第707页。

咸丰年间有一定发展，但同治年间，因西北回民起在义，典当业受到了破坏，每况愈下。清末民初后，虽然又延续了半个世纪，但终因政治腐败、经济萧条、社会动荡、货币不断贬值及新式金融业的产生和发展等诸多影响，于新中国成立前夕关门歇业了。

（五）新疆典当业的数量及分布

和民国时期的陕、甘、宁、青四省典当业走向衰落、典当铺数量逐渐减少所不同的是，新疆省的典当业在民国初年还颇为发达。据内政部民国20年的调查，在新疆省上报的18县中，有当152家，质57家，合计209家。这209家分一、二、三、四级，常年税收按级分为24元、15元、12元、7元5角，按此税率推算可以看出，新疆典当业的规模不大[①]。

二 行业类别

典当、当铺是明清以来对各类典当业及从事典当业的机构的一般性通称、泛指。其行业类别可依据不同标准分类，如根据从古至今典当业的实际情况，按产权所有者的社会身份区别为四大类，即：（1）佛寺长生库、寺库；（2）皇帝、皇室贵族的皇当；（3）官府或官僚资本的"官当"；（4）由商贾兼营或典商经营的"民当"。这种分类便于考察典当业与社会政治、经济方面的历史背景，研究相关社会制度、经济政策。此外典当业的行业类别还可以按照经营规模分类，如杨肇遇在《中国典当业》一文中将典当业划分为典、当、质、按、押五种，其中"典之资本最大，期限最长，利息最轻。当次之，质又次之。押则与典相反。……故我国之典当业，虽有典、当、质、按、押等名称，第因时代之变迁，地域之暌隔，严格区别，极为困难"[②]。本书在分析民国时期西北典当业的行业类别时，将产权所有者和当铺的经营规模两种分类方式结合起来运用。

（一）按产权所有者的身份来区分

从产权所有者的身份来看，民国时期西北地区的当铺主要包括官府或军阀官僚经营的"官当"和商贾及兼营典当业务的"民当"两类。其中"民当"数量较多，"官当"数量相对较少。一些资料记载在甘肃靖远和

---

① 宓公干：《典当论》，商务印书馆1936年版，第253页。
② 杨肇遇：《中国典当业》，商务印书馆1929年版，第70页。

民勤县、陕西咸阳和榆林地区设有"官当"。其中甘肃靖远县的当铺是半官方性的,由监狱众犯比照外县习惯,经县长允许,在东街武庙附近开设小当,名"广通当",经纪人有房门军(安徽人)和陈门军(靖远人);民勤县教育基金会在民国时期开设了"文裕当"及"公益当",其中公益当较兴盛,铺面阔绰,资金丰厚;陕西咸阳也有官府以公款形式发商生息的情况;榆林于民国六年(1917)1月,由政府成立官设便民质,股东为县教育局。

(二)按当铺的经营规模来区分

民国时期西北的典当业按经营规模来分类,其称谓主要包括典、当、质、押四种。其中西北地区的典、当之间很难区分,故而主要有典当、质、押三种。在此基础上,各省又有一些不同的叫法。其中陕西省有当铺、便民质、押当、小押等说法。甘肃省的一些地方文献中将当铺分为大当、中当和小当,民国后期只有中当一种,另外还有许多"小押当"。青海的典当业只有当铺一种,没有其他形式。当铺按当期长短,分为大、中、小三种:大当当期2年,中当一年,当期在百天以内的小当又可称为"小押当"。宁夏地区的文献记载中多将当铺分为大当、便民质和小押当,其中当铺和便民质多集中在城镇,小押当则广泛分布于各县及农村地区。

三 业务范围

(一)以物换钱

以物换钱是典当业作为金融机构最主要的业务,除了以土地典当为代表的固定资产典当外,正规当铺的当物均以非固定资产为主。陕甘宁青地区的一些志书资料中提到的当物主要包括珠宝玉器、金银首饰、铜铁锡器、皮张皮货、祭品、字画、衣物、家具、铁锅犁锄乃至粮食等。其中,大城市的市民或地方军政人员和士绅主要通过规模较大的当铺典当金银首饰、珠宝玉器和字画等价值较高的物品,如咸阳地区城市的当物以金银珠宝较多,裘皮次之;青海湟源县的大当所收的当物也以贵重物品为主;甘南藏族自治州多有军政人员和士绅典当物品,财力相对雄厚,因此典当的物品中常常能见到金银首饰和珠宝等。

然而,典当业的作用更多的是为穷人打开小额借贷之门,因此,四省下属各县、乡的当物中,除了有部分金银、珠宝、玉器、古董、器皿等较昂贵的当物，更多的是衣物、农具等生活用品，如永登县的商人富户经常将当号或押铺设立在县城和人口稠密的农村，农民和县城贫民生活无法维持时便持其衣物等去抵押质当；民勤县的大当铺除了收首饰、字画、珠宝等贵重当物外，还可以将家具甚至粮食等作为抵押物，而小当铺更是只当衣物、首饰等小件；延安地区的当物除了金银饰品外，也包括衣服、家具等；横山县当铺接收的当物除了金银珠宝、古玩字画、皮货外，更多的是衣服布匹、铜铁锡器、农家器具等，且生活贫困的农民连生产用的锄头、斧刀甚至生活用品都可作为当物以求抵押；眉县的典当项目除了珠宝和金、银、铜、锡器等物品外，还包括衣物、布匹、木质家具和铁器工具等。宁夏地区当铺所收典当品中既有金银器皿、珠宝玉器、衣物首饰等，亦有农具等生产工具，其中尤以农具及衣物为最多。青海部分县以及农村地区的当物价值较低，尤其是当地的小当主要是收取衣物等动产作抵押，贫苦人家如遇急需，只好到小当作押。以光绪末年开设于湟源县的鲁沙尔缙绅汪玉才家的当铺为例，因缺乏具有鉴别知识的技术人员，该当铺一直以来只当一些家具、衣物、首饰、农具等①。

受当铺规模和经营特点的限制，大当承接的当物相对贵重，而许多价值较低的当物都流向了广泛存在于各县的小押当。如甘肃靖远县清末民初时县城先后有小押当10多处，民国初年，多人先后在西市、西街、西关开设小押当铺②。三原县民国初有办理小押之类的"小日当"多处，接受价值较低的物品③。永登县农民和县城贫民生活无法维持时，持其衣物等去抵押质当④。陕西咸阳农村地区的当物以铁锅犁锄为大宗，布衣、锡器次之⑤。横山县生活贫困的农民连生产用的锄头、斧刀和生活用品亦求抵押⑥。岐山县当物多系生产、生活用品，甚至锣鼓、祭器、祖案等亦作当物⑦。

---

① 翟松天：《青海经济史》（近代卷），青海人民出版社1998年版，第283页。
② 靖远县志编纂委员会：《靖远县志》，甘肃文化出版社1995年版，第346页。
③ 三原县地方志编纂委员会：《三原县志》，陕西人民出版社2000年版，第478页。
④ 永登县地方志编纂委员会：《永登县志》，甘肃民族出版社1997年版，第158页。
⑤ 咸阳市金融志编纂委员会：《咸阳市金融志》，三秦出版社2000年版，第138页。
⑥ 横山县地方志编纂委员会：《横山县志》，陕西人民出版社1993年版，第379页。
⑦ 岐山县志编纂委员会：《岐山县志》，陕西人民出版社1992年版，第294页。

综上所述，陕西、甘肃部分较大的市县当物价值较高，宁夏及部分小县城次之，青海及广大农村地区当物价值较低。这一方面是由于各地区市场不同而造成的，收入较高的社会上层人士往往集中在较大的市县，因而当物价值较高；农村地区及经济基础薄弱的县城居民生活困难，只能典当生产生活用品，故而当物价值较低。另一方面，青海省及西北广大农村地区缺乏专业人才，因而无法对较为贵重的当物进行鉴别，从而使业务范围受到限制。

（二）兼营存贷款业务

此类业务在青海地区表现较为突出。一些当铺，不但吸收一些存款，还向贫困民众发放贷款。当铺兼营存款业务，不仅有利于当铺的资金周转，而且给存款者带来利息收入。如光绪三年（1877），驻西宁办事大臣豫师、西宁道张宗翰、知府邓承伟、知县朱镜清等筹捐银13028.72两，设"五峰书院"，下存银7100两，全数发交大通"天锡当"生息，年满得息852两，作为经费。当铺也开展为中小财主、殷实富户的货币存款业务[①]。

（三）寄卖业务

当铺不仅是金融中介机构，而且也承担着商业机构的角色，这一点可以体现在寄卖业务的开展上。经营此种业务的多是小押当等规模较小的典当机构，或是以其他业务为主，兼顾典当业务的商铺。如陕西陇县民国三十年（1941）在西大街由一张姓人家开设小押店，主要经营古衣和寄卖业务，兼营小押小当[②]。旬邑县典当业务多在县城和各集镇私人商号兼营[③]。武功县民国初年也有一些商号兼营典当[④]。

（四）固定资产抵押

按照典当的定义，一般当物均为动产，但是民国时期西北地区的当铺，也有将固定资产视为当物进行典当活动的。如陕西长安县就有以田宅进行买卖或典当的，"其买契或典契内所列之买主或典户，多不载其名

---

① 翟松天：《青海经济史》（近代卷），青海人民出版社1998年版，第284页。
② 陇县志编纂委员会：《陇县志》，陕西人民出版社1993年版，第518页。
③ 旬邑县地方志编纂委员会：《旬邑县志》，三秦出版社2000年版，第352页。
④ 武功县地方志编纂委员会：《武功县志》，陕西人民出版社2001年版，第363页。

字，仅载某堂名、某姓，或仅载某姓字样，相沿如是"①。柞水县习惯"借款有以物作抵者，如押田地、房产，或押牲畜、器具"②。兰州临潭县当品就分动产和不动产，不动产包括房屋、土地、店铺、水磨等③。青海地区有少数当铺除当动产外，还当不动产，如房屋、土地（用房地契作抵押，也叫"契当"，即当契约）、青苗（在六、七月青黄不接时，以田里的青苗为当物）。

四 资本组织

（一）资本数量

1926年，陕西典质仅有9家，其资本金及其他相关资料如表3—3所示。

表3—3　　　　民国十五年后陕西当铺基本资料

名称	地址	经理	开设年月（民国）	资本（元）
西安第一商办便民质	西安南大街	阎瑞庭	十九年12月	58600
西安集成便民质	西安北大街	武子泉	二十二年5月	20000
裕同质	大荔	张宝珊	二十三年1月	3500
永济质	大荔	梁秀升	二十三年1月	3500
同新德便民质	户县	陶士珍	二十四年2月	5000
公济质	朝邑	马宝书	二十五年12月	5000
榆林便民质	榆林	高定之	二十六年12月	8000
陕北地方实业银行典当部	榆林		二十二年8月	10000
恒新当	富平庄里镇		不详	

资料来源：西安市档案局、西安市档案馆：《陕西经济十年（1931—1941）》，1997年，第302页。

---

① 前南京国民政府司法行政部编：《民事习惯调查报告录》，中国政法大学出版社2005年版，第290页。
② 同上书，第302页。
③ 临潭县志编纂委员会：《临潭县志》，甘肃民族出版社1997年版，第341页。

第三章　对民国时期西北地区传统借贷机构——典当业的考察　/　113

从表3—3可以看出，陕西各当铺资本相差较大，其中有记载的资本金过万元的当铺有3家，两家位于西安，一家位于榆林，另有榆林便民质资本金8000元，其余各典质行资本金在1000—5000元不等。陕西榆林于民国六年（1917）1月成立的官设便民质原有资金7000元，民国二十六年（1937）资金扩至8000元①。岐山县当铺为殷商富户独资或合资开办，资金一般为1000银圆左右，高者逾2000元②。

甘肃省典当业资本总额在民国二十三年（1934）为82780元，各市、县少则3000余元，多则2万余元，其中，酒泉为5400元，临夏为6000元，永登为5900元，敦煌为11700元，武威为10000元，天水为3100元，张掖为14680元，皋兰为26000元③。兰州的典当业资本总额在1935年为22000元。④截至民国十八年（1929），临潭县从清光绪中期算起前后共开设了当铺4家，其中"姜家当"在1929年资本为1500元，"宋家当"2000元，"张家当（大丁当）"和"万盛西当"资本均为3000元⑤。

宁夏府城的当铺在辛亥革命后有21家，其中宁夏县13家，总资本达白银10万余两。居其首者为"和合当"，资本白银13000两，宁朔县有8家，资本总额白银56000两，两县21家当铺资本总额为159900两⑥。民国二十年（1931）前，宁朔县尚有两家当铺，一家为清泰当，资本2000银圆；另一家为"吉兴当"，资本4000银圆⑦。

青海地区光绪末年，鲁沙尔缙绅汪玉才开设德胜当，资本1000多两白银⑧。化隆县陈炽为号东的永兴当，资本高达三四万银圆。1921—1937年间，湟源县的大当铺世诚当、忠诚当、福源当，"各有资金银圆1万—2万元，从业人员20—30人"⑨。由上可知，四省当铺资本数量差距较大，有的资本高达万元以上，也有的低至千元左右。

---

① 榆林市地方志编纂委员会：《榆林市志》，三秦出版社1996年版，第405—406页。
② 岐山县志编纂委员会：《岐山县志》，陕西人民出版社1992年版，第294页。
③ 宓公干：《典当论》，商务印书馆1936年版，第252页。
④ 同上书，253页。
⑤ 临潭县志编纂委员会：《临潭县志》，甘肃民族出版社1997年版，第342页。
⑥ 宁夏金融志编审委员会：《宁夏金融志》，内部资料，第109页。
⑦ 同上书，第110页。
⑧ 翟松天：《青海经济史》（近代卷），青海人民出版社1998年版，第283页。
⑨ 湟源县志编纂委员会：《湟源县志》，陕西人民出版社1993年版，第361页。

（二）资本来源

民国时期西北典当业的资本来源以私营为主，兼有官办的当铺。其中有官办当铺的地区包括陕西省咸阳、榆林和甘肃靖远、民勤。咸阳当地的当铺有少数所谓"皇本"的，即由官府以公款发商生息。榆林在民国六年（1917）1月至民国二十六年（1937）曾开设官办便民质，以县教育局为股东；甘肃靖远县清末民初有半官方性的当铺名为"广通"小当，是监狱众犯经县长允许，在东街武庙附近开设的。民勤县有教育基金会主持经营的"文裕当"及"公益当"。可见，官办的当铺在数量和经营规模上远小于私营当铺，民国时期西北地区的典当业乃是以私营为主，少数官办典当行只是起到了辅助作用。

私营当铺的资本又分为独资和合资。其中规模较小的小押当多属于私人小本经营，以靖远县为例：清末民初时县城先后有小押当10多处，纯属私人小本经营[①]。而规模较大的当铺则有独资、合资两种。如陕西横山县典当业均为独资经营[②]。岐山县当铺则为殷商富户独资或合资开办[③]。甘肃永登县商人富户在县城和人口稠密的农村设立当号或押铺，从事债利经营[④]。宁夏宁朔县民国二十年（1931）前有两家当铺，一家为清泰当，系光绪年间由外地商人所办，民国五年（1916）由叶盛堡李纬接办；另一家为吉兴当，为清末当地贡生刘吉庆与瞿靖毛桥村杨姓财主合营。[⑤] 青海省的私营当铺开办者大多为本地的地主、官僚、富商，也有少数外地人。如化隆县的永兴当号东陈炽就是化隆商会会长，与马步芳交情极深。[⑥] 设小当者则多为地头蛇、帮会头人或在当地有势力的豪绅。

五　经营管理

（一）内部组织

关于民国时期陕西、甘肃两省典当业的内部结构，现有地方志及其他

---

① 靖远县志编纂委员会：《靖远县志》，甘肃文化出版社1995年版，第346页。
② 横山县地方志编纂委员会：《横山县志》，陕西人民出版社1993年版，第379页。
③ 岐山县志编纂委员会：《岐山县志》，陕西人民出版社1992年版，第294页。
④ 永登县地方志编纂委员会：《永登县志》，甘肃民族出版社1997年版，第158页。
⑤ 宁夏金融志编审委员会：《宁夏金融志》，内部资料，第109—110页。
⑥ 青海省地方志编纂委员会：《青海省志·金融志》，黄山书社1997年版，第69页。

第三章　对民国时期西北地区传统借贷机构——典当业的考察　/　115

资料记载较零散，但仍可以从部分地区关于典当业的内部结构的论述中略窥一二。据《陕西省志·金融志》记载，当铺的人员一般包括股东（也称"财东"），拥有当铺的所有权，经理（也称"管事"），拥有管理权、下设营业、保管、出纳、会计等部门。具体组织系统如图3—1所示。

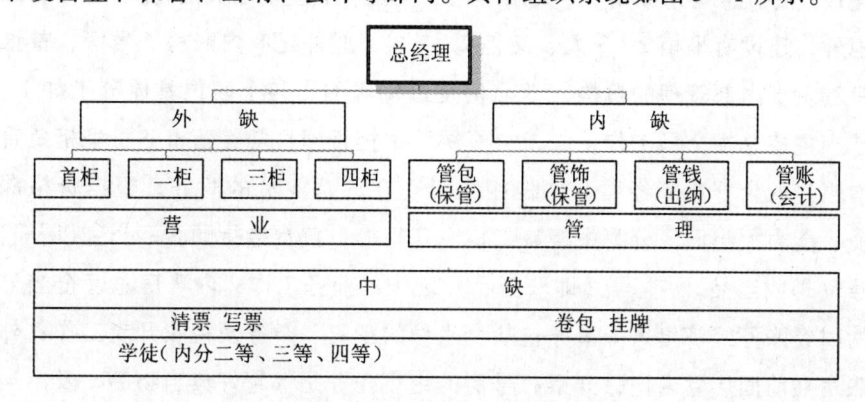

```
                        总经理
            ┌─────────────┴─────────────┐
         外   缺                      内   缺
    ┌────┬────┬────┐        ┌────┬────┬────┬────┐
   首柜  二柜 三柜 四柜      管包  管饰  管钱  管账
                            (保管)(保管)(出纳)(会计)
    └─────营    业─────┘    └──────管    理──────┘

                    中        缺
         清票 写票              卷包 挂牌
         学徒（内分二等、三等、四等）
```

图3—1　陕西当铺组织系统

资料来源：陕西省地方志编纂委员会：《陕西省志·金融志》，陕西人民出版社1994年版，第273页。

典当业的内部组织大抵如此，但因其经营灵活，故而具体到下属各县当铺的内部组织及人员构成也并非一成不变，而是根据当铺的规模和经营管理的差异而略有不同。如横山县当铺的内部组织包括掌柜（经理）、柜台先生（会计）、卷包、写票、学徒、杂员，少则四五人，多则十余人。受押物品成交后，付给"当票"，期满赎物；若到期无力赎物，当物即没掉，由当铺转卖。当号内规矩严明，所有人均由掌柜一人指使，学徒还得听柜台先生和有股份人的指使，没有特殊事情不准回家，库柜钥匙专人管理，工种明确，各负其责，掌柜直接给学徒员工发工资[①]。从其业务流程推断，其组织系统也与其他地区相似。

甘肃地区的当铺人员构成与陕西类似。以兰州中和当为例，该当铺有从业人员13人。其中经理1人、管账先生1人、总管业务1人、柜员4人、助理柜员2人、学徒4人。其中总管主要负责贵重当品的估价，珠宝

---

① 横山县地方志编纂委员会：《横山县志》，陕西人民出版社1993年版，第379页。

玉器真假及质量的鉴别、金银首饰的成色识别等；柜员每日站柜台接待日常当户的当物赎取业务；助理柜员负责当物的包扎编号、赎取物品的对号寻取等；学徒则负责轮流做饭、端饭、扫地、擦灯、装烟、倒茶、铺床、叠被、侍候来客等杂务①。天水地区的当铺在营业方面除了设有掌柜和二柜外，还设有坐柜2—3人、站柜2—5人，此外还有内账房、号房、首饰房等负责内部管理的机构，学徒仍是最低等的，各个职位具体分工如下：掌柜主持总揽全局工作；二柜负责协助掌柜管理日常经营事务；坐柜负责本当号的全部业务经营；站柜相当于现在的营业员的职务，根据资格深浅、能力大小而区分为头柜、二柜、三柜等，负责接待顾客、当主以及卷号（即收当品）、查号（即取当品）之类的业务工作；内账房总管全当号的财经账务经济出入等事务包括全当号的工资、杂务及税收开支工作；外账房在前面店堂内记帖开票；号房的主要任务是保管好典当物品，及出当时查找提取物品；首饰房是当铺存放贵重物品的库房，专管名贵物品，防止拉错丢失；学徒是在当号人员之中，级别最低、差事最辛苦的人员，一般由熟人介绍前来，学徒期为三年②。

宁夏地区对于当铺的内部组织记载不太明确，一些文献中提到："当铺的柜台都高过头顶，当东西的人得仰面交验物品，由老板评价。穷人当物都是万不得已，虽然也可讨价，但最后还是老板说了算"③。可以推测其组织模式与陕甘两省乃至全国大致类似。

青海当铺的业务不仅包括吸收存款，还有向贫困民众发放贷款。因此当地当铺较为注重风险管理。清朝就有钦差大臣和道、府、县各衙门向当地的当铺投有"官本"，学校和慈善机构的基金，也均"发当生息"。因此官本和生息基金由典当全行业承担责任，一家倒闭，其余各家共同负责归还，从而降低风险④。

---

① 赵景亨：《对兰州当铺的回忆》，《兰州文史资料》第11期，转引自常梦渠主编《近代中国典当业》，中国文史出版社1996年版，第205页。
② 秦鄂：《天水的当铺》，转引自常梦渠主编《近代中国典当业》，中国文史出版社1996年版，第210—211页。
③ 人民银行宁夏分行金融研究所编：《宁夏金融史近代史料汇编》（上），油印资料，1987年3月，第24页。
④ 翟松天：《青海经济史》（近代卷），青海人民出版社1998年版，第282页。

由上述可以看出，民国时期西北的当铺中从业人员相对较少，少则3—5人，多则超过10人。但上至经理下到学徒，均各司其职，井然有序。因为人员数量较少，所以可以做到分工明确，又可以根据经营情况灵活多变。典当行的规章制度较为严格，经理和老板作为典当行的核心主持大局，外缺、内缺、中缺各司其职。青海典当业在风险管理方面采取官本和升息基金由全行业共同承担责任的方式抵御风险，虽然没有明确的行会记载，但是仍可看出各当铺之间在风险管理等方面有一定的联系。

（二）当期与出当时间

典当业务实质上是一种抵押放款，即收取实物为质押，按物折价借款给抵押物品之人，约定时间，到期还款赎回物品，若当物到期不能赎取时就称为"死当"，当物归当铺自行处理，这一约定的时间即为当期。根据当铺的种类、规模不同，各当铺的当期也不尽相同，具体情况如下：

陕西省咸阳市当物的赎取时间一般为几个月到半年，最长1年[①]。长安县"典当田地，其回赎分春秋两季。春季回赎不得过春分，秋季回赎不得过秋分"[②]。扶风县"典当田地，以阴历每年六月为期。故回赎亦必在此月以内"[③]。榆林则以1年或2年为期[④]。三原县当期短者半年，最长不超过3年[⑤]。旬邑县当期有1个月、3个月、6个月、1年[⑥]。岐山县当期多为半年至10个月[⑦]。眉县当期为大当3年，小当分3个月、5个月、1年不等[⑧]。千叶县当期由双方议定，一般为半年或一年[⑨]。由此可知，陕西省典当业的当期长则1—3年，短则1—6月。各地当期有一般性的规定，但部分地区也可由双方议定。

[①] 咸阳市金融志编纂委员会：《咸阳市金融志》，三秦出版社2000年版，第139页。
[②] 前南京国民政府司法行政部编：《民事习惯调查报告录》，中国政法大学出版社2005年版，第290页。
[③] 同上书，第300页。
[④] 榆林市地方志编纂委员会：《榆林市志》，三秦出版社1996年版，第405页。
[⑤] 三原县地方志编纂委员会：《三原县志》，陕西人民出版社2000年版，第490页。
[⑥] 旬邑县地方志编纂委员会：《旬邑县志》，三秦出版社2000年版，第352页。
[⑦] 岐山县志编纂委员会：《岐山县志》，陕西人民出版社1992年版，第294页。
[⑧] 眉县地方志编纂委员会：《眉县志》，陕西人民出版社2000年版，第359页。
[⑨] 千阳县志编纂委员会：《千阳县志》，陕西人民教育出版社1991年版，第187页。

在甘肃省,当铺当期数大当最长,为3年;中当次之,为1—2年;小当当期最短,为3—6月①。其中临夏县民国十八年前后经营的当铺,当期为数月至一年②。皋兰县"民间典地,契约载明抽赎年限,或一年或二三年不等,届期回赎与否,可听业主自便"③。临潭县动产质押分1个月、3个月、半年、1年等,不动产质押当期则较长④。临洮县大当的当期为3年,中当2年,小押当仅3个月⑤。永登县当期分年当、季当、月当三种形式⑥。民国十八年前后,酒泉县10个月出当、敦煌县10个月或12个月出当、武威县24个月出当、天水县12个月出当、张掖县12个月出当。多数地区固定资产典当的当期要长于非固定资产,且部分地区的出当时间要晚于当期。1934年,甘肃省"当局会"出面与当商代表商议后决定,不论大当小当,取赎时间延长为1年6个月,到了1940年时,因物价上涨,当期缩短为大当1年,小当6个月。

宁夏当铺的当期分半年、1年,一般以1年为限,为照顾贫民下户尚可缓期4个月,超过28个月仍不赎当者,以"死当"论,称为"出号",当品由当铺自行处理⑦。据1931年内政部调查,在宁夏调查的12家典当业中,有2家当期为6个月,有10家当期为12个月⑧。宁夏盐池县"民间典当田地,回赎之期以三年为准,期满以后,无论何时,业主备价赎取,典户无有异言"⑨。

青海的当铺,按当期长短,分为大、中、小三种。当期2年为大当,当期1年的为中当。西宁的当铺多为中当,当期在百天以内的为小当,也

---

① 甘肃省地方志编纂委员会:《甘肃省志·金融志》,甘肃文化出版社1996年版,第57页。
② 临夏县志编纂委员会:《临夏县志》,兰州大学出版社1995年版,第363页。
③ 前南京国民政府司法行政部编:《民事习惯调查报告录》,中国政法大学出版社2005年版,第321页。
④ 临潭县志编纂委员会:《临潭县志》,甘肃民族出版社1997年版,第341页。
⑤ 临洮县志编纂委员会:《临洮县志》(中册),甘肃人民出版社1990年版,第358页。
⑥ 永登县地方志编纂委员会:《永登县志》,甘肃民族出版社1997年版,第158页。
⑦ 宁夏金融志编审委员会:《宁夏金融志》,内部资料,第109页。
⑧ 宓公干:《典当论》,商务印书馆1936年版,第322页。
⑨ 前南京国民政府司法行政部编:《民事习惯调查报告录》,中国政法大学出版社2005年版,第321页。

叫"小押当"①。据1931年内政部的调查，在统计的215家典当铺中，当期为6个月的有89家，8个月的为20家，10个月的为4家，12月的为85家，13个月的为3家，14个月的为8家，18个月的为3家，24个月的为3家②。

综上所述，民国时期西北地区典当业的当期根据当铺的规模不同而不同，大当当期最长，陕西部分地区和甘肃省为3年，青海、宁夏及陕西部分地区为2年，中当当期多为半年至1年，小当则数月不等。不动产当期较动产长，出当时间一般略晚于当期。

（三）当价、划当与出当

当铺的盈利不仅在于以物质钱收取利息，还在于处理死当后的高额利润。为了获得更高的利润，当商一般都会给予低于实物价值的货款并尽量压低当价。如在陕西咸阳不论当物新旧好坏一般都当不到原价，金银首饰最高八成，衣物最高六成，一般物品半价或三成③。榆林从清同治年间的"义盛"当铺开始，到民国前期，当铺均将所当之物按原价的40%—50%估价④。横山县当价一般为三至四成……过期赎当业务称为"划当"，价格比当进价格高大约一到二成⑤。三原县在收受当物时，均采取降低当物等级折价，折十当五⑥。旬邑县到期如不偿还，实物归当铺议价拍卖⑦。岐山县当价一般为当物实价的一半⑧。眉县当价一般为5折⑨。从上述资料可以看出，陕西省典当行的当价一般为半价左右，如遇金银首饰最高八成，个别县当价低至二成，一旦划当，则要以更高的价格赎当，到期如不赎当则变卖当物，称为"出当"。

甘肃省当价一般折半计算，也有六成估价的，当票亦可以转让给他人或转卖。其中兰州当铺的当价普遍实行折半价，亦有少则按3分、多则按

---

① 青海省地方志编纂委员会：《青海省志·金融志》，黄山书社1997年版，第11页。
② 宓公干：《典当论》，商务印书馆1936年版，第322页。
③ 咸阳市金融志编纂委员会：《咸阳市金融志》，三秦出版社2000年版，第139页。
④ 榆林市地方志编纂委员会：《榆林市志》，三秦出版社1996年版，第405页。
⑤ 横山县地方志编委员会：《横山县志》，陕西人民出版社1993年版，第379页
⑥ 三原县地方志编委员会：《三原县志》，陕西人民出版社2000年版，第490页。
⑦ 旬邑县地方志编纂委员会：《旬邑县志》，三秦出版社2000年版，第352页。
⑧ 岐山县志编纂委员会：《岐山县志》，陕西人民出版社1992年版，第294页。
⑨ 眉县地方志编纂委员会：《眉县志》，陕西人民出版社2000年版，第359页。

6分计算的,因此当商可以从中获得高额利润。青海地区的出当与其他地区有所不同。当户无力还本时,可持当票到当铺说明原因,有的利息可达数十倍。临夏县、临洮县等地当价亦按半价折算。

宁夏地区的当价表面上按照规制应值100当50,其贬词压价后,仅能100当30或40。如在估衣摊经营的小押当至期不赎,可将押物折价,由估衣摊收购,但折价更低,值十折之不过三四①。商请延期,经当铺加注盖章,付清利息后可延期一两个月,也可以付息"倒票",即照付利息,重新开票。很多百姓亦因为"倒票"这种变相的高利贷式经营而负债累累。

综上所述,西北大部分地区的当价以实物的半价为主,如遇金银珠宝等贵重物品,当价有可能适当提高,当价较低的地区为实物价值的三至四成,更有甚者低至二成,当期可以适当延长,一旦过期不赎,则当物归当铺所有,谓之"出当",当商从中可获得高额利润。青海地区有"倒票"一说,这一做法也给百姓带来了沉重的负担。

(四) 利息

收取利息是当铺获利的主要手段。其中陕西咸阳市当铺利率在清嘉庆年间达到3分,后降为2分②。榆林市私营典当业利息一般2分,民国六年(1917)成立的官设便民质初期月息1—1.5分,典当者纷纷而至,因资金不足,月息渐涨至5分以上③。横山县一般情况下利息为3分,但若今天当明天赎,应付一个月利息;若一个月零几天未赎,应付两个月利息④。陇县自清光绪年间开始月息30分⑤,岐山县利息10分⑥,眉县月息2分⑦,千阳县清光绪时期利率一般为月息2—3分,当期不满一月者也按一月计算⑧。1931年后,陕西省政府曾令财政、民政部门拟定陕西典当业改善营业章程。对典当业利率限定为3分。1941年3月国民政府内政、

---

① 宁夏金融志编审委员会:《宁夏金融志》,内部资料,第109—110页。
② 咸阳市金融志编纂委员会:《咸阳市金融志》,三秦出版社2000年版,第139页。
③ 榆林市志编撰委员会:《榆林市志》,三秦出版社1996年版,第405—406页。
④ 横山县地方志编纂委员会:《横山县志》,陕西人民出版社1993年版,第379页。
⑤ 陇县志编纂委员会:《陇县志》,陕西人民出版社1993年版,第518页。
⑥ 岐山县志编纂委员会:《岐山县志》,陕西人民出版社1992年版,第294页。
⑦ 眉县地方志编纂委员会:《眉县志》,陕西人民出版社2000年版,第359页。
⑧ 千阳县志编纂委员会:《千阳县志》,陕西人民教育出版社1991年版,第187页。

经济两部颁发的典当业管理规定第 12 条规定,"典押当业收取月息最高不得超过一分六厘;外加栈租费二厘,保险费二厘,其余一切陋规概行禁革"①。

甘肃当铺利息低者达 2 分(即每月收本金 2% 的利息),一般为 3 分,小当有高至 8 分者。其中兰州当商获利甚多,有时遇到珠宝玉器出当,利息甚至可达数 10 倍,由此可以看出,兰州地区的当铺行业利润颇高。其余各县当铺利息根据规模及具体经营情况不同而略有不同。永登县利息一般有 2 分 5 厘、2 分 8 厘、3 分三种②。临洮县大当利息 2 分,中当利息 3 分,小押当利息 10 分。③ 民国二十三年甘肃各县典当业利息统计如下:酒泉县月利 6 分、临夏县月利 5 分、永澄县月利 5 分、敦煌县月利 6—8 分、武威县月利 3 分、天水县月利 2 分、张掖县月利 5 分、皋兰县月利 5 分④。

宁夏地区清末规定当息,每月每两银子 3 分息,百文制钱 3 分息,每年 11、12 两个月,政府便颁令将当月当息减至 2 分。小押当利息较大当高⑤。后来当铺利息多为月息 3 分,过期不赎者利上加息⑥。

青海的当商,在雍正时期便开始吸收民间钱款,当时月息 1—5 分不等。进入近代,当铺依然兼营存款业务,书院、文社、义学基金及慈善事业如修建桥梁、庙宇等方面的捐赠款,俱由当商承领生息,月息 1 分,或年满 1 分不等。若为中小财主、殷实富户的货币存款则利息为月息 5 厘至 1 分不等⑦。不同类型的当铺利息也有所不同。大当(当期 2 年)如民国 19 年的湟源当放款月息 3 分,11、12 月实行减息,月息 2 分;中当(当期 1 年)月息一般为 4—5 分,小当(当期百日之内)利息为日息 1 分,

---

① 叶启贤:《西安的典当业》,转引自常梦渠主编《近代中国典当业》,中国文史出版社 1996 年版,第 196 页。
② 永登县地方志编纂委员会:《永登县志》,甘肃民族出版社 1997 年版,第 158 页。
③ 临洮县志编纂委员会:《临洮县志》(中册),甘肃人民出版社 1990 年版,第 358 页。
④ 宓公干:《典当论》,商务印书馆 1936 年版,第 252 页。
⑤ 宁夏金融志编审委员会:《宁夏金融志》,内部资料,第 109 页。
⑥ 数据源自《清末民初宁夏经济状况》,《宁夏文史资料》第 10 期,转引自人民银行宁夏分行金融研究所编《宁夏金融史近代史料汇编》(上),油印资料,1987 年 3 月,第 24 页。
⑦ 翟松天:《青海经济史》(近代卷),青海人民出版社 1998 年版,第 281 页。

如借 100 元，每天利息 1 元，100 天本利相等①。湟源县的当铺，在当期内月息一般为 6%—7%，小押当则更为苛刻，月息在 10% 以上②。月息一般遵循"过三不过五"的原则，即过 1 个月零 3 天，第 4 天去赎回当物，利息按 1 个月计算，1 个月又 5 天去赎回当物，利息则按 2 个月计算。因青海典当业可以付息"倒票"，故如果当户困难，无钱赎当物，只能年年付息换票，延期次数多时，利息往往超出原物当价的几倍甚至几十倍，因此，不仅有不少困难户由于付不起利息而失掉当物，且因被当铺高利贷盘剥而倾家荡产者也不乏其人。

综上所述，民国时期西北地区的当铺利息一般为 2—3 分，亦有 8 分、10 分者。根据当铺规模、当物价值的不同，利息也有所不同；一般当铺的利息要低于小（押）当；宁夏、青海等地每年 11、12 两月由政府颁令将当月当息减至 2 分，青海地区因其业务范围特殊，当铺兼营吸收民间钱款，故此处除了经营典当业务之利息外，还因开展吸收存款业务需付利息。

（五）税收

典当业作为旧式金融的重要组成部分，在盈利的同时，也需要缴纳相应的赋税。而西北典当业缴税的历史，可以追溯到明朝万历年间。康熙《靖远志》记有"（靖远县于）明万历四十七年实征当税银 15 两"③。据《宁夏金融志》记载，乾隆年间宁夏岁课税银已达 1050 两。具体情况如下：当铺共计 205 家，岁课税银 1050 两。其中宁夏县当铺 44 家，岁课税银 220 两；宁朔县当铺 48 家，岁课税银 240 两；中卫县当铺 41 家，岁课税银 205 两；灵州当铺 50 家，岁课税银 250 两④。乾隆十年，青海西宁府征收当税银 580 两，同治元年征收银 575 两，此后，"大通县西关、新城、北大通等市镇有当铺多处，年征典当库斗银 60 两"。光绪二年（1871），西宁府征当税银 65 两⑤。

民国时期，受战乱等诸多因素影响，国家对典当业的税收金额日益增

---

① 翟松天：《青海经济史》（近代卷），青海人民出版社 1998 年版，第 282 页。
② 湟源县志编纂委员会：《湟源县志》，陕西人民出版社 1993 年版，第 361 页。
③ 靖远县志编纂委员会：《靖远县志》，甘肃文化出版社 1995 年版，第 344 页。
④ 宁夏金融志编审委员会：《宁夏金融志》，内部资料，第 109 页。
⑤ 翟松天：《青海经济史》（近代卷），青海人民出版社 1998 年版，第 281 页。

第三章 对民国时期西北地区传统借贷机构——典当业的考察 / 123

加,种类愈发繁杂,给当铺带来了沉重的负担。光绪二十三年(1897),陕西乾县因强迫当铺预交20年当税,再加上屡经兵燹,所以到民国初期,当商相继停业①。青海地区民国二十年前后,"湟源仅大当3家",每大当征洋(当税)56元。自清中叶开始实行向典当业征收当税的制度,一直延续到民国时期。民国二十三年,又加收当贴捐,领贴时,乙等(当铺)纳80元,丙等当铺纳60元,当贴年税乙等50元,丙等40元②。

六 民国时期西北地区典当业的特点

综合来看,民国时期西北的典当业和全国其他地区相比,呈现以下特点:

(一)当铺数量少,借贷比例低,且以小押当居多

首先看当铺数量。光绪十四年(1888)全国共有当铺约7500家,到1911年仅剩4000家左右③。据宓公干先生统计,到20世纪30年代初期,全国典当家数共约4500家,其中农村及中小城市为3500家④。这一时期,我国四川、江苏、北京等省的当铺数量均多于西北四省。1932年四川所调查的22个市县中,共有当铺480家,1941年仅成都市就有当铺76家。江苏省在1930年前后规模较大的押当至少有350家⑤。1935年前后北京有当铺97家,多为晋商开办⑥。而陕西省1931—1941年仅有典质9家,甘肃在1935年共有典当行37家,宁夏典当业在民国二十年(1931)后甚至纷纷歇业。因此,进入20世纪二三十年代,西北地区当铺数量行与华东、华南、西南等地相比要少得多。

其次,再看借贷比例,据统计资料显示,1933—1934年全国半数以上的农民均有借贷款项,其中通过典当业融资的比例平均占到8.8%。各省之中以广西所占比例最大,达到22.3%,广东、山西、江苏、四川、

---

① 乾县地方志编纂委员会:《乾县志》,陕西人民出版社2003年版,第308页。
② 翟松天:《青海经济史》(近代卷),青海人民出版社1998年版,第282页。
③ 农商部总务厅:《第一次农商统计表》,农商部总务厅1914年,第267页。
④ 宓公干:《典当论》,商务印书馆1936年版,第191页。
⑤ 马俊亚:《典当业与江南近代农村社会经济关系辨析》,《中国农史》2002年第4期,第39页。
⑥ 1935年北平典当业调查统计资料,转引自常梦渠主编《近代中国典当业》,中国文史出版社1996年版,第107页。

浙江、湖北均超过10%。而西北的陕甘宁青四省中，仅有陕西一省的借贷比例超过全国平均水平，达到9%，青海次之，占6.3%，甘肃仅占2.6%，而宁夏典当业多已歇业，无具体数据①。可见，近代西北地区典当业的借贷比例亦低于全国平均水平。

由于小押当因为经营规模小、灵活性强，且缺乏较为规范的管理，因而广泛存在于西北城乡之中。虽然无法统计出总体数据，但仍可从各市县地方志的记载中看出。其中宁夏县（银川市）1929年左右资本较大的当铺仅有六七家，而小押当则有很多，宁夏的小押当遍布大小集镇，多以估衣铺、估衣摊的形式经营，利息比大当铺高但当押时间灵活，三天五天十天半月均可，如过期不赎可将原物折价由估衣摊收购，一般折价较低，十元折价三四元②。陕西、甘肃各县也有关于小押当的记载，如陕西省黄陵县地方志中就记载有"民国初期，地方金融机构以小当商为主"③。《陇县志》记载，1941年"县城西大街一张姓人家又开设小押店，主要经营估衣和寄卖业务，兼营小押小当"④；凤翔县有"'恒太当'、'万顺当'等十多家小押当"⑤。三原县"办理小押之类的'小日当'多处，接受当价值低廉的物品"⑥。武功县"大庄镇杨姓，在本镇设'小延当'一处，当物多为小农具"⑦。甘肃靖远县"有小押当十多处。民国初年王告、杜生银、王孝、务本斋、刘耀华，外籍人罗姓、甘姓、郑秋等先后在西市、西街、西关开设小押当铺，纯属私人小本经营"⑧。金昌市永昌县城"出现'小押当'，由外地商民开设，贫困百姓的质押品多无力赎回，当铺便大发其财"⑨。永登县"商人富户在县城和人口稠密的农村设立当号或押铺，从事债利业经营。农民和县城贫民生活无法维持时，将其农物等去抵押质当，分年当、季当、月当三种形式，利息一般有2分5厘、2分8厘、3

---

① 南京国民政府中央农业实验所农业经济科编：《农情报告》，第2卷第11期，1934年。
② 徐安伦：《宁夏经济史》，宁夏人民出版社1998年版，第196页。
③ 黄陵县志编纂委员会：《黄陵县志》，西安地图出版社1995年版，第338页。
④ 陇县志编纂委员会：《陇县志》，陕西人民出版社1993年版，第518页。
⑤ 凤翔县地方志编纂委员会：《凤翔县志》，陕西人民出版社1991年版，第584页。
⑥ 三原县志编纂委员会：《三原县志》，陕西人民出版社2000年版，第478页。
⑦ 武功县地方志编纂委员会：《武功县志》，陕西人民出版社2001年版，第363页。
⑧ 靖远县志编纂委员会：《靖远县志》，甘肃文化出版社1995年版，第346页。
⑨ 甘肃省金昌市地方志编纂委员会：《金昌市志》，中国城市出版社1995年版，第455页。

第三章 对民国时期西北地区传统借贷机构——典当业的考察 / 125

分三种"①。青海湟源县的"'小押当'比大当更为苛求，利息高，限期短。……贫苦群众本身就无大件珍贵物品，衣饰处于急需，只能到小当做押。小当限期一般为一月，月息均在10%以上，逾期即按出当变卖，物主不得干预"②。可以看出，与正规当铺不同，小押当既有本地人开设、又有外地人开设，多分布于县城及农村地区，数量较多，当期较短，利率偏高，但经营灵活，主要用于满足以农民为代表的社会中下层百姓的需要，对农村经济和农民生活有着重要的影响。

（二）资本来源与资金用途较为单一，缺乏商业资本和其他金融机构的支持，且典当业资本多数涉足高利贷活动或转化为高利贷资本。资料显示，西北地区典当业资本来源多以私人为主，开设当铺的多为地主、官僚以及放高利贷的土豪乡绅。全国其他地区典当业的资本来源与西北地区略有不同，其中主要的一点是钱庄和银行等金融机构对典当业的注资。如宁波地区，因为典当有顾客，继而有较为稳定的收入来源，故向典当业放款是宁波的钱庄贷付款项的大宗。浙江的德茂、穗德、裕昌钱庄就合资开设当铺；绍兴的开源钱庄则投资敦义典当。陆国香在《中国典当业资本之分析》一文中就提到，"……上海、杭州、宁波、天津及其他大都市银行势力逐渐抬头之地，典当业之仰赖银行放款以调节流通资本者，亦不在少数"③。南京的当铺在1930年以前多靠钱庄周转，而1930年以后则主要依靠银行进行资金周转，南京典当业与江苏农民银行也存在互相合作关系。再以山西典当业的资金看，银钱也是典当业重要的资金来源。民国初期，受新市金融机构发展的影响，钱庄业务量萎缩，也开始涉足典当业。1935年山西全省当质开设资本来源中，地主对典当业的投资比例占山西全省59.77%，商人次之，占36.99%④。从唐宋以来，山西商人纷纷涉足典当业，到清朝中后期，私营当铺的资本来源主要是依靠盐商、茶商、米商等的商业资本。民国以后，受俄罗斯商人势力膨胀的影响，晋商业务萎靡，许多晋商纷纷回到乡下以地主身份投资典当业，故而当地典当业以商

---

① 永登县地方志编纂委员会：《永登县志》，甘肃民族出版社1997年版，第158页。
② 湟源县志编纂委员会：《湟源县志》，陕西人民出版社1993年版，第361页。
③ 陆国香：《中国典当业资本之分析》，《农行月刊》第3卷第5期，1936年5月，第41页。
④ 同上书，第39页。

人转型成为地主的投资最多。而陕甘宁青四省中陕西、宁夏及甘肃部分地区自然条件与山西相比较为优越，有利于农作物生长，因此当地经济仍以农业发展为主，青海等地草原广阔，畜牧业发达，其财富的积累以畜牧业为主，辅以盐、茶以及皮毛贸易等。因西北地区整体上并没有大范围形成经商的风气，故而通过经商积累的财富也相对较少。所以表面上同样是地主投资的典当业，其资本来源却不尽相同。

通过对各地资本来源的分析不难看出，西北地区的典当业，一方面资本来源大部分是以地主等私人资本为主，资本来源相对单一，且缺乏商业资本和其他金融机构的支持。可以说西北地区的典当业除了少数仰仗官僚、军阀资本和富商的支持外，几乎没有得到商业市场和金融市场的大力扶持，仅以农牧业为依托，业务范围较小，抵御风险的能力也相对较弱。另一方面，西北当商在经营典当的过程中积累财富之后，其使用方式也与其他地方略有不同，主要表现在西北当商很少像其他地区的当商再将财富转移到其他各个领域或带动其他行业发展。以江南地区为例，典当业的发展不仅有助于银行、钱庄等金融机构涉足农村，以便解决其资金过剩的问题，而且还促进了提庄、拆衣庄等其他行业的兴起，如丹阳的衣庄，在典当业未衰落时代曾经十分兴盛，每年营业额可达100多万，盈利超过10万[1]。上海的第一家钱庄中也有从典当利润转化而来的资本。而西北地区的典当业资本多数都涉足高利贷活动或转化为高利贷资本，甚至有放贷者以典当之名行高利贷之实。如《米脂县杨家沟调查》中就有马维新以土地典当之名行高利贷之实的记载[2]。这样不仅使西北典当业自身的发展受到限制，也没有带动当地金融、商业等其他领域的发展。究其原因，笔者认为主要是西北地区与全国其他地区相比经济较为落后，商业、金融业发展缓慢，主要经济来源仍为农牧业，导致典当业发展过程中缺少强有力的支持，业务受到限制，为了维持利润只能抬高利息，不仅使百姓经济负担增加，更无力带动其他产业的发展。京、津、晋、江、浙、沪等地区商

---

[1] 马俊亚：《典当业与江南近代农村社会经济关系辨析》，《中国农史》2002年第4期，第44页。

[2] 延安农村调查团：《米脂县杨家沟调查》，生活·读书·新知三联书店1957年版，第33—56页。

业、金融业发达，银行业务广泛开展，逐渐取代钱庄，为将资金向农村渗透，与典当业互相合作，而钱庄为了保证业务开展，也主动与典当业合做，使当地典当业有较为充足的资金，便于开展业务甚至扩大业务范围。与之相比，西北地区商业和金融业发展均十分缓慢，典当业多依靠私人资本维持，没有强有力的商业资本和金融机构帮助，只得依靠自身维持经营，无法扩大营业范围，更不能最大限度地发挥其以物质钱的优势，故西北地区的典当业较其他地区发展相对缓慢，业务亦难以扩大。

（三）经营过程中呈现出地域上的差异

总体上看，我国典当放款，半数以上用于生产、经营。各地农民借贷多见于播种之时或青黄不接之际。播种之时，土地所有者需要组织人力物力投入生产，因此花费较大，需要依靠典当融通资金；而青黄不接之际，贫苦百姓需要依靠典当行借款渡过难关，故而这两个时段当铺乃至小押铺的业务量会有所增加。由于我国幅员辽阔，南北方农村经济支柱不同，因此各地的农村经济具有不同的季节性，农作物的种植与收获时节也会有差异，其中，北方地区多以农牧业为主，加上当地广泛种植鸦片，其农作物生长周期与南方略有不同。南方农作物生长周期相对较短，并且当地农民除了种植谷类外，还多经营茶叶、养蚕等副业，故而南北农村借贷业务的周期性也存在一定的差异。另外，受传统文化影响，我国农村地区对婚丧嫁娶等事宜十分重视，因此有部分豪绅富户也会在婚丧喜庆的时候向当铺借款以筹集资金。在南方这种现象广泛存在，宓君伏在《我国典当业与农村关系之分析》一文中的"海宁、嘉兴、平湖四县典当贷款用途比重表"显示，四县用于红白大事的借贷资金占借贷总资金的13.05%，仅次于生产性融资中的重中之重养蚕业18.25%的比例位居第二[①]。在西北，也不排除这种现象的存在，如青海的当铺就有针对豪绅和富户的信用放贷。然而，与南方相比，西北地区的农民求助典当筹资除了用于生产，大多是为了解决生存问题，除当铺整体借贷比例小于全国许多地区外，借贷资金用于红白大事的记载也非常少。

---

① 宓君伏：《我国典当业与农村关系之分析》，《民族》第3卷第9期，1935年9月，第1559页。

(四) 在管理组织上呈现的差异

典当业发展到明代就开始出现行帮,其中安徽、山西、福建等地的典帮都非常有名。陈去病先生就曾经说过:"徽郡商业……质铺几遍郡国。"① 徽商经营的当铺和小押铺不仅广泛分布于江苏、浙江一带,而且在全国其他地区都能找到安徽当商的身影。他们经营有方,知人善任,许多徽州典商还在天灾人祸之时救济百姓,甚至让息不取。清朝中叶,典当会馆几乎遍布全国,包括西北地区的甘肃和新疆等地均有设立。而近代西北地区的典当业整体行业力量却十分薄弱。除青海等部分地区在清末有行会组织,其经营过程中会展现出责任连带、风险共担等现象外,民国时期西北大多数当铺都是私人资本独自或合资经营,而且业务范围多限于本省,几乎没有私营当铺参与救济百姓、免除利息的相关记录。

总体上说,民国时期中国社会动荡,经济发展迟缓,典当业受到了全面的冲击,全国大部分地区的典当业都受到连年战祸、天灾频发、币制紊乱和赋税沉重等诸多因素的影响日趋衰落,然而各地的衰落程度却有不同。西北地区地理位置偏僻,农牧业、工商业、金融业发展缓慢,与华北、江南等地的典当业不同,近代西北地区农村经济常年饱受天灾人祸的多重打击,长期处于衰落态势,加上经济结构单一,导致当地典当业的衰落速度更快。进入民国,西北四省的典当业与全国许多地区相比,不仅当铺数量较少而且规模较小。相比之下,北平、天津、江苏、山西等地的典当业则显得更有生命力。北平在1935年当铺数量仍保持在97家②。天津典当业虽然在近代屡次遭受打击,然而直到民国三十七年(1948)才因币制紊乱纷纷停业③。四川省到1937年当铺数量仍达到389家,覆盖全省44个县④。江苏省典当业虽受战乱影响发展畸形,但直到抗战时仍有质典

---

① 陈去病:《五石脂》,《国粹学报》第4卷第7—10期,1980年。
② 1935年北平典当业调查统计资料,转引自常梦渠主编《近代中国典当业》,中国文史出版社1996年版,第107页。
③ 俞耀川:《漫话天津典当业》,转引自常梦渠主编《近代中国典当业》,中国文史出版社1996年版,第125—126页。
④ 秦碧素:《民国时期四川典当业研究》,硕士学位论文,四川大学,2003年,第35页。

31家,且省政府出台相应政策规范其经营①。太原的当铺直到日本投降后仍然囤积大量面粉、棉纱、纸张和布匹,甚至参与贩卖黄金、美元及白洋的活②。哈尔滨的当铺直到1946年才被取缔③。

第三节 典当业与农户的借贷关系及经济社会功能

作为传统的金融机构,典当业对农村经济、农户生产与生活的影响主要体现在与农户形成的借贷关系上。根据《农情报告》统计的数据可以看出,典当业贷款在民国时期的陕西、甘肃和青海三省农村借贷关系中的比例分别为9%、2.6%和6.3%④,这一数字高于银行、合作社与钱庄等金融机构,却低于商店、地主、富农和商人。其具体影响主要表现在以下几方面。

一 典当业与高利贷的关系

对于典当是否算作高利贷,学界大致有肯定和否定的两种观点⑤,形成两派观点的焦点在于典当所取的利息的高低和最终所获得利润的多少。

---

① 鲍正熙:《二十世纪上半叶苏州典当业论述》,硕士学位论文,苏州大学,2001年,第32页。
② 崔汉光整理:《太原民国年间的典当业》,原载《太原文史资料》第14辑,收录于常梦渠主编《近代中国典当业》,中国文史出版社1996年版,第161页。
③ 徐静君:《哈尔滨典当业忆旧》,转引自常梦渠主编《近代中国典当业》,中国文史出版社1996年版,第180页。
④ 南京国民政府中央农业实验所农业经济科编:《农情报告》第11期,1936年。
⑤ 持肯定观点的代表有:蔡斌咸认为典当是"高利贷资本之枭雄",其"设立的原则旨在调剂平民金融,但以后却流入十足的商业高利贷资本"(蔡斌咸:《救济农村声中之典当》,《新中华》第2卷第15期,1934年8月10日);万铭健认为"典当业实在就是高利贷的化装,由高利贷借给它的资源,深入农村作最下层的剥削"(万铭健:《农村经济崩溃中的典当业兴起与没落》,《中国经济》第4卷第5期,1936年5月工15日);陈翰笙认为中国的当铺"是高利贷、商业、地主事业,三位一体的组织"(汪熙等编:《陈翰笙文集》,复旦大学出版社1985年版,第63页);当代学者刘秋根、李金铮、单强等也认为典当属于高利贷的一种形式。持否定观点的代表主要有:20世纪20—30年代著名典当研究专家宓公干在《典当论》中就没有把典当列为高利贷;经济学家马寅初、历史学家吕思勉以及当代学者马俊亚等(参见马俊亚《典当业与江南近代农村社会经济关系辨析》,《中国史研究》,2002年第4期)也认为典当不属于高利贷,主要的依据是典当取利月息二分左右的利息不高,最后所得的实际利息是相当低的。

笔者认为，作为一种古老的民间借贷方式，典当不仅在中国古代社会经济中发挥着重要作用，而且在近代中国广大农村的借贷关系中扮演着较为重要角色。

典当业虽和农民生活关系密切，但其在百姓心目中的形象却并不高尚。西北地区就有很多歌谣和谚语来形容当铺高利盘剥给百姓带来的负担。如在陕西的陇县，民国时期就流传一首《当铺恨》的歌谣："进了当铺门，剥皮加抽筋，三分奈何不押当，不押不当喝北风。"① 甘肃和宁夏的谚语"开了当铺打了铁，十行买卖都不热""裕国便民，勒死穷人""狠心的当铺，磨刀的屠户"，直白地反映出典当业在百姓心中的剥削形象。这些民间谚语很容易让人将当铺和高利贷联系在一起，那么典当业是否属于高利盘剥？典当业与高利贷有什么区别与联系？我们将从盈利和资本来源两方面对典当和高利贷进行比较。

（一）从盈利方面看

因为高利贷种类繁多，为了便于从量上进行比较，本书先以高利贷中借现金还现金为例：关中有一种高利贷名为"大加一"或"大加二"，其月利是十分或二十分；还有名为"回头"的高利贷，借出八元作为十元，每月三分或四分行息，每隔二月或三月本利积算要换新借款一次，换契两次以后不再续换；"揭钱"与回头相似，有因借洋5元，数月内本利即达100余元；更有"民间借贷，利息高至六十分，借洋十元，十日付息二元，全月计息六元"②。而典当业的盈利多少可以从当铺的收入和支出两方面分析。收入方面，民国时期西北典当业的业务范围主要包括以物质钱、吸收存款、寄卖业务和固定资产抵押贷款四个方面。其收入主要是以物质钱获得的利息，另有部分存款利息、货物出当获得的利润、寄卖货物的利润和获得土地的收益，除去部分大地主开设的当铺经营土地典卖业务外，大多数当铺的利润都以前三项为主，当铺对利息大都有明确规定，虽然根据当物价值高低有所差异，但大多控制在2—3分，仅有少数地区利息达到8分、10分。整体上看，这个数字要低于同时期在农村地区泛滥

---

① 陇县地方志编纂委员会：《陇县志》，陕西人民出版社1993年版，第518页。
② 何挺杰：《陕西农村之破产及趋势》，《中国经济》第1卷第4期，1933年8月，第12页。

的高利贷。政府对于当铺利息的收取也有明文规定，如1931年后，陕西省政府就下令财政、民政部门拟定陕西典当业改善营业章程，对典当业利率限定为3分。1941年3月国民政府内政、经济两部颁发的典当业管理规定第12条规定，"典押当业收取月息最高不得超过1分6厘；外加栈租费2厘。保险费2厘，其余一切陋规概行禁革"①。通过比较可以看出，典当的利率整体低于高利贷。不仅如此，在经济日益萎缩的西北地区，币制紊乱现象随处可见，高利贷除了借现金还现金的方式外，还包括借农产物还农产物、借钱还农产物等方式，因此受币制紊乱影响的程度要远远小于典当业，真实收益要更高一些。典当业受经营方式局限，不可避免地受到货币贬值影响导致收入降低，当铺经营又需要一定成本，包括人员工资、存放货物的仓库租金和赋税等。因此，说当铺本身依靠高额利润获取丰厚回报是片面的。

（二）从资本来源方面看

典当业虽不能完全与高利贷画等号，但其与高利贷确有一定联系，这一点主要体现在资本来源方面。前文已述，当铺的开设者多为富商、官僚和地主，这与高利贷的资本来源十分类似，而经营典当业的商人中更不乏依靠当地军阀开展经营的例子。其中具有代表性的是青海化隆县永兴当号陈炽，不仅担任化隆商会会长，而且与马步芳交情极深，加上经营得法，不但化隆全县四乡八堡的群众都来当物，而且毗邻的乐都、民和、尖扎、同仁等地的群众也来当物②。此外，陕西西安比较有名的当铺景胜的当东家曾任旧军队团长，而开设于西安东大街大差市的福庆当，经理焦文卿本身就是渭北的富豪③。甘肃许多市县的当铺也多由地主、富商经营。宁夏中卫县的当铺大多也是当地人开设的。这反映出当铺经营者与高利贷放贷者是相同或相似的群体，即军阀、官僚、地主和商人。当近代典当业在经营过程中遇到天灾人祸等一系列问题陷入困境时，这部分人可以抽出经营当铺的资金，转而改为发放高利贷。发放高利贷与发展工商业相比，投入

---

① 叶启贤：《西安的典当业》，转引自常梦渠主编《近代中国典当业》，中国文史出版社1996年版，第196页。
② 翟松天：《青海经济史》（近代卷），青海人民出版社1998年版，第284页。
③ 叶启贤：《西安的典当业》，转引自常梦渠主编《近代中国典当业》，中国文史出版社1996年版，第197页。

成本较少，周期相对较短，收益较高，且无须大量技术人员，对于军阀和地主富商而言放贷是风险小、回报大的选择，因此，西北地区的典当业逐渐向高利贷靠拢。以青海为例，当地当铺在建立之初曾起到过调节货币流通、解民众燃眉之急和促进商品流通的作用，然而随着典当利息越来越高，逐渐形成高利盘剥，在社会上形成很坏的影响①。因此，虽然不能片面地将典当业与高利贷画等号，但也不能否认典当业与高利贷之间确实存在一定的联系。

典当业与高利贷相比利息较低，手续较为规范，但在西北农村借贷关系中却并未占有特别重要位置。究其原因有以下两个方面：一是典当业的对物信用制度。近代农村土地兼并现象严重，大多数农民只有很少的资产，许多农民甚至没有自己的固定资产。尽管农民对资金的需求十分旺盛，但是对物抵押的特点限制了农民进行贷款。与之相对的，私人借贷种类多样，具体操作较为灵活，不但有不动产抵押和动产抵押，还可以劳动力、信用等作为资本获取贷款。二是典当业盈利的特性。进入近代受多重因素影响利润较低，为了维持经营，也为了获得更高的利润，不仅增加存箱费、保险费、脚力费、附加税和印花税等，收取当物时从当本中一次扣清，而且还经常压低当物价格。而素有"穷人的后门"之称的典当业，许多时候面对的都是生活凄苦的贫民，他们总希望自己的衣物、棉被等资产可以在估价时接近其价值，从而在无力赎当时减少损失。而大到当铺、小到押当都不希望遇到满当出货的情况，一方面出当困难会减少其收益，另一方面需要支付的货舱租金等成本会增加，因此当铺为避免出现满当出号的情况，尽量压低价格，也是希望货主能够尽快赎当，从而保证资金周转。"救贫"与"救急"这一矛盾伴随着农村经济恶化日益凸显，导致包括农民在内的广大当户在思想上愈发排斥典当行，加上正规当铺的柜台一般设置较高，执事人员态度往往傲慢，也容易给百姓造成负面印象，而农村的小押当虽然数量众多，但利息较高，又加重了百姓的负担。正如周振鹤编撰的《青海》中描述的关于典当业对农民的影响："当铺之在青海，极为普遍，对于农民给予莫大之帮助；然以农民所有之衣饰，究属有限；而况当时容易赎时难，反至影响生产效率，期限约自十八月至二十四月，

---

① 青海省地方志编纂委员会：《青海省志·金融志》，黄山书社1997年版，第11页。

利率按月二三分不等，所获尽归店主，故纯为私人牟利机关，而非正当之信用机构"①。

二　土地典当加剧土地兼并

土地典当又称"土地典卖"，由出典人将土地定价典出，承典人交付典价后，在典当期间即获得该地的使用和收益权，也可以转典、出租及转让典权。出典人在约定期限内有赎回权，也可双方协商后找补差价，以典转卖，也有的到期不赎即视为绝卖。土地典卖应该属于抵押借贷的一种，与典当"以物质钱"的业务十分类似。只是一般当铺多以动产抵押，而土地典当则是以土地这一固定资产进行抵押贷款。然而，土地典当的影响却超出了一般的典当业务，甚至加剧了土地兼并的过程。

土地典当的现象古已有之，在清朝，皋兰县、渭源县、固原县、礼县、文县等地就有土地出典的记载。民国时期西北地区的土地典当行为并不少见，如甘肃循化民间当地，其取赎年限，最长不过 3 年，地主届期无力取赎，若能付清利息，尚得再续展期，否则此地即归典主所有。兰州临潭县当品就包括房屋、土地、店铺、水磨等，青海地区有少数当铺也当房屋和土地。土地典当的行为不仅发生在当铺里，许多地主商人打着商店的幌子，也在经营土地典当的活动。如甘肃秦安县的商号除了经商外都有大量借贷活动。"中小商贩向他们借贷时，以土地或宅院作抵押"②。临夏县也有"以土地作抵押贷款，低价仅为市价的五六成，当期 2—5 年"③。陕北米脂县杨家沟村的地主马维新，其父马国弼手中分得的土地中，有 481 垧均为"典地"所得。而这些土地都是放高利贷得来的，开始是指地揭钱，在不能还本利时，即将地出典（撩地）。这是马维新家典地的主要来源。也有因为用钱紧急，直接将土地出典的。典地的结果主要包括以下三种：一种是原主有钱时赎回；一种是无钱回赎，长期由典主"管业耕种"，即原主将土地使用权让给典主，典主一般仍将土地租出，收租子；

---

① 周振鹤编：《青海》，（台湾）南天书局 1987 年版，第 151—152 页。
② 秦安县志编纂委员会：《秦安县志》，甘肃人民出版社 2001 年版，第 542 页。
③ 临夏县志编纂委员会：《临夏县志》，兰州大学出版社 1995 年版，第 353 页。

第三种是典地转为买地，原主将典地卖绝①。宣统三年前马维新由"典地"转为"买地"的土地有 235.5 垧，在变化着的典地中占 26%，在 1912—1921 年为 23.64%，1922—1931 年占 49.63%，1938 年一年为 33.33%，1939 年为 51.24%。从光绪十年至 1941 年，马维新家共买地 736 垧，从"典地"转变为"买地"的有 550 垧，占全部买地的 74.72%，若加上"字号"（崇德厚）分来的土地 128 垧，则"典地"变为"买地"的占 63.64%②。这一组数字反映出"典地"已经成为马维新父子进行土地兼并的主要手段。利用与普通当铺开展的业务类似的抵押贷款方式进行土地典当，其影响已经远远超过典当行作为金融机构融通资金的作用，其对百姓造成的负担已经与高利贷无异。值得注意的是，1932—1937 年，受"土地革命"的影响，"典地"转变为"买地"的情况较少，而 1941 年起，陕甘宁边区政府颁布了边区发行货币可以赎地的规定，马维新的典地在当年就被出典人赎走 228 垧。从上文可以看出，政府相关政策的出台对于土地典当乃至土地兼并的抑制是有积极作用的。然而，国民政府却没有及时针对土地问题建立并推行相应的法律法规。尽管孙中山先生在 1903 年就提出"平均地权"的思想，又于 1924 年提出："农民之缺乏田地沦为佃户者，国家当给以土地。"但是针对农村土地问题的《土地法》却直到 1930 年 6 月底才公布。而其总则又规定"本法各编之实行日期及区域，分别以命令定之"。"命令"则推迟至 1936 年 3 月才颁布③。因此，包括西北地区在内的全国广大农村地区的土地兼并活动缺少法律制约，导致土地典当成为一种土地兼并的方式。

三 典当业与农民生活

伴随着民国时期西北农村经济日益衰微，农民苦无生活来源，只能依靠借贷维持生活，典当便成为农民生活性融资的渠道之一。农民典当所得资金只有一小部分用于生产，如购买粮食和罂粟种子、肥料以及生产工具

---

① 延安农村调查团：《米脂县杨家沟调查》，生活·读书·新知三联书店 1957 年版，第 34 页。
② 延安农村调查团：《米脂县杨家沟调查》，生活·读书·新知三联书店 1957 年版，第 35 页。
③ 叶振鹏：《中国农民负担史》第 2 卷，中国财政经济出版社 1994 年版，第 329 页。

等,其中大部分用于解决生活中遇到的资金困难。在生产性融资方面,青海西宁的典当业较有特色,当地当铺除了收当一般衣物、农具、生活器具等外,还收当农民生产资料——粪土(肥料),粪土在原地内不动,成交之后,当铺在粪堆上插一木牌,上写"已收当"字样等,另有当票为据。春耕时,农民可将粪土赎回。这说明部分当铺也在根据农民的需要及时调整经营范围,以求生存发展。生活性融资方面,典当业则成了青黄不接时农民的借贷途径之一。典当业和农民生活的关系主要表现在以下几方面。

(一)对广大农户的生活性借贷提供一定帮助

典当业有对物信用的特点,其贷款多不问用途,且还款期限较长,广大农民为了维持生计纷纷将生产生活用品典卖,造成当铺短时间内门庭若市。以西安为例,1922—1925 年,大量农民因借贷无门,纷纷用大车小车运当物进城等候投当。另据记载,1929 年陕西大旱成灾,穷苦人民为求活命,"不得不将家中存物送进当铺借得现金购买食物,因此当时的当铺业务非常活跃"①。政府对典当业也颇为重视,试图通过相关法律法规降低百姓典当的风险。1941 年 3 月国民政府内政、经济两部颁发的典当业管理规定第八条:"典当业如遇兵灾……损失应于 24 小时内报请主管官署会同验封,其有号可认者照物让赎,无号可稽者得估价变卖,除以半价按票面摊付原典押客户外,并应按票面六成赎偿。"② 可见,典当业在当时成了包括农民在内的社会中下层人民融资的重要渠道,因此,许多地区的当铺都打出了"裕国便民"的牌子。如兰州有的当铺会挂出"裕国便民"的金字牌匾③。在甘肃天水,"当铺的门前,有个斗大的'当'字或'某某当'的大字招牌悬挂在半空中。有些当铺也挂上'裕国便民'之类的招牌,以招揽生意"④。西宁的当铺"门口有某某当字样,柜台上面的牌子上写一个二尺见方楷书的'当'字,四角并写'军器不当,裕

---

① 常梦渠:《近代中国典当业》,中国文史出版社 1996 年版,第 197 页。

② 叶启贤:《西安的典当业》,转引自常梦渠主编《近代中国典当业》,中国文史出版社 1996 年版,第 196 页。

③ 赵景亨:《对兰州当铺的回忆》,转引自常梦渠主编《近代中国典当业》,中国文史出版社 1996 年版,第 204 页。

④ 秦鄂:《天水的当铺》,转引自常梦渠主编《近代中国典当业》,中国文史出版社 1996 年版,第 209 页。

国便民'八个字,十分醒目显眼"①。西北许多地区的当铺也会根据市场和经营的需要,在特定时间适当下调利率。如兰州的当铺"为了挽回当年的利润和延期当户的物品出当,每年到冬腊两月,减息两个月,例如三分息减为二分。所以每年到冬腊月付息、换票和赎当的顾客盈门,应接不暇,这就是当铺最繁忙的时期"②。宁夏政府也规定当地当铺在每年11、12两月将当月当息减至2厘。这都说明典当业对于百姓生活性融资具有一定的积极作用。

但是,典当业自身并没有足够的能力完全解决百姓融资的问题。一方面,进入民国时期,西北地区当铺自身受到天灾人祸、币制紊乱、小农经济解体等一系列因素的影响,已经难以维持经营,没有足够的能力消化农民的负担。另一方面,当铺本身多以追求盈利为经营目的,农民当出有限的生产工具和生活用品,所获资金却很难满足生活需要,故而典当业与农民的关系也并不融洽,如前文所述,百姓甚至编出许多谚语直指当铺获利甚多盘剥百姓。所以,尽管典当业对农民生活性融资起到一定作用,但不应将这种作用估计过高。宓公干先生曾在《典当论》一书中提及发展公益典当的问题,认为"典当原为救贫机关,……此后虽为盈利商人利用,致有重利盘剥。然我国经政府立案之典当,迄今犹有各种善良之习惯,如冬季让利之类。是尚未失去其本来面目也。……典当制度之起源动机即为公益;且因其与平民关系最为密切;故各先进国家,多由政府及地方自治团体经营,成为执行社会政策之有利机关。或虽准私人开设盈利典当,但均订有专律。一方予以营业上之便利,一方限制其利息及其他额外需索"③。民国时期西北也有政府开设的典当,如前文提到的甘肃民勤县教育基金会设立的"公益当",靖远县半官方性质的当铺,陕西咸阳有官府以公款投资典当生息,榆林政府于1917年设立的便民质等。但是与"民当"相比,"官当"的数量十分有限,且经营困难。如榆林的便民质为了应对蜂拥而至的典当者,不得不提高月息,却仍于1937年关闭。究其原

---

① 陈邦彦:《西宁当铺业简况》,转引自常梦渠主编《近代中国典当业》,中国文史出版社1996年版,第392页。
② 赵景亨:《对兰州当铺的回忆》,转引自常梦渠主编《近代中国典当业》,中国文史出版社1996年版,第206页。
③ 宓公干:《典当论》,商务印书馆1936年版,第397—398页。

因，不仅由于天灾横行，战乱频发，更因为财政用于典当的拨款数量有限，不能满足广大农民的需要。虽然政府也对典当业经营进行过一定程度的干预，对当铺的领贴、交贴及利率做出过明确规定，但是，近代西北长期处于军阀割据统治下，中央集权弱化，地方军阀多以典当业作为获利的渠道之一，其颁布的规定一方面用于维持当铺正常经营稳定民生，另一方面则用于获取利益。兰州的当铺"为了收到官府支持和保护，向官府有关财政部门领有少量的资金'护本银'，……民国初期，官府规定有一条：当铺在柜台内打死人不偿命。……但每年逢年过节，当商都要大摆宴席，请客送礼，求得保护"[①]。天水在开设当铺之前，需要办理"领帖"手续，因为每张帖都要缴纳一定的税金和其他杂费，为节省费用，当地各当铺均合用一张帖。一旦当商想停止营业的时候，必须到原来领帖的地方办理"交帖"手续，相当于吊销营业执照，但是"交帖"是比较麻烦的事情，官方因怕当铺停业太多影响收入，故而在当商"交帖"时多有为难。1914年敬顺当准备停业，到官方办手续时只交了2串麻钱的停业费，但1920年禹义当停业时，到官方交帖花了1000多元也交不下来。因此，在近代西北地区，政府固然可以出台一系列政策稳定当息，降低风险，然而寄希望于政府投资开设公益典当以便民惠民却是不现实的。

（二）助长吸食鸦片之风

典当业对物信用的特点固然可以为西北地区广大农民的生活提供便利，但也助长了当地农民吸食鸦片的不良习惯。民国时期西北地区鸦片种植区域广、数量多，当地百姓大多吸食鸦片，当烟民烟瘾发作，为筹得资金典当生活用品以致无法维持正常生活的例子比比皆是。天水就有民谣形容"瘾君子"：面黄肌瘦精神少，有病了；身上穿件破棉袄，底去了；……赤身露体到处跑，拆光了。武威地区也有因"毒害所至，贫弱随之，典当即尽……于是贩卖人口之风，遂亦特甚"的记载[②]。虽然西北地区鸦片泛滥并非因典当而起，但是典当业在为百姓融资的时候并未考虑

[①] 赵景亨：《对兰州当铺的回忆》，转引自常梦渠主编《近代中国典当业》，中国文史出版社1996年版，第208页。

[②] 秦鄂：《天水的当铺》，转引自常梦渠主编《近代中国典当业》，中国文史出版社1996年版，第212页。

到资金的用途，间接助长了民间吸食鸦片的风气，而这一风气的助长，对典当业自身的业务经营和人才储备也造成了恶劣的影响。以青海化隆县的积福当为例：该当铺原号东名为贾玉山，因广有财富，加上经营得法，使该当铺一直生意兴隆，营业长达20年之久，然而贾玉山病故后，其子……将业务交由执事、账房先生薛大掌管，薛大因嗜鸦片，惰于经营，逐渐导致资金周转支绌，逐渐失去信用，典当业务每况愈下，最终破产歇业，后被永兴当收买[1]。可见，典当业为百姓吸食鸦片融资开了方便之门，助长了鸦片的泛滥，虽然使业务量有所增长，但是不利于典当业自身的长期经营发展，并且为农村经济发展和社会稳定带来了一定的负面影响。

总之，典当业在西北地区的存在，是当地金融市场的需要，它既有剥削的一面，又有便民的一面。尽管典当业作为盈利机构存在一定程度的高利剥削，但在近代西北，对于广大难以维持生存的贫苦人民而言，典当业的存在使他们只要有物可当，便可解燃眉之急。正因如此，许多当铺都打着"裕国便民"的牌子。因此，典当业在近代西北的作用需要辩证地、客观地加以评价。

总体来看，典当业对近代西北地区的最大贡献是短期内使农村金融市场多样化，部分抑制高利贷的扩张，并对农民的生活起到维持作用。宓公干所著《典当论》中将典当业的优点概括为：手续简便、不要保人、放款额零星、还款期限较长、不问放款用途以及绝对对物信用[2]。这些优点对于西北地区的典当业同样适用。手续简便是典当业务的一大特点，只要是有价值的物品，大到金银珠宝、小到农具被褥都可以拿来典当，且利率较为稳定，无须保人，这对于受教育程度普遍较低且挣扎在贫困线上的广大农民来说是十分便利的；当铺和质铺的放款额度普遍较为零星，既可以救百姓一时之急又不会造成过重的负债，便于百姓调剂资金，相比之下，西北地区高利贷除了利率过高外，借贷程序也较为复杂，有的需要保人担保才能贷款，且还款期限较短，并伴有许多利上加利的规定，而典当业的

---

[1] 赵继贤：《青海化隆县的当铺》，转引自常梦渠主编《近代中国典当业》，中国文史出版社1996年版，第395页。

[2] 宓公干：《典当论》，商务印书馆1936年版，第302—303页。

存在恰恰弥补了高利贷融资的不足之处。作为正规金融机构，典当业的贷款比例与银行、合作社等相比仍然十分可观，与后者相比，当铺这种兼具金融属性和商业属性的机构显然更能满足近代农村百姓的需要，其可操作性较强，也更适合农民这一特殊群体。因此，典当业对于抑制农村高利贷的蔓延起到了一定的积极作用。在百姓生活方面，近代西北天灾人祸不断袭来，当铺甚至小押铺的存在，可以使农民在面对灾难袭来时典物举贷，尽管很多农民因无力赎当失去了生产及生活用具甚至破产，但总好过无米下锅。因此，典当业的存在不仅完善了近代西北广大农村地区的金融市场，更在一段时期内对农民生活起到了积极的作用。正因如此，在近代西北混乱的社会环境下，政府仍然出台一系列政策试图稳定当息，降低经营风险并调和当铺与百姓的矛盾，将其作为稳定社会经济的一种方式。

尽管典当业的存在对近代西北地区有着积极的影响，但其自身仍以盈利作为根本目的，再加上农村地区小押当猖獗，其利息高、周期短且缺乏正规管理，在社会混乱、经济萎靡的西北地区，很容易加剧农民破产从而激起民怨。典当业借贷款项多用于生活性融资，对农业畜牧业的长期发展并没有足够的帮助，农村经济无法从根本上好转，农民只当不赎的情况时有发生，当物积压过多出当困难甚至成为当地当铺无法维持经营的原因，这一矛盾的激化导致农民与当铺之间的关系日益紧张甚至产生恶性循环。许多富商地主打着当铺或商店的旗号变相发放高利贷，甚至从事土地典当活动，造成土地兼并愈演愈烈，贫富分化进一步加剧，无法维持生产生活的农民只能纷纷离村，农户离村率增加而农村劳动力则进一步减少。西北地区工业相对落后，无法消化大量的劳动力，致使农村地区地广人稀而城里则涌现出大批流民。另外，典当不问贷款用途、绝对对物信用的特点也从侧面助长了近代西北地区的鸦片吸食之风。当地政府虽然出台一些政策试图稳定当息，改善当铺与百姓的矛盾，但其最关心的仍然是当铺为当地带来的税收，没有从根本上整顿金融市场，改善经营环境，培养并储备专门人才，更无力解决当铺亏损与百姓受剥削的双重问题。西北地区地理位置偏僻，金融市场发展迟缓，典当业难以独撑大局，虽能在短期内对农村经济和农民生活起到辅助作用，却无法从根本上解决农村经济凋零与农民生活艰难的问题。

第四节 民国时期西北典当业的衰落及原因分析

近代以来,特别是民国时期,伴随资本主义生产方式的渗透,自然经济开始逐步解体,再加上社会的剧烈动荡,农村经济的破产和天灾人祸等因素的影响,西北地区原有的金融市场不可避免地发生变化,其中突出变化之一就是典当业根基的动摇。与钱庄业和票号业不同(钱庄业和票号业针对的客户主要为资本实力较大的商户和官僚资本,在资本主义萌芽渗入导致金融市场乃至经济体系发生变动时尚有一定的生存空间),典当业主要依托传统小农经济且其业务主要面向贫苦大众,因此,原有经济体系的变化,农村经济的恶化,直接导致典当业失去生存空间而逐步走向衰落。同此时期全国大部分地区一样,典当发展状况主要表现为:正规当铺数量减少,小押当却广泛存在;经营规模缩小,尤其是大当日益减少,正规当铺的种类趋于单一;与清朝中期相比资本金数量明显减少;当物以生产生活用具居多,且价值普遍偏低;经营风险增加和出当困难使当铺利润减少,死当的频频出现导致满货亏损的增加;金融市场混乱和经营成本增加使当商为了维持经营纷纷将当价和利息升高,还有当期偏短,导致客户流失现象严重等。本书主要从当铺数量的变化来看西北典当业的衰败情况。

一 衰落的表现

如前文所述,陕西省典当业在清末民初仍尚属兴盛,直到民国十五年(1926)西安"围城之役",因受流通券影响,损失很大。据统计,1931—1941年,陕西全省典质仅有9家,其中西安2家,大荔2家,户县1家,朝邑1家,榆林2家,富平庄里镇1家[①]。西安作为陕西政治、经济、文化中心,其典当业在清末民初还有当铺20座,民国十一至十四年

---

① 西安市档案局、西安市档案馆:《陕西经济十年(1931—1941)》,第302页。《陕西省志·金融志》记载,民国后期陕西典当为11家,除以上9家外,加渭南的2家(同义永和同聚长当铺)。参见陕西省地方志编纂委员会《陕西省志·金融志》,陕西人民出版社1994年版,第300页。

(1922—1925)仅存 5 家。民国十六年（1927）以后，由于不少当主用不兑换流通券赎当，使典当业损失严重，再加上政府限制当息不得超过月息 2 分，加之社会时俗变化、衣饰过时，逾期死当拍卖亏本，这些典当铺相继歇业。从各县情况来看，光绪年间，乾州有当铺五家，光绪二十三年（1897），"强迫当铺预交 20 年当税，再加上屡经兵燹，所以到民国初期，当商相继停业"①。横山县典当业创始于光绪年间，光绪至民国后期，全县典当业先后有 4 家。到民国二十七年（1938）"先后停业"②。清代关山城内还设有两家当铺，进行物品抵押借贷活动。但到清末就关闭了③。武功县在清末还有近 10 家当铺。民国初年除一些商号兼营典当业务外，县城知名当铺仅有 3 家。民国二十六年（1937）后，"本县再无此业"④。三原县清乾隆三十年（1765）有当铺 69 座，但到民国十八年（1929）前后，"因连年奇旱和兵荒马乱，市面冷落、业务不振，当铺相继停业"⑤。兴平县，在清乾隆四十二年（1777）有当铺 15 座。至民国初年城内有东、西、南、北四家当铺。东、南当铺 1930 年停业，西、北当铺 1931 年停业⑥。

在甘肃省，据 20 世纪 30 年代的调查，"甘肃全省，在民国十八年前，各县所设立典当甚多，嗣因频遭兵燹，益以灾祲，浩劫迭来，民生凋敝，而典当之倒闭者遂多，今仅存者，已无几矣"⑦。另据民国二十四年（1935）甘肃各市县政府上报的典当业的调查数据显示，民国二十三年（1934）甘肃各县典当为 37 家，资本总额仅为 66500 元。

可以说，民国时期，甘肃省内的当铺数量比清代有了明显的减少，而且分布多集中在兰州、张掖、临夏等城市中。如兰州市，其当铺的数量直到新中国成立前仍有 15 家⑧。而其他一些处于乡村地区的县、镇，许多当铺在民国时期倒闭。两当县在清末仅有的一家当铺"兴顺号"民国三

---

① 乾县地方志编纂委员会：《乾县志》，陕西人民出版社 2003 年版，第 308 页。
② 横山县地方志编纂委员会：《横山县志》，陕西人民出版社 1993 年版，第 379 页。
③ 陕西省地方志编纂委员会：《关山镇志》，陕西人民出版社 1991 年版，第 108 页。
④ 武功县地方志编纂委员会：《武功县志》，陕西人民出版社 2001 年版，第 363 页。
⑤ 三原县地方志编纂委员会：《三原县志》，陕西人民出版社 2000 年版，第 478 页。
⑥ 兴平县地方志编纂委员会：《兴平县志》，陕西人民出版社 1994 年版，第 409 页。
⑦ 潘益民：《兰州之工商业与金融》，中华书局 1935 年版，第 72 页。
⑧ 甘肃省地方志编纂委员会：《甘肃省志·金融志》，第 57 页。

十年倒闭①。民国三年（1914）白朗起义攻入临潭县，"张家当""万盛西当"被焚，"宋家当"民国十八年（1929）被焚，"自此，临潭县再无当铺"②。综观近代甘肃省典当业变化不难发现，从清代到民国时期，典当业总的趋势是在走向衰落，但是在民国十八至二十五年间，当铺数量仅从41家降至37家之间，而小押当则数量更多，存在更为广泛。这也说明，甘肃省的典当业在这一时期尚有一定生存发展空间。

宁夏典当业在清初最盛，前述乾隆年间还有大当铺205家。辛亥革命后，虽数量明显减少，但大当铺尚遍及大小城镇，总数仍有约四五十家。据统计，民国初年宁夏府城有当铺21家，属宁夏县的有13家；属宁朔县的有8家；属吴忠堡的有5家；金积县有4家；中卫、平罗等县亦有当铺数十家。宁夏除大当外，小押当更是遍布于大小集镇。③

进入20世纪20年代后，"宁夏连遭兵灾、匪患，各地当铺均首当其冲，多被洗劫，有的一蹶不振"。"民国二十年（1931）后，宁夏所有之当铺均先后纷纷歇业关闭"④。

青海道光年间"城乡当商共有三十余家，经同治兵燹，城关及威远堡地区尚剩八九家"⑤。至民国十九年（1930），"湟源仅大当三家，别无中小当名目"⑥。西宁有源益当、德心当、统一当、世益当、恒泰当、益恒当等6家。民国二十七年（1938），青海当铺只有化隆、湟源、湟中各1户。当年湟中的当铺倒闭，其余2户维持至40年代⑦。湟源县在1929年被屠城后，商业日趋衰落，当铺营业很不景气，原有的3家当铺中，福源当和忠诚当于1937—1938年先后歇业，只有世成当维持到1944年，因被巨额兵马款所逼，而被迫歇业⑧。由此可见，青海的典当业在乾隆前就已产生，到道光、咸丰年间有一定发展，同治年间，因西北回民起义，左宗棠率部镇压，典当业受到了破坏，从此每况愈下。虽然以后又延续了半

---

① 两当县志编纂委员会：《两当县志》，甘肃文化出版社2005年版，第386页。
② 临潭县志编纂委员会：《临潭县志》，甘肃民族出版社1997年版，第342页。
③ 宁夏金融志编审委员会：《宁夏金融志》，内部资料，第109页。
④ 同上书，第109—110页。
⑤ 青海省地方志编纂委员会：《青海省志·金融志》，黄山书社1997年版，第66页。
⑥ 同上书，第67页。
⑦ 崔永红、张德祖等：《青海通史》，青海人民出版社1999年版，第707页。
⑧ 湟源县志编纂委员会：《湟源县志》，陕西人民出版社1993年版，第362页。

个世纪，但终因政治腐败、经济萧条、社会动荡、货币不断贬值及新式金融业的产生和发展等诸多影响，于新中国成立前夕关门歇业了。

二 衰落的原因分析

与带有资本主义萌芽性质的信用机构如钱庄、票号等不同，典当业这一主要用于生活性融资的古老信用机构存在的基础乃是自给自足的小农经济。然而，伴随着外国资本主义的入侵，小农经济日益瓦解，加上内外多重原因的影响，以小农经济为温床的典当业随着原有经济结构的变化不可避免地产生动摇乃至衰落。笔者认为，西北地区典当在民国时期日渐衰微受到外、内两个方面因素的影响。

（一）衰落的外部因素

1. 兵匪扰乱是典当业衰落的直接原因

清朝中后期，西北地区发生了较大的战乱，其中影响较大的包括同治年间的回民起义和白朗起义。另外，由于政局混乱、社会动荡，土匪流民也趁战乱之际进行抢劫，包括当铺在内的金融机构更是容易成为兵匪抢劫的首选目标。如民国三年（1914），白朗起义军攻入甘肃临潭县，清朝中期最先开设的"张家当"和光绪年间开设的"万盛当"被焚毁，清朝中期开设的另一家当铺"宋家当"也于民国十八年（1929）被焚，自此临潭县再无当铺[1]。陕西千阳县也由于民国三年（1914）4月白朗军过境，秩序混乱，当铺被劫，经理也被击伤，当铺停业倒闭。至此，千阳县再无典当业[2]。武功县民国二十二年（1933）在县城新开设的一家当铺，"获利甚多，不久被土匪枪杀，当铺倒闭"[3]。

此外，民国时期西北地方势力日益崛起，中央政府鞭长莫及，加上民族矛盾日益凸显，导致地方军阀与国民军之间的矛盾日益加深，战火复又蔓延至整个西北。在今甘肃宁夏一带，除了1928年开始的马仲英与国民军进行的战斗外，先后有黄得贵、宋有才、韩有禄、张兆钾、孔繁锦等联合起来反对国民军。在陕西，民国十五年（1926），吴佩孚派匪首刘振华

---

[1] 临潭县地方志编纂委员会：《临潭县志》，甘肃民族出版社1997年版，第241—242页。
[2] 千阳县地方志编纂委员会：《千阳县志》，陕西人民教育出版社1991年版，第187页。
[3] 武功县地方志编纂委员会：《武功县志》，陕西人民出版社2001年版，第363页。

率领的镇嵩军围困西安，杨虎城和李虎臣守城，最后于右任与冯玉祥解困西安。连年战祸严重破坏了经济发展，大小商户苦不堪言，包括典当业在内的诸多行业再一次遭受了沉重打击，从此一蹶不振。进入20世纪二三十年代后，宁夏连遭兵灾、匪患，各地当铺均首当其冲，多被洗劫，有的一蹶不振。此外，地方势力为了筹集战争所需的经费，使典当业同许多工商业、金融机构一样，不可避免地背上了沉重的赋税负担。青海地区，自清朝中叶开始征收的当税数额，随着当铺规模和数量的减少而下降。为了补充税收，民国二十三年（1934）开始加收"当贴捐"和"当贴年税"等项目，加重了当铺的负担。使青海的当铺到了40年代纷纷倒闭。

2. 自然灾害的深层打击

如前文所述，陕甘宁青地处黄土高原地区，自然条件恶劣。自然灾害对该地区农业生产和人民生活的影响程度非常之大。民国时期，伴随此时期的社会动荡，西北地区的灾荒更为频繁，其时间之连续、范围之广、后果之严重前所未有，几乎无时不灾、无处不灾。

从短期上看，受天灾影响最直接的是农业生产，继而威胁到农民的生存，典当业作为传统的金融机构正可在短期内坐收渔利，因而从统计的数据中可以看出，此时百姓为求生存，只得纷纷典当生产、生活用品，使作为传统金融的典当业得到短期的支撑。然而，长期看来，这种竭泽而渔的方式对于典当业的长期发展是不利的。自然灾害使原有的小农经济进一步遭受破坏并难以恢复，生产停滞，农民无力维持生计，长此下去根本无物可当，更别说赎回当物，从而造成典当业资金周转不畅。如陕西岐山县典当业起于清末，民国十八至二十一年（1929—1932）连年饥馑，贫苦之家纷纷持物换钱以活命，使典当业兴隆。此时城镇里有同心成、集成祥、仁义、恒兴福等6家当铺。但年馑后期，物竭人稀，青化、蔡镇、高店等地当铺先后倒闭，城关各家勉强维持至民国三十四年（1945），因物价大跌、严重亏损，亦大部停业。[①] 民国十八至二十一年（1929—1932）陕西扶风县连续三年大旱，商业凋敝，当铺、钱铺停业[②]。武功县民国初年县

[①] 岐山县地方志编纂委员会：《岐山县志》，陕西人民出版社1992年版，第294页。
[②] 扶风县地方志编纂委员会：《扶风县志》，陕西人民出版社1993年版，第351页。

城的3家知名当铺"纪元号""敬胜号"和"振丰号",在民国二十八至三十年(1929—1931)的大灾中先后歇业①。

(二)衰落的内部原因

1. "满货亏损"现象造成业务停滞

所谓"满货亏损"是指出典人在当期内未能赎当,导致当物成为"绝当"后,当铺未能将当物"出当"以回笼资金,从而导致当铺支付给出典人的当金、典当利息及保管费等其他相关费用未能及时收回而产生的亏损现象。从经营上看,民国时期西北典当业经营中的一大困境就是满货亏损现象。满货亏损现象的发生,笔者认为其根本原因是农民选择典当这种抵押放款业务的目的在于个人消费性融资而非生产性融资,当农民无力面对自然灾害、兵匪劫掠、沉重的赋税等因素带来的困难时,才会通过典当获得资金以解燃眉之急,故而典当业本身并没有成为农村经济乃至社会经济发展的助力。这一点可以从典当业务的对象和当物的种类中看出。许多资料表明,西北各地典当业务的主要对象多是贫苦农民和破败之家,其中农民为了维持基本的开销,不得不将赖以生存的农具如锄头、犁等进行典当,甚至不惜将铁锅、棉被、布衣等拿出作为当物,这说明农民的生活已经难以维持,更无力发展生产,因此也难再有资金赎回当物,大多数的当铺不可避免地面临满货亏损的境况。即便城市中的部分破落之家偶尔会当出贵重当物,其处理也存在一定风险,其中部分衣物虽然做工精美,但样式陈旧,不易脱手,金银首饰又为政府统治,故而贵重的当物也多难以处理。近代西北典当业大多由私商投资经营,在政局动荡之时,私人资本一旦在经营上出现问题,若无政府支持或其他资金来源是很难抵御风险的。

2. 币制紊乱造成亏损

近代西北,当铺支付的货币以制钱为主。然而从清末民初开始,西北地区的金融市场上流通的货币种类繁多,十分混乱。除了各个行局发行的各种纸币外,市面还流通着多种货币。以甘肃为例,清末民初,甘肃省市面上流通的货币主要包括银本位币、银辅币(又称"角子")、铜辅币(又称"铜圆")、制钱(又称"麻钱儿")及各类钱贴以及外国货币。上

---

① 武功县地方志编纂委员会:《武功县志》,陕西人民出版社2001年版,第363页。

述各种货币又可进一步细分为好几种,如银本位币又分为以前遗留的"江西大宝""汴梁腰子""四川中锭""山西小宝""陕西公估"及元宝、杂色银,以及清光绪年间的龙圆(又称"双龙银圆")、北洋政府打造的"袁头币"和"孙币","袁头币"又分为"正牌"(即大洋)和"杂牌"①。不同材质的货币同在市场上流通,对典当业的收入造成很大的影响,其最明显的地方表现为银贵钱贱。当铺多以钱作为交易货币,更容易在赎当时产生亏损。虽然1935年11月,中央银行、中国银行、交通银行(后来有加入中国农民银行)发行法币,禁止银圆在市面上流通,然而,法币的颁行并未从根本上改变货币问题对典当业产生的消极影响。随着政局变化造成恶性通货膨胀,法币贬值,而包括典当业在内的金融业依然以货币进行计算和收付,故而愈发难以经营,许多当铺业务陷于停顿。

3. 民间互助借贷、银行及信用合作社兴起冲击典当业务

由于当铺本身多为营利性机构,利息较高,需要当物抵押且有时间限制,故而许多告贷无门的贫苦农民无法从当铺获得借贷时,就建立了一些互助性信贷组织,一定程度上抑制了典当业的发展。这种组织在西北地区有许多称呼,如"钱会""请会"和"摇会"等,大多是民间自发组织的临时性信用借贷形式,有的地方收取低息,有的则不收利息。如甘肃临洮县就有针对婚丧事的"喜忧会",用途专项且无利息,会约较为简单②。陕西吴堡县在民国时期,有"请会""划会""钱帖子"以及高利贷等各种形式的民间信用往来③。在宁夏,也有"揩钱""合会"(或"招会""摇会")以及城镇集市的小工业行中的"标会"等民间借贷组织④。这些来自民间的互助借贷组织,从一定程度解决了农民的资金问题,缩小了典当业的市场。

此外,民国时期,国民政府开始重视农村事业,建立的一些新式金融机构开始进行农贷活动,也一定程度上抑制了典当业的发展。这一点在西

---

① 转引自李清凌《甘肃经济史》,兰州大学出版社1996年版,第246—247页。
② 临洮县地方志编纂委员会:《临洮县志》,甘肃人民出版社1990年版,第358页。
③ 吴堡县地方志编纂委员会:《吴堡县志》,陕西人民出版社1995年版,第403页。
④ 宁夏金融志编审委员会:《宁夏金融志》,内部资料,第105页。

北经济重镇西安表现得较为明显，1934年11月，中国银行在西安设立寄庄，即该行西安分行的前身；交通银行也于1934年11月在西安设立办事处；1935年5月中央银行在西安设立分行；中央银行、中国银行、交通银行、农民银行四行联合办事处也组织各行局在陕西实施联合贷放。从贷款金额上看，1934—1939年，中国银行在陕西发放的农贷数额高达248万元，交通银行高达126万余元；经济部农本局1938年在陕西仅发放贷款6824元，待到1939年激增至13万元①。在甘肃省，抗战以后，国家银行参与农贷较战前明显增加，放贷及辅助管理机构逐渐得到加强。除中国农民银行外，中国银行1939年在甘肃设立支行，后在天水、武威、张掖、酒泉、岷县设立办事处。交通银行1940年在兰州设立支行。中国、交通银行也开始在甘肃兼营农贷业务。由于各银行的参与农贷，1938年，甘肃省农村贷款已覆盖全省67个县。中国银行农村贷款区域已深入藏族聚居的县份，如卓尼、夏河等县。② 新式金融向农村注入大量资金，进行农贷活动，无异于瓜分了当地典当业的市场。

我们认为，新式金融机构大力推广农贷政策，虽然从一定程度上抑制了典当业的发展，但并不是西北典当业衰落的最主要原因。因为近代西北新式金融本身发展较为缓慢，如青海虽然在1927年设立了甘肃省银行西宁办事处，又在1938年后陆续设立中央、中国、农民银行等金融机构，后又于1946年成立了地方银行——青海省银行、青海实业银行，大多受经济萧条、资金枯竭及通货膨胀等限制，并没有太大的发展。宁夏在抗战爆发后才有中央、中国、交通、农业四行和邮政储金汇业局分别设立了支行、分行或办事处，当地合作事业也是1940年才开始推行，而宁夏的典当业却早在民国二十年（1931）前后已经明显衰落。再加上新式金融机构进行农贷时，存在很大的局限性，不能从根本上解决农民借贷的问题，也就无法完全剥夺典当业的发展空间。

综上所述，典当业作为旧式金融的重要组成部分，利用其自身的诸多优势，在近代西北的金融市场发挥了一定程度的作用。但随着近代西北地

---

① "二十九年度中央信托局、中国银行、交通银行、中国农民银行、农本局办理后方各省农贷区域表"，重庆市档案馆藏"四联总处档案"，0285—1—205。

② 李中舒：《甘肃农村经济之研究》，《西北问题论丛》第3辑，1943年12月，第61页。

区社会日益动荡，兵匪肆虐加上自然灾害的侵袭，典当业赖以生存的小农经济随之遭到破坏，典当业自身的经营也遭受着内外多重打击。受新式银行的兴起和民间自发形成的各种互助组织的冲击，典当业在近代西北的生存空间愈发狭窄，不可避免地走向衰落。

第四章

对民国时期西北乡村传统互助借贷组织——合会的考察

合会，又叫钱会、请会等，是一种广泛流行于我国民间的金融互助组织，已有上千年的历史。它植根于中国传统乡土社会，是在中国固有的个体小农经济模式和传统的儒家道德伦理环境下，以血缘关系和地缘关系为基础建立的一种以借贷和储蓄为主要目的的民间信用互助方式，它与百姓生产、生活关系十分密切。作为一种民间自发的金融形式，合会和典当、钱庄、票号及私人借贷共同构成了中国农村的传统借贷体系。与其他传统借贷形式的区别在于合会鲜有剥削性质，一般情况利息都很低，贵在助人。

第一节 合会概述

一 合会的起源与发展

合会何时产生，学者们有不同的观点，尚没有形成统一的说法。王宗培先生在其《中国之合会》一书中，通过对新安会名称由来的解释和青苗法的演变，推断出合会起源的时间是在唐、宋之间，他认为"新安会之新安，其名称始于隋，约当西元第七世纪初叶，然则新安会之定名，必不先于西元第七世纪。……自宋王安石青苗法产生后，一变而为因利局贷款局，再变而为合会"[①]。姚公振先生则以为合会"以起于隋代，较为可

---

① 王宗培：《中国之合会》，中国合作学社1931年版，第5—6页。

信"①。

　　合会是起源于本土还是舶来品，学术界也没有定论。王宗培在考证中国合会的起源时，就提出了从印度传入的可能②。中国台湾地区学者陈瑞堂认为印度是合会的始发地，因为日本也有类似合会的组织——组合无尽（即无尽讲、赖母子、赖母子讲），而"无尽"一词起源于印度的佛典，所以他认为，合会是随佛教的东进同步到东亚地区，并逐渐传播开来的③。潘敏德则认为合会发源于中国佛寺④。杨联陞也认为，虽然有关合会制度的最早资料都恰巧和佛教组织有所牵连，但这也不意味着它是从印度传来的；合会制度可以说是中国的发明，因为借贷、互助、拈阄等一般观念和方式在佛教传入之前，中国人无疑已是相当熟悉了⑤。

　　可以明确的是，尽管合会作为一种互助金融组织形式出现较晚，但其中互助合作活动却可以追溯到人类社会产生之始，人类为了解决最基本的生存问题，必须通力协作获取食物，抵御自然灾害和动物的侵袭，最原始的互助合作因此产生。综观我国古代社会，由于生产力发展水平的限制和统治阶级的残酷剥削，底层社会民众大多经济力量单薄、生活艰辛。亲朋、邻里的互相帮扶便成为一种生存必须手段，同时统治阶级出于巩固政权的目的，也大力提倡民众之间的互帮互助，从而使其成为一种美德。合会就是从这种习俗衍生出来的。由于合会是民间百姓自发组织的资金融通组织，正史当中记载甚少，王宗培先生曾感慨："我国士者，讳言利禄，以为此乃市侩商贾之惯技，不为彼辈以孤傲清高自况者所取法，故而不入经籍，不载史乘，泊乎今日，史迹荡然，所得而述者，亦仅一鳞半爪耳。"⑥ 因此，我们难以详细了解古代合会的起源过程。但通过对已有资料的整理分析，可以看出，它雏形于汉代，成型于唐代，发展于宋代，明清之际流行甚广，清末民初进入繁盛时期。

---

① 姚公振：《中国农业金融史》，中国文化服务社1947年版，第76页。
② 王宗培：《中国之合会》，中国合作学社1931年版，第4—6页。
③ 雷文平：《试论台湾"合会"在两岸经贸交往中的作用》，《台湾研究》1995年第4期。
④ 潘敏德：《中国近代典当业之研究（1644—1937）》，台湾师范大学历史研究所，1985年，第34页。
⑤ 杨联陞：《佛教寺院与国史上四种筹措金钱的制度》，《国史探微》，新星出版社2005年版，第203—204页。
⑥ 王宗培：《中国之合会》，中国合作学社1931年版，第3页。

第四章　对民国时期西北乡村传统互助借贷组织——合会的考察　/　151

　　现有的考古资料表明，早在两汉时期，民间已经有了为某种特定目的而组成的互助团体。1973年在河南偃师出土的"侍廷里父老僤买田约束石券"（东汉章帝建初二年）所载，当时侍廷里于季、左臣等25人自发组成"父老僤"，共筹钱六万一千五百，买了82亩田地，约定成员中有一定资产数量的人充当父老一职时，田地的全部收益由其支配，当其失去父老资格时，田地的全部收益则传给僤里下一位出任父老的人，全体成员轮流受益[①]。"侍廷里父老僤买田约束石券"记载的这种自愿结合、共同出资、轮流受益的形式，已经和后世的合会制度相当接近。

　　魏晋南北朝时，佛教十分盛行，宗教性质的团体如"义邑"或"邑会"不仅具有互助目的，往往也发挥了社会的、经济的功能[②]。到了唐代，民间的结社行为已少有宗教色彩，开始从事生产和生活上的互助。《新唐书·列传·循吏》的"韦宙传"记载韦宙在唐宣宗时"为永州刺史，……民贫无牛，以力耕，宙为置社，二十家月钱若干，探名得者先市牛，以是为准，久之，牛不乏"[③]。其大意是说，韦宙在当永州刺史时，见当地百姓贫困，买不起耕牛，只有靠人力耕作，韦宙就让他们每20家组为一社，每月向社里交一些钱，抽签中了的人可以先拿钱买耕牛，这样时间久了，就不再缺乏耕牛了。这里记载的"社"已经具备了后世合会的主要功能，即借贷和储蓄，而且靠抽签确定资金使用顺序的运作方式也和后世合会的摇会基本相同。这说明，现代意义的合会在唐代时已经基本成型了。

　　宋代社会经济空前繁荣，民间私社盛行，经济互助会社得以进一步发展。罗愿编纂的《新安志》记述了宋代安徽流行的新安之社："愚民嗜储积，至不欲多男，恐子益多，而赀分始少。苏公谪为令，与民相从为社，民甚乐之。其后里中社辄以酒肉馈长吏，下及佐史，至今五六十年，费益广，更以为病。"[④] 由此可知，宋代的新安之社已经具备了储蓄的性质。又据《钟相杨幺佚事》载，钟相"悯里人多贫困，乃倡设社会，以等差

---

　　① 宁可：《关于汉侍廷里父老僤买田约束石券》，《文物》1982年第12期。

　　② 杨联陞：《佛教寺院与国史上四种筹措金钱的制度》，《国史探微》，新星出版社2005年版，第194—195页。

　　③ 欧阳修、宋祁：《新唐书》，中华书局1975年版，第5631页。

　　④ 张海鹏、王廷元主编：《明清徽商资料选编》，黄山书社1985年版，第18页。

醵资，不足，则自出金以益之，人有缓急，皆往贷焉"①。可以看出，其结社是想通过共同积攒钱财相互接济，以保证生产的顺利进行。宋代还有一种会社，其目的在于资助贫寒之士读书、生活及上京赶考，这种会社流行于福建等地，称为"过省会""万桂社"②，其成员皆是读书之人，彼此间互助互济，以免求贷于豪富之家而折损士人的气节。由此可见，宋代的互助会社相当发达，数量多且类型丰富，虽然史籍中未见有关这些会社的组织形式、会员权力及义务的记载，但其金融互助的功能已充分体现，可以说宋代的经济互助会社在本质上已经和后世合会基本相同了。

进入明代，伴随着社会经济的发展，结社之风大为盛行，社会各阶层人员出于自身利益的考虑结成各式各样的会社，如文人士大夫的"文社"、城市游民的"保生社"等。民间的互助会社广泛存在，婚丧互助更是受到了官方的提倡，"民间男女年三十以上，无力备礼婚娶者，依洪武年间教民榜例……量出所有，互相资助，以成婚配，如家贫不能举丧，亦如此例"③。以储蓄为目的的经济互助会社也很普遍，据记载"盖尝见里中小民有结社结钱者，或三五十，或百，贮之一所，及岁杪，始出而瓜分之，亦各如所输数。夫其积而分，分如其所结，非有加多也，然不以存之家，而为是纷纷者，诚恐其侈于用，而夺于姑可已之费也。故为是以自制，而不厌其烦，此小民积钱之一法也"④。

清代各种类型的会社也很活跃，特别是金融互助会。自康熙时经济恢复，到鸦片战争爆发前的数百年间，城市商业日渐繁荣，大商人资本相当发达，明代时就已兴起的大商帮在清代继续繁盛，邀集亲友结会，筹钱从事经营的情况十分普遍，且资金规模较大。徽州文书中的一份会书即反映了这一情况："立会书胡禹功、寿民今蒙诸位长亲大人玉成一会，名曰'七贤'。首会不出银，后六人各出曹平镜纹银三十三两三钱三分三厘正，共成纹银二百两正，付首会收领。公议：诸位以后不应，惟首会于每年六月初一布出曹纹四十两正，交后六人匀分，至第七会止。既利人又省事，

---

① 白钢：《钟相杨幺佚事及其史料价值》，山西人民出版社1986年版，第87页。
② 真德秀：《万桂社规约序》，《西山先生真文忠公文集》，商务印书馆1937年版，第468—469页。
③ 《明英宗实录》卷二七七，据广方言馆本补用嘉业堂本校，第5922—5923页。
④ 沈鲤：《亦玉堂稿》卷八，《社仓议三》。

则叨光之中更叨光矣。禹等不胜感佩之至"①。如此大的一笔资金显然是经商做生意用。综上所述，明清时期合会组织不仅普遍存在，而且参与合会借贷和储蓄活动的群体，不再局限于一般小农之间，商人也利用这种形式，筹集和累积商业资本。

虽然合会具体始于何时何地尚无定论，但有一点是清楚的，那就是清末民初时进入其繁盛时期。根据文献记载，清末民国时期，全国各地不论城区乡下，都有组织合会的习惯，清末人士庄荫堂（笔名待馀生）在其所著的杂谈集《燕市积弊》中说："现在社会上最盛行者，就是钱会，无论男女老少，差不多人人都要加入……"② 19世纪末来华的美国公理会传教士明恩溥在其撰写的《中国乡村生活》一书中也记述道，中国人协作能力最具特色的范例是贷款团体，这种团体在中国大量存在。政府对合会的调查亦开始于清末，后因清廷被废中止。1918年，又重新展开民事习惯调查活动，后经南京国民政府司法行政部编辑成《民事习惯调查报告录》，书中对近代中国各省区存在的各类合会进行了记录。

二 合会的定义、性质及特点

（一）关于合会的定义

王宗培认为："合会为我国民间之旧式经济合作制度，救济会员相互间金融之组织也。"③ 杨西孟指出合会是"我国民间流行的一种小规模的金融合作组织"④，《辞海》中将"合会"一词解释为"旧中国民间盛行的一种信用互助方式"。虽然表述不一，但概而言之，合会是以经济或生活互助为目的的民间信用合作组织。合会有广义、狭义之分，狭义合会指的是由一个需要现金的人发起，邀请其亲友若干，各出一定资金组成，所集资金由发起人首先使用，以后在一段时期内，由每个成员按一定顺序轮流使用后，即告结束，具有信贷意义。而广义上的合会虽然也与资金融通有关，但其活动不单在于满足发起人的个人需求，而是为了公共事业利

---

① 安徽大学徽学研究中心：《徽州文书》第1辑第3册，广西师范大学出版社2005年版，第505页。
② 待馀生、逆旅过客：《燕市积弊》，北京古籍出版社1995年版，第138页。
③ 王宗培：《中国之合会》，中国合作学社1931年版，第1页。
④ 杨西孟：《中国合会之研究》"序言"，商务印书馆1935年版。

益，或外延至为会外的社会群体利益服务，带有一定的慈善性质。

(二) 合会的性质

一般认为合会具有社会性和经济性两种性质。社会性体现在其互助之功能。在漫长的中国传统社会中，广大乡民以血缘和地缘关系为基础结合成生活共同体，固定在某个地方，形成了以自然经济为主导的村落社会。由于生活环境的相对闭塞和官府户籍制度的限制，农户们往往世代居住在同一地域，大多是宗族聚居，就算是杂居，也多是世代为邻。遇到生老病死、贫困灾害时，除了官方推行的一些保障和救济外，血缘互助及邻里互助是最普遍的一种手段，合会即属于这种互助形式。无论是在古代还是近代，丧葬嫁娶都是下层民众互助行为中的突出内容，办红白大事，首先需要有人手。谁家办红白大事，亲友邻里一请即到，纷纷前来帮忙。受人之请，应人之托，办别人事情，如同办自己事情。而且婚丧等事宜，所需费用巨大，个体小家庭一时难以负担，邻里亲友出于情义的考虑，往往会出钱或粮食相助，提供资财上的支持。各地的合会组织中有很大一部分都属此类。虽然名称各不相同，但通常都采用吉利的叫法，如"福寿会""长寿会""荣寿会""寿星会""天伦会"等，也有直接称"老人会""红白会""请喜会""助葬会""葬亲会""孝义会""孝帽会"的。此外，还有其他各种类型的互助合作组织，一般称为"××会"，如看护庄稼的"青苗会"、纪念祖先的"祭祀会"、修桥补路的"路桥会"、扶助行善的"济众会"、节日庆祝的"月光会"等。种类繁多，不胜枚举，"举凡耕种、买卖、借贷、储蓄、劳动、生卫、备荒以及婚丧育乐、祭祀、旅行等等，无不具备"[①]。

合会的经济性体现在其借贷和储蓄之功能，其中借贷是其主要功能。因为对贫困的农户而言，储蓄并不是真正意义上的盈余储蓄，而是一方面为了应付将来可能面临的某种非常态事件，另一方面则是碍于人情而进行的半强制性行为。其社会性是合会区别于典当和高利贷等形式的根本因素。毛泽东1930年5月曾对江西省寻乌县农村组织合会的目的作过结论："打会的目的是互相扶助，不是剥削。如为了娶媳妇，做生意，死了人要

---

① 王药雨：《山东昌邑县农村的"孝帽子会"——一种旧有的丧葬合作组织》，天津《益世报》1935年3月23日。

埋葬，还账等等，就邀集亲戚朋友打个会"①。

（三）合会的特点

概括起来看，作为传统的民间信用互助合作组织，合会具有以下主要特点：

第一，血缘性和地缘性。长期以来，中国社会一直保持着血缘性的宗族关系与地缘性的乡里关系为基础的社会结构。在合会的组织方面，突出体现这种乡谊观念和宗族意识，"这种互助会的核心是亲属关系团体"②。为解决生活困难、调剂资金融通方面发挥了积极作用。同一宗姓的人们居住在一起，既是亲戚又是邻居，血缘亲情和地缘乡情相互交织在一起，彼此促进。

第二，互助性和非营利性。合会成员多数是生活状况平平的农民，他们为了解决生产经营、建房、结婚、丧葬等大事和抵御天灾人祸等危难，自愿聚集在一起进行互帮互助的活动。合会一方面在于自助，另一方面贵在助人。会员人数、会款额度、会期长短、得款先后等都由成员商量决定，手续简便，不需要抵押物且利息颇低，是真正意义上的互助合作形式。

第三，信用基于感情。合会多由亲朋故友组成，其成员之间关系密切，相互知根知底，感情是维系信用的基础。它的精神是"谨以义起，冀以信终"。它的原则是"缓急相济，有无相通，有往必来，有施必报，先后有序，互守信用"。各地合会都会在成立之始或完结之时"设席酬谢"，含有联络感情、表示谢意和联欢作用。所以成员金钱之授受，多凭一纸会书信用，不需任何抵押。

第二节　民国时期西北地区合会制度及其社会价值

一　合会的种类、数量及各类合会的比重

（一）合会的种类

民国时期西北地区的合会种类繁多，名称各异，功能各不相同。如：

---

① 毛泽东：《寻乌调查》，《毛泽东文集》第1卷，人民出版社1991年版，第64页。
② 费孝通：《江村经济——中国农民的生活》，江苏人民出版社1986年版，第189页。

陕西地区即有月光会、义仓会、喜孝会、青苗会、寒衣会等。[1] 雒南、华阴、朝邑县有"孝义会"（也称"孝衣会"），葭县有"请会"，华阴县有"赕老会""画会"，雒南县有"四二摇钱会"[2]。甘肃武山县有"同乡会"等。[3] 宁夏固原地区有"老君会""鲁班会""财神会"等。[4] 青海地区民间有"梆子会""生死会"[5] 以及"拔会"与"摇会"等。[6] 实际上，各地民间均按自己的习惯为合会命名，所以各地合会名称可谓花样繁多、不尽一致。即使在同一地区也有不同的名称，如在陕西蓝田县对合会组织的叫法就有"月月会""灶猪会""堆金会""粮会""蛋会"等。[7] 陕西旬邑县，按照议定会期的不同而有"月会""季会""半年会""年会"之分。[8] 甘肃临夏地区把这种集体性信贷组织叫作"喜忧会"或"邀会"。[9] 西北地区合会虽然名称不一，但按照各类合会的性质和功能的不同，可以分为以下几类。

1. 保险类

保险类合会是指会员遇到家中老人去世或儿子成亲时才能得会的合会。婚丧之事是农民家庭生活中的大事，西北地区对婚丧礼俗尤为注重，花费通常十分高昂，因之负债甚至破产的情况并不鲜见，所以一般贫苦家庭很难独立操办，于是集合条件相等之家，组织合会，公推一名会员主持会务，当谁家遭遇亲丧大故时，就由会中成员共同帮助解决。如陕西朝邑县的"五二孝义会"，"约集十数人或数十人公共投资储蓄，非因丧葬，投资人概不得支用。例如，一人出钱十千，以二十人为会员，共积钱两百千，公举会员一人经理，设法以权子母，每逢会员遭有亲丧大故，即由会

---

[1] 陕西省地方志编纂委员会：《陕西省志·民俗志》，三秦出版社2000年版，第320—321页。
[2] 前南京国民政府司法行政部编：《民事习惯调查报告录》，中国政法大学出版社2005年版，第565—566、575、578页。
[3] 中国农业银行天水市分行：《天水市农村金融志》，甘肃人民出版社1998年版，第143页。
[4] 固原县志编纂委员会：《固原县志》，宁夏人民出版社1993年版，第977页。
[5] 朱世奎主编：《青海风俗简志》，青海人民出版社1994年版，第114页。
[6] 周振鹤编：《青海》，（台湾）南天书局1987年版，第155页。
[7] 蓝田县地方志编纂委员会：《蓝田县志》，陕西人民出版社1994年版，第395页。
[8] 旬邑县地方志编纂委员会：《旬邑县志》，三秦出版社2000年版，第353页。
[9] 临夏州金融志编纂领导小组：《临夏州金融志》，内部资料，第72页。

中酌送钱若干备用"①。雒南、华阴等县的"孝衣会","即孝义会。凡贫民家有父母无力预备后事者,集合相等之家组织一会,议定每股各纳会金若干,储蓄生息。遇有会员之父或母故时,即照会规赗送钱文,以助丧葬"②。华阴县的"赗老会"亦是如此,"约定十人为会员,如遇会员之父或之母死亡时,其他九人各出银五元,以为丧葬之助。嗣后如再有会员丁艰时,前次得银之家及其余八人亦各出银五元。必出十次,始能完结一会"③。甘肃庆阳地区正宁县山河镇东关村组织的6个孝义会,参加人数占全村有老人农户的90%。杨园子孝义会,规定每户1斗小麦,5升荞麦,100斤硬柴。第一户老人去世后成为会柱子,各成员拿出小麦、荞麦、硬柴,去当执客,直至丧事完毕。第二户老人去世后,由会柱子发出帖子,通知各户,秤粮过柴,交给事主。各户仍参与丧事依次类推。这个孝义会历经40余年,到1951年终会④。临洮县类似的组织叫"喜忧会",主要是告贷无门的贫苦农民们为了免受高利贷的剥削,便建立这种婚丧事的集体性信贷组织,"其特点是用途专项,无利息,有简单的几条会约:结会时,在会人员交清会金1—5元或10—100斤小麦;每次结会时由会柱子(小组长)负责交清,绝不拖欠;不得中途退会"⑤。武山县龙泉乡(百家镇)一带有"老人会"的传统组织,它是在自愿互利的基础上采取集资入股的形式建立的,"由会长主持管理钱物,出手放账,利率随行就市,会员家中遇到老人丧礼,其费用可在本会利息收入中支付"⑥。

2. 储蓄类

储蓄类合会是指入会成员以储蓄生息为目的,利益共享的合会。

它两种形式:一种类似于银行机构的零存整取,会员多次等额交纳会金,一次得会全额返还,其得会顺序并不事先排定;陕西山阳县的"摇

---

① 前南京国民政府司法行政部编:《民事习惯调查报告录》,中国政法大学出版社2005年版,第566页。
② 同上书,第565页。
③ 同上书,第578页。
④ 甘肃省庆阳地区志编纂委员会:《庆阳地区志》第2卷,兰州大学出版社1998年版,第844页。
⑤ 临洮县志编纂委员会:《临洮县志》,甘肃人民出版社1990年版,第451页。
⑥ 中国农业银行天水市分行:《天水市农村金融志》,甘肃人民出版社1998年版,第143页。

钱会"即是此类,其具体过程是"先由会首选择、寻找可靠的会腿,并说明会的大小,也就是纳钱的多少和人数多少。然后用请帖写明日期,设宴集会。各会腿来时都带上预定钱数交给会首,叫作上底会。会首和大家商议以后过会的时间以及会中应遵守的公约,一一写在会簿上,以资共同遵守。第二次过会以前,会首再发一次请帖。大家各自带上预定钱数来。由会首主持当面记名投票买会,各人把愿出的买头钱数密写在票面投入票箱,当面拆票,以出买头最多的为得会人。买头与得钱成反比,出的买头钱越大,得的钱越少;反之,得的钱越多。第三次过会时,照例由会首主持买会,已经得会人得退出一定数量的买头钱。以后套场一样,直到全会完满"。这种由农民自发组织、自愿互助的储蓄形式在山阳县十分盛行,有首歌谣称赞说:"摇钱会,自己办,不写约,不看脸,得的整端钱,零碎给他还。会过完,心里闲。"① 另一种则是将筹集的款项或放贷于他人,或做生产投资,以期生息获利;如在陕西各地流行的"朝山会"和"坟头会"就是如此。"朝山会"是由喜欢游山的人组织的会,凡参加此会的人都拿出一些钱,把这些钱凑集之后买地再租出去,收回地租之后卖掉,把钱作为盘缠,会员轮流去朝山,一年一次。"坟头会"则是汉人家族为了上祖坟、敬祖先组成的会,凡参加此会的人都捐钱置地,并将地转租给他人,收取些利息,用来买香纸,祭奠祖宗。② 在甘肃清水县和武山县洛门一带,类似组织有"农民会",村民群众自愿结合,入股集资,公推会长一人负责管账管钱,资金优先借给穷困户,利率与社会上大体相同。年终结账,按股分红,同时还拿出一部分收入用于会员会餐。③

3. 借贷类

借贷类合会,通常由一位急需用钱者,主动邀集亲友乡邻若干人结成一会,主动请会的人称会首,应会首之邀请而参加的人称会员。请会成立之后,参加合会的人每期按照商定的办法交钱若干,一般第一期由会首收取,以后每期由各会员轮次收取,直至所有会员每人得会一次为止,该会

---

① 山阳县地方志编纂委员会:《山阳县志》,陕西人民出版社1991年版,第200页。
② 陕西省地方志编纂委员会:《陕西省志·民俗志》,三秦出版社2000年版,第322页。
③ 清水县农业银行:《清水县农村金融志》,内部资料,第24页;《天水市农村金融志》,甘肃人民出版社1998年版,第143页。

第四章　对民国时期西北乡村传统互助借贷组织——合会的考察 / 159

即宣告结束。如陕西吴堡县的"请会""某人紧用资金，转借无门，便向殷实富户事先发请帖，请10人或者8人定时赴宴（一般为八碗），宴请会者向赴宴者每人借100贯（指铜钱），由事先约好'保会人'说合，分三年还清。请会期间一年三请，首会是借钱，以后每会则还清其中一人的钱。如到期仍无力全部还清，则由'保会人'垫付。请会所借的钱不付利息，只是请几顿好饭"。此外吴堡县还有所谓"划会"，与"请会"相同[①]，这类互助借贷性质的合会在各类合会中数量最多，最为普遍，与农民的经济联系也最为紧密。

借贷类合会按照得会方法的不同可分为轮会、摇会和标会三种。一是轮会，轮会指的是在第一次会时就商定好得会次序，以后按次轮收的合会。得会次序取决于各会员用款之缓急及经济能力的强弱等因素，当得会次序确定后，一般不允许更改。在西北地区，轮会既有有息的，"以邀请者为首会，以后依次得会，各人以时间先后贴出利息，在前得会者，所付利息重；在后得会者，所付利息轻，得数也较多"[②]。也有出于济苦应急不计利息的，"得会次序多为互助协商，急需者先得。每过会，会东按原议定数归还一股或两股，不得会者，同样拿出一股交本期得会者。如此轮流过完还清，互不付息，会东在请会与过会时，必须设筵席宴请随会者"[③]。轮会的特点是，会员交纳的会金数额由得会的先后顺序确定。得会越早，付息越多，最先得会者所出会金最多；得会越后，付息越少，最后得会者所出会金最少。如表4—1所示。

表4—1　　　　　七人轮会会金分配及会员收支盈亏情况　　　　单位：元

会次\期次	首会	二会	三会	四会	五会	六会	七会
首期	(30)	7.5	6.5	5.5	4.5	3.5	2.5
二期	7.5	(30)	6.5	5.5	4.5	3.5	2.5
三期	7.5	6.5	(30)	5.5	4.5	3.5	2.5

[①] 吴堡县志编纂委员会：《吴堡县志》，陕西人民出版社1995年版，第403页。
[②] 眉县地方志编纂委员会：《眉县志》，陕西人民出版社2000年版，第368页。
[③] 静宁县地方志编纂委员会：《静宁县志》，甘肃人民出版社1993年版，第308页。

续表

期次\会次	首会	二会	三会	四会	五会	六会	七会
四期	7.5	6.5	5.5	(30)	4.5	3.5	2.5
五期	7.5	6.5	5.5	4.5	(30)	3.5	2.5
六期	7.5	6.5	5.5	4.5	3.5	(30)	2.5
七期	7.5	6.5	5.5	4.5	3.5	2.5	(30)
纳款总数	45	40	35	30	25	20	15
盈亏	-15	-10	-5	±0	+5	+10	+15

资料来源：王宗培：《中国之合会》，中国合作学社1931年版，第20页。

从表4—1可以看出，会首得会最早，收得会款30元，以后每期支付会金7.5元，共出会金45元，实际上等于支付了利息15元。而最后得会的会员共出会金15元，每期仅交纳会金2.5元，同样收得会款30元。对于得会顺序靠后的会员来说，每人每期分别交纳一定数量的会金，并在自己得会时一次性全额收回。可见，轮会同样具有储蓄的功能，这一功能在不计利息的轮会形式中则更为突出。

二是摇会。摇会指的是通过抓阄或摇骰的办法决定会员得会次序的合会。摇会在西北各地区都比较流行，如在陕西柞水县，"曾盛行纳钱会（即摇钱会）的借贷形式。求借贷者以酒席招来众多纳钱户，每户限定数额，一次性借助于请会户。请会户再按月或隔月备办酒席，请纳钱户到场以抓阄形式由其他纳钱户'买会'，依次类推"[1]。摇会也是民国初年至民国二十年间（1912—1931）陕西眉县普遍推行的一种信用组织。其办法是："某农民急需款项一百元，以邀请者为首会，以后依次得会，各人以时间先后贴出利息，在前得会者，所付利息重；在后得会者，所付利息轻，得数也较多。有预先商定者，也有定期摇彩者。"[2] 在甘肃清水县，"如某一人遇到经济困难时，就作为会东向亲朋好友（会手）提出请会。会东拿到会手投入的钱（粮）之后，备办饭菜招待会手。在招待时共同商定下次投会时间（会额大的每年两次，一般每季或每月一次），会东按

---

[1] 柞水县地方志编纂委员会：《柞水县志》，陕西人民出版社1998年版，第381页。
[2] 眉县志编纂委员会：《眉县志》，陕西人民出版社2000年版，第368页。

会手人数多少排号，写出纸条让会手各抽一张，依次得会"①。在宁夏，"借款人遇有急需，约亲朋好友数人，各出贷若干，供贷款人使用，约定一月或两月为一个会期，借款人近定额归还比例，陆续分会期归还借主。每到会期，借款人以应付的利息筹酒宴，众借主以摇骨或抓阄以确定得本者，所以叫'摇会'"②。青海地区也有"摇会"这种形式，一般是从第二次起，由会员次第摇骰子。其得点最多者，即为得会，以后皆如上例开会，一直到第十一次满会时为终了。

摇会又可分为"堆积会"和"缩金会"两种，"堆积会的会金，重会和轻会所出的数目，始终固定，如重会会金是十元，大家始终出十元，轻会会金是八元，大家始终出八元，因此越到后来，所出的会额愈多，因此叫堆积会。缩金会和堆积会恰恰相反，会额是始终固定，而各会所缴纳的会金，却是不定的。因为重会渐渐加多，所以轻会所缴会金的数目，越到后来便越减少，因此叫缩金会"③。

三是标会。标会是指通过投标方式决定会员得会次序的合会。其办法是，第一次会时，各会员均等出资，交由会首使用，以后每期，未得会的各会员标息竞争，出息最高者得会。标会在西北部分地区也很流行，如陕西葭县，"会主先具酒食，邀束多人聚会，指定一人作保，假贷于众人。如十人人会，各纳制钱五千，共计五十千，每千月利一分，现扣一期利钱，余交会主。至第一次续会时，仍由会主具馔集会，还钱十分之一，以后递推，至第十次亦如之。每逢续会，均以认利最多者为得会，除得会之一人外，其余九人各依前例，扣利纳本，十次皆然"④。旬邑县，"首先议定会金，由借款人备设宴席，请纳会人饮用，当场交纳会金，由请会人得之。然后按议定的会期，由请会人再召集纳会人投分买会，谁投分（利息）高，谁就得会。二次到期由得会人再次召集纳会人投分买会，期期循环，依此类推，直到终止"⑤。甘肃静宁县，得会次序如协商不通，则以"耍稍

---

① 清水县农业银行：《清水县农村金融志》，内部资料，第 23 页。
② 宁夏金融志编审委员会：《宁夏金融志》，内部资料，第 105 页。
③ 王素一：《谈谈合会》，《共信》第 1 卷第 14 期，1937 年。
④ 前南京国民政府司法行政部编：《民事习惯调查报告录》，中国政法大学出版社 2005 年版，第 575 页。
⑤ 旬邑县地方志编纂委员会：《旬邑县志》，三秦出版社 2000 年版，第 353 页。

子"(或叫"耍卖头")的形式决定,稍子(卖头)长短由得会者自己投标而定。"稍子"越长,则得会,但实际得到的钱少。这实际形成各随会者之间的贴息借款,只有最后一个得会者可得全会,不贴息而获其利①。庄浪县也是如此,未得会的会员采用投标办法(形式有捏手、抓豆等),竞争取得融资资格,以让出"卖头"(以后各会最高融资限额,一般不超过会底一半)最多者为得会②。宁夏城镇集市中的小手工行业中也有这种标会,"是一种行帮性质的资金互助形式,出资各等份,事先确定会期,到会期以参与出资者各人投标利息的多少来确定得会者,得会者以后按期归还本息,再无投标得会资格。各人按照自己对资金的需要投标利息,以出资者人数,各人轮得一会为一期,最后得会者称'底会'"③。青海地区也流传这一形式,称"拔会","例如某甲为需款迫切而发起一百元的会,则甲为'首会'请乙丙等十人为'会友'合计十一人组织之。第一次由各会友各出十元,合计百元,交付'首会'。首会为发起人,对于所借的款不纳利息,但以酒席招待会友。第二次首会仅有填会义务,而无拔会权利,乃由其余十人,各自秘密写其所愿担负的利息数额于纸片上,放在碗内去捻,然后当众同时打开各人所捻的纸片,以其负担利息最多者为'得会'。例如乙捻着的上面是写的六角,而丙丁以下则为五角及三角等,乙便为得会者,乙应收进九十四元六角,而当作一百元的收进。因为乙既承认负担六角利息,所以丙丁等九人便各据出九元四角,合计八十四元六角,连首会所出的十元,共为九十四元六角,这就是说,借款百元纳息五元四角的意"④。

除上述几类合会外,还有一种"一人独得会",此类主要指亲朋邻里集体出资帮助某一人的合会,由会首(即唯一得会的人)逐期还本给会员,还款先后用抓阄或摇骰子的办法决定。这类合会纯粹是情谊之体现,并不计较公平损益问题。如陕西凤县,系"人有困难,邀请知己10人左右,以酒席款待,席间每人量力出借钱币,不计利息。一年或三年后还款时,仍置酒席,请来债户'摇会'(将骰子置于小碗内摇点),得点多者

---

① 静宁县地方志编纂委员会:《静宁县志》,甘肃人民出版社1993年版,第308—311页。
② 庄浪县地方志编纂委员会:《庄浪县志》,中华书局1998年版,第307页。
③ 宁夏金融志编审委员会:《宁夏金融志》,内部资料,第105页。
④ 星:《青海合作运动研究》(续七),《新青海》第2卷第3期,1934年。

先还，得点小者待来年'摇会'再还，如此分期还清"①。在甘肃宁县，这种请会没有利息，一般由经济上有困难的人发起，请会规模由发起人需钱多少决定，参加的会员在第一次会时按照集体约定的数目，将钱款全交给请会人，请会人每一月或数月召集一次聚会，每次偿还一家之款，还款先后用投骰子的方法决定②。这种组织在天水农村称"助会"，又名"甩手会"，"会东收清各会手随会的钱或物以后，备办饭菜请各会手就餐招待，并商定会东归还会本的时间，会额（本）大的每年两次，一般的每季一次，会额小的每月一次。由会东用红纸写1—10号10张条子，由会手各抽一张，从1号开始，为会东归还会本的顺序，依次分别还清会本。只在一块过这一次会，以后再不过会，会手之间也不投会"③。泾川县，"穷人在经济上有困难，备酒席约亲朋挚友筹款，名曰'栽桩'。事先言定筹款总数、每股数额和还款方式。还款谓之'投会'，会友竞争投标，优胜者得会，谓之'座桩'，逐年轮流，以账清为了"④。

（二）合会的数量与各类合会的比重

根据国民政府实业部中央农业实验所1934年公布的全国各省农民借贷的调查资料来看，全国共报告县数871个，合会报告次数1922个，各省平均每县2.21个合会。西北四省合会的数量见表4—2。

表4—2　　　　　　西北四省合会报告统计（1934年）

省名	报告县数	有合会之报告次数
宁夏	4	—
青海	5	3
甘肃	21	14
陕西	42	37
四省	72	54
全国	871	1922

资料来源：根据南京国民政府中央农业实验所农业经济科编《农情报告》1934年第2卷第11期整理。

---

① 凤县地方志编纂委员会：《凤县志》，陕西人民出版社1994年版，第316页。
② 宁县志编纂委员会：《宁县志》，甘肃人民出版社1998年版，第348页。
③ 中国农业银行天水市分行：《天水市农村金融志》，甘肃人民出版社1998年版，第143页。
④ 泾川县志编纂委员会：《泾川县志》，甘肃人民出版社1996年版，第378页。

从这份调查来看，合会数量与各地经济发展水平有着密切的关系，经济发展水平高的地区合会数量多，如江苏、四川、河北的合会数量远多于其他省份，宁夏、青海两省合会数量最少。从全国不同区域来看，长江流域及华南、西南、华北诸省的合会数量明显高于西北地区。西北四省的合会数量只占全国的3%，数量最少，这与西北地区经济发展水平的落后状况基本吻合。

但是应该注意到，这一统计极不完整，有许多县并未上报统计材料。从各地区的具体调查资料来看，实际的合会数量应该远多于此。如李金铮教授对民国时期华北地区乡村借贷的研究就表明，仅河北通县8个区的合会就有3000多个，比实业部中央农业实验所公布的全国各省的总数还要多。[①] 在陕西，据1945年叶潘对米脂县卧羊区张家畔村的调查，"该村共有四十七户人，从二十八年到现在参加请会的即有四十二户。最多的参加十六会，最少的参加一会"[②]。

如按照合会的得会方法来分类的话，各种类型的合会分配比例如表4—3所示。

表4—3　　　　　　　西北地区合会种类比例（1934年）

省别	钱会种类（%）						
	摇会	轮会	标会	七星会	八贤会	五圣会	其他
宁夏	—	—	—	—	—	—	—
青海	—	—	—	—	—	—	100.0
甘肃	21.4	42.9	28.6	—	—	—	7.1
陕西	43.3	10.9	10.9	5.4	8.1	5.1	16.3
全国	36.0	15.0	15.0	10.4	4.4	2.0	17.2

资料来源：根据南京国民政府中央农业实验所农业经济科编《农情报告》1934年第2卷第11期整理。

---

① 李金铮：《借贷关系与乡村变动——民国时期华北乡村借贷之研究》，河北大学出版社2000年版，第124—125页。

② 叶潘：《"请会"——农村中流行的一种贷款形式》，《解放日报》1945年12月3日；魏协武主编：《陕甘宁边区金融报道史料选》，陕西人民出版社1992年版，第283页。

由表4—3可知，全国各类合会所占比例分别是：摇会36%，轮会15%，标会15%。摇会居第一位，轮会、标会持平，居第二位。陕西省以摇会最多，占43.3%。甘肃省以轮会最多，占42.9%。但是从课题组搜集到的调查资料和各地县志来看，西北地区的标会较多，摇会次之，轮会较少，与此表统计有一定出入。

二　借贷类合会的内部结构

借贷类合会的基本构成要素是：会首、会员、会金、会额、会期、会规，这些要素体现了合会作为一种临时性互助借贷组织的基本面貌和特征。

（一）会首

会首即请会人，是合会的主动发起者。陕西米脂县、延安县，甘肃宁县等地称"会主"①。陕西洛南县、宝鸡县、山阳县等附近乡村称请会人为"会首"②。甘肃静宁县、庄浪县、清水县、天水农村等地称"会东"③。会首是合会的发起者和组织者，一般因为婚、丧、疾病或生活困难，一时无法周转，借贷无门，遂请入会。首先，会首要选择、寻找可靠的会员，向其说明请会的原因和所需的钱款数，然后向欲邀之人发出请帖，并告知集会日期。现举一例请帖样式：

兹因诚请写会一筒共请廿枝每枝上洋一元定于本月廿八日起如有黑白千（签）不到俱有会首担负责任是日下午五点至六点过时黑白千（签）不候会址三才堂×宅敬候

　　　　　　　　　　　　中华民国廿一年十月廿八日起
　　　　　　　　　　　　会首×××起④

---

① 叶潘：《"请会"——农村中流行的一种贷款形式》，《解放日报》1945年12月3日；魏协武主编：《陕甘宁边区金融报道史料选》，陕西人民出版社1992年版，第283页；黎以宁《延安县姚店子一带"请会"情况调查》（1944年）；陕甘宁边区财政经济史编写组、陕西省档案馆编：《抗日战争时期陕甘宁边区财政经济史料摘编》（第5编：金融），陕西人民出版社1981年版，第621页。

② 《民事习惯调查报告录》《宝鸡县志》《山阳县志》。

③ 《静宁县志》《庄浪县志》《清水县农村金融志》《天水市农村金融志》。

④ 冯和法编：《中国农村经济资料》，黎明书局1935年版，第845页。

合会一经成立，会首即担任了组织者的角色，职责甚重，要准备酒席招待会员，并且以后每次过会都要出面组织会员交纳款项。如陕西旬邑县的标会，"由借款人备设宴席，请纳会人饮用，然后按议定的会期，到期由请会人再召集纳会人投分买会"①。甘肃清水县的标会，"会日，根据会额大小，由会东备办酒席招待会手，直至以后各次投会，每个会手轮流投准为止……请会的会东自始至终既招待会手，又供全额"②。直到每个会员均已得会，才算完成任务。如果届时有人拖欠或者拒绝交款的话，会首有责任替其垫付，"许多人不愿当会首请会，原因是会首责任重大。比如张三请了十二人百元钱的会，至少须三四年才能完成，在这段时间里，会腿中如果有一二人届时拿不出钱来，会首就得垫付；如会首无力垫付，该会就将乱套"③。一旦发生会首无力垫付或得会后拐款逃跑的情况，该会就会"烂包"。为了防止"烂包"，有的地区会首需请"保人"，如在陕西延安县，"保人有完全替'会主'或得'小会'的人赔偿'会洋'的责任。而'小会'发生问题，则由两个保'小会'的及'会主'三人共同赔还"④。在甘肃宁县也是这样，"会主需请保人，如发生拐骗、偿还不起'烂包'等问题，保人负有完全替赔的责任"⑤。

西北地区的会首成分大多数为经济状况较为良好者或家境贫困但品行端正的普通农民。根据黎以宁对陕西延安县姚店子一带的请会情况调查来看，该县19个请会人的家庭经济状况为：中等11户，中上3户，中下1户，下等4户。其中纯粹种地的有5户，兼营副业的有7户，经营店铺的有4户。一般都是光景比较好及多少有些面子，拉扯得开的人⑥。在甘肃

---

① 旬邑县地方志编纂委员会：《旬邑县志》，三秦出版社2000年版，第353页。
② 清水县农业银行：《清水县农村金融志》，内部资料，第24页。
③ 山阳县地方志编纂委员会：《山阳县志》，陕西人民出版社1991年版，第200页。
④ 黎以宁：《延安县姚店子一带"请会"情况调查》（1944年），陕甘宁边区财政经济史编写组、陕西省档案馆：《抗日战争时期陕甘宁边区财政经济史料摘编》（第5编：金融），陕西人民出版社1981年版，第623页。
⑤ 宁县志编委会：《宁县志》，甘肃人民出版社1988年版，第347页。
⑥ 黎以宁：《延安县姚店子一带"请会"情况调查》（1944年），陕甘宁边区财政经济史编写组、陕西省档案馆：《抗日战争时期陕甘宁边区财政经济史料摘编》（第5编：金融），陕西人民出版社1981年版，第623页。

宁县"请会的多为务正的庄稼人"。毛泽东在江西寻乌的调查中就对会首成分做了如下分析:"打会的人(会头)不是全无资产的人都打得的,多半是中农阶级及小商人中间打会的多,富农不屑打会,极贫的贫农想邀个会也邀不到。要是半自耕、佃农中之有牛力农具者,自耕农,市镇上较活动没有破产危险的小商人,他们邀会才有人来"[1]。

(二)会员

即纳会人,是应会首邀请而入会者,其有按期交纳会金的义务,也享有按一定顺序收取和使用会款的权利。陕西山阳县称入会者为"会腿",甘肃庄浪县称"垫会",宁县称"押会",清水县和天水农村称"会手"。

会员通常都是会首的亲朋好友及街坊邻里。费孝通先生认为,"这种互助会的核心是亲属关系团体","村子里保持密切关系的亲属圈子有时较小,会员可能扩展至亲戚的亲戚或朋友"[2]。如陕西宝鸡县,"以村或宗族为单位,邀亲朋故友成立起会"[3]。甘肃庄浪县由会首邀请经济较为宽裕的亲朋挚友组成一会[4]。入会成员的人数并没有一个明确的限定,往往由会首需钱多寡和社会交往范围的广狭来决定。在陕西洛南县,"每会一局或十人或八人"[5]。旬邑县,少则10多人,多则20—30人[6]。凤县,"邀请知己10人左右"[7]。吴堡县也多是10人或8人[8]。延安县一般10—20人[9]。在甘肃宁县及天水农村一带,也通常是10人。虽然会员人数是衡量钱会规模的一项重要指标,但是参加人数和会额大小的关系并不是必然的,人数越多并不一定代表款额越大。如果会首是因为经营事业而请会,那么会员可能都是殷实富户,该会就是人数少款额大的情况了。

---

[1] 毛泽东:《寻乌调查》,《毛泽东文集》第1卷,人民出版社1991年版,第65页。
[2] 费孝通:《江村经济——中国农民的生活》,商务印书馆2001年版,第189—190页。
[3] 宝鸡县志编纂委员会:《宝鸡县志》,陕西人民出版社1996年版,第501页。
[4] 庄浪县志编纂委员会:《庄浪县志》,中华书局1998年版,第307页。
[5] 前南京国民政府司法行政部编:《民事习惯调查报告录》,中国政法大学出版社2005年版,第721页。
[6] 旬邑县地方志编纂委员会:《旬邑县志》,三秦出版社2000年版,第353页。
[7] 凤县地方志编纂委员会:《凤县志》,陕西人民出版社1994年版,第316页。
[8] 吴堡县志编纂委员会:《吴堡县志》,陕西人民出版社1995年版,第403页。
[9] 黎以宁:《延安县姚店子一带"请会"情况调查》(1944年),陕甘宁边区财政经济史编写组、陕西省档案馆:《抗日战争时期陕甘宁边区财政经济史料摘编》(第5编:金融),陕西人民出版社1981年版,第622页。

会员的社会地位和经济状况各地不同，以西北来讲，会员多是经济境况一般或较差的农民。但有的地方会员经济条件比较好，如陕西延安县姚店子区，这一地区接近市镇，且有很多炭窑，属于经济比较发达的地区，随会成员中商人及手工业者也占一定比例。

由表4—4可以看出，40个会员中，商人、手工业者及富裕中农有19个，经济状况良好者占了将近一半。特别是"童登旺会"，该会的随会成员全都是比较富有者，还包括两名合作社干部。这说明会员的社会经济地位除了与会首的号召力和信用度有很大关系外，与地区的经济发展情况也密不可分。

表4—4　　　　延安县童登旺等三个"会"的会员成分

会员成分 会别	商人	手工业者	富裕中农	中农	贫困中农	贫农	雇农及移难民	合作社干部	合计	说明
童登旺会	2	4	3	4				2	15	
童玉义会	1		5	1	1		3		11	商人实际系农民兼做生意
尚金胜会	1		3	2	1	3	4		14	同上
合计	4	4	11	7	2	3	7	2	40	

资料来源：陕甘宁边区财政经济史编写组、陕西省档案馆：《抗日战争时期陕甘宁边区财政经济史料摘编》（第5编：金融），陕西人民出版社1981年版，第624页。

（三）会金、会额

会金，是每个会员每期应缴纳的金额，会金的数额多少通常在第一次集会时就已经商定好了，以后每期定额交于得会人。会金大小，视会员的经济能力而定。在甘肃永登，"有的一会每人交5元银圆，有的一会每人交10元银圆，各自不等"[①]。第一次会时付给会首的会金可看作是会金的基数，实际上，每期各会员交纳的金额都会上下浮动。因为除了少数不计息的轮会外，无论是摇会或者标会，在会金的分配上都会有一定差异，每

---

① 永登县地方志编纂委员会：《永登县志》，甘肃民族出版社1997年版，第337页。

个会员实际所出的会金数额有可能每一期都不一样，也可能是得会前和得会后不一样。

至于会额，则是每期所有会员所出会金的总和（有的地方称"老会"，有的称"会底"）。会额也是衡量合会规模的重要指标，其大小"全视请会者之信用及会员之财力与需求之大小而定"[①]。从表4—5可以看出西北地区各种会额合会的比例。

表4—5　　　　西北各省不同会额合会的比例（1934年）

省别	报告县数	合会款额报告次数	100元以下（%）	100—200元（%）	200—400元（%）	400—600元（%）	600元以上（%）
宁夏	4	—	—	—	—	—	—
青海	5	1	—	100.0	—	—	—
甘肃	21	1	100.0	—	—	—	—
陕西	42	16	56.3	31.2	12.5	—	—
全国	871	816	58.0	21.6	8.6	5.5	6.3

资料来源：根据南京国民政府中央农业实验所农业经济科编《农情报告》1934年第2年第11期整理。

根据实业部中央农业实验所公布的各省不同会额合会的比例来看，会额较大的合会多集中于南方诸省，西北地区甚为少见。在陕西省，会额100元以下的合会占56.3%，比全国平均比例低两个百分点；100—200元的合会占31.2%，比全国高10个百分点；200—400元的合会占12.5%，比全国高4个百分点。甘肃和青海两省仅各有一次报告，所以情况比较特别。

（四）会期

会期是每次得会或转会一次的时间。西北各地会期各不相同，陕西洛南县的"四二摇钱会"是3个月或5个月过会一次[②]。柞水县的会期通常

[①] 中央银行经济研究处：《中国农业金融概要》，商务印书馆1936年版，第94页。
[②] 前南京国民政府司法行政部编：《民事习惯调查报告录》，中国政法大学出版社2005年版，第721页。

是1月1次或隔月一次。① 蓝田县既有每月1期的，又有每季或每年1期的②。在甘肃静宁县，"会期多为1年，但也有半年或1个月的"③。庄浪县一般是一年二至三会④。在清水县，会期由会额的大小决定，"额大的一年两会，每会两餐，杀猪宰羊，饭菜丰盛；额小的每季或每月一会，每会一餐，备席一般"⑤。在宁夏，一般以一月或两月为一个会期⑥。会期的长短，因时因地而有所差异，通常由会员需钱缓急的状况和人数的多寡来确定。

如以合会从开始到完结的整个过程（即所有会员均已得会）来计算，西北各地合会的年限状况见表4—6。

表4—6　　　　西北四省各种年限合会的比例（1934年2月）

省别	5年以下	5—10年	10年以上
宁夏	—	—	—
青海	100	—	—
甘肃	100	—	—
陕西	48.0	44.0	8.0
全国	57.3	35.4	7.3

资料来源：根据南京国民政府中央农业实验所农业经济科编《农情报告》1934年第2卷第11期整理。

由表4—6可以看出，全国各省5年以下的合会占57.3%，占绝大多数，年限越长，比例越小。西北地区也和全国基本一致。因为合会的年限越久，越容易发生意外情况，风险越高。

三　民国时期西北合会与全国其他地区的差异性比较

（一）西北合会的经济功能弱于南方地区。在西北地区，请会的原因大多是为了应对突发性的临时事件，资金大部分是用于结婚、丧葬、还

---

① 柞水县地方志编纂委员会：《柞水县志》，陕西人民出版社1998年版，第381页。
② 蓝田县地方志编纂委员会：《蓝田县志》，陕西人民出版社1994年版，第395页。
③ 静宁县地方志编纂委员会：《静宁县志》，甘肃人民出版社1993年版，第308页。
④ 庄浪县地方志编纂委员会：《庄浪县志》，中华书局1998年版，第307页。
⑤ 清水县农业银行：《清水县农村金融志》，内部资料，第23页。
⑥ 宁夏金融志编审委员会：《宁夏金融志》，内部资料，第105页。

第四章　对民国时期西北乡村传统互助借贷组织——合会的考察　/　171

债、治病等，用作扩大生产事业经营的很少。如果从全国来看，虽然资金用途主要也还是日常生活性消费，但用在生产事业上的已占一定比例。如在河北，"邯郸一带有很多人用这种方法来筹钱打井，也有的人因为农场里用牲畜，就请一道会，买一匹驴，秋收后驴不用了，再卖出去。所出利息无几，农场上却得到了极大帮助"①。在江西寻乌，有人"就邀了十个人打了一个'月月标'的会，每人五块钱，共五十元起本，开个小杂货店在城隍庙侧边"②。朱轶士在对江北合会进行调查后认为，因为购地造屋及生产事业而请会往往比因婚丧事宜而请会更为容易，"农民习性，稍有余款，多从事于购置田地，或添构房屋及附设砻坊或槽坊，此本在有余之农民，始能举办，但因归并邻田或人口过多，不得不购买或建筑时，亦多组织合会而以收得之会金提供所需，若附设砻槽坊系生产事业，更益于邀集合会，亲友亦乐助其成，以视婚嫁丧葬之请会者专供消费，其难易大有判别"③。在商业发达、合会历史悠久的徽州地区，合会的融资色彩十分浓厚，所集资金除了用于经营事业外，还用于宗族建设，"立合议约。东关冯厚伦堂四分派下人等，今因建造宗祠中堂，赖祖福庇，勉力监造。而下堂及大门并无关拦，不能延搁。但建造中堂现已亏困，所批清明租息又须五年、十年才得收齐，一时不能应用。是以集众商议，公邀一会，计七十数，钱二百两正，以为造下堂需用之资。众议将祠内租息及各公所批清明租息以坐填付会项，其会着一人统收填付，以专责成，其余派丁不得乱收。每年收租之时，着派丁二人邀同俊往乡收齐晒干，公同过秤，照时折价。每年除付会项外，余剩钱文仍归祠内公用。其会付满，仍归祠内取公用。立此合议，一样四纸，各执一纸为据。道光十六年正月日立"④。综上所述，不难看出，合会资金用途除了和当地经济发展状况有密切关系外，和各地的民风习惯差异也有着相当联系。

（二）和私人借贷等其他借贷形式相比，合会在西北农民的借贷来源中所占比例最低，但借款数额较大。根据《农情报告》的统计来看，在

---

① 乐永庆：《"拔会"——一种盛行冀南的旧式信用合作制度（二）》，天津《大公报》1933年9月13日。
② 中共中央文献研究室：《毛泽东农村调查文集》，人民出版社1982年版，第84页。
③ 朱轶士：《江北农村间之合会》，《农行月刊》第3卷第6期，1936年6月15日。
④ 东关冯氏家谱，转引自胡中生《钱会与近代徽州社会》，《史学月刊》2006年第9期。

陕西、甘肃、宁夏、青海四省农民的借贷来源中,以地主、富农、商人为主的私人借贷所占比例最高,达 74%,其次是商店,占 18.3%,再次为典当占 4.5%,银行及合作社所占比例最小,合计仅占 1.8%。[①] 调查中并不包含合会,因此本课题只能通过局部调查资料来进行分析。据南秉方对陕西关中农村金融的调查,农户借贷来源如表 4—7 所示。

表 4—7　　　　　　　　陕西关中农村各种借贷来源

借贷来源	私人借贷	当地借款	店铺赊账	合作社	当铺典质	农产商行	合会
借贷之百分比(%)	70.96	17.88	7.31	2.82	0.36	0.35	0.32

资料来源：南秉方：《陕西关中区农村金融问题之初步分析》,《西北农林》1938 年第 2 期。

从表 4—7 看,关中地区农民借贷仍以私人借款比例为最高,占 70.96%,与《农情报告》的调查统计相吻合。值得注意的是,随着合作运动在西北的逐步开展,各地合作社的数量不断增加,合作社所占比例为 2.82,超过了典当借贷,列第 4 位。而合会在农家借贷来源中所占比例最小,仅占 0.32%。

值得注意的是,虽然合会在西北农户的借贷来源中的比例中靠后,但是借贷款额却最高。华阴县共有 5 户人家通过合会进行借款,占该县负债农家总数的 3.1%。除有两家的借款数额不详外,其余 3 家,共借 330 元,每家平均计 110 元,其每家平均负债额在各种借贷来源中都是最高的[②]。说明合会在农户借贷来源中占有一定的地位,是农民进行借贷的一条重要渠道。

(三)和全国其他地区相比,西北地区合会的数量较少。据中央农业实验所 1934 年初公布的全国各省农民借贷的调查统计来看,22 省 871 县合会报告次数为 1922 次,据此计算,全国各省平均每县合 2.21 个合会。西北地区合会数量最少,四省平均每县不到 1 个合会。虽然这一统计并不完全,实际合会数量应该高于此统计,但是从全国各地的具体调查来看,

---

① 南京国民政府中央农业实验所农业经济科编：《农情报告》第 11 期,1934 年 11 月。
② 蒋杰：《关中农村金融调查》,《西北农林》1938 年第 4 期。

第四章　对民国时期西北乡村传统互助借贷组织——合会的考察　/　173

其他地区特别是经济发展较好的一些地区，合会数量仍是远高于西北，在农民借贷中所占的比重也更大。据李树清对北平清华园附近乡村的调查，各村加入合会者不在少数，萧聚庄2户，西王庄3户，七间房2户，炸烂屋子3户，东王庄6户，前八家11户，六村合计共132户，加入合会者有27户，占总户数的20.4%①。在湖南，据陆国香的调查，全省75个县中，私人借贷最为普遍，各县通行，其次为商店借贷，通行于其中的40个县，占总县数的53.3%；合会次于私人借贷和商店借贷，在全省75县中的32个县通行，占总县数的42.7%，列第三位。典当通行于12个县，占总县数的16%。合作社十分缺乏，仅5县有之，占6.7%②。在浙江嘉兴，合会借贷比例平均为13.64%，居第3位，仅次于私人借贷和商店借贷，其借款比例高于典当和合作社③。在河南，根据中共晋冀鲁豫边区太行区党委调查室的调查，"这种组织战前豫北一带很流行，一个村十几个会者很多，武安小店一个村就有50个会"④。西北地区在会款用途和在农民借贷中的地位之所以会和全国其他地区有一定差异，笔者认为，其根本原因在于经济发展的不平衡和民间习惯的地域性特征。近代西北地区社会动荡不安，经济发展迟缓，战祸连年，天灾频发，农村金融枯竭，经济凋敝不堪，农民连基本温饱问题都无法解决，哪里能有多余的钱物去贷借或帮助他人，更不用说什么扩大生产经营的事业。

四　西北合会的社会经济功能

（一）完善了乡村社会的救助机制

中国是一个以农立国的社会，小农经济是农业社会生产的基本模式，农民的主体是由占有少量土地和生产资料的自耕农及依附于地主阶级的佃农两种阶层构成的。但不论是哪种农民，都是一家一户男耕女织、自给自足的小农经济。其生产条件简单，经济经营规模狭小，缺乏积累和储备的

---

① 李树清：《清华园附近农村的借贷调查》，《清华周刊》第40卷第11—12期，1933年。
② 陆国香：《湖南农村借贷之研究》，《工商半月刊》第7卷第14期，1935年。
③ 郑厚博：《中国平民金融之调剂与提倡信用合作社》，《合作前锋》第1卷第6期，1937年6月20日。
④ 《太行区社会经济调查》第一集（1944年8月），魏宏运主编《抗日战争时期晋冀鲁豫边区财政经济史资料选辑》第2辑，中国财政经济出版社1990年版，第1360页。

能力，经不起风吹浪打。严重的自然灾害，超额的地租和其他苛捐杂税的摊派，以及商人、高利贷者的盘剥，使多数人往往陷于贫困和破产的境地。即使在正常年景下，也只能维持基本的生活开支，如遇到婚、丧、嫁、娶、修建房屋等突然性消费状况时，往往无力单独负担。而合会可以把平民手中零星、分散的资金汇聚起来，帮助急需者解决资金周转的困难，从而对农民的日常生活起了一定的资金调剂作用（见表4—8）。

表4—8　　　　　　　陕西延安县会首请会的用途比例

用　途	会数	百分比（%）
婚丧	8	42.1
开饥荒	8	42.1
作经营资本	3	15.8
合计	19	100.0

资料来源：据陕甘宁边区财政经济史编写组、陕西省档案馆编《抗日战争时期陕甘宁边区财政经济史料摘编》（第5编：金融）（陕西人民出版社1981年版）第624页整理而成。

表4—8显示，19个合会中，用作经营资本的有3家，占15.8%；因婚丧或生活困难而请会者有16家，占84.2%。又据对关中地区的请会用途调查，用作不动产投资的占24.2%；用于家中消费的占45.6%；用于偿还旧债的占30.3%[1]。但是由于经济发展水平的区域性差异，南方省份的情况略为不同，虽然会款的用途主要也是用于日常生活消费，但用于从事生产事业的已占一定比例。如江苏金山县水字东村，将会款用于买田、买牛、购置农具的会员占了23%[2]。这一比例是西北地区所难以比拟的，可见，北方合会的经济功能弱于南方合会。但不论南北，消费合作才是穷困农户组织合会的真正意义所在。

除了起到日常生活的资金融通作用外，合会作为一种经济互助组织，也发挥着非常重要的社会功能——互助。这种互助带有明显的血缘性和地

---

[1] 南秉方：《陕西关中区农村金融问题之初步分析》，《西北农林》1938年第2期。
[2] 苏州市档案馆：《苏南土地改革文献》下编"附录"1952年7月，转引自单强《民国时期江南农村信贷市场之特征》，《中国经济史研究》1995年第2期。

缘性，特别是在落后的农村中，地缘关系将若干个不同家族、亲族集团联合起来，形成了一个地缘共同体的基本单位，即乡里社会。共同的利益使人们有难时相互帮助，因为天灾人祸的侵袭，所影响的不是单个人而是生活在该地域中的群体，因此他们必须采取协同行动来保护自己。如青海东部农村地区的"生死会"，是由一些农民自愿组织起来互相帮助的组织，"其宗旨是会员之间休戚相关，庆吊相问，如遇天灾人祸，自愿募捐救济。民间称其会友们为'生死的主儿'，保留相濡以沫、生死不渝的古风"[1]。另外，住在一起的人们经常接触，往往形成良好的邻里关系。一家有红白喜事，邻里之间便会或出力，或出钱，或以诚恳之情表示关心。如果某家遭遇不测或有经济困难，邻里会伸出援助之手，且不计任何报酬。如在陕西地区的"喜孝会"，也叫"孝布会"，是农民自发组织的办红白大事时的经济互助组织，"入会者皆捐助一定的米、麦、钱等，由专人管理，平时将钱粮放出去，收取少许利息，遇到会员家中过红白大事时，由会首征得会员之同意，提取一部分资助此家，此会是亲帮亲、邻帮邻的古风影响下建立起来的，关中至今尚有"[2]。这样一旦某个家庭或家族遇到了婚丧大事，或者发生了灾荒等突发性事件，就可以把这笔资金转化成救急资金，合会也因此成为乡村社会中比较可靠的救助机制。

合会是民间自发成立的临时性组织，在制度设计上体现了互助，而主要不是为了获取利益。其以互信、互助、救人、自救的精神为基础，对生活陷入困境的人们伸出援手，一定程度上缓解了农民大众的生存压力，避免了由于民不聊生而导致的社会矛盾激化，从而间接地维持了社会的安定。

（二）一定程度上抵制了高利贷的剥削

近代以来，特别是进入民国时期，农村问题日益严重，农村破产，天灾人祸，超强度的剥削使农村经济凋敝、民穷财尽，靠借贷度日是农村社会的普遍现象。前述《农情报告》公布的统计数据表明，陕、甘、宁、青四省的平均借贷家数为66.8%，高于同期全国22省平均借贷家数5.8个百分点。可以肯定地说，民国时期西北农村的广大农户普遍陷于债务的

---

[1] 朱世奎：《青海风俗简志》，青海人民出版社1994年版，第114页。
[2] 陕西省地方志编纂委员会：《陕西省志·民俗志》，三秦出版社2000年版，第321页。

旋涡之中,其中高利贷的借贷数量和比例远高于其他借贷形式。从各方面的调查统计资料来看,民国时期西北农村的借贷,"以低利率借得之资金为极少数,向银行等借得者更不逮百分之十,其大多数粮债钱债的利率约在三分以上,甚至多在月息十分者"①。如果参考国民政府对借贷利率的规定,把超过年利率20%或月利1.67%就算高利贷,那么民国时期西北农村的借贷大多属于高利贷的性质,且其利率之高全国罕见。安汉、李自发在其《西北农业考察》一书中谈道:"其利息之高,不特为全国所无,且非其他各省一般人所能想到,倘非实地调查,其惊人之程度,亦决难以自信。甘肃山丹县,竟有三十分之利率(即十元每元利息三元),比之各省最高二分计算,多至十五倍。若又以银行贷款之利率八厘相较,则至四十余倍。"②而实物借贷的利率则比货币借贷利率更高,西北地区由于生产力落后,商品经济不发达,实物借贷广泛存在,粮食借贷利率一般高于现金借贷,如甘肃民乐县,利率"银以2分,钱以3分,粮以4分为准"③。总之,高利贷"吮脂吸髓,贫民终年胼手胝足以血汗换得金钱,反不敷土劣之敲吸,驯致典田易宅,鬻妻卖子,尽卷入豪绅贪囊之中。经济压迫莫此为甚"④,给农家物质生活以及整个农村经济社会带来严重后果,广大农民"一经负债,即如投入万丈深渊而没由自拔,往往以小康之自耕农,寝假而流为佃农、雇农,甚至流离失所,铤而走险,以酿成今日哀鸿遍野,匪盗如毛之危状"⑤。

与高利贷单纯以谋取高额利润为目的的借贷行为不同,合会作为一种互助合作组织,具有互助性和非营利性。合会的目的是"缓急相济,有无相通",以抵制高利贷剥削,所以很多合会并不计利息。如在陕西凤县,人有困难,邀请知己数人组织一会,以酒席款待,席间每人量力出借钱币,不计利息,"此举实为亲邻相帮,可免受高利贷盘剥"⑥。镇安县一

---

① 李丛泌:《西北农业概况》,《新西北》(月刊)第4卷第5期,1941年7月。
② 安汉、李自发:《西北农业考察》,国立西北农林专科学校,第53页。
③ 民乐县地方志编纂委员会:《民乐县志》,甘肃人民出版社1996年版,第431页。
④ 《甘肃省政府布告(法字第5号)》,1933年8月,15—4—16。
⑤ 中国第二历史档案馆:《中华民国史档案资料汇编》第5辑第1编"财政经济(七)",江苏古籍出版社1994年版,第101页。
⑥ 凤县志编纂委员会:《凤县志》,陕西人民出版社1994年版,第316页。

带的"摇钱会",由借款者在急需资金时,"备酒席宴请至亲好友,说明借款情由,请求支援。赴宴亲朋按个人能力酌量支助。过数日再设宴,称'齐底'。这种借贷属互助性质,无时间限制和利息规定"。在甘肃宁县,请会是"农民群众为了对付高利贷剥削而自发组织的一种临时性信用形式","这种请会无利息。但第一会和会尾要吃酒席,费用由会主负责"[①]。甘肃临洮县的"喜忧会",也是农村中告贷无门的贫苦农民们为了抵制高利贷的剥削而组织的[②]。即使是有利息的合会,其借贷利率也远低于高利贷借贷利率,正如王宗培在其书中所说:"今合会之利率,低者仅三四厘,高者亦只一分左右,较诸民间利率,不啻有天壤之差。"[③] 虽然随着农村经济的不断衰落,合会的利率逐步升高,但与高利贷的借贷利率相比还是较低的,据南秉方1935年对陕西关中农村借贷利率的调查,私人借贷的月息为3.6%,当铺典质月息为3.0%,合作社借贷月息为1.3%,合会月息为2.0%[④]。合作社的借贷利率最低。合会的借贷利率比合作社高0.7个百分点,比私人借贷低1.6个百分点,可见,合会的借贷利率是很有优势的。所以,合会的互助自救功能和相对较低的利息,自然在一定程度上减少了农民遭受高利贷剥削的机会,缓解了农村家庭破产的危机。

(三) 弥补了正规金融的缺失

民国时期包括西北在内的中国广大农村地区金融枯竭,能够使广大农民进行正常借贷的金融机构很少。抗战爆发后,四大家族掌握的金融机构开始向农村渗透,并建立了一些农村金融机构,向农户放贷,但总体上说,金融机构仍然很少。据统计,到1939年时,包括陕西、甘肃、青海、宁夏在内的全国15个省,虽然金融机构的数量有了增加,但银行仍只占8%,信用合作社为23%,合计占31%[⑤]。而相对于全国其他地区,西北地区农村信用合作社的数量所占比例很小。如据1934年《申报年鉴》所

[①] 宁县志编纂委员会:《宁县志》,甘肃人民出版社1988年版,第348页。
[②] 临洮县志编纂委员会:《临洮县志》,甘肃人民出版社2001年版,第451页。
[③] 王宗培:《中国之合会》,中国合作学社1931年版,第367页。
[④] 南秉方:《陕西关中区农村金融问题之初步分析》,《西北农林》1938年第2期。
[⑤] 国民政府主计处统计局编:《中华民国统计年鉴》,1947年,第93页,转引自殷梦霞、李强选编《民国统计资料四种》,国家图书馆出版社2010年版。

记载，江苏占全国合作社的比例高达 27.31，而位于西北的陕西仅占 0.13%①。除了数量较少之外，一些农贷资金"仅分配于较大的县城，未能普遍，许多县份及边远农村，仍未得实惠"②。而且信用合作社的放贷利率虽低，但其间接费用较多，如社员入社的交纳金、筹备费及开办费的摊派，贷款还款时的路费支付等，导致实际成本较高。对贫苦农民来讲，自身生活都难以维持，更无多余资金交纳入社。此外，合作社的贷款手续比较复杂烦琐，社员贷款要有抵押和担保，而大多数百姓都在贫困线上挣扎，哪里有什么可以抵押的东西。以致入社会员多是地主豪绅，如在甘肃，"目前有些合作社社员，多为富农或地主，把持操纵，冒名顶替，一般普遍农民，享受合作之甚少，或正农须依赖农村有地位之人，始能借款，结果反以害者"③。使贫者越贫，富者越富。

而合会是我国民间自发形成的一种合作制度，其参与者主要是乡邻和亲友，有明显的血源性和地缘性，因此遍及全国大部分农村地区。朱轶士就指出："此种制度，不论何省，俱极通行而发达。"④ 周启邦谈及合会制度时也说："这种小规模金融合作组织，相沿成习，故无间南北，均极发达异常。"⑤ 合会的广泛分布为金融机构尚不发达的地区提供了资金融通的渠道。且合会组织形式简单有效，由一位急需资金的人邀请亲友乡邻，向其陈述借款原因和所需款数，征得同意后合会即告成立。合会是信用用款，重视信义，"谨以义起，冀以信终"，一般不需要抵押担保品。关于合会所集款项，因都是熟识亲友所资助，"均有道德上之监督，资金不致用于不正当之途径"⑥。综上所述，合会在现代金融机构发展尚不成熟的地区，对广大农民群众的经济活动有一定积极意义。

---

① 骆耕漠：《信用合作事业与中国农村金融》，《中国农村》第 1 卷第 2 期，1934 年 11 月 1 日。
② 梁好仁：《甘肃经济建设之商榷》，《陇铎》第 2 卷第 2 期，1941 年 1 月。
③ 同上。
④ 朱轶士：《从合会的优点说到农村信用合作》，《农行月刊》第 3 卷第 6 期，1936 年 6 月 15 日。
⑤ 周启邦：《中国合会制度之检讨》，《中央银行月报》第 5 卷第 8 期，1936 年 8 月。
⑥ 陈维藩：《合会论》，《国际与中国》第 2 期，1937 年。

第三节 合会的流弊及其衰落

一 合会的流弊

合会是我国流行最广、历史最久的一种互助合作制度,合会成立之初衷,是为了在亲友经济困难周转不灵或遭遇重大变故时,互相扶助,以渡过难关。其用意至善,但其自身固有的缺陷也较多。

(一)合会会期较长,会员人数较多,易生纠葛。合会成员至少则六七人,普通十多人,多则数十人,一会的结束少则需要一年,通常数年,甚至十余年的时间。在这期间,如果发生得会会员破产、死亡或经济状况变差,不能继续交纳会款的情况,就有倒会的风险。虽然有的合会要求会首或保人负责为其垫付,实际还是缺乏保障,"塌会后或由会首代付,或由其催账,然在普通习惯,两者皆有名无实"[①]。合会如果中断,已经得会的会员自然没有什么损失,但未得会的成员则损失惨重。这就很可能导致会首和各会员之间的冲突。

(二)最为流行的标会、摇会、轮会都有各自的弊端,其中以标会最为严重。因为其得会次序由所出利息之高低确定,所以"其最大弊端,往往有会员急需款项,必须牺牲重利,方可攫得使用会款之权。故愈穷者出利愈高,富者可坐收厚利,此实与合作互助之宗旨相背。更有会员因手内无现款可作本期之会金,其惟一办法,则出高利投标。若能得会,则不出会金尚可使用会款,倘不幸未得会款,仍须交纳会金,自不得不借私人债以资弥补"[②]。如在陕西延安县,请会形式有"借会"和"画会"两种,"画会"即采用投标的方式,标利是秘密的,以使急于用钱的人互相竞争,抬高利钱[③]。甚至有的人在知道某会员急需用款后,恶意操纵,串

---

① 《湖北农民通融资金之方法》,经济讨论处:《中外经济周刊》第114号,1925年5月30号。

② 吴志铎:《北通县第一区平民借贷状况之研究》,北平燕京大学经济学系,1935年,第145页。

③ 黎以宁:《延安县姚店子一带"请会"情况调查》(1944年),陕甘宁边区财政经济史编写组、陕西省档案馆编《抗日战争时期陕甘宁边区财政经济史料摘编》(第5编:金融),陕西人民出版社1981年版,第622页。

通其他会员，故意制造亦急需用款的紧张气氛，使真正急需用款者付出高昂利息，吃亏上当，造成高利贷的后果。在甘肃静宁县，"稍子（卖头）长短由得会者自己投标而定，一般为5分左右，但竞争激烈时也有高达20分的"①。所以标会中贫苦会员因为急需用款，只能拼命加标，导致其经济更加困难。摇会方法较为灵活，且机会均等，避免了争执。但因近代农村间赌博之风盛行，有些地区"会脚每借摇会为赌博，以得会与否，分判胜负，因之常有揽而负者，不啻以所得会款之全数，一并揽而去之"②，以致会款用于不当之处。轮会的缺陷在于得会顺序是预先确定好的，倘若其间有急需用款者，则无法使用会金。

（三）合会纯系私人合作，不具备法律效力。虽然大部分合会都定有会规，规定了会首、会员的权利和义务，要求会首或保会人在会员不履行纳金义务时替其垫付。但民间合会多以信用为借贷基础，只有内部不成文的规矩，一切运作全靠会首的责任心和会员的自觉，缺少法律的约束和保障。如果已得会者不履行纳金义务，或中途散会的话，未得会的会员也只有自认倒霉，因此往往为土豪劣绅、地主恶霸所把持，成为鱼肉农民的工具，正如李剑农所说，合会虽然"颇具合作精神，对于一般贫民实属有利，特以发起者类为地方土豪，且会员人数众多，更不免分子复杂，参差不齐，因此鲜得善果，中道而解散者十之六七。散后已得者恃强不缴，未得而弩弱者，难期收回。最受其害者，厥为小本经纪人。至散会之重要原因不在轻角之无力缴纳，而在重角之不能续缴。因为总者难以筹垫，日缺月亏，势不能维持"③。1946年，在陕西柞水县境有78户请纳钱会，由于受到权势的操纵和法币大量贬值，未得会者大吃其亏，到1947年，就有61户的纳钱会自行倒闭了④。农民吃亏之后自然更加谨慎，不肯轻易入会。即使入会者全为勤恳规矩之人，出现倒会的情况时，处理起来也十分棘手。

（四）会出现一人借贷影响他人借贷的现象。一个本来不需要借款的

---

① 静宁县志编纂委员会：《静宁县志》，甘肃人民出版社1993年版，第311页。
② 王宗培：《中国之合会》，中国合作学社1931年版，第271页。
③ 李剑农：《吾国原有之合作制度》，《农行月刊》第3卷第5期，1936年5月15日。
④ 柞水县志编纂委员会：《柞水县志》，陕西人民出版社1998年版，第381页。

人家，碍于人情面子，被迫参加亲友邻里的请会，甚至还有一人加入数会者。为了筹集会金，经常疲惫不堪，有时竟不惜借债来应付，以致家庭生计难以为继，宣告破产。据叶潘对米脂县张家畔村的调查，村民张玉福于1928年出门经商，第二年回家后，生活艰难，把旱地全部典出后，还负了数十元的债。为了缓解困难，他在1939年邀亲戚朋友组成一会，共请会员23人，每人出会金5元，共收取会款115元。还债之余款用作小本经营，后来经济情况逐渐好转。因此以后，接到亲戚朋友请会的邀请不下十余次，"三十二、三十三两年来他参加了十六会，共出会金七千一百元，本人得会十次，佃会人一百三十二个，收佃会钱四千六百七十五元，付纯利二万三千四百二十五元（五倍）（本人佃会数目及应得利息已忘却，故未统计）。这十六会借出的老会钱，只有前三次的九百元是自家的钱，后十三次的六千二百元全是'挖奔子'借来的"[①]。

（五）合会收益分配不够公平。首先，请会对会首最为有利，因为会首任何情况下都是最先得会的人，除了要支出置办酒席的费用外，往往可以不出利息使用一笔钱。其次，会员所纳会金并非按精密计算而来，有的会员特别吃亏，有的却格外占便宜。如"十一人会"中有"五苦六极"之说，即第五六会脚特别吃亏。虽有的会式有相应的补救措施，但都并未根本解决这一问题。

（六）置办酒席，浪费大量人力财力。由于合会在组织之前和成立后运行期间，逢会必安排酒席吃喝，多由会首负责，有的由得会者负责。由于会员的普遍愿望是，饭食只许办好、不许办坏，因此浪费较为严重。如在甘肃清水县，聚会之日，根据会额大小，准备酒席招待会员，额大的一年两会，每会两餐，杀猪宰羊，饭菜丰盛；额小的每季或每月一会，每会一餐，备席一般[②]。而且"我人既定合会之议，于是东奔西走，邀集会脚，时间精神，所耗不赀"[③]。

---

① 叶潘：《"请会"——农村中流行的一种贷款形式》，《解放日报》1945年12月3日，魏协武主编《陕甘宁边区金融报道史料选》，陕西人民出版社1992年版，第283页。
② 清水县农业银行：《清水县农村金融志》，内部资料，第23页。
③ 王宗培：《中国之合会》，中国合作社1931年版，第270页。

二 合会的衰落

虽然合会在农民借贷中占有一定地位,一定程度上促进了农村金融流通,是一种辅助性的融资方式,但近代以来,社会急剧动荡,内战频仍,土匪横行,天灾接连不断,赋税苛杂沉重,农村经济凋敝不堪,农民在饥饿线上苦苦挣扎。这种社会背景加上合会本身的缺陷,必然会导致合会的衰落。可以说,民国时期合会的衰落在全国是一种普遍现象。如对河南滑县的调查,"前五年时,'摇会'很盛行,近年已绝迹"[1]。又据陈彦湘对江苏宝应的调查,"摇会制度,在宝邑过去亦甚通行。惟近来人心丕变,每每于一会组织之后,多无良好结果,设非解散即自行消灭"[2]。在浙江平湖,"自民十八年后,农村叠遭天灾人祸,农村经济因之衰落,同时农民信用程度,亦随之俱下,于是良好之金融流通方法之合会制度亦破产矣"[3]。又如辽宁本溪县,"拔会一事,前数年间颇觉盛行,例如十人即有八人参办拔会事宜,近年来钱法奇紧,该拔会者不但信用扫地,且有十逃九骗之弊,互相亏累,因而拔会恶习顿行消减"[4]。再如广西,"农村破产,钱会往往中途体解。因此这种借贷制度也有逐渐衰落的倾向"[5]。民国时期的西北地区也是如此,"随着农村经济每况愈下,农民信用被迫减少,合会组织日渐衰落,陷于停顿状态,或有中途瓦解者"[6]。西北地区由于农民的普遍贫穷化,合会习惯本就没有其他各省盛行,而且近代西北社会动荡,战祸连年、天灾频发,一旦经济情况持续恶化,便一蹶不振了,"唯西北各省,因年来屡遭旱灾,农村崩溃,全部解体,今虽陕西华阴尚有存在者,然亦寥寥无几"[7]。

可以说,民国时期西北合会的衰落与该地区社会经济背景密不可分,其具体原因是:

---

[1] 行政院农村复兴委员会:《河南省农村调查》,商务印书馆1934年版,第101页。
[2] 陈彦湘:《宝应社会概况》,《农行月刊》第1卷第8期,1934年12月。
[3] 段荫寿:《平湖农村经济之研究》,萧铮主编《民国二十年代中国大陆土地问题资料》,第45辑,第22711页。
[4] 冯和法:《农村社会学大纲》,黎明书局1934年版,第329页。
[5] 行政院农村复兴委员会:《广西省农村调查》,商务印书馆1934年版,第225页。
[6] 蒋杰:《关中农村金融调查》,《西北农林》1938年第4期。
[7] 南秉方:《西北农业金融之探讨》,《新西北》(月刊)创刊号,1939年。

（一）农村经济发展落后，农业生产力水平低下。首先，民国时期西北广大农村地区仍是自给自足的小农经济占主导地位，在一家一户、男耕女织的生产形式中，土地是农家在生产和生活中赖以生存和循环的最主要的生产资料，是农村经济与农家生活的物质基础和保证，因此，土地问题与农民的贫困有着最直接的关系。西北地区虽然地域辽阔、人口稀少，人均土地占有面积高，但实际情况是，由于西北地区特殊的地理环境，自然灾害严重加上人为破坏等因素，农户所占有的土地面积中，很大一部分是荒地。这就意味着，实际的可耕地面积可能并不乐观。据研究，西北地区已开垦的土地面积仅占总面积的很小一部分，和同时期湖南、湖北等地的差距很大[1]。并且有相当数量的土地集中在寺院、地主、富农、军阀手中，广大佃农和小自耕农仅占少量土地甚至无地。

其次，农家生活质量的好坏还与农业生产力发展水平的高低有关。西北地区的农业生产力水平一直较低，主要表现在：一是生产技术比较落后，沿用的一直都是几百年来的老法子，农具也非常简陋，"农民所用犁铧，尖小而入地不深，浮土不过二三寸，下皆坚硬阴寒，气脉不融，不惟不耐旱，并不耐潦"[2]。"农具均系旧式。至于新式改良农具，迄今尚无采用者"[3]。二是农业生产效益低下，由于受自然条件的限制，农作物的亩产量较低。据记载，1934年甘肃主要农作物小麦的产量只有132市斤。其他年份也大致如此。虽然农民占有的土地较多，但由于粮食产量不丰，所以"甘肃有田地四五亩者，尚不如内地各省之有一亩者为愈"[4]。三是家庭副业不发达。民国时期西北广大农村，"最大的缺点就是，没有手工业，无论什么地方，除有特殊出产，为一部分人经营外，农民从事手工业者很少看得见"[5]。本来西北地区农民由于负担捐税过重，仅靠在土地上耕种所获得的收入难以维持正常生活支出，又缺乏家庭副业的支持，使大多数处于困境的家庭不堪一击，农村经济已告破产。

---

[1] 宋斐然：《开发西北农业的基本理论》，《西北研究》1931年第1期。
[2] 谢晓钟：《新疆游记》，甘肃人民出版社2003年版，第43页。
[3] 罗时宁：《宁夏农业状况概况》，《新西北》（月刊）第7卷第10、11期，1944年11月。
[4] 何让：《甘肃田赋之研究》，（台湾）成文出版社、[美国]中文资料中心1936年版，第10341—10344页。
[5] 罗麟藻：《西北农民副业的重要性》，《拓荒》第2卷第3期。

（二）赋税苛杂繁重。民国时期西北农村破产的一个重要表现是农户的普遍贫困化，而农户负担沉重是重要的原因，对此本书在第二章已作了较为深入的分析。正如当时的时论所言："农村经济破产普遍的原因，实为税捐之繁重；税捐中归农民直接负担者，实为附加税，故吾人可得一结论：农村经济破产一般的原因实为田赋附加税之有加无已。"[①] 总之，民国时期包括西北在内的广大农民所负担的田赋及其附加税，名目繁多，税量之苛重，已到了极端的地步，而地主作为土地的最大所有者，或隐瞒田亩，或利用自己的权势将应纳粮赋强力分摊于农民。因此，沉重的赋税负担完全落于广大佃农和自耕农身上，生活之艰难不需多言。

（三）自然灾害的打击。正如本书第二章第二节所论述的，西北地区一直就是个多灾的地区。由于西北地区特殊的自然地理环境，有大面积的高原区、荒漠区，许多耕地为山坡、旱地，加之气候寒冷，降雨稀少，更容易遭受自然灾害的侵袭，而且西北的自然环境在近代以来就遭到严重的破坏，水利常年失修，大小战争的破坏，防御能力的落后以及赈灾能力的不足等，致使自然灾害的发生更加频繁，而且更容易转化为灾荒。进入20世纪之后，西北地区的灾荒更为频繁，其时间之连续、范围之广阔、后果之严重前所未有。各种类型的灾害如地震、水灾、虫灾也是接连不断，由此形成大范围的灾荒（如饥荒等），给西北地区民众的生活和整个社会经济造成严重的破坏。一是造成农产品收获物大幅度减产，耕畜、农具减少，成千上万的农业人口死亡、受伤或患病，劳动力剧减，使农业生产资料和生产力受到极大的损失。二是耕地被毁，出现了大面积的荒地，斩断了农家赖以进行农业生产并维持生活的最基本条件，原有的小农经济进一步遭受破坏，日常生活难以为继。对大多数农家来说，平日的生活已相当困窘，遇到灾荒，经济状况更加恶化，自顾不暇，哪还有能力帮助他人。

综上所述，西北地区合会衰落的原因是多方面的。从根本上说，是合会赖以生存的社会条件，即自给自足的小农经济已经崩溃。民国时期，各种天灾人祸不断，农村经济破产，倒会现象频频发生，全国各个地区的合会都呈现出衰落态势。但是不应过分夸大其衰落程度，事实上，这种衰落

---

① 中央大学经济资料室：《田赋附加税调查》，商务印书馆1934年版，第153页。

是相对于以前繁盛时期而言的。在其他省份,合会所占的借贷来源比例仍然不算低,甚至有的还高于信用合作社。就是在西北,合会也并没有完全绝迹,如米脂县直到1945年抗战胜利,请会活动仍很活跃。

第五章

对民国时期西北乡村传统借贷的核心——高利贷的考察

第一节 对高利贷问题的再认识

在中国传统乡村社会变迁的历史长河中,"高利贷可谓旧中国借贷的同义语"[①]。因此,研究民国时期及其以前的中国乡村社会借贷关系,是无法跳过高利贷而言他的。然而,正如金融史专家石毓符先生所言:"这个名词含糊不清,因为任何高利并没有一个明确的界限。"[②] 对于"高利贷"的界定也就成了学术界历来争论比较激烈的话题。

一 问题的提出

何为高利贷?简言之,利息率过高,超过一定限度的借贷关系谓之高利贷(这里,我们有必要把"高利贷"与"高利息率的借贷"区别开来。前者在历史演进的过程中已经带有一些非经济的评价)。那我们就要问:这个"一定限度"的标准是多少?从哪个角度来提出这个标准?我们认为应先回答后一个问题,再回答前者。关于从哪个角度来确定高利贷的标准,学术界至今未有一致的意见。笔者曾在《高利贷与 20 世纪西北乡村社会》一书中归纳了学术界对高利贷界定的六种代表性的观点,如:一是从量的角度考虑,认为高利贷是指债主通过贷放货币或实物,收取利息

[①] 李金铮:《民国乡村借贷关系研究——以长江中下游地区为中心》,人民出版社 2003 年版,第 1 页。

[②] 石毓符:《中国货币金融史略》,天津人民出版社 1984 年版,第 24 页。

太多的放贷行为；二是以对贷款所征利息超过了贷款者实际所能承受的能力和是否促进了生产力的发展作为高利贷的标准；三是立足于马克思关于古代生息资本的理论，定性的认为：与前资本主义生产方式相适应的古老的生息资本，就是高利贷资本；四是以相关法律法规条文为依据，认为"取息过律"即所谓高利贷；五是从定性和定量两个方面对高利贷进行界定，这是目前学术界较流行且被大多数学者所认可的界定方法；六是运用马克思主义生息资本的理论对高利贷进行界定[①]。

在介绍学术界对高利贷概念的种种观点后，笔者提出了一些个人的看法，如认为上述关于高利贷概念的种种诠释，总的来看，是大多数学者在考察高利贷与经济社会运行关系的基础上，运用不同的标准所做的界定，看似都有一定的道理，但通过比较和认真分析后，笔者还是较为认同从定性与定量分析相结合的角度对高利贷所作的界定。这种界定方法是比较科学的，因为从质和量两个方面来定义，既能准确把握高利贷资本的本质，又具有可行性。但在具体运用这一概念时还应注意以下问题。

第一，应科学地界定高利贷的外延与内涵。首先从其外延来看，放贷的利息率是我们必须关注的问题。但在实际社会经济生活中对此做出一个科学的量的规定，并非轻而易举之事。主要原因是由于社会历史的发展，古代和现代、中国和外国，甚至是同一历史时期但处于不同的地区、不同领域的借贷，其利息率有很大的差异，而且在此时期属于禁止的高利借贷利率，但在彼时期可能是合法的。以中国古代为例，西汉时期全国"子钱家贷钱，年息20%"[②]，唐代开成二年（837）8月，公布的全国法令是"天下负举只宜四分取利"[③]，宋太祖建隆元年（960）以后，全国借贷"月息不得超过六分"[④]，元世祖中统二年（1261）"惠民药局本，利息一分五厘"[⑤]，至元十九年（1282），私债"五分或一倍"令"出利不过三

[①] 参见高石钢《高利贷与20世纪西北乡村社会》，中国社会科学出版社2011年版，第26—30页。

[②] 《史记》卷129"货殖列传"。

[③] 《唐会要》卷88"杂录"。

[④] 《宋刑统》卷26"公私债务"。

[⑤] 《元史》卷96。

分"①，至清顺治五年（1648），全国"债银每月止许三分取利"②。可以看出，以上各个朝代限定高利贷的利率标准都不完全相同，甚至还有很大差别，但利率标准都是依照法定的利率来确定的，笔者认为这是中外习惯的做法，也是与高利贷的现代含义相近。尽管相关法律条文还很不完善，但在没有更好的标准产生以前，相关的法律条文无疑是最公平、最科学的，而以"承受力"或其他标准来解释则很难做到科学、公正。其次，从内涵上来说，方行先生和刘秋根先生对高利贷所下的定义，是"适应前资本主义生产方式的、资本收益较当时的土地收益高的古老形式的生息资本"，这实际在内涵上确立了两个标准，一是从高利贷产生的时间段上看，是在前资本主义（笔者理解是古代社会），二是确定高利贷的利息率高低不单纯看数字的高低，更主要的看在特定生产方式下，高利贷资本的收益是否超过了当时的土地收益。笔者认为这种解释也存在一定的局限性，因为按照前一条来看，应如何运用这条标准解释在今天的中国不论是发达地区还是不发达地区，以及世界上一些现代金融非常发达的资本主义国家如日本、美国等也存在着民间高利贷的现象。按照后一条来看，是否可以认为，凡是在前资本主义社会那种借贷取息的资本，不论利之高低，皆可称之为高利贷资本，笔者认为这一说法比较牵强，因为高利贷的本质特征是重利盘剥，我们不能对债务人可能有益的低利借贷泛化为高利贷。

第二，用科学的态度、发展的眼光来对待马克思关于生息资本的理论。在界定高利贷的基本概念时，马克思在《资本论》第3卷第5编中关于前资本主义条件下生息资本的理论无疑具有重要的指导意义，也是迄今关于高利贷资本最系统的理论之一。但由于马克思在创造他的生息资本理论时，是在资本主义制度的上升时期，而且所论述高利贷资本是在和近代资本主义的借贷资本比较中，对前资本主义条件下（笔者认为是指自原始社会末期、奴隶社会和封建社会）的生息资本定义为高利贷资本。而且在《资本论》中对生息资本的论述并不是马克思所论述的重点，也许着力不会很多，因而该理论除了巨大的理论贡献外，尚有许多不足。同时随着时间的推移，高利贷在现代文明社会中仍然存在，而且在我国农村

---

① 《通制条格》卷28"违例取息"。
② 《世祖实录》卷38，闰四月丁未。

广大地区还相当盛行,呈现出很多新的特点,对此,我们要用科学的态度、发展的眼光来对待这一理论,而不能用形而上学的态度,把其看成是静止的、不变的理论。首先,从高利贷的质的特征看,虽然马克思主义认为,凡是非资本剥削劳动的借贷如消费性都是高利贷,那么现代信用机构发放的消费性贷款,或为小农提供贷款也算高利贷,似难以令人信服。其次,马克思还认为高利贷资本和借贷资本相比,是一种"独立存在"于生产过程之外的资本形态,和借贷资本一样都具有寄生性。当高利贷作为一种资本贷放出去后,并没有当作资本来运用,只是在不同的生产方式的基础上生产过程的外部实现它的榨取的。但就笔者所了解到的20世纪以来,特别是80年代以来中国农村社会所存在的高利贷现象,有相当一部分资金属于生产性或经营性借贷(尽管数量只是其中的一部分),这笔资金直接和小农的生产方式相联系,并在内部参与到了农户的生产活动之中,从另一方面来说,这笔生产性或经营高利借贷资金就直接转化为生产资本来使用,从而发挥了资本的积极作用。对这种情况,我们用马克思的上述理论难以解释。著名的马克思主义经济学家王亚南对此指出:高利贷资本与借贷资本的区别,不仅生产方式起作用,经营方式也是重要的决定因素[1]。笔者认为,在现代条件下,高利贷资本之所以成为高利贷资本,不仅与借贷资本相比,更主要的是和银行资本相比,其在生产方式、经营方式和社会环境等方面有着较大的区别。

根据以上分析,本书认为高利贷的概念应主要从定性和定量两个方面来界定。从定性方面来说,确定高利贷资本的定义应和现代金融相比,可把高利贷定义为:相对于现代银行信用的一种古老的、落后的信用方式。从定量方面看,借贷利率的高低是我们必须要考虑的因素,据此,笔者认为高利贷资本是指债权人在放贷中超过当时法定利率,获利较多、利息率较高的那部分资本。

在做本次课题研究的准备工作时,我们又遇到了这样一些问题:文献中所记载的或是研究者们所提出的高利贷的标准是否就是真正的高利贷,或者说是乡村社会中人们所谓"高利贷"?我们在研究乡村借贷关系时是

---

[1] 参见王亚南《中国经济原论》"中国社会的各种资本形态之质与量的考察",《王亚南文集》第3卷,福建教育出版社1988年版。

否要考虑乡村社会群众的普遍感受？是否应当将传统借贷关系与高利贷画上了等号？最后一个问题已经在学术界引起了争论。然前两个问题却似乎被人们忽略了，或者说重视不够。高利贷概念的模糊性固然是引起这一系列问题的源头，不同学者对高利贷的多种界定，确也是让人头晕目眩的症结所在。我们认为，这个标准不应向他方去寻找，而应将目光投向乡村社会内部。因此，本项课题研究想对此再作些阐述。

二 对"高利贷"问题认识角度的再思考

在读黄宗智先生的《华北的小农经济与社会变迁》一书中，受了一些启发。从满铁调查资料中了解到：华北的村民们对于"绅士"一词，不同经济地位和社会身份的人的理解有很大差异。如"一个村塾老师，认为'绅士'是有功名者的意思；其他的人却将'绅士'理解为有学问和品格高的人，与财富无关；另有部分人认为'绅士'与'财主'含义一样"[①]。

2012年暑假，课题组成员参与了对宁夏几个市县的物价调查活动，从亲身参与的调查活动中，又有一些感受，即：不同经济地位或不同社会身份的人对于同一事物或是同一经济现象的认识和感受有着明显的差别。如针对物价问题，不同经济地位的社会群体对于同一物价表现出了不同的接受程度。一般是收入较高并有稳定收入的人群对于现行物价的满意度"偏高"（主要是表示默认的态度，"偏高"是反映在问卷中的信息），收入偏低或收入不稳定的人群对于同一物价的满意程度则"偏低"（主要是表示抱怨的态度，"偏低"亦只是反映在问卷中的信息）。

其实，在债务活动中也存在类似现象。不同的债务人群对于同一利息的观念或是态度也是不一样的，对于商业投机者来说，再高的利息，只要还能够赚到钱，也不算是高利贷（这里的高利贷主要指"利息率"与"收益率"的差额，是一种理性计算方面的表述）；而对于一无所有、持债度日的人来说，利息再低对他来说有可能也算是"高利贷"（这里高利贷指的是债务人的承受能力），因为他连还本钱可能都很困难，利息对其来说无疑是雪上加霜。当然，这是农村债务人中的两个极端，我们在研究

---

① 黄宗智：《华北的小农经济与社会变迁》，中华书局1986年版，第68页。

借贷关系时应该更多地考虑一般群众的普遍接受程度。就农民尤其是货币经济十分不发达的中国传统乡村社会的农民来说，由于对现实需要——"填饱肚子"的同一性的高度认同，对于只有在商品交换中才能感受到的价值量的计算法则并没有十分明确的认识，对于实物借贷中产生的利息也没有太理性的计算。尽管他们很清楚"麦"比"秋"好，但多出来的这一部分"好"，在他们的观念中只是"借贷必有息"的体现和借贷必须付出的代价而已。对"麦""秋"之间价值量的差距并不是很在意去计算，也无法做到精确的计算。把它视为"高利贷"，或许只是彼时革命者们的动员手段和此时研究者们的"一厢情愿"而已，当时的农民也许并没有太多的感知。实际上，在西北乡村，有农民在调查过程中"承认""他的田主对他很好，在没饭吃的时候还借给他粮食"，实际上他付出的代价要比"借秋还麦"更大。尤其是在革命政权已经能够保障农民权益的地区，如陕甘宁边区，农民没有必要撒这样的谎。这也就是为什么中共刚开始实行"减息"的政策对于农民并没有太大的吸引力，甚至有些农民认为这是挑拨他们与田主（同时也是债主）的"友好"关系。他们能感知到的反而是"逼租""逼债"这种超经济的行为，并非经济"剥削"本身。革命者们为了达到发动民众的目的，往往有意无意地将这种超经济的剥削与高地租、高利贷等经济剥削混淆了起来，甚或等同起来，这也是导致后来在舆论上甚至一些学术成果将传统借贷几乎等同于高利贷的一个重要因素。

另一个最本质的原因就是黄宗智先生所指出的："为生存而借贷的贫农，会支撑一个为利润而借钱的资本主义企业所不能忍受的高额利息。"[1]也就是，农民借贷的维生目的使他们对于借贷利息率的普遍承受能力超出了一般债务群体的普遍承受能力。这也提醒我们在研究农民的借贷问题时，应当更多地从农民自身的角度去思考问题。

即便这些结论不是非常的准确，但却为我们研究历史提供了一些启示：我们在研究特定人群的历史时，应当尽可能地"走进"这些人群的现实生活，或者体悟他们的精神世界，尽可能地从他们的角度去观察和理解他们的历史，方能了解到真历史。田野调查是我们所能做到的最好的一

---

[1] 黄宗智：《华北的小农经济与社会变迁》，中华书局1986年版，第309页。

种方式。田野调查除了要获得一些更为真实可信的史料外,如赵世瑜先生所言"(田野调查)其实是为了更好地理解这些传世文献、传统的史料,这才是第一位的"①。也正如行龙先生所言:"走向田野与社会"是为了"获得来自田野与社会的切身感受,力求站在研究客体的立场来观察和理解社会,增强历史感和写作灵感。"②杨念群先生甚至认为:"史学研究要有点感觉主义,即要培养一种与本地情景相认同的地方感觉,这种感觉只有在一定的区域才是有效的,不具备普遍意义,不能用上层的规范性知识去描述它,必须从乡民自身的经验世界中去逐步体验"③。本土"中国社会经济史"研究的开拓者——已故的傅衣凌先生"一直强调'把活材料与死文字两者结合起来'的研究方法,包括了社会经济史研究者要在心智上和情感上回到历史现场的深刻意涵"④。陈寅恪先生所说"了解之同情"虽是针对"古人之学说"而言,然推及而论,研究一切人群所创造之历史,无不应当具有"了解之同情"。对于普通社会人群的历史,亦是如此。研究"古人之学说"当能"与立说之古人,处于同一境界,而对于其持论所以不得不如是之苦心孤诣,表一种之同情,始能批评其学说之是非得失,而无隔阂肤廓之论"⑤。研究普通社会人群亦应能身临其境而心感其情,求"真了解",而"表一种之同情",方能获得一普遍之真相,而不至于言人人殊。

另外一个揭示历史真相的办法,就是多学科之间的互动。多学科互动对于历史事实本身来说,是由原来所揭示的单个面向到多个面向乃至全面地了解历史真相的一种最佳途径。这不仅表现在多个学科能够为历史研究提供更为先进的研究工具和理论方法,主要在于这些学科研究对象的内在联系,可以说它们都是历史事实各个面向的学术表现。已故经济史家吴承明先生比较赞成"社会经济史"的提法。他强调,研究"经济问题"要

---

① 赵世瑜:《小历史与大历史》,生活·读书·新知三联书店2006年版,第368页。
② 行龙:《走向田野与社会》,生活·读书·新知三联书店2007年版,第279页。
③ 周亚、柳杨:《中国社会史研究的理论与方法学术讨论会述评》,《近代史研究》2009年第2期。
④ 陈春声:《走向历史现场》,赵世瑜《小历史与大历史·丛书总序》,生活·读书·新知三联书店2006年版,第1页。
⑤ 冯友兰:《中国哲学史》,商务印书馆1976年版,第484页。

第五章 对民国时期西北乡村传统借贷的核心——高利贷的考察

"考虑到非经济因素的作用"[①]。然而，我们将社会和经济连在一起，并不仅仅因为它的研究对象涉及社会史和经济史两方面的研究内容，或是在理论方法上可以互相增益，或是单纯地将社会史或社会学的方法运用到经济学的研究。更多的是因为它们二者的研究对象本身存在着诸多内在的事实上的联系，并统一于社会的内部结构。这主要也是基于复杂的历史事实的多个面向，以及社会群体内在感受的多样性。只有考虑到了社会内部的诸因素的关系，以及研究对象本身的客观感受，我们才能真正做到名副其实的"社会经济史"的研究。借贷关系作为乡村社会比较广泛的一种经济关系，亦可说是一种社会关系，这种"内在的事实上的"联系就显得格外的密切。

我们研究借贷关系，尤其是要界定一种借贷是否高利贷，应当更多地考虑债务人群体的普遍感受。也就是行龙先生所言，"力求站在研究客体的立场来观察和理解社会"。因此，我们认为从债务人群体的普遍（认同）接受程度和社会一般的借贷利率水平两方面综合考量，对"高利贷"利率作出一个客观的界定是比较符合历史真实性的。债务人群体的普遍接受程度正是体现了从研究客体本身的立场来观察历史事实；而社会一般的借贷利率水平虽然不能直接反映研究客体切身感受，但却确实地反映了债务群体能够接受的借贷利率的普遍能力，也间接地反映出了这个社会的借贷水平。

就传统借贷关系研究来说，看一种借贷关系是否属于高利贷，我们必须更多地去考虑作为传统借贷主要债务群体的农民所认同的高利贷，而不是学者们通过经济学分析之后所定出的高利贷的概念，或是法律规定的高利贷标准。这种结果只可能是研究者和政府眼中的高利贷，而并不是债务人群体所普遍认同的高利贷。这样我们所研究的并不是我们的研究对象本身所呈现出来的状态，而是以他者的眼光去观察历史，忽视了当事人的感受，在历史研究的客观性上难免大打折扣。乡村社会的借贷关系研究中，尤其应当注意这一点。而债务人作为借贷关系的主要承载者，可否忽略他们的感受而言我们所谓的"高利贷"呢？说到这里，恐怕很少有人再作质疑。

[①] 吴承明：《中国经济史研究的方法论问题》，《中国经济史研究》1992年第1期。

实物借贷在商品经济不是很发达的传统乡村社会是最常见的一种借贷形式,在一些货币经济十分落后的乡村地区,如在西北广大农村区,则为借贷关系的主要形式。关于实物借贷,相比于用心思去计较利息的多少,农民则更认同"借贷必有息"的传统习惯(当然,对于那些无息借贷给他们的亲戚朋友们,他们是十二分的感激)。"不管是粮贷利息有加2、加3、加5",还是"麦前贷秋,麦后还麦",都只是这种观念的正常体现。农民心里虽然感到困苦,但这种困苦更多来自于生活的窘境,而非借贷利息本身。尤其是由于农民借贷的维生目的,以及借贷维艰的残酷现实,使得实物借贷为"高利贷"的观念更是从农民的头脑中逐渐淡化出去。对于挣扎在死亡线上的债务人来说,更是没有心思去计算利息的多少,只要是能够维持生命的一切都是欣然接受的。

三 关于借贷利率的一些商榷

在借贷利率上,学术界有几个比较明确的观点。如张忠民先生认为,年利息"在20%以上的赢利性借贷即是高利贷"[①]。方行先生提出,可"把年利息率在百分之十五以上"的借贷界定为高利贷[②]。如此等等。这些结论虽然都是经过学者的深入研究所得,但亦很难将其视为一种普遍的定律。

"法定利息率"是我们研究历史时期高利贷问题的一个重要参考。从现有的研究成果来看,中国古代王朝,尤其"明清两代的法定利息率,都是月利'不得过三分'"[③]。而"封建政权"下"民间通行的借贷利率一般都在三分以上"[④]。如果从法律的角度讲,当普遍利率高于三分时,社会一般利率水平与法定利率发生了抵触,造成实际上的社会"普遍的高利贷"。如此这般,将中国封建社会的借贷关系等同于高利贷似乎也不过分。但如果从区域社会内部去对债务群体本身作细致的考察,也许会有

---

① 张忠民:《前近代中国社会的高利贷与社会再生产》,《中国经济史研究》1992年第3期。
② 方行:《清代前期农村的高利贷资本》,《清史研究》1994年第3期。
③ 方行:《清代前期农村高利贷资本问题》,《经济研究》1984年第4期。
④ 李金铮:《革命策略与传统制约:中共民间借贷政策新解》,《历史研究》2006年第3期。

更多不同的情况出现。

民国时期借贷史的研究不可避免地要参考民国时期的债务法律，如国民政府《民法债篇》中所规定的一般借贷是不超过年利率20%；中共对于一般借贷的规定大致在月利1分5厘以下。而黄宗智先生在对清代和民国的法律比较研究中强调指出，要"注意法理与民间习俗之间的可能背离"。他的研究成果表明也确实"存在法律条文与民间习俗的明显背离"的情形[1]。这其实是我们研究近代及其以前中国乡村社会经济关系一个不可忽视的问题。农村社会实际认同的高利贷利率与政府法令所规定的高利贷利率标准不相一致的两个重要原因是：法律制定者的思想意识与农村社会现实之间的脱节，以及农村主要社会群体法律意识的淡薄。中国古代王朝以及民国时期的国民政府及中国共产党对于社会借贷利率都有相关的法律规定。但直到中共深入农村进行剧烈的革命以前，农村社会的基本社会关系主要还是受农村社会习俗的影响，而并非当权政府所出台的法律和政策。国家政权所能触及的地方与县级以下的乡村社会可以说是处在两个完全不同的社会规范之下。政府法律法规对农村社会的影响当然是鞭长莫及。而且相对于政府的法律规定，乡村的社会习俗则表现出极大的弹性，这使乡村社会内部处于不同时空环境下、不同社会经济背景下，不同社会经济地位的社会群体对于高利贷的认识也是不尽相同。这种弹性也是造成乡村社会高利贷比较盛行的一个客观原因。因为社会习俗并不能像法律法规那样具有极强的强制性和违逆惩罚的严肃性。再加上借贷利率的高低主要取决于借贷双方的社会经济地位，而债权人与债务人社会经济地位的差距中存在着很大的伸缩空间，为高利贷的活跃提供了一个巨大的生存空间，也增加了对高利贷认识的复杂性。这就是为什么笔者强调从乡村社会内部、乡村社会研究的客体本身去探索高利贷的本质及其背后的一系列关系和因素。这样的认识也提醒我们不得不对前一段论述的中国古代社会的"高利贷"问题的貌似的"真相"有所警惕。

而近代以来，借贷资本来源的多元化，借贷网络的复杂化，以及借贷关系处在一个大的转型时期。民国时期，借贷关系尤其是乡村借贷，受到

---

[1] 黄宗智：《法典、习俗与司法实践：清代与民国的比较》，上海书店出版社2003年版，第1、5页。

"乡村危机"的极大影响,农民的贫困化使借贷成为乡村社会迫切需要的一种经济关系,而农村金融的枯竭使这种关系发生的可能性比此前更为渺茫。国民政府和中国共产党在现代金融植入乡村社会方面做出了重大突破。这些巨变都使乡村主要债务群体——农民,对于传统借贷关系和现代金融手段有了许多不同以往的感受。而革命中农民已被划分为若干成分,不同"成分"的农民对于借贷的感受亦是难以整齐划一。但很明显的是社会普遍的借贷利率是下降的,这当然是由于社会的进步。一个很间接的表现是法定的借贷利率在降低,这其实也是导致借贷利率降低的一个原因(法定利息率同社会一般借贷利率水平的关系与价格同价值之间的关系有着相似的变动趋向)。近代以来尤其是民国以后社会流动的加剧,政府的法律政策能够比以前更影响到社会各个阶层的人群。民国时期国民政府规定的一般借贷是不超过年利率20%;抗战时期的中国共产党规定合理的借贷不得超过月利1分5厘,年利也基本上规定在不违背《民法债篇》规定的情况下进行;1964年,中共中央转发的《关于城乡高利贷活动情况和取缔办法的报告》中也提出:"一切借贷活动,月息超过一分五厘的视为高利贷,月息不超过一分五厘的视为正常借贷。"[①]可见,民国以后的法定利率大致都没有超过"民法债篇"的规定。但是,是否就按政府的法定利率最为高利贷的标准,则要另当别论。因为我们能了解到借贷利率下降的势头,却并不能真正地了解到社会一般借贷利率水平。况且,政府的法律政策的影响也有一个"波纹"效应,离政权中心越远的乡村社会受到政府的法律政策的影响越小,人们的习惯法则或者是现实感受也就更不能完全按照政府的法规去探究。而且要考虑到债务人的普遍感受和其他因素,不同债务人群体的"高利贷"可能是不尽相同的,甚至差别很大。这就需要去做一些具体的研究。

如果以"取息过律"为标准,衡量民国时期的一些借贷是否是高利贷,抗战中后期在陕甘宁边区民间兴办起的粮食信用社除无利借贷的部分外几乎都属于高利贷。因为他们的年利率一般都在30%左右或者以上。如蒲金山信用社借给新户年利30%;粮食信用社最普遍、数量最大的米

[①] 邓子恢:《关于城乡高利贷活动情况和取缔办法的报告》,中共中央1964年2月15日转发。

脂的信用社一般利息为半年15%，或一月2.5%—3%[①]。中共在发动群众互济的借贷关系中，如延长、固临、延川产棉区，棉花借贷每斤年息5两，粮食借贷每斗年息2升至3升，即20%—30%[②]。而粮食信用社是当时边区金融枯竭时，乡村中人们为抵制高利贷自发组织的一种互助合作的组织，也是当时人们普遍认可的解决群众吃粮问题的重要信用组织。如果按此标准大胆臆测，民国时期有息借贷中几乎没有不是高利贷的。而实际上，这可能只是这一地区、这一时期、这里的农民借贷的具体反映，并不能以之衡量其他，也不能用其他标准来代替这里的真相。

至于具体的高利贷的利率标准，王亚南先生认为中国旧式高利贷业的利息基准在经验上的变动限界一般为24%—300%[③]。这个结论的确切与否，暂且不论，但这种有弹性的范围的划定总比直接给出一个死定律要科学得多。窃以为，目前还不宜给出一个确切的统一的标准，还是多做具体深入的研究之后再议。即便现时必须拿出一个标准，也得分区域、分时段去作具体的考量和论定。

第二节　中国古代高利贷的起源与发展

一　高利贷的起源

高利贷活动在我国有着悠久的历史，一般认为它产生于原始社会末期，在奴隶社会和封建社会又得到进一步发展。高利贷产生的条件是，由于社会分工的发展、私有财产的出现和交换的增长，使原始公社内部发生了财富的分化。这样，在原始公社中就出现了富裕家族和贫穷家族。货币财富集中在某些富有家族手中，使货币贮藏者可以容易地把它转化为高利贷资本，货币兑换者也就往往变为高利贷者。而另一些贫穷家族则会因种种原因而需要货币，这就是产生高利贷的根源。

对于中国高利贷的起源和发展，是中国经济史界关注和研究的重要问

[①] 陕甘宁边区财政经济史编写组、陕西省档案馆：《抗日战争时期陕甘宁边区财政经济史料摘编》（第7编：互助合作），陕西人民出版社1981年版，第326—327页。

[②] 陕甘宁边区财政经济史编写组、陕西省档案馆：《抗日战争时期陕甘宁边区财政经济史料摘编》（第9编：人民生活），陕西人民出版社1981年版，第279页。

[③] 王亚南：《中国半封建半殖民地经济形态研究》，人民出版社1957年版，第151页。

题。这一问题包含两个方面：一是它起源于何时？二是它是如何发展的？第一方面的问题，因为殷商及以前的历史文献不能提出有力的证据，也缺乏这方面的考古材料，因此，目前还不可能确定确切的起源时间。从已有的文献资料看，中国古代借贷取息之事最早出现在西周。如最早记载借贷取息活动的《周礼·泉府》中记载说："泉府，掌以市之征布，敛市之不售，货之滞于民用者，以其贾买之……凡赊者，祭祀无过旬日，丧纪无过三月；凡民之贷者，与其有司辨而授之，以国服为之息。"其大意是：泉府，掌以"征布"，收购市场滞货，平价卖给顾客……如果民众因祭祀、丧纪缺用也可赊买，但不能超过旬日和三个月的期限；如果民众想借贷，也可会同借贷者所在官司，分别种类授予他。泉府相当于近代的财政部和国家银行的混合体，它在进行借贷时，根据贷款用途不同，决定是否取息及利息的高低。"赊"是因祭祀和丧事需要可由国家提供实物或货币，祭祀和丧事属于消费性借贷行为，不创造财富，也不会增加盈利，倘若计算必将加重借债者的负担，因此，只要求按期归还，不计利息。"贷"是对经营农、工、商、虞（山泽）等业的小生产者放贷，以供他们调剂余缺和周转资金。这种放贷属于生产性，要收取利息，即"以国服为之息"。这段记载的关键是"以国服为之息"。对于这句话有诸多解释，刘秋根先生认为明代丘濬的说法似乎更合理一些[①]。丘濬认为"以国服为之息"是"不以钱而以力焉"，即"偿本之后，以服役公家为息。服……供服役之服也"。原因在于：第一，"服"在古代有"服役""服劳"之意。第二，先秦或秦汉时，以劳役抵偿债务或利息的情况是很普遍的。就周代来看，还有材料反映了谷物借贷存在和以劳役抵偿债务存在的可能性。如周穆王时的《曶鼎铭》中记载：有一年饥馑，匡季手下的人盗了曶的十秭禾，曶将此事上告打官司。判令匡季偿还一倍，如果第二年不还，又要增加一倍，即"偿曶禾十秭，送十秭，为二十秭。来年弗偿，则付卅秭"[②]。需要指出的是，虽然上述材料记载了在西周时有息借贷已经产生，但还不普遍，仍属于次要地位，当然大部分的借贷还是无偿的和不取息的，属于以赈贫救急为主要功能的借贷。

---

① 刘秋根：《试论中国古代高利贷的起源和发展》，《河北学刊》1992年第2期。
② 释文见：《奴隶制时代》，《郭沫若全集·历史篇》第3卷，第93页。

尽管如此，将借贷按用途划分为生产性借贷与非生产性借贷，并对生产性借贷收取利息的思想，反映了《周礼》作者对利息来源于利润已有一定程度的认识，尽管还非常粗浅，但足以说明其思想的可取之处。由此看来，中国古代高利贷在文献记载中表明是起源于西周时期，我们当然还绝不能认为：中国古代高利贷事实上就是起源于西周时期。这个时间的具体确定还有待于材料的发掘及理论上的突破①。

二　高利贷的发展

中国高利贷的产生是从西周末年开始的，经春秋至战国以后进入了一个大发展时期。随着铁器农具和耕牛的使用，生产力的进步，商品经济也迅速发展起来，商人的地位大大提高，商业范围扩展，铜铸币在各地流行起来，使资本集中的趋势愈来愈显著，从而高利贷由逐渐出现到战国末期已发展到相当普遍的地步。从其借贷的形式看，大致可分为抵押借贷和信用借贷两种。关于抵押借贷，目前尚未见到直接、翔实的材料。而相比之下，关于一般性的以契约为准，无须人身或物品为抵押的信用借贷则在文献记载中非常常见，主要有以下几种形态：第一，饥荒或青黄不接时的谷物借贷。如《管子》载："人之贷粟米，有别券者几何家？"② 这一记载，说明了当时齐鲁地区谷物借贷很普遍，并深深地影响了社会，因而使作为政治家的管子都认为这是国君应该掌握的重要情况。第二，平时急切贫乏时的借贷。如战国齐孟尝君因养客过多，"邑人不足以奉客，使人出钱于薛"③，便进行这种借贷。第三，因统治者赋敛无度或战争所引起的借贷或实物借贷（应该说以实物为主）。如齐桓公对管子说："峥丘之战，民多称贷负子息以上之急，度上之求。"④ 管子在文章中写道："凡农者，月不足而岁有余者也，而上征暴急无时，则民倍贷以给上之征矣。"⑤ 上述几个方面的借贷，利率较重的是谷物借贷，利率是"其出之〔中〕钟也

---

① 丘濬：《大学衍义补》卷32 "放债起利加二加三加四并京债"。
② 《管子》卷9 "问"。
③ 《史记》卷75 "孟尝君传"。
④ 《管子》卷24 "轻重丁"。
⑤ 《管子》卷15 "治国"。

一钟"即 100%①，还有 50%—20% 的利息，整体上看是借钱利率低于贷谷利率，紧急情况下的借贷比平常的借贷利率要高，如灾荒或横征暴敛引起的借贷都是高昂的倍息之称。

需要说明的是，尽管高利贷在先秦时期已十分兴盛，屡见经传，但"高利贷"这个名词并未出现在典籍中，而多用"贷"字来代替它。如从最早记载借贷取息活动的《周礼》看，《泉府》篇有："凡民之贷者，与其有司辨而授之，以国服为之息。"《小宰》篇有："听称责以傅别。"《郑注》云："称责谓贷子。"《疏》云："贷而生子，若今举责。""责"即古"债"字。据《史记》记载："鲁人俗俭啬，而曹邴氏尤甚，以铁冶起，富至巨万……贯贷行贾遍郡国。"②《管子·轻重丁》篇记有齐国的高利贷情况："桓公曰：'寡人多务，令衡籍吾国之富商蓄贾称贷家，以利吾贫萌，农夫不失其本事，反此有道乎？'……鲍叔驰而西，反报曰：'西方之氓者，带济负河。菹泽之萌也，渔猎取薪，蒸而为食。其称贷之家多者千钟，少者六七百钟。其出之钟也一钟。其受息之萌九百余家。'宾胥无驰而南，反报曰：'南方之萌者，山居谷处，登降之萌也，上斫轮轴，下采杼栗，田猎而为食。其称贷之家多者千万，少者六七百万。其出之中伯伍也。其受息之萌八百余家。'宁戚驰而东，反报曰：'东方之萌，带山负海，谷处斫辐，渔猎之萌也，治葛缕而为食。其称贷之家：丁、惠、高、国多者五千钟，少者三千钟，其出之钟五釜也。其受息之萌八九百家。'隰朋驰而北，反报曰：'北方之萌者，衍处负海，煮为盐，梁济取渔之萌也，薪食。其称贷之家，出泉参千万，少者六七百万。其出之中伯二十也。受息之氓九百余家。'凡称贷之家，出泉参千万，出粟参数千万钟；受子息民参万家。"③ 有学者认为，上述的文字记载，虽然是后人的伪托，但具体描绘的是战国末期以前高利贷盛行的情况，仍是可信的。再如冯驩替孟尝君收利息，仅一个小小的薛邑，只是孟尝君一家，一年就可得"息钱十万"④，无盐氏出捐千金贷其息什之……"一岁之中，则无

---

① 《管子》卷 24 "轻重丁"。
② 《史记》卷 129 "贷殖列传"。
③ 《管子》卷 24 "轻重丁篇"。
④ 《史记》卷 75 "孟尝君列传"。

盐氏之息什倍，用此富埒关中"①。所以当时有"子贷金钱千贯，……此也比千乘之家"②。可见当时高利贷既有实物，也有货币，范围之广、数额之大已达到相当可观的程度。利息率若以齐桓公调查的货币月息按"伯伍""伯二十"的平均数推算利率也达12.8%。实物按年息"钟也钟""钟五釜"的平均数推算年息率可达75%，若以无盐氏"息十倍"拆成利率推算年利率达1000%，可称得上是古代历史上的最高纪录③。

进入封建社会后，各个朝代史书对高利贷都有记载。如在秦代"通都大邑子贷钱千贯"。汉代新兴的富商们，"以京师为例有樊嘉，挚网，如氏，苴氏……王孙大卿等人，樊嘉有钱五千万，其余诸人各有一万万。……京师以外，成都罗裒氏有钱一万万，临淄姓伟有钱五千万。洛阳张长叔、薛子仲各有钱一万万。凡是大工商业主尤其是大子钱家、大囤积商，正当商人每年取息十分之二，高利贷囤积商取利息至少是十分之三，有时竟取十倍"④。不仅巨富如此，就是从事农业的地主也大量放债。如《东观汉记》记载了"樊重，字君云，南阳人，世善农家，好货殖，治家产业……其素所假贷人闻数百慕万……"⑤。上例足以说明汉代高利贷发展是相当可观的。到王莽施行五均六管政策时，"开赊贷，张五均，设诸斡者，所以齐众庶，抑并兼也"⑥。仍沿用前代"贷"和"赊代"的名词。魏晋南北朝时，常用"交关""贷"等词代替高利贷。

进入唐宋时代，高利贷不只盛行，而且在形式上有了新的发展，可以说是进入了一个完备发达的时期，高利贷对社会经济及人们生活的影响也越来越大。从借贷形式看，主要有两种：一是抵押借贷，二是信用借贷。首先从抵押方面，又可分为质库业及一般、简单的抵押借贷两种。质库业，即典当业，是抵押借贷中较高级、专业的形式。它起源很早，在南北

---

① 《史记》卷129"货殖列传"。
② 傅筑夫、王毓瑚：《中国经济史资料·秦汉三国编》，中国社会科学出版社1982年版，第457页。
③ 韩德璋、詹玉荣：《旧中国农村的高利贷》，《中国农史》1984年第4期。
④ 范文澜：《中国通史》第2卷，人民出版社1978年版，第97—98页。
⑤ 傅筑夫、王毓瑚：《中国经济史资料·秦汉三国编》，中国社会科学出版社1982年版，第458页。
⑥ 《汉书》卷91"货殖列传"。

朝时期与人们生活的关系便已非常密切了①。唐宋以后得到进一步发展，当时人一般称质库，宋人有时也称之为解库。质库业的基本业务是以物质钱，即以金银绢帛等贵重物品及衣服、铜镜等日常用品质钱使用，到期加息赎回。值得注意的是，除了一般的以物质钱之外，以谷质钱或以物质谷的经营方式在宋代质库中也兴起了，这便是明清质库经营中的所谓"谷典"②。简单的、一般的抵押借贷，据抵押品的不同，又分为动产、不动产、人身抵押三种形态。即法令中所谓"以奴婢、六畜、田宅及余财物私自质举"③。从信用借贷来看，即法令上所谓的"无质而举者"④。它在唐宋官、私高利贷中也都非常普遍。唐官府公廨本钱、宋代的青苗钱及用于"结保赊清"放贷的市易本钱绝大部分都是这类信用借贷；私人借贷中那种春夏借贷、秋天归还的谷物、粮种借贷，那种平时广泛使用的小额货币或其他实物借贷基本上也是信用借贷。

此外唐宋时期高利贷的利率变化也很大、很复杂，不但利率种类除年利、月利之外，半年利、季度利及各种临时规定的利率也广泛存在，而且利率的高低也极随意，除一时一地的习惯之法外，一般都临时规定，没有一定之规。从大量的史籍记载中我们可以看到最为普遍的是"倍称之息"及几倍之息的记载。如在正式法令或习惯法中，倍称之息是私人借贷取息的上限。《唐令拾遗》所载唐令及《宋刑统》《庆元条事类》都不得有"积日虽多，不过一倍"的条文。宋太平兴国七年（982）诏令："令富民出息不得过倍称，违者没入之。"⑤一些年利、半年利及一些临时规定的利率实际上已达倍称，个别甚至达到几倍。如唐贞观十七年（643），京师地区贵族"放息出举，追求什一"⑥。北宋仁宗时（1023—1063）佃户"举债于主人而后偿之，息不两倍则三倍"⑦。宋元祐元年（1086）"民间之私贷，其利常至于五、六，或至倍徒"⑧。高利贷的严重程度迫使皇帝

---

① 参见《南齐书·褚渊传弟澄》《南史·甄法崇孙彬》《梁书·萧坦之传》等。
② 刘秋根：《唐宋高利贷资本的发展》，《史学月刊》1992年第4期。
③ ［日］仁井田升：《唐令拾遗》（《宋刑统》卷13"杂令"）。
④ 同上。
⑤ 《续资治通鉴长编》卷78。
⑥ 《旧唐书》卷78"高季辅传"。
⑦ 《欧阳文忠公集》卷59"原弊"。
⑧ 《续资治通鉴长编》卷78。

不得不下诏加以限制。唐玄宗开元十六年（728）下诏："比来公私兴放，取利颇深，有损贫下，事宜厘革。自今以后，天下贷举只宜四分收利，官本五分收利。"① 宋隆兴元年（1163）令："民间债负，出息过年，谓如元钱一贯已还二贯以上者，并行除放。"② 但是这些个法令并没有阻止高利贷的发展，主要原因在于唐宋时期商品货币经济有了巨大的发展。

进入元代，高利贷资本也非常发达。从高利贷所有制的角度看，主要有三种形态：一是官营高利贷资本；二是寺院等宗教机关经营的高利贷资本；三是私营高利贷资本。高利贷的名称也五花八门，主要有：（1）称贷取息。"郡有西域大贾，称贷取息，有不时偿"③。（2）羊羔儿利。"先是州郡长更多借贾人钱以偿官，息累数倍，曰'羊羔利儿'"④。（3）斡脱钱。"大德二年（1298年）一条：吉只大王令，蛮子田地里属俺的，'斡脱钱'本钱利钱不纳"⑤。以上3种均为高利贷的别名。私人借贷从物质内容上说，既有实物借贷（包括谷物、布帛及日常用品等）又有货币借贷（包括交钞、铜钱、白银等）。从货币借贷来看，首先引起人们注目的是斡脱高利贷及典当业。元太宗七年至中统二年（1235—1261）是斡脱高利贷在北方各地得到发展的时期。这种高利贷的利率是非常高的，一般年利倍称，而且回利为本、利上加利，对生产的破坏很严重，债务者"往往卖田宅、鬻妻子不能偿"。因而引起蒙古政府的重视及干预。如从元太宗十二年开始，蒙古政府即规定由政府代偿一部分确因赋税支付而借的斡脱钱⑥。并且限制利率上限及禁止回利为本。此外还开始专官掌管与斡脱有关的事务，为以后正式斡脱管理机构的设立奠定了基础。除斡脱高利贷之外，其他一般商人及高利贷者所经营的短期或长期货币借贷也很普遍。尤其值得注意的是，与汉代所谓"子钱家"类似的专业高利贷者在元代仍大量存在⑦。此外，元代流行的军官放债绝大部分也是这种货币借

---

① 《唐会要》卷88。
② 《宋会要辑要·食货》。
③ 《元史》，中华书局1979年版，第47页。
④ 同上书，第146页。
⑤ 同上书，第27页。
⑥ 《元史》卷2"太宗纪"及卷157"刘秉忠传"；《清容居士集》卷26"裕州知州李公神道碑"。
⑦ 刘秋根：《论元代私营高利贷资本》，《河北学刊》1993年第3期。

贷。货币借贷之外，地主、商人的各种实物借贷也是很普遍的。这种借贷既有各种食物，也有各种日用品，还有牲畜。这种实物放贷尤以春荒或其他饥荒时的粮食、种子借贷最为常见和普遍①。从借贷利率来看，如刘秋根先生所分析的，元代高利贷利率在整体上是比较高的，这一点在整个中国古代都是很突出的。和元代相比，其他朝代虽然也不乏年利倍称，但远不如元代这样普遍。元朝政府虽然也曾规定月利不能过3分，但是并未有效地贯彻。因而除了质库（典库、解典库）之外，一般的货币、实物借贷中，倍称之下的各种较低利率（3分、4分、5分等）元代非常少见②。

明清以后，随着商品货币经济的发展及生产方式的变化，高利贷资本得到了更大的发展并活跃于广大的城乡地区。明代高利贷放贷大体上分为三类：一是典当铺的比较专门化的动产抵押放贷；二是地主、商人、商铺及其他私有者所进行的实物（主要是谷物）放贷；三是典当铺以外的私人商铺等所进行的银钱放贷。从借贷的利率来看，首先是典当铺的利率上下相差较大，既有4分以上的重利，也有一分到五厘的低利，整体上说，以2分、3分最为常见。其次是各类实物（主要是谷物）借贷利率，虽不乏3分乃至2分左右的较低利率，但整体上说，以年息倍称（100%）或五分以上最为常见。最后是典当铺以外的地主、商人、官绅、贵族等及一般商铺进行的货币借贷利率。这种利率在北方各省利率最高达年利100%即倍称之息或倍称以上，较低在月利1%、2%到3%乃至10%。南方的利率与北方相比，较低的利率可能更常见一些，因而利率的整体水平也可能更低一些。从演变趋势上看，明代前期至中后期，高利率呈现出了某种下降的趋势。虽然从材料上看这一趋势表现还很不明显，但是存在这一趋势则是无疑的。③ 清代借贷取息也十分普遍，有关"高利贷"的名字，多采用"印子钱""重利借贷""重利称贷""重利盘算"等名称。如康熙初，"无籍乘急取利，逐月合卷券，俗谓'印子钱'，利至十之八九，折没妻孥，为放债之害"。同治十三年（1874）吴崇疏言："服官川省者，

---

① 《元典章》卷27"放粜"，卷19"佃户不给，田主借贷"。
② 刘秋根：《论元代私营高利贷资本》，《河北学刊》1993年第3期。
③ 刘秋根：《关于明代高利贷资本利率的几个问题》，《河北学刊》2002年第5期。

报捐不惜重利借贷。"① 从利率变化情况看，和明代一样利率具有下降趋势并表现得较为平缓。清朝官府也曾以不同形式对借贷利率进行过限制。如清顺治年间，朝廷曾谕令天下："今后一切债务，每银一两止许月息三分，不得多索及息上增息。"② 当然，民间实际借贷利率并不一定都完全遵照官府律例。如嘉靖年间，松江一带民间贷银，月息也有取至七八分者，亦甚高于律例所限③。

综上所述可以看出，中国封建社会各朝代高利借贷普遍存在。对于借贷利率而言，虽然官府通常都规定一个月息3%左右的借贷利息率，但民间的实际借贷利率在一个相当长的历史时期中，往往又高于官府所限，即超过所谓法定利率。这就给我们在界定高利贷时，在量的规定性方面提供了一个依据。

三 高利贷资本向近代借贷资本的转化

要了解高利贷资本向近代借贷资本的转化，不能不涉及马克思主义关于生息资本的理论。马克思曾在《资本论》第3卷第5编中首先探讨了资本主义生产方式前提下生息资本的形成及其构成，然后对这种资本在前资本主义社会的表现形态即高利贷资本进行了定性研究，形成了比较系统的生息资本理论。由此我们可以认为生息资本包括两种形态：一种是近代以来的生息资本，一种是古老的生息资本，前者是近代的借贷资本，后者即是高利贷资本，是生息资本的"古老形式"，属于"前资本主义状态"。

首先就高利贷资本而言，如前所述，高利贷资本产生于原始社会末期，奴隶社会和封建社会又得到进一步发展。于是长期以来人们一直把前资本主义社会的生息资本称作高利贷资本，这实际上只给出了该概念的外延而无内涵。关于什么是高利贷，出现在马克思著作中"高利贷"一词的德语是：Wucherk-apital，英语是 usury。Wucherk-apital 的意思是"重利""暴利""高利贷"，而 usury 除了表示"重利""高利贷"之外，还有"放贷取息""利息"的意思。不过马克思有时将两词互用，因而

---

① 赵尔巽：《清史稿列传》，中华书局1979年版，第31、212页。
② 《清世祖实录》卷38，顺治五年闰四月丁未。
③ 徐阶：《世经堂集》卷22 "复吕沃洲按院"。

Wucherk-apital 除了"高利贷"意思之外,也有"放贷取息""利息"等意思。比如,他说:"从资本主义生产已经确立的时候起,特别是随着产业财产和商业财产的发展,高利贷者即贷款人,就只是一种由于分工而同产业资本家分离,但又从属于产业资本的角色。"① 这里的"高利贷者"即为放贷人,并非原来意义上的高利贷者。那么怎样才算是高利贷呢?马克思在谈到现代工业在其中运动的周转周期时指出:"达到高利贷极限程度的最高利息则与危机相适应。"② 这里的"高利贷"则泛指利率很高,但不一定是原来意义的高利贷。但是 Wucherk-apital 和 usury 主要还是用来表示原来意义上的高利贷。在马克思看来,所谓原来意义上的高利贷,就是非资本雇佣劳动、剥削劳动条件下的信贷行为或信用方式。因此我们可以认为,高利贷资本就是非资本雇佣劳动、剥削劳动条件下的生息资本,主要表现为消费性借贷或小生产借贷,它是一种古老而非现代的资本形式。这是因为前资本主义条件下不存在生产劳动(资本雇佣劳动创造剩余价值的劳动)。在这种情况下,"对于那些不是或不能在资本主义生产方式的意义上进行借贷的个人、阶级或情况来说,生息资本都保持高利贷的形式"③。也就是说,作为高利贷资本,一定是借钱进行消费或借给那些有生产条件的直接生产者或经营规模很小,接近于自食其力的资本主义生产者。

借贷资本是从产业资本和商业资本中游离出来的闲置货币资本转化而来的,是在劳动力成为商品的条件下,能够带来剩余价值的那个资本。如前所述,在前资本主义社会里,是高利贷资本占统治地位,但随着资本主义的产生和发展,从高利贷资本到借贷资本必然有一个从前者到后者的转化过程。进一步说,随着生产方式的变革,高利贷资本的内容发生本质的变化,其借款人由旧式的小农、小工、小商向手工业作坊主、经营农场主、手工业作坊主乃至工厂主转变,与此同时,高利贷资本的活动形式、利率等也会发生相应的变化。

至 15 世纪,随着资本主义生产方式的产生和发展以及近代信用制度

---

① 《马克思恩格斯全集》第 25 卷,人民出版社 1974 年版,第 59 页。
② 同上书,第 404 页。
③ 同上书,第 678—679 页。

的发展，高利贷资本开始向近代借贷资本转化。对这个问题，马克思在《资本论》第3卷中曾作过专门的论述。马克思指出："信用制度是作为对高利贷的反作用而发展起来的"，"信用制度的发展恰好就是表示生息资本要服从资本主义生产方式的条件和需要"①。由此可知，马克思认为促进这一转化最具决定性的因素主要有两个：一是资本主义生产方式本身的萌芽及发展，对金融信贷提出了新的要求；二是主要在原有的商业、高利贷资本基础上发展起来的信用制度，使资本主义生产有可能摆脱高利贷的剥削，从而促使高利贷资本向近代借贷资本的转型。资本主义生产方式已经确立并在发展的过程中，首先碰到了高利贷资本这个障碍。资本主义生产的发展迫切需要扩大借贷关系，而高利贷却与资本主义工商业资本的利益相矛盾，因此，新兴资产阶级为求得自身发展对资本的需求，不得不同高利贷者做斗争，把高利贷资本改造成为适合资本主义生产发展所需要的资本主义信用制度。这一斗争的实质，就是使生息资本的高利贷形式，改变为生息资本的借贷资本形式。

资产阶级在和高利贷资本的斗争中，除了利用国家权力和立法来限制利息率，利用教会来惩罚高利贷资本以外，资本主义信用制度的创立和发展，乃是产业资本征服生息资本的真正方法。远在12世纪和14世纪，威尼斯和热那亚两大贸易中心就设立了信用组织，商人们彼此之间和对其他国家给予一定的贷款，成为未来的银行的雏形，这对高利贷资本是一个有利打击。17世纪初，阿姆斯特丹和汉堡银行成立，它们最初只承担一般存款业务，以此为基础，借贷业务逐渐发展进来。荷兰是最早出现工厂手工业的国家，在那里，商业信用和货币经营已随着商业和工厂手工业的发展而发展，在此过程中，高利贷资本已从属于产业资本和商业资本。到17世纪和18世纪，欧洲资本主义工商业在经济上占绝对优势，它们"以荷兰为例"强迫高利贷降低利息，使之从属于自己，从而建立了资本主义的银行。人们对高利贷的看法已经根本改变，至此，自由高利贷被认为是资本主义生产的一个本质要素，表明它已经转化成了近代借贷资本②。

---

① 《马克思恩格斯全集》第25卷，人民出版社1974年版，第678页。
② 以上叙述根据《资本论》第3卷第36章、《剩余价值理论》第3册"附录"第517—600页写成。

一般认为中国资本主义萌芽发生于 16 世纪中叶，比西方晚一个世纪。虽然到 18 世纪的清代康乾时期，大商业和工厂手工业有了进一步的发展，在丝织业、铸铁业、航运业及农业等领域中生产方式开始发生一些本质性的变化，但是这种发展一开始就受到了自给自足的自然经济的顽强抵抗，加之这种发展地区性差异明显，缺乏和海外及世界市场的经常的、稳固的联系，因而发展十分缓慢，并且资本主义生产方式也就没有经历一个独立的工场手工业的发展阶段。

然而，由于中国历史上商业和高利贷资本出现很早，商业和高利贷资本已经有了相当的积累，高利贷的放款也相当兴盛。至秦汉，尤其是汉代以后，商品、货币经济达到了中国古代的第一次高潮，高利贷也更为兴盛，出现了大批的专业高利贷放贷者（"子家钱"）。高利贷放款与人们生活、生产的联系更普遍，各种经营性的借贷也出现了，作为专门的动产抵押机构的典当业也有可能出现[①]。唐宋以后，随着商品、货币经济的复兴，高利贷资本亦进入了一个稳定的积累、发展时期，当时既有私人放贷，寺院、官府放贷也相当发达，其放款中的生活性、消费性放贷与资本性、经营性放贷的分化更加明确。在此基础上，明代中叶以后，专业高利贷机构得到发展，原有的典当业进一步发展，钱铺（钱庄）的信贷性质进一步加强。清代以后又有账局、票号先后兴起。现在发现中国最早的一家账局，是乾隆元年（1736）创建于张家口的"祥发永"，它经营存放款业务，这与北方工商业的发展和中俄贸易的发展是紧密联系的。账局之后，19 世纪 20 年代，又产生了山西票号。它起源于汇兑，进而发展为全面经营存放汇总业务，其分支机构遍布全国，并涉足日本。需要指出的是，中国早期产生并发展起来的一些信用机构，和西方不同，它并不是为了反对高利贷资本的垄断而出现，其中的一些如典当业，甚至还参与高利贷活动，但近代以来所产生的信用机构，特别是近代所产生的账局、票号客观上无疑是对高利贷资本的一个有力打击。对此我们认为是不能把近代所生产的账局、票号划归在高利贷资本范畴内的。

随着高利贷放款与经济运行的关系进一步稳定化，表明了高利贷资本也开始向近代借贷资本转化。但是由于中国资本主义萌芽的弱小及信用制

[①] 刘秋根：《明清高利贷资本》，社会科学文献出版社 2000 年版，第 17—18 页。

度等其他方面发展的滞后（主要是公司信用、公共信用），使高利贷资本在封建社会末期向近代借贷资本转化这一过程并未彻底完成。1840年以后的近代中国，伴随着整个社会急剧动荡、生产力落后、小生产者日益贫困、现代金融缺失等因素的影响，尤其是在广大的农村地区，私人之间的借贷，特别是传统的高利贷仍占据着统治地位，并且这种借贷的用途大多属于生活和消费性借贷。1920年以后，虽然现代金融体系逐渐在城乡地区建立起来，但在借贷数量和借款数额上仍不能与高利贷相抗衡。如国民政府南京中央农业实验所在1934年对全国22省850县调查农村的借贷来源中，银行为2.4%、合作社为2.6%、典当为8.8%、钱庄为5.5%、商店为13.1%、地主为24.2%、富农为18.4%、商人为25%。其中属于私人的借贷（地主、富农、商人）所占比重为67.6%[1]。直到抗日战争开始后，随着官僚资本的发展，四大家族官僚资本已控制和垄断了农村的金融业，成为农村中最大的高利贷者。据国民政府对全国1938—1946年农村高利贷主的变动情况的调查统计，四大家族控制的银行、合作社、合作金库对农民的贷款，1938年占27%、1939年占33%、1940年占38%、1941年占51%、1942年占59%、1943年占59%、1944年占52%、1945年占44%、1946年占45%[2]。由此表明，近代以来，在中国极度混乱和复杂的社会变化中，高利贷资本向借贷资本的转化经历了相当缓慢的过程，直到现代金融在整个城乡占据了统治地位才逐渐完成。

第三节　民国时期西北乡村高利贷的主要活动形式

首先需要说明的是，划分借贷形式的标准是多种多样的，如按借款来源来看，可分为私人借贷（主要是地主、富农、商人以及专营与兼营的放债者）和有组织的借贷（主要包括典当、商店等的放债）；如按借贷信用，又可分为物保借贷、人保借贷及信用担保借贷；按利息种类，又可分为物息借贷、钱息借贷和力息借贷等；按资本的活动形式，可分货币借贷、实物借贷、押当高利贷、商业高利贷和各种形式交叉混杂的高利贷。

---

[1]　南京国民政府中央农业实验所农业经济科编：《农情报告》第2卷第11期，1934年。
[2]　严中平等编：《中国近代经济史统计资料选辑》，科学出版社1955年版，第346页。

本书主要按后一种，即资本的活动形式作为基本划分类型来阐述高利贷的主要借贷方式。

一 货币借贷

货币借贷，即债主以现金借贷给告贷者，并以货币、实物或劳力等形式收回本息的借贷，这是高利贷运行的主要方式之一。货币借贷具体又可分为借钱还钱和借钱还物两种形式。

（一）借钱还钱型

一般情况下是农民在收获之前，由于家庭在生活与生产遇到困难而实施的借贷。这种借贷需要支付一定的利息，到农民收获后或家境好一些的时候本利还清。这种借钱还钱的借贷方式在西北各地农村十分普遍，其名称也五花八门。

陕西扶风县把这种借贷称为"忙工钱"，即"农民借现钱于夏日收获以前，缺乏资金之时，须由中人之介绍，大概本金一吊，须付利息二百文；俟收获后，本利还清"[1]。陕西关中地区有所称的"大加一"或"大加二"，月利是10分或20分。"银子租"是借了10元，3个月后要还本，再加上麦米三四斗。还有所谓"回头"的制度，借出8元作为10元，每月3分或4分行息；每隔2月或3月，本利积算要换新借契一次，换契两次以后不再续换；到期不偿，债主就可将契上所写的田地房产任意作抵。"回头"在1年内可将8元变成40多元。其他如"连根倒""牛犊账""驴打滚"，都是利上加利；或四个月内，或一月又二十天内，甚至一月以内，本利就可相等。在汉中有所谓"上钱"，放出10元，当天扣5角，每两天上5角，二月上完，本利即可收15元。有每日上5角，二月即可收本利30元。"揭钱"与回头相似，有因借洋五元，数月内本利即达一百余元[2]。朝邑县有所谓"找头账"，即"甲向乙借银洋百元，票面虽载百元字样，实只得九十五元，或九十七元，至清偿时，则须依照票面所

---

[1] 章有义主编：《中国近代农业史资料》第2辑，生活·读书·新知三联书店1957年版，第537页。

[2] 何挺杰：《陕西农村之破产及趋势》，《中国经济》1卷第5期，1933年8月。

载，如数归还。乙所享受此等五元或三元利益，并非利息，通称之为找头"①。

在甘、宁、青一带"有所谓大加一、加二等利贷名称，即本洋十元每月利息一元，或二元"。其次又有所谓"印子钱"，"利息由十分起，甚至五六十分不等，则放债者临时视借贷人之急切与否而定，例如某人贷款十元，言明月利三元，则债权人于付款即将三元利息扣下，实际贷款负十元之债，而仅得七元耳。且须价值数倍之抵押品，方可借得现款"。此种"印子钱"在甘、宁、青三省各地极为盛行。此外还有所谓"驴打滚"的高利贷，其利率计算办法见表5—1。

表5—1　　甘、宁、青三省"驴打滚"高利贷复利计算办法　　单位：元

时期	第1月	第2月	第3月	第4月	第5月	第6月	第7月	第8月	第9月	第10月	第11月	第12月
对本利率	1+1	2+2	4+4	8+8	16+16	32+32	64+64	128+128	256+256	512+512	1024+1024	2048+2048
本利和	2	4	8	16	32	64	128	256	512	1024	2048	4096

资料来源：安汉、李自发：《西北农业考察》，国立西北农林专科学校，1936年，第55页。

这种"驴打滚"的高利贷利率增加十分迅速，"据称此种利率，放债者多属市井无赖或乡区病棍之徒，其法多系月终结算一次，将其本利一律收回，又分别零整贷于他人。小商人及乡村农人，因积欠此种利贷，而致倾家破产者，到处可见"②。

甘肃庆阳地区借钱还钱主要有以下数种："大加一债。"民国时期在庆阳地区各县普遍流行，月息一般为10分，也有五六分的，借一元钱，满1个月就要还本息1元1角，1年要在本金基础上加倍，甚至更多。"本对利债"。民国时期在镇原、庆阳、宁县、正宁、合水等县流行，借期3年，月息3分，当地有"一年三分利，三年是个本对利"之说，因

---

① 前南京国民政府司法行政部编：《民事习惯调查报告录》，中国政法大学出版社2005年版，第566页。
② 安汉、李自发：《西北农业考察》，国立西北农林专科学校，1936年，第54—55页。

此得名。"驴打滚债",又称"滚雪球债"和"阎王债",其特点是"利息高,期限长,到期不能归还,即滚利入本,复利计算,逐月继续加放"。"印子钱"是"放债人以高利贷出,限借款人分期偿还,每次还款时在折子(或契约)上加盖一印,后来变成放账时,就将利息计算扣除"。"集债",在正宁、宁县一带盛行,"上集借一元,下集还一元二角至一元五角不等。三天一集,一月九集,月息高达50%至100%"①。

青海省门源县有"先扣息",如向高利贷者借钱,借10元只给7元,但仍以10元计息,到期第二年还15元。"变色",如借银子,月息20%,但在还债时不一定银子,"可能改要金子或其他东西,以便通过折价,更加一层剥削"②。湟中县有"金账",将所借物品或钱币折作金子,此类债户一般多是"沙娃"(在金场挖金沙的农民)和"金客子"(多为商人,也有农民,举债是为了付给所雇沙娃等工资等)。③ 大通县有"黑驴打滚",是当地比较普遍的债务形式,约占各种债务的35%,利率多为100%;"双折屋",借贷到期不还,即将息变为本,重新计算④。互助县土族聚居区也有"黑驴打滚",其形式和其他地方雷同。还有一种是"猴儿窜杆",农民借地主白洋若干,讲好利息。到期时地主故意不收回,"表示目前不需要,劝农民继续借下去,等农民把钱用到加紧处,一时不能偿还时,地主这时乘机要农民还钱,农民无可奈何,只有加高利息,继续借下去"⑤。临夏大河家高赵李家有:"驴打滚",借钱多以一年为期,利息100%。"鸡上架",当日借20元,当晚须还11元,如当晚不还,翌日必须还20元;"狗赶兔",当日借10元(债主只给8元,扣2元利息),翌日必须还10元。其利息之增长速度,如狗赶兔一样快。"集集还",借钱以一集期为期限,如过期不还,则本利相加⑥。

---

① 庆阳地区金融志编纂委员会:《庆阳地区金融志》,中国金融出版社1992年版,第162—163页。
② 青海省编辑组:《青海省回族撒拉族哈萨克族社会历史调查》,青海人民出版社1985年版,第22页。
③ 同上书,第41—42页。
④ 同上书,第57—58页。
⑤ 青海省编辑组:《青海省土族社会历史调查》,青海人民出版社1985年版,第22页。
⑥ 甘肃省编辑组:《裕固族东乡族保安族社会历史调查》,甘肃民族出版社1987年版,第179页。

宁夏的中卫县、海源县、吴忠地区货币借贷也有"黑驴子打滚"的形式，如中卫县的货币借贷，月利为3分，也有4、5分或本利对开者（即借1元还2元）被农民称为"黑驴子打滚"①。还有一种外形无利之高利贷，如甲借给乙10元，5个月共应付本息25元，则契约上却写作：乙借到甲款25元，5个月归还，无利息②。由于这种借贷方式从表面上看来是无利的，不知内情的人往往以为债主是无息贷给债户。通过这种方式债主不但可以牟取利润，而且还可以得到好名声。

（二）借钱还物型

相较于借钱还钱型，借钱还物型在西北各地更为盛行。但其名称和偿还的物品不尽相同，且非常繁多，所还物品可以是粮食、棉花、油料、药材、大烟等农副产品，也可以是牲畜或用劳力来偿还，总之"举凡现款、粮食、牲畜、工具与劳力无一非高利贷的对象"③。

陕西省临潼县借钱还物称为"粮债"，即农民在上半年征收上忙之际，因无钱纳税，即向商店以3分之利息，借其所需之金额，至小麦收获之时，即以小麦清还本利④。潼关"各区贫民小户，借债不以金钱为利息，而以麦代金钱，每银一两按期付息麦一斗，谓之'假当地'，又名'放稞账'。譬如借银十两，先邀中管议明指当地三亩或五亩不等，债权人只凭债务人书立当约一纸，按期讨取利麦一石"⑤。此外，还有一种借钱还物的形式"期土"，据记载，由于1934年前陕西省"罂粟颇多，每至年关贫民无法度岁，乃于年内借债，以来年烟土价还，谓之期土，平均每价值一元之土，借一元须还四五两土，在数日之内，一元钱可生利数元，利息之高，古今中外所罕见"⑥。

甘肃省的环县、华池等地流行"青苗探买"，这种借贷大多发生在青黄不接的春季，农户生产、生活急需用钱，城里商人乘机下乡探买青苗，

---

① 中卫县志编纂委员会：《中卫县志》，宁夏人民出版社1995年版，第252页。
② 宁夏金融志编审委员会：《宁夏金融志》，内部资料，第107页。
③ 祁克武：《河西农民的苦难》，《西北论坛》第1卷第7期，1949年3月。
④ 章有义主编：《中国近代农业史资料》第2辑，生活·读书·新知三联书店1957年版，第537—538页。
⑤ 同上书，第549页。
⑥ 西安市档案局、西安市档案馆：《陕西经济十年（1931—1941）》，1997年，第284页。

以农产品为期，先贷现金，后还实物①。民乐县的"甩穗子"，"春借秋钱，秋还本兑利，外加大烟、清油、银两若干"。此外还有"支工"，即"债主在农忙时让债户做工，顶替所借钱粮"②。文县的"借钱还粮，借钱时将钱折成粮食，归还时不论粮价上涨若干仍按原来折粮还给粮食，年息为50%，如粮价下跌，则按市场价合粮归本还息"③。永昌县还流行"指钱、指工"等形式，"指钱"是借钱还物的一种方式，"即按春天农产品价格上涨时计算借物金额，秋天仍按春天金额折还实物"。"指工"是指"借款时商定由贷款人在借期内给债主干活偿还贷款"④。

青海省门源县流行的"变色"，"如借银子，月息20%，但在还债时不一定要银子，可能改要金子或其他东西，以便通过折价，更加一层剥削"⑤。大通县的"三翻手"，"即以实物、钱、金子互相折算，通过折算从中获利，约占大各种债务的20%"⑥。

宁夏中卫县也"有以实物抵押折款，即青黄不接时借贷，以粮食收获抵押，粮价以交粮市价计算"⑦。中宁县"民国以前宁安一带农民常以枸杞的收获作担保，采取预售形式向富户借贷，作价时以低于市价一二成作为利息"⑧。

以上各地的货币借贷，不管借钱还钱型还是借钱还物型，总体表现是名目繁多，借贷利率极高。这些借贷形式有些是直接通过索取高息而获利，有些是通过折扣、复利计算等方式加高息。大多情况下的货币借贷都要求有抵押，如土地、农产物等，并写明借契，只有很少的货币借贷通过个人信用获得。

---

① 庆阳地区金融志编纂委员会：《庆阳地区金融志》，中国金融出版社1992年版，第164页。
② 民乐县志编纂委员会：《民乐县志》，甘肃人民出版社1996年，第431页。
③ 文县志编纂委员会：《文县志》，甘肃人民出版社1997年，第553页。
④ 永昌县志编纂委员会：《永昌县志》，甘肃人民出版社1993年，第636页。
⑤ 青海省编辑组：《青海省回族撒拉族哈萨克族社会历史调查》，青海人民出版社1985年版，第22页。
⑥ 同上书，第41页。
⑦ 中卫县志编纂委员会：《中卫县志》，宁夏人民出版社1995年版，第252页。
⑧ 中宁县志编纂委员会：《中宁县志》，宁夏人民出版社1994年版，第408页。

二 实物借贷

实物借贷,即债主贷出实物,还时以实物(主要是农产物)或现款作为本息的借贷形式。实物借贷是一种落后的借贷形式,它是商品经济和货币关系薄弱的产物,往往伴随着残酷的剥削方式。许多资料表明,在民国时期的西北广大乡村的借贷形式中,实物借贷不仅利息高,而且相当普遍。以粮食借贷为例,1933—1934年全国22省农村粮食借贷与现金借贷的利率比较中,处于西北的宁夏、青海、甘肃、陕西四省粮食借贷利率平均为9.8%,高出全国平均利率2.7个百分点[1]。就是从本地区的粮食借贷和货币借贷利率来比较,一些地方的粮食借贷利率要比货币借贷利率高出10%左右。而在实物借贷中,主要是粮食等生活资料的借贷。一般情况是,农民在青黄不接、粮食等生活资料缺乏之时借入,到收获或家庭经济状况宽裕之时,再以粮食等生活资料本息还清。由于近代以来中国农村经济的不景气,农民生活的日益贫困化,对债权人来讲,借物还物的形式不仅更加有利,而且更加保险,其借贷条件比货币借贷还要苛刻。

实物在西北农村各地非常普遍,而且有种种称谓。现举例如下:

陕西乾县称"加合子账","谷物有余裕之村民,于青黄不接时,将其贷出,至收获期收回。每麦一斗,约收利息麦二三升(加麦子),谓之加合子账。俗因此种放出人,系以旧麦易新麦,亦谓之颗颗账"[2]。凤翔县"农民借贷,往往不以金钱,而以货与粮,高价折钱,书券为母;迨及偿还,复就货与粮,以低价折钱而权其子,其利殆将加倍,并不以为重云"[3]。临潼"乡民每当青黄不接之时,辄向富户借粟,至收获后,按斗加息二三升或四五升,如数归还,若有短欠,即由保人代偿"。柞水"民间出放御谷,多在春间,收回则以冬月为限,以钱偿者,谓之听价,必高时价十之二三;以同种或杂粮还者,名曰加合,即斗加升,升加合之

---

[1] 南京国民政府中央农业实验所农业经济科编:《农情报告》第2卷第4期,第30页;第11期,第109页。

[2] 章有义主编:《中国近代农业史资料》第2辑,生活·读书·新知三联书店1957年版,第538页。

[3] 同上书,第548—549页。

谓，通常每斗加四升或五升不等"①。陕西澄城县"北乡一带，旧日多于冬春揭麦，至农忙后加麦清还，名曰吃颗子账，债权者俗名放斗账。清末时，每石加二斗或三斗不等，近则加五六斗，甚至尚有吃一石而还二石者。南乡近日斗账亦盛行，且加三加四以为常。夫利率高，而民穷困，往往无力偿还，商务亦因之疲敝"②。宜川县"乡民借贷粮食者，春借秋还，每斗加利五升或七八升，至一斗为限"③。

甘肃庆阳地区流行"稞子账"（也有称"颗颗账"），"每年春季农村饥荒严重，粮食借贷盛行。普遍是春借小麦一斗，夏还一斗一升，一斗二升……最高还有加五的。有的借秋粮还小麦，多为春季借秋粮一斗，麦后还小麦一斗"④。永昌县实物借贷流行"对斗子""黑驴娃打滚"和"带穗子""以母带羔"几种形式。"对斗子"是指借粮食和胡麻，一比一的利息，即春天借1斗，秋天还2斗，借胡麻多用这种形式。"黑驴打滚"是在"对斗子"的基础上，延续一年连本带息加倍偿还，偿还额以几何级数增长，为本上加息，息上加息的借贷。如春天借胡麻1斗，秋天应还2斗，延续1年还4斗，延续2年还8斗，以此类推。民众中有"一斗胡麻借十年，十锅清油榨不完"的说法。这种借贷与"羊羔账""翻儿账""黑驴打滚"相似。"带穗子"是借贷时必须加带次货，如借小麦1斗，实则只借给小麦8升，另给谷子或别的次货2升。年底仍还小麦1升，且利息照付。"以母带羔"是今年借1只羊，次年还本息2只羊。⑤ 民乐县的实物借贷除了流行"黑驴打滚"外，还有"大烟债""大加三、大加四、大加五"等形式。"大烟债"是"春借大烟1两，秋还10两"。"大加三、大加四、大加五"是"春借1斗，1斗3升，1斗4升，1斗5升"⑥。

青海省互助县土族聚居区流行一种"酌价行息"的粮食借贷，借粮

---

① 章有义主编：《中国近代农业史资料》第2辑，生活・读书・新知三联书店1957年版，第549页。
② 王怀斌修，赵邦楹纂：《澄城县附志》卷4，商务印书馆1926年铅印本。
③ 余正东等纂修：《宜川县志》卷14"财政志・附金融"，1944年铅印本。
④ 庆阳地区金融志编纂委员会：《庆阳地区金融志》，中国金融出版社1992年版，第164页。
⑤ 永昌县志编纂委员会：《永昌县志》，中国城市出版社1995年版，第636页。
⑥ 民乐县志编纂委员会：《民乐县志》，甘肃人民出版社1996年版，第431—432页。

利率根据市场价格变化而涨落,如农民借地主粮食一石,借时粮价10元一石,"说明秋后归还,利息加五。如果过不多久,粮价涨到十五元一石,地主就按粮价用借钱的方式行息,每月以十五分或十分计算。如果两个月粮价又下跌了,则地主仍叫秋后还一石五斗粮食"①。西宁普通借贷有借粮、借货、借钱,不论借什么都有利息,而且利息很高,其中粮食借贷"春借小麦一斗,秋还小麦一斗二三升不等;或于春小麦一斗时,市价二十元即作价三十元,或二十余元,秋收后即还价银若干"。借货,俗称赊账,利息也不低,如"某甲在某商店赊买布一匹,市价五元者,在某甲账项内即记欠银六元,秋后如数偿清;或赊茶一包时,记为欠小麦一斗者亦有之"②。门源县的"黑驴打滚"是"农民在春荒时向高利贷者借粮,以二成按月滚利"③。湟中县的实物借贷还有"羊毛账""羊羔生息""押当""借货物"等名堂④。

宁夏的粮食借贷也很普遍,据1933年对宁夏6县的借贷报告显示,有借粮户47户,利率为11.7%⑤,并盛行"春借一斗年还五斗"的高利⑥。宁朔县"农村间的借贷,多为粮食账"⑦。泾源的高利贷"一般以放粮为主,利息在50%以上"⑧。吴忠的粮食借贷"借三还四。逾期不能还贷,计算复利,民称'驴子打滚'"⑨。

实物借贷在西北农村各地普遍流行,所借贷的内容除了粮食之外,还呈现出西北地方特色,与该地区的农村经济社会发展相适应。如在甘宁青地区,许多农民大量借布,就与该地区棉纺织业不发达有密切关系。在临

---

① 青海省编辑组:《青海省土族社会历史调查》,青海人民出版社1985年版,第22页。
② 周振鹤编:《青海》,(台湾)南天书局1987年版,第156页。
③ 青海省编辑组:《青海省回族撒拉族哈萨克族社会历史调查》,青海人民出版社1985年版,第22页。
④ 同上书,第41—42页。
⑤ 宁夏金融志编审委员会:《宁夏金融志》,内部资料,第107页。
⑥ 安汉、李自发:《西北农业考察》,国立西北农林专科学校,1936年,第53页。
⑦ 中央农业部计划司:《两年来的中国农村经济调查资料汇编》,中华书局1952年版,第170页。
⑧ 泾源县志编委会:《泾源县志》,宁夏人民出版社1995年版,第87页。
⑨ 吴忠市志编纂委员会:《吴忠市志》,中华书局2000年版,第472—473页。

潭县，人民"其衣着方面，因本县无棉纺织品，全仰给他县"①。宁夏"本省人民衣料，素仰外省供给，自抗战军兴以来，交通梗阻，外货输入不易，来源骤形断绝，随致本省发生布荒"②。由于棉布的极度缺乏，所借贷之土布的利率也特高，"一般上放1匹布（长38市尺，宽8寸至1尺）月利4尺，10个月后利上加利……，有时放出1匹布，10年后归还本利成为1000多匹"③。鸦片（烟土）也成为西北农民实物借贷的主要名目之一，并且利率极高。近代以来在烟毒泛滥的情况下，鸦片也成为西北农村商品交易的重要媒介，有时甚至起着一般等价物的作用，普通的借贷中许多以鸦片为标准。如陕西扶风县的"大烟土借贷"，"市价每两五角弱，借贷时不但以每两九角作价，且按九五折付贷"④。甘肃山丹县农民一般的借贷包括："银洋、烟土、小麦三种。"⑤ 大烟放账者："四月底五月初（农历）借大烟一两，至六月底，则归还大烟十两。"⑥ 20世纪30年代张掖地区流行的高利贷，其中的鸦片利息是粮食利息的3倍，现金利息的6倍⑦。此外西北各地还有药材账、羊毛账、骡账、借羊等实物借贷。

　　实物借贷在西北各地流行的主要原因，笔者认为是民国时期该地区的广大农村，自给自足自然经济仍占主导地位，商品经济不发展，现代金融缺失，加之该地区自然条件恶劣、生产力和人民生活水平低下等因素的影响，使高利借贷主要以实物为主，这和这一时期该地区特殊的经济社会条件相适应，即它是与债权人和债务人的社会经济地位相联系的。作为高利贷债务人的农民，他们和商品货币关系的联系还比较薄弱，从生产和生活的现实需要出发，一般要求借到生产和生活资料，并不愿意借到货币后用于购买这些物质，多受一层商人的剥削；另一方面，许多高利贷者，即债权人，他们大多是当地的地主、富农，他们的资本本来就是作为土地占有

---

① 《临潭县自然及人文概况调查主要项目》，1947年7月30日至1948年4月6日，甘肃省档案馆，15—11—168。
② 宁夏省建设厅：《宁夏合作事业》，1941年1月，第6页。
③ 静宁县志编委会：《静宁县志》，甘肃人民出版社1993年版，第135页。
④ 扶风县志编纂委员会：《扶风县志》，陕西人民出版社1993年版，第363页。
⑤ 《甘肃省二十七县社会调查纲要·山丹》，1933—1934年，甘肃省图书馆藏书，第4页。
⑥ 兰州正闻书社：《山丹县高利贷惊人》，《西北日报》1935年6月20日。
⑦ 范长江：《中国的西北角》，天津大公报馆1936年版，第135页。

的地租，他们所盘剥的债务人，往往就是自己的佃农，利息只不过是地租以外的补充收入。地主和富农深知佃农的"抵挡"能力，又了解农民所发生的实际困难，因此，由他们出借实物，是最恰当不过的了。正是因为这样，我们可以认为在自然经济中占主导地位、经济发展落后的农村地区，对广大贫苦农民来说，货币借贷并不比实物借贷必要，而只有当商品经济发展水平较高、农民大多数成为商品生产者时，货币借贷的重要性才会从经济生活中真正显现出来。

三　押当高利贷

押当高利贷是以动产、不动产乃至人身作抵押获取借款的借贷方式。押当高利贷又可主要分为当铺抵押借贷和一般抵押借贷两种类型。从掌握的资料来看，民国时期押当高利贷在西北各地农村也普遍存在。据实业部中央农业实验所农业经济科估计，1934年，宁夏借贷方式中，抵押信用占21.4%，青海占50.3%，甘肃占37.1%，陕西占51.1%，四省抵押借贷平均为40.1%[1]。

（一）当铺抵押高利贷

从现有资料看，尽管典当在民国时期西北农村借款来源中不占主导地位（占主导地位的主要是私人之间的借贷，如向地主、富农和商人的借贷），如1934年西北各省的借款来源中，青海的典当业只占6.3%，甘肃只占2.6%，陕西最高也只占9.0%，而宁夏则为零[2]。但并不能由此全盘否定典当业在西北农村借贷关系中的地位和作用，特别是这种借贷关系往往和高利贷纠缠在一起，成为向农村放高利贷的重要来源之一。如在甘肃武威县，一些材料记载了民间借贷活动中就以典当、票庄、银楼等经营为主。他们以营利为目的，以货币、实物两种形态为主，以典当、抵押、担保为条件，进行信用交易。其特点是利润高、期限短、金额小、担保严，利率分年、月、日息三种，年息为5—10分，月息为2—3分，日息为1分1.5分。逾期不还的利上加利[3]。西和县、礼县典当利率高得惊人，典

---

[1] 南京国民政府中央农业实验所农业经济科编：《农情报告》第2卷第11期，1934年。

[2] 同上书，第108页。

[3] 武威市志编委会：《武威市志》，兰州大学出版社1998年版，第529页。

当者"乘农村金融枯竭，农村破产，每至农民生计无法周转之际，高利押贷，剥削平民……西和县城大镇设有小押当五所，礼县县城及大镇设有小押当三所，此外尚有临时设立者。二县典当利率，月息八分至十分，甚至竟有超过二十分者，当期三个月到七个月不等，不满一月者，亦照一月计息。期满不赎，即行拍卖，当物多为衣、农具等，业典当者操奇计赢，唯利是图，估价低而折扣大，如值时价两元之物仅押当五角"[①]。

需要说明的是，民国时期西北各省典当业的发展和全国许多地区一样，也有一个曲折发展的历程。一般是该地区社会安定、币值稳定时期，典当业的发展就比较顺利，而在政局动荡、军阀混战及匪患猖獗时，典当业也呈现萧条状态。但总的趋势是：民国时期，西北的典当业在逐渐走向没落。

虽然作为传统的金融机构，典当和钱庄一样，在现代金融不发达、农村资金缺乏的情况下，它们具有一定程度的调剂农村资金不足、济人之急等方面的作用。但对这种作用，我们不能评价过高，特别是典当业具有乘人之危、巧取豪夺的性质，其在经营中的当物估价偏低、利息高昂、逾期不赎即为"死当"的一系列规定，对于一个经济困难或遇有天灾人祸的家庭来说，无异于趁火打劫。农户虽然通过典当暂时缓解了燃眉之急，但高昂的利率又使他们雪上加霜，民间流行"上当"一词即由此而来。因此，"至典当更是高利贷者变形，不但尽不到疏通农村金融之功能，反而起到敲诈剥削农民之膏血"[②] 的作用。

（二）一般的抵押高利贷

它是私人之间以动产、不动产或是人身作抵押而进行的借贷。这种类型的抵押借贷在西北各地较为普遍，它和农户的借贷关系也较为密切。和上述当铺的抵押借贷类型相比，贫雇农向地主借贷，"一般要请富裕的农民为之作中保，而后将自己仅有的房屋、牲畜、地亩等做借款抵押，而后才成立借约"[③]。如陕西宜川县，"民间借贷，向以田房契约作抵押，或由

[①] 《据视察员李甲忠呈报西和礼县典当利率太高呈请令县查明取缔由》，1938年3月28日，甘肃省档案馆，15—7—384。

[②] 张文杰：《甘肃农业建设之拟议》，《和平日报》1949年5月29日第1版。

[③] 青海省编辑组：《青海省土族社会历史调查》，青海人民出版社1985年版，第76页。

保证人担保，书立字据，月息三分至五分（系元计算）"①。洛川县民间借贷，也是"向以田房契约作抵，或由保证人担保，书立字据，行利三分至五分不等"②。甘肃临潭县，"借贷担保均以田地或房舍，邀请中保人出立借契以作抵押，如借洋十元，担保薄地有一亩半者，饶地有一亩者，房舍估价值之多寡，总要超过借款之三四倍，方可作为抵押"③。文县的抵押借款，"在借款时债务人须将财产如土地，房屋、耕畜作抵押，按财产折价的70%或80%借款，如到期不能归还的财产按借款时折价抵债务，年息50%；折清本息后进行多退少补"④。宁夏吴忠民国时期借贷，"借主多用田产、房产抵押。月利30%—50%，高者100%"⑤。

以田、房担保和抵押状况视借贷数额的多少而定，但抵押品的价值要高于借贷数额。"如借洋十元，担保薄地有一亩半者，饶地有一亩者，房舍估价值之多寡，总要超过借款之三四倍，方可作为抵押。"⑥甘肃文县的抵押借款，"在借款时债务人须将财产如土地、房屋、耕畜作抵押，按财产折价的70%或80%借款，如到期不能归还的财产按借款时折价抵还债务，年息50%；折清本息后进行多退少补"⑦。此外抵押的物品都有一定的期限，如过时无力赎取，则抵押物归债主所有。如甘肃循化"民间当地，其取赎年限，最长不过三年，地主届期无力取赎，若能付清利息，尚得再请展期，否则此地即归典主所有"⑧。华亭"借贷关系，多以田地契约为质，名曰'指地贷款'。即借方所有之契约质于贷方，始准将钱引渡于借方也。倘因借贷发生纠葛，则贷方而有管理所指土地权"⑨。

一般抵押借贷，除了抵押田产、房屋、耕畜外，还有劳动力或人身抵押。由于民国时期西北农村地广人稀、加上统治阶级实行残酷的"抓壮

---

① 余正东等纂修：《宜川县志》卷14"财政志·附金融"，1944年铅印本。
② 余正东修，黎锦熙纂：《洛川县志》卷14《财政志·金融》，1944年铅印本。
③ 《甘肃省临潭县农村借贷关系调查表》，1932年12月6日，甘肃省档案馆，15—6—179。
④ 文县志编委会：《文县志》，甘肃人民出版社1997年版，第553页。
⑤ 吴忠市志编纂委员会：《吴忠市志》，中华书局2000年版，第472页。
⑥ 《甘肃省临潭县农村借贷关系调查表》，1932年12月6日，甘肃省档案馆，15—6—179。
⑦ 文县志编委会：《文县志》，甘肃人民出版社1997年版，第553页。
⑧ 章有义主编：《中国近代农业史资料》第2辑，生活·读书·新知三联书店1957年版，第554页。
⑨ 同上书，第554—555页。

丁"制度，导致农村劳动力相对匮乏，因此农民经常预买或抵押自己的劳动力作为谋生的手段，地主也利用高利贷获取农民更多的劳役，这成为一种普遍的现象。劳动力的抵押以"支工"和"换工"等为典型。"支工"，即农民在青黄不接的时候，向富农等预支秋后的工资，秋收时普遍的日工资为3斤小麦，而在支工时最多只能得到上数1/3或1/2，即小麦1—1.5斤①。在"支工"期间，农户不得管自己的农活。"换工"，即贫苦农民有地无牛耕种时以人工换地主的牛工，通常一对牛工要换6—10个人工②。对于以人身抵押而还高利贷的情况，一些地方的记载也有反映。如青海省，"回教徒中有做高利贷者，放款农民，其办法甚为苛毒。例如今日向某甲借洋一元，明日即须还一元二角，后日须二元四角，再过一日，即须四元八角；依此类推，到相当时期，仍不归还，即须以田地抵押，或侵占其妻女"③。甘肃"经营借贷之人商人，大都于地方具有相当权威或背景，债务人苟有延欠不偿，则处分产业，或逼其卖妻鬻女焉"④。宁夏吴忠"金积东门外岳仲秀。借地主马怀秀十两大烟的高利贷无力偿还，将亲生女儿给地主为奴婢抵债"⑤。

总之，正如查君硕在《被压于高利贷下的西北农民》一文中所说："西北农民因为受高利贷的压迫，几乎把什么都抵押了。"⑥大多数情况下，贫困的农民很少能够在预定的时间赎回抵押物。抵押借贷方式在农村的强化，是高利贷实物"抵当"制的高度发挥，相伴而产生的是，典当、抵押高利贷资本往往又同银行、钱庄资本建立借贷、转押关系，从而形成了一个城乡结合的高利贷网。

---

① 谷苞：《河西的农村》，《甘肃民国日报》1948年9月18日。
② 武威市志编委会：《武威市志》，兰州大学出版社1998年版，第253页。
③ 章有义主编：《中国近代农业史资料》第3辑，生活·读书·新知三联书店1957年版，第354页。
④ 中国银行经济研究处：《甘青宁经济纪略》，1935年，第93页。
⑤ 人民银行宁夏分行金融研究所编：《宁夏金融史近代史料汇编》（上），油印资料，1987年3月，第147页。
⑥ 章有义主编：《中国近代农业史资料》第3辑，生活·读书·新知三联书店1957年版，第356页。

四 商业高利贷

除传统的货币借贷、实物借贷以及典当抵押借贷外，民国时期西北农村各地的高利贷还流行商业高利贷的剥削形式。由于"高利贷资本的发展，和商人资本的发展，并且特别和货币资本的发展，是联结在一起的"[1]，因此马克思说商业资本和高利贷资本是一对孪生兄弟。作为一种古老的生息资本形式，商业高利贷资本和广大农民发生关系主要是通过预卖和赊账两种形式来实现的。

（一）预卖（买）

这是农民在农产物收获之前，因急需现金，将正生长在地里的农作物作抵押，以较低价格向商业高利贷者取得贷款，将来再以成熟的农作物偿还的一种借贷方式。这种借贷方式，对于债务人而言称预卖，对于债主而言称预买。其手续也很简单，一般情况下都不用立契据，只需双方议定价目，债主付钱给债户，至农作物成熟时，债户要如数将农产品交给债主。对于这种借贷，李金铮教授认为预卖与上述农产物抵押借贷的不同之处在于，农产物抵押借贷债户届时要还本付息，否则农产品归债主所有；而预卖是以出卖农产品的形式取得贷款，以成熟的农产品来抵偿，前者属完全意义上的借贷形式，后者兼有商业资本与借贷资本的二重性[2]。

许多材料表明，在民国时期的西北广大农村地区的高利借贷中，预卖这种借贷形式在一些地区也非常流行，其名称有"支粮""预抵债"（或称"青苗探买"）"截干枝"等。如宁夏的"支粮"放债，"是地主在青黄不接之际，对农民趁火打劫的一种残酷手段，利息均在100%以上。如估计新粮下来时每斗价三元，而地主以每斗价一元二三角向农民预买粮食，新粮下来时，按借债时所折的粮数偿还"[3]。甘肃省民乐县的"支粮"是"春天，债户向债主支粮借钱，债主只按当时粮价的1/3付给支粮款，

---

[1] [德] 马克思：《资本论》第3卷，人民出版社1966年版，第695页。
[2] 李金铮：《民国乡村借贷关系研究——以长江中下游地区为中心》，人民出版社2003年版，第133页。
[3] 人民银行宁夏区分行金融研究所编：《宁夏金融史近代史料汇编》（上），油印资料，1987年3月，第147页。

秋后，债户如数向债主还清支粮"①。甘肃庆阳地区的华池、环县等地流行"青苗探买"，这种借贷方式多发生在青黄不接的春季，因这"一带集市甚少，每年春夏群众生产、生活急用钱，城里商人乘机下乡探青苗，以农产品为期，先贷现金，后还实物，贫苦农民为解燃眉之急，只得以未成熟的青苗换取粮食或现金。1942年春荒后，市价每斗小麦七元，贫苦农民不敢问津，不少人为了充饥，只得忍痛将青苗预抵，富商乘机探买青苗，每斗只付三元五角，从中渔利"②。"截干枝"是农民在青黄不接之际，生活发生困难或发生疾病等原因急需用钱，将种的粮、桃、梨、枸杞等农作物提前估产，以其产值六成的价格卖给地主、富农或城市商人。如甘肃河西出产的棉花、大米、小麦、清油、皮毛等许多的农产品，大都未到收获季节，即低价预支出售③。宁夏中宁县宁安一带"农民常以枸杞收获作担保，采取预售形式向富户借贷，作价时以低于市价一二成作为利息"④。陕西"农人需款时，以自己田里的作物预卖于富家。如市价每石麦子20元，预卖每石不过12—13元"⑤。

（二）赊账

这是农民无钱购买种子、肥料、农具、耕畜等生产资料以及口粮、衣料、燃料等生活资料，主要向商店、粮行等商业机构以高于市场的价格进行赊借，在规定的日期还账的借贷方式。"故商家赊借售货，在其贷价上预先加上重利，亦高利贷之一种也"⑥。关于赊账和预卖（买）的主要区别，徐畅博士认为主要是：赊账通常是商人以实物赊给农民，折价后并计算利息；预卖（买）则大多是一次性先期付给现金，利率剥削常常计算在对农产品的估价之中⑦。

和预卖相比，赊账在西北农民的借贷中虽不普遍，但也占有一定地

---

① 民乐县志编纂委员会：《民乐县志》，甘肃人民出版社1996年版，第432页。
② 庆阳地区金融志编纂委员会：《庆阳地区金融志》，中国金融出版社1992年版，第164页。
③ 柯平：《河西视察》（下），《和平日报》1948年12月5日。
④ 中宁县志编纂委员会：《中宁县志》，宁夏人民出版社1994年版，第408页。
⑤ 章有义主编：《中国近代农业史资料》第3辑，生活·读书·新知三联书店1957年版，第333—334页。
⑥ 宓公干：《典当论》，商务印书馆1936年版，第9页。
⑦ 徐畅：《二十世纪三十年代华中地区农村金融研究》，齐鲁社2005年版，第67页。

位。如甘肃武威,"番民多有以布匹为借贷者,其利息繁重,每借布1匹,先照市价多算三分之一,如布1匹价银2两,则作为3两计算,按月3分行息,言定田熟时还麦粮若干石,并不论还时麦价之高低"①。陕西临潼县"每值上忙开征,农民无力完粮,恒由商铺代垫,三分行息,迨至麦收之后,本利全清,从无借口息重抗偿者"②。在青海省,如某甲在某商店赊买一匹布,"市值银圆五元者,在某甲账内即记欠银六元,秋后如数偿清,或赊茶一包,记为欠小麦一斗者亦有之"③。青海省外地商人"在夏秋二季来村以茶、布、盐、杂货等赊给农民,换回粮食和油料"④。从商店或商人处赊买,农民要受几层剥削:一是许多赊购物品的价格高于现金购买;二是赊来的商品往往质量不高;三是农户要为此付出高昂的利息等。

第四节 高利贷网络的构成

所谓高利贷网络,即高利贷债主队伍的构成主体,简言之,是由哪些人放高利贷。

要搞清这个问题,首先要对民国时期西北农民的借贷来源进行考察,因为这可以从一个方面反映高利贷债主的主体。据南京国民政府中央农业实验所在1934年对全国22省借款来源百分比的调查统计,位于西北的宁夏、青海、甘肃、陕西四省72县的农民借贷来源中,包括地主、富农、商人在内的私人放贷比例最高占74%,其次是商店占18.3%(见表5—2)。

---

① 实业部中国经济年鉴编纂委员会:《中国经济年鉴》第5章,1934年,第193、207、211页。

② 章有义主编:《中国近代农业史资料》第2辑,生活·读书·新知三联书店1957年版,第530页。

③ 周振鹤编:《青海》,(台湾)南天书局1987年版,第256页。

④ 青海省编辑组:《青海土族社会历史调查》,青海人民出版社1985年版,第109页。

表 5—2　　　　　　　　西北四省农民借款来源统计表

省名	报告县数	借款来源之报告次数	银行	合作社	典当	钱庄	商店	私人 地主	富农	商人
宁夏	4	14	—	—	—	—	21.8	14.3	28.6	35.3
青海	5	47	—	—	6.3	—	14.9	23.5	17.0	38.3
甘肃	21	75	—	1.3	2.6	—	16.0	21.3	22.7	36.1
陕西	42	286	4.1	2.0	9.0	5.0	20.5	15.4	14.4	29.6
平均	72	422	1.0	0.8	4.5	1.3	18.3	18.6	20.6	34.8

资料来源：根据南京国民政府中央农业实验所农业经济科编《农情报告》第 2 年第 11 期（1934 年月 11 月 1 日）整理。

这一统计结果有两点值得注意：一是银行、合作社等现代金融机构在西北农村中缺少应有的地位，作用很不明显；二是农村中高利贷的主要角色——商人、地主和富农（即私人放贷）是大多数农户进行借贷的主要来源。具体到西北各地的实际情况，债权人队伍可能要复杂得多，实际内容也超出了上述所列各项。

要进一步深入分析西北农村各地高利贷债主队伍的构成，还需借助西北各地的一些调查材料加以说明。

一　私人的放贷队伍

据 20 世纪 30 年代对西北的甘、宁、青三省高利贷债权者的调查表明，"高利贷债权者，多系回人（汉人约占 15%），但无论回人汉人、施放高利贷者，不出下列数种：地主、城市商人、中产农人、富绅、军人（军佐以及退伍军人在内）、小康市民、与军人有关系者"[①]。三省高利贷债权人之类别及成分见表 5—3。

由表 5—3 可以看出，民国时期西北大部分地区是一个以军阀统治为主的地区，因此在私人的放贷中，军人及与军人有关系的放债者占有重要地位，如甘肃占 36%，青海占 35%，宁夏占 29%，这应引起我们的注意。其次放债者为富绅，甘肃、青海都占 30%，宁夏也占 21%；再次为地主，宁

---

① 安汉、李自发：《西北农业考察》，国立西北农林专科学校，1936 年，第 52 页。

夏占25%、甘肃占20%、青海占15%；商人放贷也占一定比例。

表5—3　20世纪30年代甘、宁、青三省债权人之类别及成分统计情况

地域	债权人	百分比(%)	地域	债权人	百分比(%)	地域	债权人	百分比(%)
甘肃	地主 商人 军佐及退伍军人 富绅	20 14 36 30	青海	地主 商人 中农及小康市民 富绅	15 35 20 30	宁夏	地主 军人 商人 富绅	25 29 20 21

资料来源：安汉、李自发：《西北农业考察》，国立西北农林专科学校，1936年，第52页。原材料中宁夏百分数之和不等于100。

在青海省，就有众多的社会阶层参与放贷活动，组成了一个庞大的高利贷网络，其中私人仍是放贷的主体（见表5—4）。

表5—4　　青海土地改革中债权人出借债务总数统计情况　　单位：元

阶层	户数	借出债务总额
地主	3543	12532626.27
富农	846	401003.01
学校	284	65149.36
债利生活者	132	29340.35
工商业家	33	4685.85
教堂	32	2473.55
藏传佛教寺院	8	3108.72
其他	425	37167.73
合计	5305	13165554.94

资料来源：青海省地方志编纂委员会：《青海省志·农业志·渔业志》，青海人民出版社1993年版，第68页。

在甘肃、青海省放债者除了地主、富农、军人以及与军人有关系者占有重要地位外，还有少数专以放债收利的食利阶层。如1929年，仅张家

川镇街上就有公开放款、专吃利息、经营高利贷的 10 多家。住在双城门附近的李少堂（小名麻虎虎）、张华林（外号张花头）、王元头等人，专放集日钱、月钱，利率 20%—30%；中街有积盛昌字号（主人绰号短三十），专放月账，利率 20% 上下①。庆阳驿马关地主胡老五，专放印子钱债。② 在青海还有二债主，他们向债主借取较多的钱，然后将这些钱分别转借给一般债户，在转借过程中，进行中间剥削③。

一些在地方既有经济实力，又有政治势力和社会背景的人也参与放高利贷。如甘肃经营借贷的商人，"大都与地方具有相当权威或背景，债务人苟有延欠不偿，则处置产业，或逼其卖妻鬻女焉"④。宁夏中卫县"开办典当业务者多系地方上政治经济豪强，开小押者非帮会把头或流配头目莫属，普通商贾难以开设"⑤。农村中还出现高利贷和地方恶势力的结合，"高利贷的债权人，往往就是地方上之土劣"⑥。在甘宁青地区放"驴打滚"高利贷的"多属于市井无赖或乡区痞之徒，其法多系月终结算一次，将其本利一律收回，又分别零整贷于他人"⑦。

一些农民中的富裕户也进行放贷，甚至放高利贷。如在甘肃通渭、定西等地的农村，"放债者并不限于地富阶层，即一般中农（特别是富裕中农）放债者亦不少，甚至个别贫雇农和一些劳动妇女，孤寡之类，因手中存有闲散资金，也有放出赚利的"⑧。在青海农村，新中国成立前"农民中间，亦有放几分几钱的"，其中大通县四个行政村的债务情况见表 5—5，湟中县第三区债务情况见表 5—6。

---

① 张家川回族自治县志编委会：《张家川回族自治县志》，甘肃人民出版社 1999 年版，第 753 页。
② 庆阳地区志编委会：《庆阳地区志》（二），兰州大学出版社 1998 年版，第 844 页。
③ 青海省编辑组：《青海省回族撒拉族哈萨克族社会历史调查》，青海人民出版社 1985 年版，第 41 页。
④ 中央银行经济研究处：《甘青宁经济纪略》，1935 年，第 93 页。
⑤ 中卫县志编委会：《中卫县志》，宁夏人民出版社 1995 年版，第 493—494 页。
⑥ 祁克武：《河西农民的苦难》，《西北论坛》第 1 卷第 7 期，1949 年 3 月，第 25 页。
⑦ 安汉、李自发：《西北农业考察》，国立西北农林专科学校，1936 年，第 54—55 页。
⑧ 西北局：《对处理农村债务问题的指示》，1950 年 11 月 28 日，中国科学院、中央档案馆编《中华人民共和国经济档案资料选编》（农村经济体制卷），社会科学文献出版社 1992 年版，第 178 页。

表 5—5　　　青海大通县四个行政村的债务清理表（1950 年）

项目 债权人 阶层	户数	借出数					利率（%）		
^	^	金子（两）	银子（元）	粮食（石）	伪币（元）	小计（元）	最高	最低	一般
地主	10	23.257	1827	2.1	4000	43000.5	125	10	40
富农	31	3.66	2732	20.5		4114	100	10	40
农民之间	64	8.41	386	4	23000	1537	30	10	20
寺院	2		1197.3	155		1379	50	10	20
商人	3	1.3	14	31857		171.5			

资料来源：青海省编辑组：《青海省回族撒拉族哈萨克族社会历史调查》，青海人民出版社1985 年版，第 58 页。

表 5—6　　　青海湟中县第三区债务调查表（1950 年 9 月 3 日）

	银圆借贷（元）		法币借贷（元）		粮食借贷（市石）	
	贷出	贷入	贷出	贷入	贷出	贷入
地主	89				8.80	
富农	915	179			3.24	
中农	182.50	1020		19500	208.40	121.50
贫农	2932.50	3124.50	20370	50000	465.45	718.50
其他	120	2007		1490		935.40
合计	4239	6330.50	20370	70990	685.89	1775.40

资料来源：湟中县志编委会：《湟中县志》，青海人民出版社 1990 年版，第 446 页。

由表 5—5、5—6 可以看出，农民放贷的特点是借出户数相对较多，贷出的数额相对较少，利率一般也较低，贷出数额小于贷入数额。

需要特别强调的是，由于西北地区是少数民族聚集地区，其中回族占相当的比重，而一些材料表明，在民国时期地区的私人放贷队伍中，回民中的部分地主和富商也成为高利贷队伍的重要组成部分。如在甘肃省，"人民借贷维艰，大都向回民处借债"[①]。"惟河西高利贷者，百分之九十

[①] 《甘肃省古浪县农村视察表》，1933 年 10 月 19 日，甘肃省档案馆，4—8—413。

九为回民。"① 安汉、李自发也认为,"在甘宁青一带之高利贷债权者,多系回人(汉人约占百分之一五)"。"查甘宁青一带,汉人多属穷困,凡以重利盘剥者,多属回民,因此种回民既不务农,又不经商,藉与驻军之亲友关系,整日奔忙于乡村间,专以重利盘剥,以济其优越之生活,由此足见其专以榨取谋生也。"② 回民放债者的条件,一是他们的职业以经商为主,手中有相当的富余资金;二是他们多违背伊斯兰教教义中关于不许放账的禁令。如"回民生活,经营小商业者占全族之过半数,其次为自耕农与小手工业者,地主最少,西北制皮毛业多操在回民手中。而交通各地的驮运几为回民专业"③。"回商善经营,因以日富"④。回民放债的具体情况,甘肃古浪县在回民处借债,"以三个月为限,或七分或八分不等"⑤。皋兰县新城镇"十室九空,多以借债度日,放债者皆回教中人,约六分利,如借洋八元,四个月归还,即需十元;又多借豆子,五月时,每斗值银九两,至七月半时,即须付银十五两,如至年终,更须二十两。此种高利贷,真罕闻也"⑥。青海方面,"仅黄河沿岸可以耕种,农民尽皆汉人。回教徒中有做高利贷者,放款农民,其办法甚为苛毒。例如今日向某甲借洋一元,明日即须还一元二角,后日须二元四角,再过一日,即须四元八角;依此类推"⑦。可见,回民中的高利贷剥削是较残酷的,这对当地的农村经济、农家生活和民族关系不能不产生一定的影响。

二 寺院、学校的放贷

在青海省,寺院成了蒙藏少数民族地区最大的高利贷者。几乎所有的寺院及寺院上层都是高利贷债权人,如"玉树接古寺应有商业资本白洋

---

① 李扩清:《甘肃河西农村经济之研究》,(台湾)成文出版社、[美国]中文资料中心1977年版,第24677页。
② 安汉、李自发:《西北农业考察》,国立西北农林专科学校,1936年,第52页、第54页。
③ 谢觉哉:《谢觉哉日记》(上),人民出版社1984年版,第125页。
④ 陈赓雅:《西北视察记》上册,甘肃人民出版社2002年版,第124页。
⑤ 《甘肃古浪县农村视察记》,1933年10月19日,甘肃省档案馆,4—8—413。
⑥ 侯鸿鉴、马鹤天:《西北漫游记·青海考察记》,甘肃人民出版社2003年版,第148页。
⑦ 章有义主编:《中国近代农业史资料》第3辑,生活·读书·新知三联书店1957年版,第354页。

十五万元,而称多拉卜寺的商队在康、藏及玉树囤积居奇,进行黑市交易,偷漏税收,牟取暴利,经常垄断生活资料,迫使牧民债务重重,深受其害"①。位于大夏河南岸的沙沟寺,"曾为大佛所禁,规定最高年利每百元可取十五至二十元,实际上阳奉阴违"②。表明实际放债利率要高于20%。佑宁寺除了地租、房租收入外,很大一部分收入来源于高利贷,"一般是月利二十分,并且是利上加利,这叫'黑驴滚',也就是头一月里借十元,到二月还十二元,三月更得还十四元四角,四月即得还十六元八角八分。以此类推,剥削非浅"③。兴海阿曲乎寺周围108户牧民,其中90%以上的户,都欠寺院的债④。新中国成立前塔尔寺大吉哇二老爷智化仍若放债一次即收利息银圆3万多元,白银2万多两⑤。可以说寺院的高利贷活动借贷数额庞大,借贷户范围普遍。寺院高利贷活动所收的利息也是很高的,大致可分为三种:"年利40%为'白利息';80%为'黑利息';20%为'花利息'"。⑥

学校也参与了高利借贷活动。民国时期西北农村各地由于地处偏僻,距都市较远,具有一定经费的学校却在某些地方成为农村的唯一借贷机关。如甘肃鼎新县"教育基金及学校由教育局借贷,别无借贷机关"⑦。渭源县第3区的农民借贷机关,除私人外,"只有教育局基金借贷,月息二分,每年底本利还清,以殷实富户作保,稍能救济"⑧。镇原县"原有制钱一千吊发交当商生息,月利半分,当商歇业,遂准个人贷用。比年因利轻而争揭,教局改定月利二分半,且以六个月为限"⑨。从一些借贷的

---

① 王岩松:《藏语系佛教对青海地区社会的影响》,甘肃省政协文史资料研究会《甘肃文史资料选辑》第10辑,甘肃人民出版社1981年版,第129页。
② 王树民:《游陇日记》,甘肃省政协文史资料研究会《甘肃文史资料选辑》第28辑,甘肃人民出版社1988年版,第264页。
③ 王剑萍:《互助佑宁寺概况》,《青海文史资料》第10辑,第85—100页。
④ 青海省编辑组:《青海藏族蒙古族社会历史调查》,青海人民出版社1985年版,第14页。
⑤ 湟中县志编委会:《湟中县志》,青海人民出版社1990年版,第397页。
⑥ 王岩松:《藏语系佛教对青海地区社会的影响》,甘肃省政协文史资料研究会《甘肃文史资料选辑》第10辑,第129页。
⑦ 《甘肃鼎新县农村借贷关系调查表》,1935年4月1日,甘肃省档案馆,15—6—187。
⑧ 《渭源县第三区农村经济及农贷需要调查表》,1938年5月22日,甘肃档案馆,15—7—348。
⑨ 焦国理总撰,贾秉机总编:《重修镇原县志》(三),1935年铅印本,第791页。

契约中,我们看到,学校的高利贷以粮食借贷为主,借贷对象是学校附近的贫苦农民。如"今借到张川镇第一中心小学小麦市斗二石整,言明每月以五分行息";"立借约人苏某今借到张川镇第一中心国民小学小麦三石,同保言明,每月以五分行息"①。"具借人赵维新今于西固县大学生留学基金保管委员会借到基金食粮小麦二市石,依据规定每斗加息三升,限天熟之日本息清还"②。学校贷款资金的来源主要是留学基金、奖学金。借贷获得的利息成为教育经费的重要组成部分。如临潭东街小学"为县立完全小学,全年经费一千一百六十余元,以基金生息及捐项充之……校址在西街,宽裕足用,经费年共七百余元,由基金生息及现款补助"③。

三 商号、典当行、钱庄的放贷

商号也成为高利贷债权人队伍的重要组成部分。许多材料表明,商号大都与农民有买卖往来和债务关系,赊、现、借、贷交易并存,农民在春夏时买商人的布匹百货,秋后以粮食、胡麻、清油等归还本息④。如在甘肃酒泉,抗战前因为商业萧条,"商人乃向当地农人春间预支小麦,贷于农人现款或商品,及秋获登场,谷不入仓,已转入商人之手。因渐演变成高利贷之风"⑤。民国年间,张掖城内80%以上的商号、货栈在经营本身业务的同时施放高利贷⑥。1929年陕西白水人黄某在正宁山河开设杂货铺,兼放高利贷,放债资本2000多银圆,有200多债户,形式多为"大加一"。黄在铺门贴着"生意茂盛财源广,本钱不大利息多",横额是"自本自利"的对联⑦。河西各县"放债者均系外来客商,有专放账者,

---

① 张家川回族自治县志编委会:《张家川回族自治县志》,甘肃人民出版社1999年版,第1520页。
② 舟曲县志编委会:《舟曲县志》,生活·读书·新知三联书店1996年版,第743页。
③ 甘肃省政协文史资料研究委员会:《甘青闻见记》,甘肃人民出版社1988年版,第126页。
④ 永昌县志编委会:《永昌县志》,甘肃人民出版社1993年版,第541页。
⑤ 张泰年:《酒泉县现状》,《陇铎》第4、5期,1941年4月,第21页。
⑥ 张掖市志编委会:《张掖市志》,甘肃人民出版社1995年版,第464页。
⑦ 庆阳地区志编委会:《庆阳地区志》(二),兰州大学出版社1998年版,第845页。

第五章 对民国时期西北乡村传统借贷的核心——高利贷的考察 / 233

有兼贩烟土者,其月利率最低者在五十分以上,且竟有超过二三百分者"①。外地商人"每年春季乘农民缺乏籽种时,来放高利贷款即归,至秋收之日,又来收本息而归"②。为交公款,农村中还出现了专门的高利贷商人,如"民乐县有一种民众替农会、区长等所负的一种高利,就是农会、区长将要办的款子,先向高利贷者借交清楚,此种款子的息金,每十元一天一元。款交过后,然后为民众摊派下去,这时他们加以预料,若是两月才能收齐,把两月的息金,也一并加摊上"③。

在西北各地的商号放贷中,不能不指出的是:地方军阀以及他们所开办的商号也成为最主要的债权人。如地方军阀马步芳所办的商号——"德心海"就是其中之一。马步芳集团大肆放高利贷,就委托"德心海"管理此事。④"德心海"成立于1938年,是马步芳集团在商业方面的代理者,其商业活动是在农业区,除收购药材、纸张外,还统制了金砂、粮食、食油、生猪、木材等的经营,并用所掌握的资金、粮食及其他物资对广大贫困农民进行高利贷剥削。每当农牧民在生产与生活中遇到困难走投无路时,"德心海"就乘机放高利贷,贷放银圆、粮、油、茶、布等,年利率大致为20—30分,甚至高达100%—300%⑤。并经常采用"酌价行息"的方式计息,即根据物价变动情况不断改变付息方式怎样折价对债主有利就怎样折价。1942—1944年门源、大通、互助、贵德、湟源、乐都、西宁等地频受雹灾,马步芳向灾民发放"贷粮",利息为"借一还三"。由于"德心海"的分支机构遍布全省各县市镇,所以其放高利贷的覆盖面是很大的,如1940—1949年,互助县60%的农户成为"德心海"的债务人。⑥"德兴海"放出的债务不仅利率高,而且条件苛刻。农民所偿还的债务中不仅要承担本息,而且还要承担债主在讨债过程中的额外开

---

① 《甘肃各县调查·张掖(三)》,《西北日报》1935年11月23日第3版。
② 《玉门庭若县政府报严禁重利盘剥维持农村经济拟贴布告底稿的呈文(附布告原稿一份)》,1935年7月4日,甘肃档案馆,15—4—317。
③ 《甘肃省农村合作委员会报民乐县区长农会以高利贷借交垫款仍复摊派民众请查照核》,1938年6月2日,甘肃档案馆,15—7—384。
④ 青海省编辑组:《青海省回族撒拉族哈萨克族社会历史调查》,青海人民出版社1985年版,第22页。
⑤ 陈秉渊:《马步芳家族统治青海四十年》,青海人民出版社1981年版,第205—206页。
⑥ 崔永红、张德祖等:《青海通史》,青海人民出版社1999年版,第566页。

支。如每年秋收时,"德兴海"派来收账的人到了债户家中,"债户每次必须杀猪、杀羊、杀鸡备酒饭招待,他们看见什么拿什么,债户不敢得罪,只得忍气吞声'奉送'。同时,每年债户还要给催账人送四次礼物(端午节、中秋节、冬至、过年各一),每次礼物为酒 10 斤,肉、馍若干"[①]。"德兴海"的索债手段也极其残酷,对不能按期还清高利贷的债户经常进行人身迫害,轻则吊打,重则投入监狱,并用武力强行没收欠债农民的财产。如果债户被迫逃亡,连亲朋、邻居都要受牵累。各地"德兴海"为了保障其所放高利贷不致落空,与当地政权、军队勾结外,还自设公堂、刑具,备有马匹、枪支、卫队,任意处罚群众。"德兴海"还常常通过政权机关,抓捕无力清偿高利贷的贫困农民,为其兼营的"淘金场""伐木场""烤胶场""石场"等服无偿劳役[②]。"德兴海"通过贷放活动从广大农牧民身上掠夺了巨大财富。如互助县的"德兴海"商号在 1940 年时仅有房屋、油磨坊各一处,而到 1949 年时,通过放高利贷等活动,竟将这里的水地 5800 余亩、旱地 1.2 万亩、房屋 390 余处、油磨坊 27 处和大小牲畜 6.4 万余头(只)转化为它的财富[③]。

典当和钱庄等也从事高利贷活动(典当从事高利贷活动的情况在本章抵押高利贷中已有所论及)。此外在甘肃有许多私人经营的钱庄、票号和当铺之类的金融业,一般本钱较小,主要经营汇兑、金银首饰、存放款项、典当业务,"有的还兼放高利贷"[④]。古浪的钱庄多是清末和民国 25 年(1936 年)前本县土门、大靖种植鸦片时,客商云集,钱庄也应运而生,主要为富商和财主开设,"以钱、粮发放高利贷"。

总之,民国时期西北农村高利贷的债权人构成非常复杂。虽然以包括地主、富农、商人在内的私人借贷占主要地位,但不能忽视的是,军人及与军人有关系的放债者,一些在地方既有经济实力、又有政治势力和社会背景的人,农民中的部分富裕户,回民中的部分富裕阶层等,以及寺院、学校、典当行、钱庄等机构与组织也进行放贷,他们构成一张复杂、庞大

[①] 青海省编辑组:《青海土族社会历史调查》,民族出版社 2009 年版,第 67、77 页。
[②] 青海省志编纂委员会:《青海历史纪要》,青海人民出版社 1980 年版,第 190 页。
[③] 陈秉渊:《马步芳家族统治青海四十年》,青海人民出版社 1981 年版,第 206 页。
[④] 丁焕章:《甘肃近现代史》,兰州大学出版社 1989 年版,第 361 页。

的高利贷放贷队伍网络。

第五节 对高利贷资本的评价

由于高利贷资本在运行过程中呈现出借贷利率高、期限短并要求有抵押物作保证等特点,从中获取高额利息,在债务人不能及时偿还时,还常常没收债务人的土地、房屋及其他财产,甚至出现债务人及其家人抵押为奴的现象,从而引发了一系列社会经济问题,因而在中外许多历史时期都受到官府的限制和打击,社会各阶层也更多地对高利贷加以谴责和攻击。如古希腊的亚里士多德就认为"高利贷受人憎恨完全理所应当,因为在这里,货币本身成赢利的源泉,没有用于发明它的时候有用途……因此,在所有的赢利部门中,这个部门是最违反自然的"①。西方中世纪,高利贷也一直被教会视为非法而遭禁止。在伊斯兰教的经典中,放债也是一种被禁止的行为。到16世纪路德还大声疾呼:"在世界上,人类再也没有比守财奴和高利贷者更大的敌人了……高利贷者和守财奴绝不是正直的人,他们作恶多端,毫无人道,他们必然是一只恶狼……比一切暴君、杀人犯和强盗还凶狠……应该把一切高利贷者处于磔车刑和斩首。"② 正如有的学者认为的,"这种观点虽然反映了高利贷的受害者的某种义愤之情,但却未对它的历史的、经济的作用进行科学的分析"③。马克思在《资本论》第3卷中全面分析了高利贷的本质和作用。在这一理论的长期指导下,中国经济史界对中国古代和近代的高利贷资本的历史作用进行深入的分析,大体上有以下两种观点。

一 全盘否定的观点

这种观点更多的是在对中国古代高利贷资本作用的分析时提出的。刘秋根教授认为其中早期的观点把高利贷和中国封建社会长期延续联系起来

---

① [古希腊]亚里士多德:《政治学》第1篇第10章,商务印书馆1965年版。
② [德]马丁·路德:《给牧场们的谕世:讲道时要反对高利贷》,转引自[德]马克思《剩余价值理论》第3册,第596—597页。
③ 刘秋根:《明清高利贷资本》,社会科学文献出版社2000年版,第6页。

进行分析的。① 如刘兴唐认为："这种高利贷，在中国社会发展过程中所起的作用，我们很可以看出它是阻碍商业资本之发展，在某一个时期中，它固然加速了农村经济破产之过程……政府的高利贷事业，对于农村经济之摧毁，是比私营和寺营来得特别凶狠。"② 傅筑夫在分析战国秦汉时期的高利贷资本时认为，高利贷资本"是从战国年间开始突出发展起来的货币经济这样一棵毒藤结出的如此硕大的毒瓜之一"。"高利贷资本却从头到尾是社会经济的一种强烈的腐蚀剂，它所起的是纯粹的破坏作用"③。黄冕堂先生在研究清代高利贷资本时也指出："作为生息资本在前资本主义社会内的表现形态，高利贷资本的社会作用全然是消极的。"它总是"迫使再生产在日益悲惨的条件下进行"。"使生产力呈麻痹和萎缩状况……高利贷资本越发展，活动越猖獗，则社会生产力必然愈加停滞不前"④。

有些学者虽然肯定了高利贷资本在经济运行之外发挥了某种积极的作用，但对其经济作用的评价仍然是全盘否定的，如漆侠先生在研究宋代商业、高利贷资本之后指出，高利贷资本"拼命地吸吮小农小工等小生产的血汗"，使其"根本无法扩大再生产，而且在仅有的一点庄土、牛畜被剥夺之后，连反复简单再生产都不可能"。高利贷资本还"成为宋代及其以后封建租佃制向庄园农奴制倒退的一个重要因素"。但是，它同时也"冲击了老牌的或暴发的官僚大地主，把集中在这些大地主手中的土地又复分散开来，对封建所有制确实起了某种'革命的'或多或少的积极作用"⑤。乔幼梅先生则以元代高利贷资本为例指出："高利贷是促使残余奴隶制得以扩大的有力杠杆。"但"元代的高利贷资本之有力地冲击了旧的土地势力，使这个势力表现出某种程度的动摇和衰落"⑥。韩大成研究明代高利贷资本时亦指出，一方面"它是加强地主土地所有制的重要手

---

① 刘秋根：《明清高利贷资本》，社会科学文献出版社2000年版，第6—7页。
② 刘兴唐：《唐代之高利贷事业》，《食货半月刊》第1卷第10期，1935年。
③ 傅筑夫：《中国经济史论丛》（下册），生活·读书·新知三联书店1980年版，第545—546页。
④ 黄冕堂：《清史治要》，齐鲁书社1990年版，第546—561页。
⑤ 漆侠：《宋代经济史》（下册），上海人民出版社1988年版，第1127页。
⑥ 乔幼梅：《宋元时期高利贷资本的发展》，《中国社会科学》1988年第3期。

段","它使小生产者处境更坏更苦,从而使部分社会再生产不得不在更加困难的条件下进行"。"它使社会矛盾更加复杂和激化"。另一方面:它通过残酷的剥削,积累了大量的货币财富,这些财富与明中叶以商品货币经济的发展相适应,除部分用于继续放债取息及投入商业经营外,还有一部分投入了手工业,甚至开设了手工工场①。

  进入民国以后,伴随着20世纪20—30年代中国农村经济危机的加深和农村经济的破产,在"救济农村""复兴农村"的旗号下,国内的一些政府机构、中外学者深入广大农村,进行了广泛深入的调查研究,其中农村的高利贷问题也成了研究的重要内容之一,发表了大量关于农村高利贷的论文和研究报告,其中相当一部分研究成果在涉及农村高利贷问题时,都进行了无情的揭露和批判,把高利贷视为毒蛇,称放高利贷的人是寄生虫和吸血鬼,对高利贷在社会经济发展中的作用基本上也是全盘否定。如吴辰仲在1935年发表的《浙江义乌县农村概况》一文中说:"如果繁重的租税是农村中吮吸农民膏血的魔鬼,高利贷就是寄生在农民肠胃中的毒蛇。它的残酷和势力的无孔不入,是用其他东西来比拟的。"②伍尔夫在1937年的《甘肃合作》,中也撰文写道:"高利贷吸尽农人的骨髓,使他过赤贫奴隶的生活,非但经济的生产,毫无希望,而且人的能力,完全丧失,人的意志,完全消灭。听天由命,毫无目的,一个人越过越无用了。"③程理锠在其1938年版的《湖北之农业金融与地权异动之关系》调查报告中也谈道:"高利贷之作用,则除使高利贷者增利殖富外,农业生产不惟不能增进,且或受其阻碍。农民生活不惟不能赖以改善,且因不堪重利之剥削而陷于赤贫。"④吴承禧认为:"阻碍农民经济之高度的发展虽不其一端,但这种三位一体的高利贷的剥削,却不能不说是其中的主要的一种,这种因素如果一日不能除去,则农村复兴的希望简直也是无法实现的。"⑤王寅生在《高利贷资本论》一文也谈道:"高利贷资本就是这样

---

 ① 刘秋根:《关于明代高利贷资本利率的几个问题》,《河北学刊》2002年第5期。
 ② 吴辰仲:《浙江义务县农村概况》,天津《益世报》1935年3月9日。
 ③ 《甘肃合作》第18—20期合刊,1937年6月,第28页。
 ④ 萧铮:《民国二十年中国大陆土地问题资料》,(台湾)成文出版社、[美国]中文资料中心1977年版,第45573页。
 ⑤ 吴承禧:《中国各地的农民借贷》,天津《益世报》1935年1月5日。

地寄生在小生产中，使生产方法疲乏不堪，生产力麻痹不灵，不能进展。""高利贷是保守的，它只想直接地维持着已存的生产方法，以求可以不绝地进行新的榨取。它在想维持现状的意愿下，进行着破坏现状的工作。它对于还拥有生产手段的一切小生产者，不论他是哪一种形式，统加破坏。"① 正因为高利贷的这种负面影响，因此土地研究专家萧铮等人1936年向国民党第五次全国代表大会提交的议案中就强调："农民一经负债，即如投入万丈深渊而没由自拔，往往以小康之自耕农，寝假而流为佃农、雇农，甚至流离失所，铤而走险，以酿成今日哀鸿遍野，匪盗如毛之危状。"② 一些当代学者在分析民国时期农村高利贷的影响时，也只谈其负面作用，例如有人说："在旧中国农村中的高利贷活动，我们所见的只是它强烈的破坏性，别无其他"③。傅建成先生认为农户借高利贷的后果是借新债还旧债，丧失土地和生活贫困化④，等等。

上述观点，或多或少受到了马克思在《资本论》第3卷中关于高利贷资本历史作用理论的影响，尤其是全盘否定的观点，"几乎一字不差地复述了马克思对高利贷资本作用的评述"⑤。因此，我们有必要首先了解马克思是怎样评价高利贷资本的作用的。刘秋根先生对此问题进行了较为全面深入的分析⑥。

第一，马克思正确地评价了高利贷资本的保守性。马克思指出，高利贷资本"有资本的剥削方式，但没有资本的生产方式"，"高利贷和商业一样，是剥削已有的生产方式，而不是创造这种生产方式，他是从外部和这种生产方式发生关系，高利贷力图直接维持这种生产方式，是为了不断重新对它进行剥削"⑦。由于高利贷资本是从外部与某种特定的生产方式发生联系，与社会生产、流通并无本质的联系，因此，生产方式的变革与

---

① 王寅生：《高利贷资本论》，《中国农村》第1卷第1期，1934年10月10日。
② 中国第二历史档案馆：《中华民国史档案资料汇编》第5辑第1编"财政经济（七）"，江苏古籍出版社1994年版，第101页。
③ 王赓唐、张震：《试分析解放前无锡农村的借贷资本》，茅家琦、李祖法《无锡近代经济发展史论》，企业管理出版社1988年版，第178页。
④ 傅建成：《二三十年代农家负债分析》，《中国经济史研究》1997年第3期。
⑤ 刘秋根：《明清高利贷资本》，社会科学文献出版社2000年版，第9页。
⑥ 刘秋根：《关于中国古代高利贷资本的历史作用》，《史学月刊》2000年第3期。
⑦ [德] 马克思：《资本论》第3卷，人民出版社1975年版，第676、689页。

否并不由高利贷资本本身来说明，相反，高利贷资本本身的变革与否，却必须由生产方式的变革来说明。"只有在资本主义生产方式的其他条件已经具备的地方和时候，高利贷才表现为形成新生产方式的一种手段；这一切方面是由于封建主和小生产者遭到毁灭，另一方面是由于劳动条件集中于资本。"①

第二，马克思对前资本主义社会高利贷资本历史作用的探讨是从生产方式的变革，即由小生产方式向现代社会化大生产转变，或者说是从研究资本主义生产方式起源的角度所作的一种整体估价，它并没有对高利贷资本与前资本主义社会生活、再生产、商业资本运行的关系作具体的研究。

第三，马克思在评价前资本主义社会高利贷资本的历史作用时，主要是针对高利贷的两种形式，即"第一，是对那些大肆挥霍的显贵，主要是对地主放的高利贷；第二是对那些自己拥有劳动条件的小生产者放的高利贷。这种小生产包括手工业者，但主要是农民"②。因此高利贷的历史作用也主要表现在："一方面，高利贷对于古代和封建的财富，对于古代和封建的所有者，发生破坏和解体的作用；另一方面，它又破坏和毁灭小农民和小市民的生产，总之，破坏和毁灭生产者仍然是自己的生产资料的所有者的一切形式。"③进一步说，高利贷"不是发展生产力，而是使生产力萎缩，同时使这种悲惨的状态永久化，在这种悲惨的状态中，劳动的社会生产率不能像在资本主义生产中那样靠牺牲劳动本身发展"④。同时，它又使奴隶主或封建主陷入高利贷之中，使他们对劳动者的压迫更加残酷，"因为他们自己被压榨得更厉害了"⑤。显然这两个方面都表现为一种消极的作用。但从另一个角度看，这种消极作用又表现为一种积极的形式，因为他瓦解和破坏这些前资本主义社会的所有制形式，同时，在其他条件具备的地方，这种破坏还表现为形成新生产方式的一种手段。

综上所述，马克思对高利贷资本历史作用的论述，主要是从生产方式

---

① [德] 马克思：《资本论》第 3 卷，人民出版社 1975 年版，第 675、672 页。
② 同上书，第 672 页。
③ 同上书，第 674 页。
④ 同上书，第 673—674 页。
⑤ 同上书，第 675 页。

变革的角度，或者说是从资本主义生产方式起源的角度所作出的一种整体估价。他正确评价了高利贷资本的保守性，主要针对高利贷的两种形式，谴责了高利贷对小生产方式的冲击和破坏。需要指出的是马克思对高利贷资本历史作用的评价，是依据西方中世纪的历史情况作出的，它理论性极强，具有普遍的指导意义，但也存在着局限性。对此我们有必要在马克思生息资本理论的指导下，根据民国时期中国农村的具体情况，对小农生活、再生产与高利贷的关系作进一步的研究和探讨。

学者和民间对高利贷的各种不满和愤恨的情绪和言论，促使上自中央下至各级政府，都曾出台严禁高利贷的政策和条例，如国民政府1927年7月19日训令，私人贷款最高年利率不得超过20%。1929年11月22日《民法债编》规定，利率未经约定，亦无法律可据者，周年利率为5%；约定利率逾周年12%者，一年后债务人得随时清偿原本；约定利率超过20%者，债权人对于超过部分无请求权；债权人除限定之利率外，不得以其他方式，巧取利息[1]。一些地方政府对外也严厉谴责和限制高利贷活动。如民国二十二年（1933年）4月18日，宁夏省政府主席马鸿奎在省政府行政会议上，就严禁重利盘剥问题发表谈话："这样丧尽天良，无人道的作法令人恨之入骨髓，咬破牙关，这些毛病我们知道的很清楚，待将来调查清楚了，依照治土豪劣绅条例办理。我们还是本着除恶务尽之意，施行于一般放黑账，吃黑利害人民者身上……"[2] 甘肃省政府发布训令，称高利贷是"不惟使农民全年劳苦之代价，而得倾家破产之报酬，即于全民生计、社会前途，实有莫大危险"[3]，"重利盘剥，有害于穷民，无益于公家"[4]。

具体到民国时期的西北乡村社会，大量的史实表明，高利贷对农村经济和农家生产与生活的消极影响是显而易见的，主要表现在以下几方面。

（一）促使农家陷入沉重的债务负担之中

高利借贷能够成立，必须要附加许多条件，如债务人要支付高额的利

---

[1] 韦维清：《民法债编各论》，大东书局1931年版，第123—126页。
[2] 宁夏金融志编审委员会：《宁夏金融志》，内部资料，第107页。
[3] 《甘肃省政府训令（法字第一一八八号）》，1928年，甘肃省档案馆，15—4—16。
[4] 甘肃省民政厅：《民政汇要》，第12页。

息、借贷期限不能太长并且要有一定的抵押品作保证等,可以说高利贷下的债务人完全处于不平等和被剥削的地位,一旦借了高利贷,债务人的生活就实实在在被债权人所控制。因此,大多数农家在举借了高利贷之外,就想方设法在规定的期限内,连本带利还清债务,以免遭受更大程度的剥削和经济压力,但这对处于极端贫困之中甚至连基本生活都无法保证的贫苦农家来说,做到这一点是相当困难的。实际情况是随着农村经济的衰落,农民生活越来越贫困,农民的债务负担也越来越重,还债在农民的日常开销中占有相当的比例,一些地方农民的还债支出甚至还高于缴纳赋税的开支。"经济压迫莫此为甚","农民负债利息之支出,大都等于甚至超过土地生产量之全额,胼手胝足辛苦一年之所得,偿还付息尚感不敷",据统计,甘肃河西农民的债务支出,"超过田赋负担之正额,全区每年约在三十万石以上"[1]。就甘肃高利贷的各种形态来说,虽然很难估计其经济上损失的数字,但"只以第一项的形态(即籽种借贷)而促成人民高利的负荷数……各县都超出田赋负担的总数,殆无置疑"[2]。以青海循化河北新村为例,1948年粮食丰收,全村60户农民共收粮食54000斤。但这一年"马匪政权剥削去四千五百斤,债主又拿去二万一千斤"[3]。甘肃山丹县有一位六口之家的农民,在1947年收获了三石九斗粮食,其中"交纳了三斗三升的田赋,还了一石二斗的账,出了六斗的杂差"[4]。

许多农家在借债之后,根本无力还债。如甘肃山丹县,农村有几代人都还不清债的事,祖父借了钱,儿子还不清,甚至到了孙子那一代也还不清,祖父欠了债,孙子设法偿还,被称为"子孙账",而这种情形"在那里是很平常的事"[5]。景泰县的一些农民,在1948年春借小麦1斗,秋后须还籽棉100市斤,折小麦5市石,农民无力偿还,被迫向当地政府请

---

[1] 祁克武:《河西农民的苦难》,《西北论坛》第1卷第7期,1949年3月,第25页。
[2] 柯平:《河西视察》(下),《和平日报》1948年12月5日。
[3] 中国科学院民族研究所青海少数民族社会历史调查组:《撒拉族简史简志合编》(初稿),1963年,第50页。
[4] 李化方:《甘肃农村调查》,西北文化书店1950年版,第88页。
[5] 罗诚修:《河西十日》(续),《西北日报》1948年8月5日。

愿。① 据调查，宁夏、青海、甘肃、陕西四省 1934 年未还债之农家占负债农家总数的 44%，而 1935 年则高达 47%（见表 5—7）②。

表 5—7 　　　1934—1935 年西北四省农家经济状况变动统计情况

省别	有报告之次数	未还债之农家所占（%）		未完粮农家占总农家之（%）	
		1934	1935	1934	1935
总计	178	44	47	22	29
宁夏	7	30	44	26	40
青海	14	48	51	10	19
甘肃	37	45	45	26	26
陕西	120	51	47	27	29

值得注意的是，困难的生活使农家丧失了基本的偿还能力，甚至一部分农家不但无力还本，而且连付息的能力也没有。在这种情况下，许多农民不得不依赖借新债来还旧债。这种做法一方面是出于信用考虑，另一方面担心债主按复利计息，因此，农民"秋收后以所有粮食，偿还借债，尚有不敷，迨至冬季或春季间，已告匮乏，遂又举债"③。甘肃省乡村的种植农场，其"收入多在秋季，其余纵有收入，亦不敷日用，于是不得不重利举债。迨至秋收，除还债外，所余无几，又不得不重利借债，辗转循环，场主愈困"④。宁县早胜农民吕某，每年青黄不接时，都要借吃小麦 3 石多，每斗付息 3 升，年付息 1 石，成为年年借粮年年还、年年债务还不完的长债户⑤。兰州市郊区农民孙某，民国二十七年（1938）腊月，因债主逼债，又借地主"35 分没头账"还债，借了 100 元，实际到手 65 元，却又欠下 100 元债。然而，借新债还旧债的严重后果便是农家在高利贷的泥潭中越陷越深，不能自拔，以致债台高筑，永无出头之日。

---

① 丁焕章：《甘肃近现代史》，兰州大学出版社 1989 年版，第 550 页。
② 南京国民政府中央农业实验所农业经济科编：《农情报告》第 5 卷第 7 期，1937 年 7 月。
③ 高良佐：《西北随轺记》，甘肃人民出版社 2003 年版，第 141 页。
④ 李扩清：《甘肃河西农村经济之研究》，（台湾）成文出版社、[美国] 中文资料中心 1977 年版，第 26531 页。
⑤ 庆阳地区志编委会：《庆阳地区志》（二），兰州大学出版社 1998 年版，第 844 页。

（二）迫使农家丧失土地，最终破产

高利贷是地主掠夺农民土地的主要手段，农民丧失土地，大量破产，与高利贷的盘剥也有直接的关系。正如王亚南所说："对于高利贷业，它一般是利用来作为其兼并土地的帮手。"[①] 由于农户在进行高利借贷时，大多以土地作抵押，因无法还债而失去土地，或者为了还债被控典当——"活卖"土地。而在一些高利贷主看来，通过放高利贷掠夺土地要比直接购买土地有利得多。因为通常抵押或典当所获得的土地要比直接购买土地便宜得多。

从统计数字来看，西北各省农户典押土地的比例很高，1935年，宁夏为70%，青海为47%，甘肃为36%，陕西为33%，四省平均为47%，高于全国平均水平3个百分点[②]。"一般贫民受此高利贷剥削，稍有田地者，如果一经负债，不数年即丧失其地权。因地主借款于农民，例如贷款一百元，年利三分，只须四年本利即达三百三十二元。以上若仅有数十亩田地之小农，虽将所有土地尽数偿还，犹虞不足。"[③]

从西北各地情况看，甘肃庆阳地区流行的高利借贷形式"财本账"，以土地为主要财产作抵押，到期借债人无力归还本息，其抵押财产就由债主变卖或收为己有。庆阳大地主开设的"恒义兴""裕茂隆"等，通过发放财本账吞并土地，将华池二将川、白马川、荔原堡、林镇庙一带90%以上的土地为两家所有。仅"恒义兴"一家就有土地5000多亩[④]。永昌县流行"逼债断地"是指借款人长期无法偿还债款，债主逼迫借款人交出土地，偿还债务[⑤]。循化县"民间当地，其取赎年限，最长不过三年，地主届期无力取赎，若能付清利息，尚得再请展期，否则，此地即归典户所有"[⑥]。华亭县"借贷关系，多以田地契约为质，名曰'指地借款'。

---

① 王亚南：《中国半殖民地半封建经济形态研究》，人民出版社1957年版，第110页。
② 南京国民政府中央农业实验所农业经济科编：《农情报告》第5年第7期，1937年7月。
③ 《为查照本区第三届行政会议决议取缔高利贷情形祈鉴核备查由》，1938年3月17日，甘肃档案馆，15—7—384。
④ 庆阳地区金融志编纂委员会：《庆阳地区金融志》，中国金融出版社1992年版，第162—163页。
⑤ 永昌县志编委会：《永昌县志》，甘肃人民出版社1993年版，第636页。
⑥ 章有义主编：《中国近代农业史资料》第2辑，生活·读书·新知三联书店1957年版，第554页。

即借方所有之契约,质于贷方,始准将钱引渡于借方也,倘因借贷发生纠葛,则贷方而有管理所指之土地权"①。陕西绥德县有农民借贷"必用土地为抵押品,很少有例外。借款若到期不还,抵押地就变成典地,以所得典价来付债款本利。典地若到期不赎,就变卖给债主,以所得卖价来付典价,或许略有剩余。借贷是土地减少的推动者"②。陕北杨家沟的马家大地主专门通过放高利贷"没收债户的田地,招佃收租。利息田租辗转增殖"。这里的高利贷最低是月利三分,最高五分。也有一年借一元还两元的,俗名为"一年滚"。借粮食普通是借三还四。此间不论数目大小,均须以地作押。期满不赎变为典地。典地到期无法赎取或需钱用时,只可将地找价出卖。地主即以最低廉的价格将典地买进;尤其一遇灾荒,地主便得到了最好的机会,可以用最苛刻的条件将大批的土地收买进来,再出卖给那些卖出田地的农民去耕种③。宁夏农村"借高利贷,不但要有人担保,并要以田产作押,立契为据,到期无力偿还的以田产抵债,吴忠堡丁家湾何家坪农民许生才,因欠马金奎高利贷,无力偿还,将土地房产全部抵债"④。以上例子可以说在西北各地比比皆是,不胜枚举。

土地的丧失,意味着农民失去了基本的生活保障和希望,从而也导致了农民的破产。由于高利贷利息奇高,"故每以数十元之债,数月之内,小康之家,及至破产,卖子鬻女,拆屋卖田者,时有所闻,极人间之惨况也"⑤。农民只要负了债,就会陷入倾家荡产的悲惨境地。有的一年借钱,十年还债,父辈拉账,子孙承还,甚至田地房产被除数抵债。如民国三年(1914)甘肃静宁农民高有三为周进先作保,借陈玉山的麻钱12串,后因周家无力清债,陈强迫高为他拉长工17年,债尚未清,高被迫外逃;农民陈存续借陈象天白洋3元,3年本利清算120元,陈存续被迫服毒身亡,陈仍在其父手中讨清债款⑥。宕昌县八乡农民马代成向地主马韩祥借

---

① 章有义主编:《中国近代农业史资料》第 2 辑,生活·读书·新知三联书店 1957 年版,第 554—555 页。
② 冯和法编:《中国农村经济资料》(续编),黎明书局 1935 年版,第 890 页。
③ 同上书,第 481 页。
④ 宁夏金融志编审委员会:《宁夏金融志》,内部资料,第 106 页。
⑤ 高良佐:《西北随轺记》,甘肃人民出版社 2003 年版,第 41 页。
⑥ 静宁县志编委会:《静宁县志》,甘肃人民出版社 1993 年版,第 136 页。

粮1石3斗，13年算了35石，将全部家产抵债未清，遂让儿子给马家拉长工，以劳抵债；二乡农民唐二玉向地主彭德顺借粮3斗，4年算了60块大洋，无钱偿还，以牛抵债，土地荒芜，生活无以为继，被迫携妻儿到处流浪，后死于异乡①。青海省的农民，也因借高利贷陷于罗网之中，纷纷破产，如仅在湟中乩纳村就有一二十户是被债务拉垮的②。循化县清水河东庄，因借贷破产的农民占该村总户数的20%③。宁夏的一些农户，由于借债，也陷于沉重的债务负担之中。据一些回忆材料记载，农民"每年的收获不能说不好，但是在秋收之后，就完了！完全的完了。不是交了官款，就是还了账。饿得受不了的时候，他们又去借了，向有钱人家去借。借了又要到下年秋收后归还。借一元还二元，借一升还二升。这样高的加一倍的利息，使有钱的人，毫不出力的就把穷人血汗收获的东西掠夺到他们手里。所以借债的永远是借债的，放债的永远是放债的。这样在高利贷下讨生活的农民，虽然名义上不是有钱人的奴隶，实际上则是有钱人的奴隶呀！"④

高利贷的盘剥不仅使贫困农民倾家荡产，陷于破产之中，就是家境中上者和一些基层官员，如果借了高利贷也不能幸免。如青海湟中县的郭发善家，本属中等人户，"民国十八年灾荒时借地主魏焕文100两银子，先后还了8石麦子（每石1500斤），当了7亩地，砍了100棵大树，拉走了14只羊，抬去了一个蒸笼，并给他做了三年活，才算还了80元，尚欠20元没有还清"⑤。"又闻前某区区长，于22年因公款逼迫无法应付，借绅士某大洋六百元，言明期限六个月，本利还洋一千二百元，后逾期三月，除实际本利一千二百元外，尚写三百元借约一张，日在街头稠人广众之

---

① 宕昌县志编委会：《宕昌县志》，甘肃文化出版社1995年版，第128页。
② 青海省编辑组：《青海省回族撒拉族哈萨克族社会历史调查》，青海人民出版社1985年版，第42页。
③ 同上书，第98页。
④ 人民银行宁夏分行金融研究所编：《宁夏金融史近代史料汇编》（上），油印资料，1987年3月，第145—146页。
⑤ 青海省编辑组：《青海省回族撒拉族哈萨克族社会历史调查》，青海人民出版社1985年版，第42页。

中，拉着侮辱一次，某区长因此以至倾家荡产，此酒泉市上人人皆知之事。"① 可见，高利贷的残酷剥削是导致农家丧失土地，逐渐走向破产的主要原因之一。

（三）加速农村贫富分化和阶级结构的变化

农民欠债累累被迫卖牛卖田，大批的土地被债主廉价收购，土地、牲畜、资本加速集中，形成两极分化。"农村最富有者，有耕地数百垧，以至千余垧，贫者无一亩之耕地"②。如甘肃省静宁县，"百分之五的人有地一百亩到二百亩，骆驼二十到五十头，牛二十到四十头，马五头到十头，大车五到十辆，贸易资金一千到二千元，而百分之六十的人口有地不到十五亩，除一两头毛驴外没有别的牲口"③。宁夏海原县高台寺村，1919年有回族农户20户，其中3户地主占全村耕地的35%以上，5户富户占全村耕地的20%，其他12户占45%；而到了1942年时，全村32户回族，地主、富农、穷人分别为6户、8户和18户，而他们所拥有的耕地比例分别为47%、21%和32%，地主、富农占有的土地由过去的55%上升到68%，而穷人占有的土地由过去的45%下降到32%④。陕北的马家大地主，究竟有多少田地，马家自己也不清楚，县政府更不知道。他们所有的田地，不但在绥德、米脂，在附近各县都有。在官家咀90多户人家中，就有80余家是种杨家沟地的。崖马沟村130余户的村户中，有90%以上是马家的佃户。马家在吉征镇出租的土地就有二万垧之多。⑤ 陕北庆阳城中，1935年"有数大财户，拥有数条川道土地，究不知其面积有多少。当其盛时，但知有牛八百万头，羊一千二百万只。如以牛作五元一头，羊作二元一只计算，则其货币财产当为六千四百万元！"⑥

在高利贷的重利盘剥下，农民丧失土地最明显的一个后果，就是促

---

① 李扩清：《甘肃河西农村经济之研究》，（台湾）成文出版社、[美国]中文资料中心1977年版，第26501页。
② 静宁县志编委会：《静宁县志》，甘肃人民出版社1993年版，第586页。
③ [美] 埃德加·斯诺：《西行漫记》，董乐山译，生活·读书·新知三联书店1979年版，第286页。
④ 转引自刘伟、黑富礼《固原回族》，宁夏人民出版社2000版，第118页。
⑤ 观山：《陕北唯一的"杨家沟马家"大地主》，《新中华杂志》第2卷第16期，1934年8月，第85页。
⑥ 范长江：《中国的西北角》，天津大公报馆1936年版，第116页。

使农村阶级结构的变化,其中自耕农人数的减少、佃农人数的增加就是一个典型的表现。一般而言,自耕农的数目比佃农数量多,表明农村的土地集中现象尚不明显,农民的生活较为稳定,经济状况较为宽裕。反之,佃农数量多于自耕农,即表明农民的经济状况恶化,生活水平下降。而一般情况下佃农大部分是陷于饥饿状态的,无地或少地的贫苦农民,他们生活的主要出路就是以高额的地租向地主租种小块土地,借以苟延残喘,或借债度日。从时间上看,西北农村阶级结构变化,自耕农数量减少,佃农和半佃农人数增加的倾向是非常明显的。陕西省,"以前十亩上下的自耕农,现在已有十之六、七成为无产,就是从前五十亩上下的中农到现在亦有成为无产的,而大部分都是靠高利贷在那边维持生产和生活"[1]。从陕西的渭南、凤翔和绥德三地农村阶级结构的变化就可见一斑,如表5—8所示。

表5—8　1928—1933年陕西农村阶级构成的变动（总户数=100）

地区	地主		富农		中农		贫雇农		其他	
	1928年	1933年	1928年	1933年	1928年	1933年	1928年	1933年	1928年	1933年
渭南	1.5	1.4	7.4	6.4	32.9	26.3	55.9	62.7	2.4	3.2
凤翔	—	—	5.6	1.8	13.4	9.4	79.9	87.3	1.1	1.5
绥德	1.9	1.5	3.4	3.3	15.5	11.4	74.3	79.8	4.9	4.0

资料来源：国民党农村复兴委员会：《陕西农村调查》,商务印书馆1934年版,第14、52、89页。

由表5—8可以看出,从1928年至1933年,陕西农村中农户数下降和贫雇农上升的趋势非常明显。"农民日益分化,农村经济日益破产,贫农底增加也就成为必然趋势"。仍以上述陕西三地来看,1928—1933年6年间,贫农在全体村户之间所占的比重,渭南4个代表村,从55.88%增至62.67%;凤翔5个代表村,从79.85%增至87.32%;绥德4个代表

---

[1] 石荀：《陕西灾后的土地问题和农村新恐慌的展开》,《新创造》(半月刊)第2卷第1、2期,1932年7月,第230页。

村，从74.34%增至79.78%。① 甘肃省也呈现出自耕农数量的减少、佃农明显增多的现象（见表5—9）。

表5—9　　　　　　甘肃省农村社会阶级结构变化（%）

年份	自耕农	半自耕农	佃农	资料来源
1917	64.3	18.1	17.5	郑震宇：《中国之佃耕制度与佃农保障》，《地政月刊》第1卷第3、4期，第295页
1932	56	20	24	天津《大公报》1935年7月28日
1933	53	19	28	同上
1948	约60	约40		朱允明：《甘肃省乡土志稿》第5章第2节，第43页

青海"数年以前之富农，今变为贫农，贫农变为雇农或赤贫矣，残苦情况，实为全国所罕见"②。宁夏的情况也大致如此，"至于乡间农民，其生活更为困苦，加以捐税之苛杂，高利贷之剥削，负担匪易，于是向日小康之家，渐降而次贫，次贫则递变而为赤贫矣"③。以上例子在西北农村各地举不胜举。

可以肯定地说，高利贷的猖獗迫使农民失去土地，从一定程度上说，它加速了农村土地的集中和贫困农民无地化的趋势，这是导致西北农村贫富和阶级分化的重要因素。

（四）造成农民离村人数的增多和农村人口的减少

由于农村高利贷的猖獗而导致大批的农户背上沉重的债务负担，并丧失了以土地为代表的基本生产和生活资料，不得不离乡背井，外出谋生。可以说，农民离村成为民国时期西北农村的普遍现象。据1936年对西北四省85县的调查，宁夏、青海、甘肃和陕西四省离村之农家占报告县的百分比平均为6.7%；有青年男女离村之农家，平均为7.2%（见表5—10）。

---

① 余霖：《中国农业生产关系底的检讨》，《中国农村》第1卷第5期，1935年2月，第14—15页。

② 干：《今日之青海》，《新青海》第3卷第10期，1935年10月，第2页。

③ 傅作霖：《宁夏省考察记》，正中书局1935年版，第15页。

表5—10　1936年西北四省离村农家数及其占报告各县总农户之百分比

省名	共有县数	报告县数	全家离村之农家 家数	占报告各县总农户之（%）	有青年男女离村之农家 家数	占报告各县总农户之（%）	有报告各县之总农户	有报告各县之总农户数占全省总农户数
宁夏	9	7	999	2.7	829	2.3	36800	67.4
青海	16	6	2983	6.4	4027	8.6	46918	67.5
甘肃	66	25	41875	10.5	41181	10.3	399700	50.4
陕西	92	47	61825	7.2	65761	7.6	864200	62.3
总计	183	85	269205	6.7	279495	7.2	3369045	61.9

资料来源：根据南京国民政府中央农业实验所农业经济科编《农情报告》第4卷第7期整理。

在西北各省中甘肃省离村之农家的百分比达到10.5%，有青年男女离村之农家达7.2%，不仅在西北各省，就是在全国22省中都是较高的。如在"安西的农村中间，首先表现出来的严重问题，是农业人口的逃亡"。"即就全县而言，在清代同治兵灾之前，农家有二千四百多户，至民国十年，还有九百多户，到了二十二年，只剩七百多户，二十三年再调查时，据说全县仅存六百多户。现在这种现象还在继续。最近据说因为新疆哈密召户，全家移往该处者更多，安西有许多村里，简直已经不见人烟了。"其中安西二工村，在民国十六年时，有农民五十多户，二十二年，骤然减少了五分之四，只剩下十一户，到了二十三年，减少到只有五户了[①]。"布隆吉城周六里许……居民原有七八百户，今仅残余十分之一。"[②] 在宁夏省，民国二十四年（1935）有人在全省行政会议上，专门提出"逃户"问题之提案，提案称"近查各县逃荒绝户，已达全省人口百分之三十五以上，就宁朔县调查，宋澄乡外逃90余户，荒田1419亩，增岗一乡外逃70余户，荒田1410余亩"[③]。

离村农民的主要去向：一是到城市中逃难、做工或谋生；二是到别村

[①] 耕夫：《安西的人祸和天灾》，《东方杂志》第33卷第10号，1936年5月，第109页。
[②] 陈赓雅：《西北视察记》上册，申报馆1936年版，第269页。
[③] 宁夏金融志编审委员会：《宁夏金融志》，内部资料，第106页。

中逃难、务农或迁居；三是到新垦区（见表5—11）。

表5—11　　西北四省全家离村之去处所占之百分比（1935年）

省别	到城市逃难	到城市做工	到城市谋生	到城市住家	到别村逃难	到别村务农	迁居别村	到垦区开垦	其他
总计	14	16.9	12	7.7	13.6	16.4	8.9	5.1	5.6
宁夏	9.4	15.0	10.5	6.6	21.9	14.0	8.8	2.5	11.3
青海	13.7	15.9	14.1	8.1	10.3	18.6	8.3	8.8	2.2
甘肃	12.1	20.1	10.9	6.2	11.2	18.2	10.4	3.9	7.0
陕西	20.6	16.7	12.3	9.7	11.1	14.6	8.2	5.1	1.7

资料来源：根据南京国民政府中央农业实验所农业经济科编《农情报告》第4卷7期整理。

由表5—11可看出，宁夏农户全家离村到别村中逃难、务农或迁居的比例最高，占44.7%，其次是到城市逃难、工作、谋生或住家的占41.5%，到垦区开垦的占2.5%，其他占11.3%；青海农户全家离村到城市逃难、工作、谋生或住家的占51.8%，到别村中逃难、务农或迁居的占37.2%，到垦区开垦的占8.8%，其他占2.2%；甘肃农户全家离村到城市逃难、工作、谋生或住家的占49.3%，到别村中逃难、务农或迁居的占39.8%，到垦区开垦的占3.9%，其他占7.0%；陕西农户全家离村到城市逃难、工作、谋生或住家的占59.3%，到别村中逃难、务农或迁居的占33.9%，到垦区开垦的占5.1%，其他占1.7%。

具体到西北各省离村的去处不完全相同。以宁夏为例，"其逃亡方向，主要的有两处：一为阿拉善蒙古草地，其中各业皆无捐税，容易生活。二是逃往石嘴山以北临河以西地方，此处事实上为宁夏、阿拉善、绥远'三不管'地方，容易谋生"①。

需要说明的是，西北农户的大量离村，其原因是多方面的，比如灾荒、匪患、捐税苛重可能是主要原因，但农户所受到高利贷的压迫而导致的贫穷和生计困难也成为重要的原因之一。如在甘肃"河西人民的逃亡，

---

① 范长江：《中国的西北角》，天津大公报馆1936年版，第298页。

高利贷虽不是主要原因，但也是主因之一"①。农民在周转不灵的情况下，地主在狠命地剥削，因此农村破产了，"最明显的一个例子，即是少数农民，已不愿坐以待毙，他们进入城市用各种方法去谋生，最近卖水的增加，可为充分证明"②。范长江在西北农村调查时，也写道："十六日我们由玉门回酒泉的路上，遇到成群的逃荒农民，他们都是惠回堡一带的农民，一切收入缴了公款和高利贷，逼得自己没有吃的东西，只好离家逃亡。"③新中国成立前，青海扎巴乡因欠债而被迫逃亡的有30多户。青海湟中县乩纳村全村十分之一二的农户被债务拖垮后被迫逃亡④。

（五）促使农家生活更加贫困化

高利贷作为一项沉重的债务负担，从一定程度上说，它使本来经济上就不富裕的农户更加贫困。许多农家一旦借了高利贷，就如同掉进了万劫不复之渊，永无出头之日。在高利贷的残酷剥削下，借债的农户不仅失去了基本的生产资料，丧失土地、牲畜等，甚至连最基本的生活条件也难以保障，生活状况急剧恶化。他们常常衣不蔽体、食不果腹，过着饥寒交迫的生活。正如当时《西北日报》所评论的："所谓'驴打滚'的高利贷，乡间最为盛行，背上这种债的人，很难一次偿清债务，他们迫于高利贷主之威逼讨索，还过高利贷以后，自己连吃的都剩不下了，所以贫穷永远成为他们的影子。"⑤

能够表明生活贫困化的一项重要指标是农家的生活费用极少。其主要原因在于农户的收入水平较低和包括债务在内的各种负担较重。据1932—1934对全国雇农的年平均工资的调查统计，陕西省为26.67元，甘肃为22.65元，宁夏为33.00元，青海为31.50元，四省平均为28.46元，低于全国21省平均水平8.04个百分点⑥。安汉、李自发通过甘肃、青海和宁夏三省的农民工收入情况进行考察后，认为"西北各省虽地广

---

① 《我所见的甘肃农村》，《和平日报》1948年11月29日。
② 《如何复兴西北农村》，《和平日报》1949年7月17日。
③ 范长江：《中国的西北角》，天津大公报馆1936年版，第162页。
④ 青海省编辑组：《青海省回族撒拉族哈萨克族社会历史调查》，青海人民出版社1985年版，第35、42页。
⑤ 百夫：《农村中的吸血鬼——高利贷》，《西北日报》1949年3月29日。
⑥ 费耕石：《雇农工资统计及其分析》，《内政统计季刊》第1期，1936年10月，第81页。

人稀，而农工待遇仍属低微"（见表5—12）①。

表5—12　　甘肃、青海、宁夏三省各地农民工收入情况统计　　单位：元

地域	兰州	古浪	凉州	肃州	平凉	陇西	天水	西宁	宁夏
年工	40.0	36.0	25.0	14.0	50.0	60.0	50.0	20.0	45.0
月工	4.0	4.0	4.0	3.0	4.0	4.0	4.0	4.0	3.0
日工	0.5	0.1	0.4	0.2	0.25	0.3	0.25	0.2	0.2

此外，本书前述关于西北农户的收支情况的资料也说明，农家微薄的收入抵不住沉重的负担，除去负担外，往往所剩无几，面临入不敷出的境况。

由于收入少，一般农户的生活费支出必然处于一个极低的水平。王翰芳对西北农村考察后认为，佃农"今以五口之家，每人每月平均只能得生活费一元六角六分强，纵令极度节约，亦不足以维持最低限度的生活"。即使是十口之家有田三十亩的自耕农，"年可收入收获米麦五十石左右，则每人每年亦不过得生活费七十五元左右（今每石以十五元计算但粮价低廉时每石只售十二元左右），若极度节约尚可维持最低生活，惟遇冠婚丧祭，自然只有当田筹办"②。青海大通县，一般农民"查其每人必须的生活费，衣着方面至少十元，饮食方面至少十二元；居住方面除自有土房者不算处，租住者至少需洋四元，平均每人每年需洋三十元左右"③。另据对该省湟中县土门关乡120户农民的调查，1948年人均纯收入32.88元，人均消费粮食351斤，棉布5.5尺，肉油4.6斤。④ 以如此之少的生活支出来维持生活，其生活水平之低可以想象。

农家的生活费用不仅少，而且在分配上也不合理。一般来讲，中国农村家庭生活费用在类型上大致可分为以下几种：一是食品，包括米面费、

---

① 安汉、李自发：《西北农业考察》，国立西北农林专科学校，1936年，第56—57页。
② 王翰芳：《西北农村经济之凋敝及其救济政策》，《西北研究》1932年第3期，北平西北研究社，第45—46页。
③ 冯和法编：《中国农村经济资料》（续编），黎明书局1935年版，第359页。
④ 湟中县志编委会：《湟中县志》，青海人民出版社1990年版，第180页。

第五章 对民国时期西北乡村传统借贷的核心——高利贷的考察 / 253

蔬菜费、调料费、肉食费;二是衣服费;三是房屋费;四是燃料费;五是杂费,包括卫生、教育、医药、烟草、饮酒、茶叶、应酬、年节、娱乐、婚丧、生日、宗教、器具及其他诸项。

从各项生活费用的分配结构来判断农家生活水平的高低,值得借鉴的是德国统计学家恩格尔(Ernst Engel)创立的并在世界上通行的"恩格尔定律"。他于1857年提出:家庭愈贫穷,其用于食物的费用占总生活费用的比例越大,其他情况相同,食物费用所占比例的大小是衡量某部分人口物质生活程度好坏的尺度。之所以会作出这样的结论,是因为在人们的各项需要中,以食物的需要最为迫切,而其他需要在暂时得不到满足的情况下尚能应付过去;如果食物的需要难以满足,人们的生存则立刻受到威胁。但如果一个家庭生活费用大部分用于必需的食物上,无疑则表明其家庭生活水平一定很低,原因就在于家庭除了取得生活的必要食物外,没有能力满足其他各种需要。反之亦是。本书前述河西临泽县三口之家,种田10亩的农户,在1932年9月至1933年9月的支出情况,扣除生产成本和苛捐杂税支出外,生活资料费支出项目中,需粮食3石6斗为36元,处于在第一位,其次是衣服添置费10元,零用10元[1]。青海自耕农的支出情况也大致如此。其第二类生活消费中,食粮——上等为小麦,下等为青稞,每人每年共用一石,平均价值15元。衣服——每人于每年或在夏季添置一件,或在秋季添置一件,多系价值极廉价之粗布,每人于每年约用洋五元。住室——若新建一院落,则"祖传之父""父传之子""子传之孙",辈辈相传,以笼统来计,每人于每年约用洋五角。再于五年中置毡被各一条,每人于每年约用洋一元。杂用——除醋盐由麦换,油菜由自种所用无几外,每年逢年关节下,再加添菜肉食,总计不出洋二元五角,统计每年共用洋24元。以一家五口计算,两个成年人,一个少年人,二个幼年人来论,那么需食粮50元,衣服等类15元,及其他杂用至少也需10元,共计75元[2]。可见食物支出处于非常重要的位置,对此我们无须再列其他材料加以证实。

---

[1] 何让:《甘肃田赋之研究》,(台湾)成文出版社、[美国]中文资料中心1977年版,第10345—10347页。

[2] 丘咸:《青海农村经济》,1934年印行,甘肃省立图书馆藏书,第86—87页。

然而值得注意的是，尽管农户用于支出食品方面的费用占全部生活费用的绝大部分，但农民的饮食质量却并不高，相反却处于极差的水平。因为农民的总收入基数很小，在低于贫困线以下的极有限的收入中，只能先考虑吃的问题。即使如此，面对食物价格的高涨和紧缺，他们也不得不想尽一切办法，节衣缩食，尽量食用较便宜和营养价值较差的食物。王翰芳对西北农村考察后认为，西北的佃农"他们的生活，实在可怜到万分，每日仅食黄米粥三餐，无油无盐无菜，对于肉食，简直一年四季，很少有入肠的机会"。而自耕农的"饮食较佃户稍好，大概每日食黑麦馒头黄米稀粥两餐，食清汤片片麦一餐（只有盐无油），菜类自然是没有，每餐辣椒一碟，凉拌酸水菜一碗，很讲究的外加酱菜二小碟"①。安汉、李自发对西北甘宁青三省调查后也发现，"三省因物产不丰，食料至为简单，普通多以麦、青稞、粟、麻、高粱、马铃薯为主要食粮"②。青海西宁县农户"食则大概为青稞豆子等类的价廉品，粗而不能适口，所谓小麦面者，农民视为最上等之食品，非有高福者不能享此，然高福者尽系自命为上层社会中人，实则农民每年所辛忙者为种小麦一事，谁知收成之后，反不能自食，只能变价以维持其饥饿生活"③。1932年10月17日，《西安日报》报道，在陕西汉中的安康地区还发现许多结草为衣的农民。"他们吃的无非是米屑、包谷屑，红薯、巴山豆和无盐无油又酸又臭的野菜"④。渭南"自去年（1932年）夏间麦田薄收，秋间播种失时，人民之嗷嗷待哺者，无乡无之。……素所谓殷实者，业已断炊，贫者草叶、菜根，尚为佳饶。剥榆树皮以造饭，人民食之，大便不下，面黄发肿，古之所谓民有饥色，于今见之"⑤。由此可见，粮食短缺的残酷现实迫使农家想尽一切办法缩食并改变食物结构，不仅极度减少对小麦的消费，而且常把青稞、谷子、玉米、高粱等杂粮当作主要食物，特殊时期甚至还用野菜、树皮（叶）等充饥。

---

① 王翰芳：《西北农村经济之凋敝及其救济政策》，《西北研究》1932年第3期，第46页。
② 安汉、李自发：《西北农业考察》，国立西北农林专科学校，1936年，第58页。
③ 冯和法编：《中国农村经济资料》（续编），黎明书局1935年版，第362页。
④ 陈翰笙：《破产中的汉中的贫农》，《东方杂志》第30卷第1号，1933年1月，第72页。
⑤ 章有义主编：《中国近代农业史资料》第3辑，生活·读书·新知三联书店1957年版，第802页。

第五章 对民国时期西北乡村传统借贷的核心——高利贷的考察 / 255

在家庭收入愈少而生活费支出中用于食品费用愈大的情况下,用于生活费其他方面的支出,如被服、住房、燃料等无论如何是不可能增加的,最大的可能性也只是维持现状。据20世纪二三十年代到西北考察的刘文海的调查,"倘四口之家,每年有进项十元即不致饿死,其生活表:每日食糜子稀粥二次,间或野菜加入;燃料用野柴及牲粪;油盐可隔数日动用;衣服用粗布,衬以牲毛,牲毛有时可于牧羊及骆驼之草场中拾得,大人用数年后,改作小人用。然当地社会,竟有一部分居民欲救此生活而不可得"①。据国民政府1935年对西兰铁路陕西段内25县的调查,"各县农民生活之痛苦,有非外人所能想像者","一般农民,能得布衣粗服,足以蔽体保温者,已属厚幸;夏秋两季,农家儿女,十九裸体"②。国民党天津市党部通过对西北的考察后写到,甘肃"大部分人民皆无衣着,沿途许多妇女,裸体露臀;妇女尚且如此,其他情形更可想见"③。安汉、李自发在《西北农业考察》一书中也写道:"(甘肃、宁夏、青海)三省乡村中,至十一月间犹有十二三岁之男女孩童全体裸露者,因衣物价昂,经济困难有以致之也。……一般农家有棉被者极少,冬夏铺以粗席或毛毡。严冬即可度过矣。其贫者无一被盖,仅将土炕烧至极热,辗转胸背取暖御寒。由此可见一般人之困苦矣。"④ 青海西宁县"乡村中一般农民的生活,极为简单,全年衣食所需,大抵在十元左右,较之青海省委任四级文官的半月生活费还少","穷农既无屋居,亦无屋租,大抵掘窑以栖,席地以卧,天寒冻死者累累,无人过问"⑤。

从以上农家生活费用的分配以及实际享受的生活内容可以看出,西北农户的生活是每况愈下的。农家辛苦一年的有限收入其主要任务仅是糊口,除此之外的衣、住、燃料等的使用被抑制在最低的水平。而表示生活质量的教育、卫生、娱乐、嗜好等方面的费用则几乎处于一种无法顾及的状态。而在促使农家生活贫困化的众多社会、经济因素中,沉重的债务负

---

① 刘文海:《西行见闻记》,甘肃人民出版社2003年版,第36页。
② 章有义主编:《中国近代农业史资料》第3辑,生活·读书·新知三联书店1957年版,第802—803页。
③ 同上书,第808页。
④ 安汉、李自发:《西北农业考察》,国立西北农林专科学校,1936年,第59页。
⑤ 顾执中、陆诒:《到青海去》,商务印书馆1934年版,第295—296页。

担无疑是一种重要的推动力量。

(六) 高利贷引发的一系列社会问题

高利贷在加重农民的生活负担，促使其贫困化方面具有推波助澜作用的同时，还引发了一些社会问题，具体来说有以下几个方面：

1. 促使了赌博活动的盛行。高利贷和赌博可以说互为因果，一方面，从借贷人来看，"赌也是造成高利贷的一大原因"①。因赌博而借高利贷的人不在少数。另一方面，从放贷人来看，因放高利贷利息奇高，所以"因十数元而致富者，颇不乏人"②。高利贷者的暴富会在社会中起到示范作用，诱发人们的投机心理，一些人专门在赌博时放高利贷。相应地在赌场上出现许多高利贷的名目。如甘肃河西"有骡马会，实即赌场，放债十元每天息一元"③。皋兰县的债务形式"穿碾子"，"期限至多一天，利息是二十分，到日不还，也滚下去。这是给赌徒专设的"④。榆中县流行的"鸡上架鸡下架"的高利贷形式，即头天晚上鸡上架时借的钱，到第二天早晨鸡下架时计算利息，否则利上加利，而这种形式"多系赌博账"⑤。此外还有"垒垒账"，也多系赌博账，如甘谷的蒋文秀借巩穗友白洋5元，大加二利，十天一期即垒起来，利变本起息，该户在三年内，因这种钱将十亩地垒光了⑥。可见赌博这一恶习可以使农户倾家荡产，家破人亡，而赌博时借的高利贷更加剧了这种悲剧的发生。

2. 加剧了吏治的腐败。许多材料表明，在民国时期高利贷债权人的队伍中，一些地方官员也加入其行列之中。通常的情况是，当农村公款紧急的时候，往往先由村长到各处借款缴纳。公款应付过去之后，即以原数加利分摊于农民身上。如甘肃河西，经村长经手的借款，已在5000元之上，其利息在30分左右。而"在借款缴款的时候，便是（村长）最可渔

---

① 蕴如：《陇南山区杂记》，《和平日报》1949年3月3日。
② 李扩清：《甘肃河西农村经济之研究》，（台湾）成文出版社、[美国] 中文资料中心1977年版，第26501页。
③ 谢觉哉：《谢觉哉日记》（上），人民出版社1984年版，第156页。
④ 人民出版社编辑部编：《新区土地改革前的农村》，人民出版社1951年版，第104页。
⑤ 甘肃省委农工部：《甘肃省土地改革文集》（党内文件），1954年，第445页。
⑥ 同上书，第440页。

利的时候"①。同样是在河西，某主任科员在加紧催款时，和农民约定，由他替农民缴款，而农民在一月之后，应还他月利50分的本利，而实际上，"他可以有向县政府延缓一月缴款机会，来做这笔买空卖空的生意"②。可见农民所负担的各种苛捐杂税，各种乱摊派是逼迫农民必须借债的重要原因，而地方官员利用手中权力趁机放贷，并抬高利息，从中渔利，形成了公款和官员交相为害农民的局面，使农户陷入一个严密的高利贷罗网之中，不能自拔。此外，在一些地方，由于资金缺乏、借款不易，一些地方官员就利用这个机会和手中的权力乘机放债。如"蔡前县长任内之第一科科长柯松，曾居该县多年，去年自任科长后，即高利放款，剥削穷农"③，而"'公事人'的钱，借钱的无论如何少不了的"④。地方官员放的高利贷，"有借十元每天出息一元的，他不怕你不还，由警察替他追索"⑤。这种由政府官员所放的高利贷，对农民的剥削和对社会的危害程度最大，同时也加剧了吏治的腐败。

3. 刺激了西北烟毒的泛滥。正如高利贷和赌博活动互为因果一样，高利贷和烟毒（主要指鸦片）的泛滥同样也互为因果、相互作用，他们构成了近代西北农村社会突出的两大社会问题。

一方面鸦片种植直接促成了高利贷的产生。如前所述，首先，由于种植鸦片获利较高，但同时所需成本也较高，资金需求量大。因此，许多种植鸦片的农民，对于高利贷"固然是感到无可奈何的压迫，但是非需要他们不可……他们需要较种植普通作物为多的肥料，没有这种肥料，鸦片便不能生长"⑥。

其次，"烟亩税"的征收也刺激了高利贷的盛行。由于近代以来西北地区大面积种植鸦片，如陕西各县种烟亩数，"最高者占地百分之九十，

---

① 明驼：《河西见闻记》，甘肃人民出版社2002年版，第109页。
② 同上书，第144—145页。
③ 《控告高利债主》，《西北日报》1935年1月25日。
④ 范长江：《中国的西北角》，天津大公报馆1936年版，第140页。
⑤ 甘肃省政协文史资料研究会：《甘肃文史资料选辑》第7辑，甘肃人民出版社1980年版，第172页。
⑥ 杏君硕：《被压于高利贷下的西北农民》，《农业周报》第4卷第10期，1933年4月。

最低者百分之三十"①。宁夏"农场作物，罂粟约占了百分之三十五"②。甘肃"宕昌以上，地较平坦，农作物面积加多，然肥美之田野中，以鸦片最为重要"。敦煌"亦走入种植鸦片的黑暗道路，好地尽种了烟土"③。故地方政府开征了"烟亩税"作为财政收入的重要来源。可以说鸦片的种植和"烟亩税"的征收是强制性的，许多农户面对沉重的"烟亩税"负担，难以承受，不得不通过借债来支付。如在陕西"省政府迫人民种烟，每亩至少纳烟捐十元，就是不种，仍要照样纳烟亩捐"④。"如每县种五千亩，今则勒令种一万亩，一县出款竟有逾二十万至四十万无以上者，且无论种与不种，非强令认款不可"⑤。"民家被迫种植鸦片，年收二十两。每两值洋四角，计全年收入为八元。而政府向人民征纳者则为十六元二角。"⑥ 在甘肃"客军林立，供给维艰，迫不得已，始任民种，征收罚款，以充军费。每届春初，烟未下种，即收烟款，县府未雨绸缪，更不得不预为摊派。……军需万急，县长向各区摊收交提，中上之家，尚可缴纳，穷寒之户，无法应付，只得转向富户商人哀求借贷，不说利息几分，只说支土几两。普通借洋一元，至收新烟时，少则支土六两，多则八两，不论烟价高低，务需两足称足"⑦。此时，农户所借的高利贷要受到比平时更为残酷的剥削。如在甘肃靖远县"有一种利息是按天数计算的，每百元一天利息四元，一月的利息就要一百二十元，这是在省城催提'烟亩罚款'的委员到县，鞭打绳拴、逼急跳崖的情况下所出现的特种高息"⑧。

再次，鸦片还成为农户进行实物借贷的主要对象之一，且利率极高。民国时期西北各地就流行所谓的"大烟账（债）"的名目。如在张掖的高

---

① 许涤新：《捐税繁重与农村经济之没落》，《中国农村问题》，1935年，第60页。
② 陈赓雅：《西北视察记》上册，申报馆1936年版，第101页。
③ 范长江：《中国的西北角》，天津大公报馆1936年版，第67、247页。
④ 许达生：《苛捐杂税问题》，《中国经济》第1卷第4、5期，1933年8月，第7页。
⑤ 马乘风：《最近中国农村经济诸实相之暴露》，《中国经济》第1卷第1期，1933年4月，第4页。
⑥ 陈翰笙：《破产中的汉中的贫农》，《东方杂志》第30卷第1号，1933年1月，第68页。
⑦ 陈赓雅：《西北视察记》上册，申报馆1936年版，第287—288页。
⑧ 张慎微：《靖远的烟场》，《甘肃文史资料选辑》第13辑，甘肃人民出版社1985年版，第89页。

利贷中,"以大烟放账者,其利息较以洋放账者,更为残酷,如四月底或五月初,借大烟一两,至六月底,则归还大烟十两"①。清水有一种名为"重利"的高利贷,"此纳利为借贷鸦片者,如今年借鸦片一两,到明年收烟时节,按二两五钱或二两缴纳,如期不能全数缴还,将利和本利如二两五为本收利即在五两"②。民国三十年(1941)庆阳大地主谭世麟给樊某放烟债40两,合80元,每月加利60元,不到几年本息数千,逼樊某卖了14间房屋及宅地还债1200元③。

另一方面,高利贷也刺激了鸦片的种植和吸食。一些放高利贷的债主们,"对于种鸦片的农民,特别欢迎,因为种鸦片的土地全是肥田,如果农民有赖债的行动,土地的抵押可以较有把握。同时鸦片的收成也比稻子、麦子为可靠,鸦片的市价也不像谷物一样易于变动,高利贷者愿意放款给种植鸦片的农民,于是农民更多地种植鸦片了。所以西北的烟毒,也是高利贷者把它煽扬起来的"④。此外一些借了高利贷的农户,因不堪债务重负,为逃避现实,逐渐养成了"及时行乐"的习惯,参与到吸食鸦片的行列之中,以麻醉自己的神经。范长江在西北考察时,就发现了这种现象。如在酒泉,人们"被无比其多的公款逼得无法,他们明知道是'饮鸩止渴'的高利贷,借了高利贷十九都要破产,然而他们为'先公家之急'起见,不管情形怎样,有了钱在手,那管借的高利贷也罢,卖家具的也罢,即刻要用也罢,他先到小饭馆去大吃一顿再说,宁可出了馆子再借高利贷,亦无所用其踌躇!""农民在这种毫无希望的高度剥削情况下面,除了抽抽鸦片,苟安岁月外,还有什么力量可以叫他们兴奋的从事工作?"⑤ 在20世纪30年代的宁夏,"种烟者多,吸烟者亦多,除回民外,几乎每家都有一盏烟灯,一杆烟枪。……当时宁夏城镇,烟馆林立,光银川就不下十家,其中最有名的两家烟馆,一是东门的张臊头。一是柳树巷的祁瘸子。每天从早到晚,市民、农人、乞丐买烟膏者络绎不绝,每日销售量达数百两。……当时有首民谣:'三十万亩大烟,三十万杆枪

---

① 兰州正闻分社:《山丹高利贷惊人》,《西北日报》1935年6月20日。
② 《清水高利贷病民》,《西北日报》1934年2月20日。
③ 庆阳地区志编委会:《庆阳地区志(二)》,中国金融出版社1992年版,第843页。
④ 杳君硕:《被压于高利贷下的西北农民》,《农业周报》第4卷第10期,1935年3月。
⑤ 范长江:《中国的西北角》,天津大公报馆1936年版,第150、135页。

(烟枪),吸的吸来卖的卖,人人骨瘦如柴当乞丐'"。[1] 可见当时吸食鸦片之盛况。据资料记载,1936年宁夏办理烟民登记,烟民共计123.564人,当时全省人口987.933人,烟民竟达1/8。11.457户,几乎每家有一人抽烟[2]。

二 一分为二的观点

改革开放以来,一些大陆学者进一步深入社会再生产及商业流通领域内部来探讨高利贷与社会经济运行的必然联系,既肯定其消极作用,同时着重探讨其对生产流通的一定程度上的积极作用。如方行先生指出:"在清代,农村高利贷正是以小农经济的存在为条件","随着商品货币经济的发展,高利贷资本在社会生产过程中作用的增大是一种经济必然性",虽然因利息率很高,高利贷往往给小农带来严重的经济后果,因而对农民的危害是很严重的,但高利贷资本往往存在一个利率较低的部分,而农民的收入却往往是个变量,因而偿债能力提高,通过借贷维持甚至促进社会再生产也是可能的[3]。王天奖认为通过高利贷,债主积累了部分资金投资于工业,农民的贫困化造就了近代工业劳动力。但文章对高利贷对农村自身的负面作用没有提及[4]。慈鸿飞认为高利贷不仅仅是剥削,而且它也是农民融通资金的一种方式,并认为对这个问题也要从两个方面看。一方面,"剥削是肯定存在的,这主要是超经济之上的政治、宗族特权的存在所造成的,以及在自然灾害、战争等特殊环境下产生的"[5]。刘秋根认为农户的高利借贷行为的作用体现在:"如果是纯粹的应急的生活性借贷,他们可以借此延续家庭人口的生存,使再生产在原有的或缩小的规模上反复;如果是生产性的借贷,尤其是在一些经济性作物或开发性、经营性农业生产中的借贷,则有可能维持原有规模的再生产甚至在一定程度上扩大

---

[1] 人民银行宁夏分行金融研究所编:《宁夏金融史近代史料汇编》(上),油印资料,1987年3月,第78页。
[2] 宁夏省政府秘书处:《十年来宁夏省政要述》第3册,转引自人民银行宁夏分行金融研究所编《宁夏金融史近代史料汇编》(上),油印资料,1987年3月,第78页。
[3] 方行:《清代前期农村高利贷资本问题》,《经济研究》1984年第1期。
[4] 王天奖:《近代河南农村的高利贷》,《近代史研究》1995年第2期。
[5] 慈鸿飞:《二十世纪前期华北地区的农村商品市场与资本市场》,《中国社会科学》1998年第1期。

再生产。"同时,他指出这些作用是否成为可能还得考虑两个因素,即利率的高低和借贷之后是否还有其他意外因素的冲击,如官府临时的急征暴敛、水旱蝗灾、战争动乱以及疾病死亡等。因此,"对高利贷资本在小农暨小生产者再生产过程中的作用我们必须注意具体分析,不可一概而论"①。李金铮的观点较有代表性,他认为自古代以至民国,高利贷始终是整个社会经济生活的一个重要环节,对于维持农民的生命延续和简单再生产发挥着一定的作用。"即高利贷使难以为继的农民暂时渡过难关,免于马上破产,也正是由于农民的生命得以延续,才有可能使其维持家庭简单再生产。此外,有少量借贷用于生产经营,如购买土地、改良土地、购买牲畜、从事事业等,这种借贷对于家庭经济的延续有着积极的作用。总之,少数即将破产的农民有可能通过借贷得以恢复和重建。"②温锐在对20世纪初期赣闽边区农村民间传统借贷考察后,认为民间传统借贷虽然具有明显的负面作用,但是"当地的农村民间借贷关系不仅具有普遍性,利息也不是学术界长期所认定的那么高,而且它对当地农村经济运行与发展具有不可或缺性,其具体的运作则具有很强的市场趋向性",所以"民间借贷不是需要不需要的问题,而是政府如何加以规制与调控的问题"③。徐畅博士在研究了20世纪二三十年代华中地区农村金融问题时也指出:"毫无疑问,在农村破产过程中,高利贷负有不可推卸的责任","从最根本的意义上讲,高利贷的作用基本表现在消极方面,但是消极作用不能涵盖其全部内容"④。对此,国外的一些学者在针对国内学者对高利贷作用的评价时,非常中肯地指出:"学者们写到中国农村的商人和高利贷者时都不抱同情。他们被描述为寄生虫,与他们为农村经济所做的贡献相比,他们更多的是要为其落后负责。事实上,对于他们的作用和行为所作的描述加入了太多情绪化的东西。"⑤ 这一观点也提醒了我们,应对高利贷的

---

① 刘秋根:《明清高利贷资本》,社会科学文献出版社2000年版,第11—12页。
② 李金铮:《民国乡村借贷关系研究——以长江中下游地区为中心》,人民出版社2003年版,第191页。
③ 温锐:《民间传统借贷与农村社会经济——以20世纪初期(1900—1930)赣闽边区为例》,《近代史研究》2004年第3期。
④ 徐畅:《二十世纪二三十年代华中地区农村金融研究》,齐鲁书社2005年版,第94页。
⑤ [美]马孟若:《中国农民经济——河北、山东的农业发展(1890—1949年)》,史建云译,江苏人民出版社1999年版,第272页。

社会经济效果做辩证的分析。

在对中国农村高利贷的残酷剥削进行鞭笞的同时，还应该指出，在当时特殊的历史条件和环境下，高利贷对社会经济的作用和农家的生产与生活在一定程度和一定范围内还有其积极作用的一面。对此，我们要给予客观和冷静的分析。

高利贷作为一种源远流长的借贷制度，始终在人类的社会经济生活中扮演着重要角色，发挥着一定程度的作用。这种积极作用主要体现在以下方面。

（一）在某种程度上，弥补了西北农村现代金融的缺失，缓解了农户在生活和生产上资金供给不足的问题。

在现代金融中，金融的流转与经济的发展密切相关，而在金融的流转中，资金供求是否充裕，现代金融能否提供便捷的借贷服务，这对农村经济的发展影响很大。关于现代金融流转中资金的供给不足、服务缺失的问题，本书将在第六章第四节进行论述。总的结论是20世纪上半期包括西北在内的中国广大农村地区金融枯竭，能够使广大农民进行正常借贷的金融机构很少，农村资金缺乏等因素，这就为地主、商人、富农等私人在农村放高利贷提供了广阔的空间和有利的条件。

具体到民国时期的西北乡村社会，其内部的资金流转（或资金供求）主要是以私人为中心的放贷者而提供的，现代金融所发挥的作用微乎其微。一种情形是农民在青黄不接时向地主、富农、军人、部分地方官员以及寺院、学校等借贷，使资金向这些人手中流动；另一种情况是农民几乎一年四季都有可能向商人赊账，向高利贷者借钱作为生产资本或购买生活资料，由此，农村资金又不停地向他们手中流动。

本书关于农民的负债额、负债利率以及借款来源的分析表明，在高于全国22省农户负债率5.8个百分点的高负债率的情况下，西北农户的负债"以低利率借得之资金为极少数，向银行等借得者更不逮百分之十，其大多数粮债钱债的利率约在三分以上，甚至多在月息十分者"[①]。南京国民政府中央农业实验所1933—1934年对全国22省的农村借贷利率所进行的调查统计表明，在处于西北的宁夏、青海、甘肃、陕西四省的一般借

---

① 李丛泌：《西北农业概况》，《新西北》（月刊）第4卷第5期，1941年7月，第33页。

贷利率中，现金借贷利率平均为9.8%，高于全国平均利率2.7个百分点，现金借贷利率仅5分以上的利率平均为40%，高于全国平均利率27.1个百分点。粮食借贷利率平均为9.8%，高于全国平均利率2.7个百分点[①]。可以说，农户的借贷仅从借贷利率方面看，大多具有高利贷性质。由此可见，高利贷在西北农村金融，特别是在农户资金供给方面的重要地位。所以，我们完全有理由相信，如果没有高利贷，农村金融将无法运转，农村经济将会彻底崩溃，农民也就无法进行正常的生产与生活了。

需要指出的是，高利贷在农村金融发展中所发挥的重要作用，是在特定的历史条件和环境中表现出来的。一般来讲，是在现代金融缺失、资金供给不足的情况下，高利贷才能成为农村民户借贷的主要来源。进一步讲，如果有一个良好的现代金融供给体系，农户从现代金融机构中能够比较容易借到生产和生活所需的资金，人们必然不愿意向私人借高利贷。换句话说，人们借高利贷是一种无奈的选择，现代金融体系的构建才是解决农村金融的主渠道。

（二）高利贷用途中的生活性借贷，可以借此延续劳动力的生存，为简单再生产的运行提供基本的前提条件。对于维持小农经济的正常运转来说，首先需要一定数量和质量的劳动力才能实现，而要做到这一点，一个重要的方面是农村劳动力的基本生存需要是否能够得到满足，这其中，如口粮和基本的生活费用是否有保障就显得十分重要。从这方面来看，农村高利贷在延续农户的基本生存需要、维持简单再生产的运行方面发挥了一定程度的作用。本书第一章第四节中关于西北农户高利借贷用途的许多资料表明，农家借贷的主要用途不是在生产方面，而更多的是用在消费方面。换句话说，农家借高利贷的主要原因是由于在生活上出现了严重困难，被迫借贷。农户借贷的这一特点也成为自古至今人们指责高利贷给农户带来深重灾难、具有明显的消极作用的重要理由，对此，我们需要强调以下几点：

一是生活性借贷（或消费性借贷）和生产性借贷并不是毫无关系，生活性借贷也具有一定的生产性。对此，马克思曾指出，为小生产性质所

---

① 南京国民政府中央农业实验所农业经济科编：《农情报告》第4期，第30页；第11期，第109页。

决定，农民的生活资料也是其"生产条件的基本部分"①。具体来说，生活性借贷，至少给维持简单再生产提供了劳动力。由于生活性借贷可使小农的最基本生存需要得到满足，不至于马上毙命，否则生命都无法保障，谈何简单再生产。正如西北的一些农民在谈到高利贷时说道："我们明知高利贷的不该，但我们在高利贷的情形下，尚能苟活和偷安，因为高利贷只能迫我们的钱，不能迫我们的命，如果禁止了高利贷，我们便无法生活了。"②"我们明明知道这种高利贷，是有钱人对我们穷人的一种最毒辣的剥削，可是也无力反抗，否则不借给你钱，那个时候非饿死不可。"③ 虽然高利贷，特别是生活性借贷确实存在着导致农户大量破产的事实，但并不能导致所有借贷的农民都破产。因此，"在传统社会的再生产过程中，农村民间借贷中的消费借贷部分同样有不可或缺的作用"④。

二是在西北农户进行的高利借贷中，粮食借贷的比重很高，这其中除用于进行简单再生产所需要的种子外，还有相当一部分是用来满足农户因贫困而出现的口粮不足的需求，从这方面讲，这种借贷具有使农户的生命得以延续的作用。

三是农户进行的消费性借贷中有部分用途是用来交租、纳税，从某种意义上说，这也属于满足农户进行再生产的基本条件，本质上也具有某种生产性。

四是消费性借贷中有相当一部分属于满足本来就需要支付较大现金的项目，如建房、疾病和应付突发性的开支，农户无力支付，只能借贷，很难说与高利贷有本质和必然的联系。

五是农家进行婚丧嫁娶、宗教活动以及赌博、吸食鸦片等方面的不正当消费行为而进行的借贷，在借贷中占有相当大的比重。这些方面的借贷行为，正如有的学者指出的："近代中国小农因奢侈性或不正当的消费而背上高利贷甚至破产者并不少见，他们的破产一般不是高利贷剥削的结

---

① ［德］马克思：《资本论》第3卷，人民出版社1975年版，第677页。
② 沓君硕：《被压于高利贷下的西北农民》，《农业周报》第4卷第10期，1935年3月。
③ 人民银行宁夏分行金融研究所编：《宁夏金融史近代史料汇编》（上），油印资料，1987年3月，第146页。
④ 温锐：《民间传统借贷与农村社会经济——以20世纪初期（1900—1930）赣闽边区为例》，《近代史研究》2004年第3期。

果,至少不是直接结果。"①

总之,农户这种用于生活和消费方面的高利借贷,一方面可以使部分生活上难以为继的农民得以暂时渡过难关,免于马上破产,也正是由于农民的生命得以延续,才有可能使其维持家庭简单的再生产。另一方面,这种生活性借贷和生产性借贷存在着某种必然的联系,其本身也具有一定的生产性,是进行简单再生产的基本条件。

(三)高利借贷用途中的生产性借贷,对于维持小农的简单再生产也发挥着一定程度的作用。在分析民国时期西北乡村农户的高利借贷用途中,除大多用于生活或消费用途方面的借贷外,还有一部分用于经济作物的种植和开发、经营农业和副业所需购买的部分生产资料,如购买和改良土地,购买农具、耕畜、种子乃至雇工费用等。尽管在农家借贷的总额中这部分借贷占很少的一部分,但它是完成再生产必不可少的内在条件,它可以使农家的再生产得以维持,甚至有可能在一定程度上扩大再生产,具体表现在:

第一,西北地区的粮食借贷较为普遍,其中大部分人借贷农户的粮食借贷的用途除满足口粮不足的需要之外,还有一部分农户的粮食借贷用作种子需要。如果年成好,秋后收获的粮食除还贷外,必然还会有剩余,这对解决农户生活需要会有帮助。

第二,在农户的借贷资金中,还有部分资金用来购买农具、耕畜、肥料等生产资料,这种借贷资金的使用无论对维持简单再生产还是进一步扩大再生产都是十分必要的。安汉、李自发在西北进行农业考察后,就谈到了这一情况:"近年灾旱稍减,多数农民,急需向地主和商人赎回其押出之田地及农具,又如购买籽种及耕畜种种急需之款,亦不能不以高利贷求之。"②

第三,高利贷也对农户的一些经济作物的种植起了积极推动作用。民国时期西北地区的经济作物最为典型的是鸦片的种植。如前所述,此时期的陕、甘、宁地区大面积种植鸦片。相较于种植粮食作物种植鸦片所获得的利润较多,但同时也需要较高的成本和先期投入,这对一般农户而言,是没有能力做到的,唯一的办法就是借贷。而一些放高利贷的债主们,对

---

① 徐畅:《高利贷与农村经济和农民生活关系新论》,《江海学刊》2004年第4期。
② 安汉、李自发:《西北农业考察》,国立西北农林专科学校,1936年,第52页。

于种鸦片的农民特别欢迎，因为种鸦片的土地全是肥田，如果农民有赖债的行动，土地的抵押可以较有把握。同时鸦片的收成也比种稻子、麦子更为可靠，鸦片的市价也不像谷物那样易于变动，高利贷者更愿意放款给种植鸦片的农民。虽然鸦片的种植对社会危害较大，但从经济上讲，农户能够获得较多的收入。

第四，高利贷还对西北地区的一些商业贸易活动有一定的促进作用。如范长江1936年在西北各地采访时，就谈到了祁连山地区的金矿开采，一些进行采矿的"金夫"，因为没有资金，因而许多人都借了高利贷来开采金矿，尽管放高利贷者对"金夫"剥削很重，一般是"市价为一两金子换银圆九十元，高利贷者只借出五十元，即须要苦力们将来还一两金子，而借出所谓五十元，还多半给予粮食、茶叶，现金占极少部分；这些折价的货物，其价格又远比普通市价为大"，但这种高利借贷，一方面使"金夫"们的基本生活得以暂时维持，另一方面所借得的极少资金对金矿的开采也具有一定经济保障作用，从而使金矿的开采得以顺利进行。另外，青海的羊毛出口，不但是青海对外贸易最大的项目，而且在当时中国出口贸易上也占相当的地位。它对当时青海的经济发展影响很大。一般牧民在养殖牛羊过程中，现金最缺，故许多牧民都是以羊毛折价借贷[①]。

（四）高利贷的负面影响还从反面促使国民政府，通过加紧现代金融机构向农村的渗透，进行较大规模的农贷活动，这对解决农村高利贷问题，缓解农村的金融枯竭、资金供给不足问题有积极的作用。应该说，国民政府开展大规模的农村合作事业、进行农贷活动的一个主要原因，是要解决农村的资金供给不足以及私人高利贷活动猖獗给农村经济和农家生产与生活所带来的负面影响。本书在第六章专门论述了国民政府的农贷活动及其所发挥的作用，在这里不再赘述。

（五）从一般意义上说，高利贷还为近代资本主义经济的发展提供了国内市场和大量的劳动力。在近代中国，高利贷的猖獗用经济的和超经济的力量使众多的、历来在自然经济中生活的农民小生产者与生产资料分离，将他们中的大多数推入贫困和破产的深渊。正如列宁所说："这种农民愈破产，他们就愈加不得不出卖自己的劳动力，他们就愈加必须在市场

[①] 范长江：《中国的西北角》，天津大公报馆1936年版，第183—184、150—151页。

上购买自己的即使是极有限的生产资料的更大一部分。"① 由早先的农产品、家庭手工业产品的生产者变为各种生活必需品的购买者。这样"不仅为工业资本游离出工人及其生活资料和劳动资料，同时也建立起国内市场"②。在民国时期的许多地方文献资料中，农民的破产，自然经济的解体，劳动力和商品市场的扩大都有明确的记载。尤其是由破产农民和其他劳动者组成的劳动力市场的扩大，给近代工矿业、交通运输等行业的发展，准备了十分充足的劳动后备军。此外，一些地主、商人、高利贷者通过高利贷不断地增殖可变资本的货币财富，同样也有助于近代中国资本主义经济的发展，由此发展起来一些民族资本主义企业家，如河南武修的王印川、沈丘的杨敬堂都是既从事近代资本主义工矿业和商业，又兼营高利贷和地租的剥削而发展成为本省有名的资本家。

以往学术界对高利贷对社会经济的影响进行分析时，大多数只强调其负面影响，而完全忽视其积极作用的一面，显然过于简单化了。由于自古以来，高利贷就是农民融通资金的主要方式，是他们经济生活中不可缺少的经济条件之一，它与小农的经济状况是相适应的。因此，在现代金融体系不完善、资金供求失衡的条件下，高利贷的存在就有其合理性和积极的一面。对此，一味地指责和强行禁止高利贷的存在只会适得其反。

同时，还需要指出的是，近代以来，尽管资本主义生产方式开始向中国农村渗透，但直到民国时期，自给自足的自然经济仍然在广大农村占据主导地位，这种现象在西北广大农村更为突出。在这种自给性生产为主、商品性生产为辅以追求温饱为目标的模式下，小农首先必须确保自给性生产。小农的生产与消费基本是在家庭内部实现的，因此其经济的运行既有实物的运动，也有资金的运动。随着商业货币经济的发展，资金运动的地位日渐突出，这样作为货币资本运动形态的高利贷资本在小农的再生产和生活中的地位便提高了。但是，笔者认为在强调小农经济对高利贷资本依赖作用的同时，必须指出，在民国时期，特别是在20世纪二三十年代中国农村，由于诸多因素的影响出现严重经济危机，高利贷对小农再生产的积极作用就会受到限制，更多地表现在它的负面影响和消极作用方面。在

---

① 《列宁全集》第3卷，人民出版社1984年版，第22页。
② 《马克思恩格斯全集》第23卷，人民出版社1972年版，第816页。

急剧社会动荡、各种横征暴敛、灾荒频繁发生、战乱以及疫病死亡等因素的影响下，大部分农家连基本的温饱都难以保证，也就很难通过借高利贷扩大再生产了。如本书前面所述，此时期，西北农村高利贷所表现的几个方面的特点，如农家借贷以实物为主，借贷的用途更多的不是用于生产而是用于消费等，就可说明高利贷在广大农村所扮演的角色，更多地体现在暂时缓解农家生活方面的困难。即使如此，在这方面的作用我们也不能评价过高，因为借贷利率过高以及借贷之后因各种意外因素的影响，使小农借贷之后的结果只有走向破产，甚至生存都成问题。即使历尽千辛万苦维持了再生产，也会在高利贷的网罗下难以翻身。因此，我们对高利贷对小农生产与生活过程中的作用必须具体分析，要结合不同时期、处于不同历史背景的农村社会，科学地运用各种理论进行研究，如中国古代和近代、近代和现代条件下，高利贷的作用和影响是不同的，即使在同一时期，农村和城市，沿海商品经济较为发达的地区和包括西北在内的内陆贫困地区，高利贷的影响和作用也会有所不同。

第六章

对民国时期西北地区新式借贷机构的考察

民国时期西北各地的新式金融主要以银行金融为代表,它包括国家银行、商业银行在西北各地设立的分支机构以及各省建立的地方银行,同时还包括其他各种形式的借贷机构,如农村信用合作社以及农民借贷所、农业仓库和合作金库等。由于信用合作社在新式借贷中对农村经济和农户的借贷活动影响最大,并扮演着新式借贷的重要角色,因此,本书将重点论述信用合作社与农户形成的借贷关系,对新式借贷的其他方面将简要论述。

第一节 银行机构的建立及其农贷活动

西北各省现代金融的最初形式是在20世纪初建立的一些地方性的金融机构。在甘肃省,有著述中认为光绪三十年(1908)11月成立的甘肃省官银钱局是甘肃现代金融业的开端。[①] 其在甘肃省内的宁夏、西宁、平凉、秦州、凉州、酒泉、平番、安定、马营、陇西11道设立了分局。[②] 而银行机构在西北各地的建立则稍晚一些。甘肃省第一次成立的银行是在

[①] 参见甘肃省地方志编纂委员会编纂《甘肃省志·金融志》,甘肃文化出版社1996年版,第36页。笔者认为虽然官银钱局还不能说是完全意义上的近代金融机构,特别是它的内部组织和资金来源都带有明显的封建性质,但官银钱局已具备了现代金融机构的一些特征,如兑换银钱、放款取息、存款付息等,而且许多省一些地方银行的形成,如陕西的秦丰银行、广东省银行、江苏银行、山西银行、浙江地方银行、湖北省银行、河北省银行、河南农工银行、四川地方银行、江西民国银行、湖南省银行、广西银行、福建东南银行等,其中一些就是在官银钱局改组后形成的,或者是由各省官银钱号演变而来的。

[②] 宁夏金融志编审委员会:《宁夏金融志》,内部资料,第112页。

民国十二年（1923）1月建立的甘肃省银行。该行建立后，由于内部人事受政局影响，屡经更易，营业也随之一蹶不振，业务日益衰退，民国十八年（1929）改组为甘肃省农工银行，其后成立的是西北银行甘肃分行。西北银行虽非纯粹的甘肃地方银行，但在业务上与甘肃省十分密切。它是冯玉祥系国民军于1925年成立的，总行在张家口，1927年迁至郑州。1925年9月，国民军入甘，随之设立甘肃分行，同年12月又改为兰州分行。兰州分行在西宁、宁夏等西北各地设立的分支机构达15个。民国二十年（1931）西北银行改组为富陇银行。在甘肃银行结束、成立西北银行甘肃分行的同时，还成立了甘肃农工银行。该行以原甘肃省银行为基础，并将原平市官钱局并入，于民国十七年（1928）4月18日正式成立。民国二十一年（1932）春，陕军孙蔚如入甘，由陕西省银行接收该行，甘肃省农工银行遂告终止。此后在甘肃省设立的地方银行还有富陇银行（1931年）、甘肃平市官钱局（1932）等以及在抗战之后建立的一些市、县银行。这些市、县银行大约有12个，其存在的历史较短，资金不足，发挥作用不大。据1948年3月统计，甘肃境内共有总、分、支大小金融机构158个，其中，属于地方性的省、市、县银行87个，商业性的银行、钱庄25个，信托、保险等其他金融机构18个。这些机构集中于兰州者33个，其余分布在各市、县①。

陕西最早的省银行，是清宣统元年（1909）设立的大清银行陕西分行，这是在陕西开办的第一家现代银行，但经营时间很短，辛亥革命后即停业。北洋政府时期陕西建立的第一家地方银行是秦丰银行，它是在清理大清银行陕西分行的基础上设立的，而且在1911年11月又成立了富秦钱局。民国二年（1913）4月，富秦钱局划归秦丰银行管辖。以后随着时局的动荡，1917年，秦丰银行又改组为富秦银行。1927年，冯玉祥主持陕西政务时改组富秦银行为西北银行陕西分行，属地方性随军银行，主要为西北军筹措军饷和便利金融服务，此外还代理金库，发行银圆券。1930年10月，西北军离陕，该行随之撤销②。之后，在陕西省成立的两家地

---

① 甘肃省地方志编纂委员会：《甘肃省志·金融志》，甘肃文化出版社1996年版，第6页。
② 陕西省地方志编纂委员会：《陕西省志·金融志》，陕西人民出版社1994年版，第23页。

方银行是陕西银行和陕北地方实业银行,它们于 1930 年设立于西安①。此外,1940 年以后,陕西省为配合国民政府"新县制"推行和《县级银行法》的实施,以使各县具有完整的金融体系,扶植地方经济发展,先在西安试办长安县银行,后按照制定的相关章程和准则进行推广。现举几例陕西各县县银行开设的事例,陕西宜川县 1942 始设县银行,"由县长会同地方士绅及筹备人员募股筹备,延至是年正式成立,开始营业。原定股本二十万元,续募四十万元,复奉省令已筹足股本一百万元"②。黄陵县,民国二十九年(1940)"奉令筹设县银行,招集股本,于三十一年七月十五日正式成立,股本计二十五万元,开业时仅收足二分之一"③。洛川县,"是年(1941 年)财政部令省饬设县银行,洛川列为第一期开办县份。应于三十年一月成立,嗣因招募股本及筹备行址等事,延至三十一年六月十日始行开幕。原定股本二十万元,截止开幕时已收足八万元"④。截至 1943 年全省除陕甘宁边区政府所辖各县外,基本上都设立了县银行,少数边远穷县到 1946 年筹设完毕。但各县银行由于资金薄弱,业务活动局限于存、放、汇和金库,资金主要来源靠存款和发行本票。放款也以商业放款为主,少数县也对部分手工业放款⑤。

宁夏在 1929 年未建省前,即有西北银行(1925 年建立),1927 年西北银行设立西北银行宁夏分行,这是宁夏最早的现代金融机构,直到宁夏建省之初西北银行仍发挥作用。民国二十年(1931)1 月宁夏省银行建立,"由本府呈准财政部改设省银行,以国币三十万元为基金,并接收西北银行之钞票三十五万元"⑥。民国二十二年(1933)2 月 5 日,马鸿逵为宁夏省政府主席后,对宁夏省银行实行了改组。因 1937 年 7 月 7 日卢沟桥事变,宁夏与京、津间的货运中断,殃及金融业,省钞在市面实行贴水五成贬值过半,加之国民党中央早已颁布法令实行法币,禁止地方银行

---

① 秦孝仪主编:《革命文献》第 90 辑"抗战前国家建设史料西北建设"(三),(台湾)"中央"文物供应社 1982 年版,第 301 页。
② 余正东等纂修:《宜川县志》卷 14"财政志·附金融",1944 年铅印本。
③ 余正东修,吴致勋等纂:《黄陵县志》卷 12"财政志·地方金融",1944 年铅印本。
④ 余正东修,黎锦熙纂:《洛川县志》卷 14"财政志·金融",1944 年铅印本。
⑤ 陕西省地方志编纂委员会:《陕西省志·金融志》,陕西人民出版社 1994 年版,第 293—294 页。
⑥ 宁夏省政府秘书处:《十年来宁夏省政述要》第 3 册(下),1942 年,第 277 页。

滥发纸币，民国二十七年（1938）5月，在结束省钞流通的同时，也结束了宁夏省银行。另外，由省府筹设官商合办之宁夏银行，于同年6月1日正式开业。宁夏银行是按照国民党中央所颁布的《银行法》及《公司法》中的相关规定建立的股份制银行。民国三十六年（1947）国民党中央颁布了省银行条例，规定一省只设立一个省银行，执行统一的银行法，并纳入国库。财政部据此通令撤销了宁夏银行，责成宁夏省政府重新组建宁夏省银行。同年9月19日，成立了"宁夏省银行筹备委员会"，10月1日宁夏省银行正式开业。新中国成立前夕，宁夏省银行倒闭。此外在宁夏一些地区还设立了一些县级银行，如西吉县银行（1946年成立），主要办理小宗春耕、麦工、畜牧等农业贷款。固原县银行（1947年3月15日成立）只办理小额存放业务[①]。

民国时期的青海省，基本是以农牧业为主的自然经济，金融业发展十分缓慢，金融机构出现较晚。1929年建省前无独立的现代金融机构。1927年，甘肃省银行在西宁设办事处，开始发行票洋，办理存、放、汇业务，这是青海金融史上现代银行的开端[②]。1929年甘肃省银行改组为甘肃省农工银行，西宁办事处也随之更名。1929年青海建省以后，由省财政厅设立平市官钱局，发行维持券，以调剂全省金融。1938年后，国民政府在青海陆续设立中央、中国、农民及四联总处等银行和金融机构的分支机构，"但业务没有多大发展。至解放前夕，连年亏累"。1946年，青海省才正式成立了地方银行——青海省银行和青海省实业银行[③]。青海省银行的宗旨是"调剂本省金融，扶助经济建设，开发本省生产事业"，具体有存款、放款、汇兑、现金收付、储蓄信托等业务，还代理各级公库等。青海实业银行是马步芳为进一步控制青海经济，扩大自己的金融实力而独资建立的一家商业银行。实业银行的主要宗旨是"调剂本省金融，援助兴办实业，开发财源"，具体的放款原则是限于省内的工矿业、畜牧业及农田水利等。

以上西北各省设立的一些地方金融机构，大多实施的是一些普通的银

[①] 宁夏金融志编审委员会：《宁夏金融志》，内部资料，第113—126页。
[②] 青海省地方志编纂委员会：《青海省志·金融志》，黄山书社1997年版，第10—11页。
[③] 同上书，第65页。

行业务，其业务区域主要局限在城镇的范围。但即使如此，仍有一些地方银行开始涉及农贷活动。如陕西银行的农贷业务是从民国二十三年（1934）开始办理的。当时因资金有限，未能大规模进行。1937年7月陕西省银行与省合作委员会签订固城、西乡、陇县、扶风四县贷款合约，规定贷款55万元，到1938年6月底实际发放32.6万余元。同年6月，省行向财政部领法币200万元，依规定用此数一部分办理农贷。12月陕行又与省合作委员会续订合约，扩大农贷业务，增加白水、蒲城、潼关、耀县、富平等五县为农贷区。截至1940年10月底，信用贷款、棉花扩大贷款、产销社贷款、农仓抵押贷款等各项贷款余额153.6万余元[①]。1935年宁夏省银行也对宁夏等县发放过无息贷款。其中宁夏县本年度无息贷款就达到5万元。1936年，"因各县灾欠奇重，贫苦农民缺乏籽种者甚多，春耕在即自应积极贷款，以惠农民"。经省政府批准在各县建立农村借贷所，并由财政、民政两厅共同拟定出农村借贷所办法和借请求书等，在各县发放农贷。同一时期，宁夏省银行又发放水利渠工贷款和造船贷款，维修惠农渠、汉延渠、大清渠和修造船只57只[②]。当然，这些地方银行因资金有限，所进行的农贷活动局限性很大，许多农业贷款活动并未全面举办，因此，广大农村间资金之融通，仍依赖民间借贷和旧式金融业。

在西北各地建立地方银行的同时，国民政府国家级银行和其他省建立的私营银行也先后在西北设立了一些分支机构（分行或办事处）。这些银行在陕西设立的最早，对农贷投资的规模和数额也最大。主要原因是由于陕西在西北各省中是比较富庶的省份，交通比较便利，农业经营条件较好。1934年上海商业储蓄银行、中国农民银行、交通银行、浙江兴业银行（分理处）在西安、渭南设立分行。1935年金城银行在西安设立办事处。1935年5月15日中央银行在西安设立支行，1940年升为一等分行。就1934年各行在全国12省投资的普遍性来说，陕西当首推第一，江浙次之。如以各行对某省投资数量的多寡来比，则江苏首推第一，而陕西居次。从各行在陕西的贷款额来看，支持数额也较大，如表6—1所示。

[①] 郭荣升：《抗战时期中之陕西省银行》，中央银行编《经济汇刊》第6卷第10期，西北大学图书馆藏书，1942年11月16日。

[②] 转引自张致健《旧时宁夏农村金融及其农贷概略》，《宁夏史志研究》1984年第1期。

表 6—1　　　　　　1934 年度各银行在陕西农村贷款统计

贷款银行	金额（元）	借款机关	借款性质
上海银行	250000	陕省棉花合作社	借用贷款
四省农民银行	20000	长安各地之合作社	
中国银行	200000	西安农民合作社	棉花信用合作放款

资料来源：根据章有义主编《中国近代农业史资料》第 3 辑（生活·读书·新知三联书店 1957 年版）第 187—188 页表整理。

在甘肃省，中央银行于 1933 年 12 月 4 日在兰州设立分行，主要业务为代理国库、收受存款准备金及监督检查各金融机构。1940 年 1 月、1948 年 7 月中央银行又在酒泉、天水设立办事处，1945 年 1 月在平凉设立国税经征处。中国银行在甘肃曾两次设立分支机构。第一次是 1915 年开始创办，1929 年分支机构因种种原因被中国银行总管理处裁撤。1939 年 7 月中国银行兰州支行第二次成立，主要经营国内外汇兑及工商业存款业务。交通银行也于 1940 年 1 月成立兰州支行，主要办理工矿事业放款，并先后于 1940 年在天水、武威，1941 年 3 月在酒泉、平凉等地设立办事处。从以上在甘肃设立的国家级银行分支机构的主要业务内容来看，很少涉及农贷活动。

而对甘肃省的农贷活动产生一定影响和促进作用的主要是中国农民银行。1935 年 2 月中国农民银行在兰州成立分行，并先后在天水、武威、平凉、张掖等地成立办事处，在酒泉、临洮、靖远、安西、甘谷、岷县、敦煌、武都、临夏及天水西站成立分理处。该行之业务活动，除发放农贷外，还在天水、武都、庆阳等地组织过信用合作社。如 1936 年，由中国农民银行兰州分行、甘肃省政府农村合作指导委员会派员在宁县组织信用社，当年发放贷款 15 万元（法币），在正宁县由省行派指导员 3 人，在全县筹办信用合作社，组织股金、发放贷款。1943 年该行又在镇原县组织过信用社，发放贷款 1.7 万元。从 1940 年起，国民党政府把庆阳、合水、环县、正宁、镇原等县划为情况特殊的边区农贷地区，由四行联合办事处核拨专款，通过甘肃省政府组建"陇东八县农贷办事处"。据 1942 年统计，当年共贷出 113 万元，连同以前贷出未收回的，年底余额为 223 万元。这些贷款利率较高，以 1943 年为例，银行贷予金库为月息 9‰，金库贷予合作社为月息12‰，合作社贷予农民为月息15‰以上。而且这些合作社多为地主、豪绅、高利贷者所把持，其转贷利息的提高，则漫无边际①。

在宁夏，抗日战争爆发后，中国农民银行、中国银行、中央银行、中国交通银行和邮政储金汇业局也分别在宁夏设立了支行、分行或办事处。其中，中国农民银行宁夏支行成立于1938年8月16日，归农民银行甘肃省分行领导，为国民党国家银行在宁夏设立的第一家正式机构。1947年，中国农民银行宁夏支行又在阿左旗定远营设农贷通讯处，专门办理该地区境内之牲畜贷款。农民银行在宁夏设立的机构，除经理普通银行业务外，本着"为谋促进农业生产，发展农村经济"之宗旨，着手调查了宁夏的农村经济状况，作为投资放款的依据。1940年7月，宁夏开始办理农贷时，"贷款额系由建立的，农民、中央、中国及农本局四家，确定各行、局分担的份额，由农民银行统一办理贷款"。"农民银行份额占35%"。1941年，国民政府行政院决定：农本局所办农贷业务归农民银行。农民银行宁夏支行的份额调高至45%。1942年，国民政府实行国家银行专业代管理，农民银行成为发展农村经济、实现土地政策的专业银行，据此，宁夏各行、局所办农贷业务，全部划归农民银行宁夏支行办理②。宁夏较大规模的农贷活动的开展，也始于宁夏农民银行宁夏支行成立之后。1940年5月四行局与宁夏省政府签订了《办理宁夏省农贷合约》，将全省划分为四个贷款区，联合办理农贷。不久农民银行又于省政府协订了《对宁夏省合作社贷款办法》草案，对宁夏省合作社借款用途、限额、期限、利率、借款程序等作了较为详细的规定和说明。同年7月，农民银行开始向各县合作社放款。

中央银行宁夏分行成立于1940年7月1日，主要实施对其他银行的统一管理。"四行联合办事处"宁夏支处成立于1940年8月1日，成立时因交通银行及中信局在宁夏尚未建立机构，只有中央、中国、农民银行三行参加。交通银行宁夏办事处成立于1943年7月20日，其主要业务是以

---

① 甘肃省地方志编纂委员会：《甘肃省志·金融志》，甘肃文化出版社1996年版，第49页。

② 宁夏金融志编审委员会：《宁夏金融志》，内部资料，第126页。

"扶植实业为专责"①。

以上国家级银行和各地商业银行最初在西北各地设立的分支机构，出于畏惧农村投资的风险，在农业方面的资金投资规模都不大，业务范围大多也局限在城镇和工商行业之中，但所发放的有限的农业贷款，包括棉花贷款、定期抵押贷款和活期信用贷款等，对开发西北农业、活跃农村经济也起到了一定程度的促进作用。抗战以后，国家银行参与农贷较战前明显增加，放贷及辅助管理机构逐渐得到加强。以甘肃为例，除中国农民银行外，中国银行于1939年在甘肃设立支行，后在天水、武威、张掖、酒泉、岷县设立办事处。交通银行于1940年在兰州设立支行。中国、交通银行也开始在甘肃兼营农贷业务。由于各银行参与农贷，1938年，甘肃省农村贷款已覆盖全省67个县。中国银行农村贷款区域已深入藏族聚居的县份，如卓尼、夏河等县②。1940年，国民政府又在甘肃划定农贷区，将农贷业务分别交给中国、交通、中国农民银行在兰州及甘肃各县分支机构分别办理。③这样甘肃农贷资金即形成以国家各行局为主、甘肃地方当局为辅的资金筹措机制。

第二节 信用合作社

合作社是农民直接参加的经济组织，它包括信用、专营、生产、运输、消费、供给等多种类型，其中信用合作社是新式乡村借贷的最基层组织，它出现最早，与农户的借贷关系也最为密切，是银行向农户实施农贷的主要金融机构。

一 西北农村信用合作社建立的背景

西北农村信用合作社是在全国合作运动的推动和国民政府开发西北的背景中建立并发展起来的。

近代中国的合作运动深受合作思潮传播的影响。合作思潮起源于19

---

① 宁夏金融志编审委员会：《宁夏金融志》，内部资料，第131页。
② 李中舒：《甘肃农村经济之研究》，《西北问题论丛》第3辑，1943年12月，第61页。
③ 成治田：《甘肃农贷回顾与前瞻》，《中农月刊》第6卷第10期，第32页。

世纪的欧洲，它源于英国。19世纪以后，合作思想开始成为一种运动，首先在英国、德国和法国出现，随后扩展到其他欧美国家。五四运动时期，合作思想传入中国，被当时社会先进知识分子认为是救国救民的一剂良药，并极力宣传，合作思想逐渐传播开来，为以后合作运动的发展打下了良好的基础。辛亥革命后，孙中山也提倡合作思想，他认为合作是实现民生主义的重要途径。孙中山的这一思想，一直是南京国民政府坚持的施政纲领。

而合作运动的实践，始于被称为"中国的合作导师"的薛仙舟于1919年10月22日在复旦创办的上海国民合作储蓄银行，简称合作银行，它不但是中国第一个信用合作社，也是第一个有规模的合作社。此后，全国各主要城市先后掀起了一股组建合作社的浪潮，如湖南大同合作社、湖北仙桃镇消费合作社等，这些合作社由于缺少政府的力量，规模较小，资金缺乏，成立不久后便解散。正当合作运动走向低潮的时候，华北农村由华洋义赈会推动的农村合作运动却异军突起。1921年由中外及各省义赈团体组成的中国华洋义赈救灾总会在北京成立，并于1922年6月在河北省香河县成立第一个该会组织的农村信用合作社，设立合作委办会，负责合作事业的设计事项，该信用合作社的成立，可以说开了中国农村合作社的先河。在华洋义赈会的推动下，河北省的合作事业迅速发展，截至1932年，河北省合作组织已普及69县，合作社数379个，主要以信用合作社居多，除此之外，还有兼营消费合作社、运销合作社等，参加的社员有11000人[1]。

国民政府定都南京后，被日益严重的农村问题所困扰，再加上中国共产党领导的土地革命对国民政府的统治构成了极大的威胁。而这一时期华洋义赈会组织的合作事业却迅速发展，让南京国民政府看到了救济农村的希望，"国民政府于完成北伐统一全国之后，力倡农村合作运动，其要旨一在认救农救国之先务，一在认合作为救农之始基"[2]。

1926年，国民党二中全会提出，"从速设立农民银行，提倡农民合作

---

[1] 于永滋：《中国初期合作运动在河北》，《合作评论》第3卷第2号。
[2] 秦孝仪主编：《革命文献》第84辑"抗战前国家建设史料合作运动"（一），（台湾）"中央"文物供应社1980年版，第1页。

事业"。1928年2月，国民党第二届中央执行委员会第四次全体会议上，陈果夫、李煜瀛、张人杰、蒋介石联名提议设立合作运动委员会，并倡导"本党应特别提倡合作运动，应把合作运动的理论切实研究起来，宣传起来，然后实行起来"①。"1928年10月，二届中央常务委员会第一百七十九次会议通过《下层工作纲领案》，规定以合作运动以及发展平民经济为七项纲领之一，是为本党决心推行合作事业之开始"②。1929年3月，国民党第三次全国代表大会通过了开展民众运动的四项基本原则，其中第三项原则规定："农村经济占中国国民经济之主要部分，今后之民众运动，必须以扶植农村教育，农村组织，合作运动及灌输农业新生产方法为主要任务。"③ 1931年4月18日，国民政府实业部公布《农村合作社暂行规程》，1934年3月1日，立法院公布《合作社法》，并决定自1935年9月1日起施行，对合作社的各种事项做了系统规定，从法律上统一了全国合作运动。1935年3月13日，实业部、全国经济委员会及全国农村复兴委员会共同召开全国合作事业讨论会，决议专设合作司，作为全国最高的合作行政机关，同年8月，颁布《合作社法实施细则》。1936年初，"又设立了中央合作事业指导委员会，隶属于中央党部民众训练部。抗战爆发后，国民政府也十分重视合作运动，1938年，临时全国代表大会决定成立社会部，指导各级社会服务处，以提倡或举办合作事业。1939年1月，五届五次全会决议设立合作事业管理局，隶属于经济部。1940年8月，国民政府公布《县各级合作社组织大纲》，大力推进乡镇合作组织的发展。1945年6月，社会部修正公布《合作法实施细则》。正是由于国民政府的极力倡导，全国性的合作运动才能大规模发展起来，合作事业在中国才能成为真正的运动，合作社分布地区迅速扩展到江苏、浙江、江西、安徽、湖南、湖北、山东、广东、广西、福建、山西等16个省。合作社数量也迅速增加，截至1945年，全国合作社的数量达到172053个，社员人数17231640人④。

---

① 陈岩松：《中华合作事业发展史》上册，（台湾）台湾商务印书馆1983年版，第62页。
② 秦孝仪主编：《革命文献》第84辑"抗战前国家建设史料合作运动"，（台湾）"中央"文物供应社1980年版，第306页。
③ 同上。
④ 《中国合作事业》，行政院新闻局印行，1948年。

西北地区的农村合作运动是全国农村合作运动的重要组成部分，同时也是在国民政府开发西北运动的影响下快速地发展起来的。可以说，南京国民政府的极力倡导，是西北农村合作运动开展的直接动力。

早在国民政府定都南京之时，国民政府就考虑开发西北，并派考察团对西北进行考察。根据考察结果，1930年，国民政府制订《开发西北计划》，对西北进行整体规划。初期，国民政府对开发西北并没有切实可行的实际行动，随着抗战全面爆发，中国东北三省、中东部地区相继沦陷，国民党欲把西北作为战时后方，于是将开发西北正式提上日程。1932年3月5日，国民党四届二中全会决定，把西安作为战时陪都，从此拉开了南京国民政府开发西北的序幕。1932年12月19日，在国民党中央执行委员会第四届第三次全体会议上，通过了《开发西北案》，并由国民政府行政院办理此案，于1933年3月21日颁布了《行政院关于国民党中央政治会议四届三中全会开发西北案训令》，训令强调，中央政府建立事业部，主管西北地区的开发，并由中央政治、经济做后盾。除了政策上的倾斜，1934年，国民党要员也纷纷前往西北考察。

借助西北开发的东风，国民政府开始酝酿在西北地区推行与全国一致的农村合作运动，以此来复兴西北地区的农村经济。国民政府认为，西北地区农村经济衰竭，农民破产，建立合作社实为上策。因为"合作社之作用，在以人民自己组织集体力量，谋其经济生活问题之解决，外力从旁诱导启发之，事为其自身之需要与要求，彼必乐于参加而渐次有力地活动，合作式的经济组织逐渐形成，社会组织得随着经济组织发展而实现，物力人力自可培养于组织发展之中，是以农村建设与合作进行，无论是建国亦是抗战，均系事实上必由之途径而为当务之急，不容忽视"[①]。由此，在南京国民政府的推动下，西北地区的合作事业得到了快速发展。

二 西北农村合作运动开展概况

关于西北农村的合作事业，我们主要以陕西、甘肃、宁夏、青海为例加以说明。

---

① 孙友农：《甘肃农村合作事业之总检讨》，《甘肃合作》第18—20期合刊，1938年。

（一）陕西合作运动开展概况

陕西省的农村合作事业始于1931年，此时由于陕西旱情严重，华洋义赈会总会陕西分会组织农村合作社来进行救灾防灾活动，此举引起了陕西建设厅的注意。1933年陕西华洋义赈会在长安组织合作社，同年，陕西赈务会、陕西建设厅与陕西华洋义赈会共同举办了两次合作训练班，共计学员60名。为了进一步推动陕西合作事业，1934年8月，全国经济委员会与陕西省政府在西安成立陕西农业合作事业委员会，并设立陕西合作事务局，陕西省政府主席邵力子先生任命中国华洋义赈救灾总会总干事章元善先生兼任陕西省合作事务局主任。其组织机构分为内勤和外勤两种，内勤下设总务、视察、贷放三股。外勤分为甲乙丙丁四组，外勤人员的主要工作就是调查农村的实际状况，以便为设立合作社做准备。1937年4月1日，由陕西省政府与实业部颁布《陕西省合作委员会组织规程》，省合作委员会成立，并附设合作事业办事处。1940年省合委会及办事处撤销，改设合作事业管理处，隶属建设厅，设处长、副处长各一人。1942年2月，合作事业管理处改隶属省政府，同年，合管处根据中央颁布的各省合作事业管理处及市县合作指导室组织通则，拟定了陕西各县合作指导室组织规程，先后在各县筹设指导室，隶属县政府。按甲、乙、丙、丁四等，县各设主任指导员一人。指导员及助理指导员，甲、乙等县分别为四人、三人，丙、丁等县助理员二人，各县共225人。1943年，修改县合作指导室组织规程后，全省共有78个县设有指导室，指导员增加到280人①。1945年，抗战胜利后，合管处又隶属于建设厅，并紧缩县政机构，所有合作业务由县建设科设辅导员一人负责。同年9月，榆林、神木、府谷、横山四县又行恢复，全省68个县有合作机构，16个县设指导员1人，西安市政府临时在社会科下设合作股，这一时期，各县共有合作指导人员229人②。

此外，陕西省农业合作委员会和合作事务局对全省合作事业的管理和发展，制定了一系列人事和业务的政策措施。1937年制定了省合委会

---

① 陕西省地方志编纂委员会：《陕西省志·金融志》，陕西人民出版社1994年版，第386页。

② 《抗战期间陕西合作事业》，《西京日报》1948年10月7日。

《贷款准则》，规定贷款的具体要求，并明确指出贷款对象为依法登记的合作社。同年7月，制定了《非常时期合作实施方案》，主要内容有普及宣传、推广新社、充实老社、促进合作等。为培训县合作指导人员，1938年合委会拟定了《陕西省合作委员会办事处指导人员训练办法》，以后两年为各县合作指导室培训指导人员。在促进合作社健康发展上，省合管处制定了合作事业奖励规则，对各社进行了单向评定等级。1940年，省合委会依照行政院与配合新县制的实施，使"管、教、养、卫"合一而颁布的《县各级合作社组织大纲》，规定县各级合作社的区域应与县乡（镇）保的区域一致，业务一律兼办。这被看作合作运动史上的一大改革①。

在省政府、农业合作事业委员会、合作事务局和各县的共同努力下，1936年底，陕西省的合作社数量已达2066个，社员82455人。陕西农村中组织的合作社，绝大部分是信用合作社，共有2003个。除此之外，还有生产合作社1个，运输合作社3个，消费合作社2个，兼营合作社57个②。值得一提的是，由于陕西省是当时产棉最丰富的地区，为了战时需要，1937年，陕西省农业合作委员会制定棉花产销合作社，并选定咸阳、大荔、临潼等20个县，共组建100个合作社。合委会还派人去各县调查棉花生产的特点、注意事项等。所以，陕西省的产棉运销合作社也有了一定的发展。截至1944年，陕西省合作事业覆盖面更广，合作社数量由1936年底29个县的2066个，发展为77县974个乡镇10970个合作社，社员有55万人③。全省合作贷款总额301823余万元。其中信用社贷款3725万余元，供给社贷款914万余元，农业生产社贷款280020万余元，工业生产社贷款288万余多元，消费社121万多元④。

从时间上来看，陕西省的合作事业较全国其他地方发展较晚，但发展速度极快，这与国民政府的极力倡导和当地政府的努力是分不开的，它以

---

① 陕西省地方志编纂委员会：《陕西省志·金融志》，陕西人民出版社1994年版，第388页。
② 南京国民政府中央农业实验所农业经济科编：《农情报告》第5卷第2期，1937年2月。
③ 罗家伦等：《西北建设考察团报告》，台湾"国史馆"1968年版，第197页。
④ 顾祖德：《甘肃省合作事业与农业金融》，《中农月刊》第1卷第4期，1940年4月，第127页。

信用合作社为主，同时又相当注重棉花产销合作社，所以陕西的合作事业具有自己发展的特点。陕西省的合作事业在一定程度上调剂了农村金融，促进了陕西农村经济的发展。

(二) 甘肃省合作运动开展概况

甘肃省的合作事业萌发于20世纪20年代末至30年代中期。1927年，甘肃省设立省党务训练班，加授"合作概论"，并在校内组织消费合作社1所，供学生练习。此后，各种短期训练班成立，其间更有组织学校合作社者，如甘肃学院农专、第一农业学校也先后酌授合作一课，为后来甘肃省组织合作社进行农贷做试验性的准备工作。1933年，甘肃省党部指导建立合作社，但组织并不完全，不久便解散，仅存兰州同仁消费合作社、靖远糜子滩信用合作社和皋兰崔家崖子水利合作社三处，但由于政府财力困难，成效甚微。所以，甘肃省的合作事业真正开始是从1935年5月5日中国农民银行兰州分行成立后倡导的。分行成立后，随即在甘肃大力宣传合作事业，组织合作社，很快便在皋兰、榆中成功组建信用合作社，成果显著。接下来的一年里，组建的信用合作社达51个，发放贷款6万余元。1936年3月，甘肃省政府成立甘肃农村合作委员会，委员5人，成为甘肃合作社指导监督的总机关，来规划全省农村合作的行政方针，并指导和监督农民合作事业的发展，这是甘肃省设立的第一个合作行政机构。1937年10月，省农业合作委员会为了加强领导力量，改为主任委员制，由省政府主席兼任，合作事业得到了迅速发展，1938年8月，为了战时的需要，利用合作组织，发展本省的特产，农业与工业并重，社员责任日趋重大，农业合作委员会改为甘肃省合作委员会，主任委员一人，建设厅长兼任常务委员，增添副总干事一人，这样，内部组织趋于合理。1941年4月，甘肃省合作事业管理处成立，隶属建设厅，至此，合作领导机构步入正轨。

省级机构的设立，使甘肃合作事业有了领导核心，但合作事业的发展也离不开基层组织机构的配合，1936年，农合会设立合作训练班，训练学员60余人，并于1937年在各县设立技术员，全权负责行政之责。1938年1月，在各县设立合作指导员办事处。1939年，成立驻县合作指导员通讯处，统筹全县工作。这样县级合作行政机构也趋于完善①。

甘肃省的合作事业进展并非一帆风顺，由于甘肃经济文化落后，省政府财政拮据，所以在合作事业的宣传和发展上有一定的难度。1935年5月至1936年9月底，是合作社创办的初期，即所谓贷款救济时期，主要是由中国农民银行倡导试办的，分别在皋兰县、榆中县设立信用合作社，此为现代性金融机构在甘肃促进信用合作的开端。随后又组建了5所合作社，社员3314人。1936年春，甘肃省农村合作委员会成立，遂与中国农业银行兰州分行配合，共同推进合作事业的发展，将区域扩大到临兆、陇西、金塔、酒泉、定西等县。共组建合作社229所，社员3207人，至1937年底，社数增加到409所，社员增加到18345人，这一时期，由于受贷款额的限制，合作社的数量增长缓慢。同期贷款总额为495254元，由于当时物价低廉，成效显著，于是全省农民闻风兴起，纷纷组织贷款，国民政府也增拨贷款50万元，作为甘肃农贷专款。随着贷款的增加，区域也随之扩大，这是甘肃省合作事业发展的第一期②。

甘肃省合作事业发展的第二期，是从1937年10月至1941年4月底，也是合作组织的推广期。中国农民银行和合委会做出了相应的政策调整。一是制定了《扩大甘肃农村合作事业纲要》，以推动和规范合作社。二是调整了组社办法，决定"合作推行暂时停止，开始建成互助社，普遍各县救济贷款"。此外，甘肃农村合作委员会得到了国民政府实业部的补助和省政府发放的经费，于1937年12月底，开始组贷，区域扩大至康乐、泾川、秦安、张掖、敦煌等41县，1938年3月完成组贷工作，共组社926所，社员为50815人。同年5月，中央继续拨款，扩大区域，全省合作组织遍及67个县，众多贫困农民参加合作组织。同时合委会为健全合作组织，对合作社进行调整，将互助社一律改组为信用合作社，并开始试办生产消费等合作，至1940年1月，所有互助社改组为信用合作社，截至1941年4月底甘肃省合作社数达6535所，

---

① 罗家伦主编：《中华民国史料丛编·西北问题论丛》（三）"甘肃省合作事业推行概况"，中国国民党中央委员会史料编纂委员会1943年影印版。

② 敬之：《最近农贷情报》，《农友》第6卷第3—4期合刊，1938年4月，第19页。

社员 351454 人①（见表6—2）。

表6—2　甘肃省第二期合作社概况统计表（截至1941年4月底）

社别	社数	社员数	股金数
信用合作社	6321	341843	1286132
生产合作社	171	5222	220418
公用合作社	3	425	6058
消费合作社	26	348	63384
共给合作社	6	318	20600
运销合作社	8	226	27430
合　计	6535	351454	1624022

1941年5月至1942年，是甘肃省合作事业发展的第三期，即合作组织的调整期。由于前期合作组织大量推广，业务增加，而指导人力有限，急需改进，合作事业管理局成立后，一方面派人员视察，着重整理旧社，加强管制，使组织合理化，另一方面积极充实社务业务活动，推行产销合作。截至1942年3月，合作社数达6641所，社员人数为366824人。在6641所合作社中，信用合作社占90%以上②。

1942年至1944年12月底，为合作组织积极促进、合作业务极力充实的时期，也是合作事业发展的第四期。在此期间，改组旧社，发展新社，并着重生产消费及特产运销等业务，同时筹建各县市联合社并普及乡镇社（见表6—3）。

甘肃省的合作事业从银行倡导开始，并逐渐发展为国民政府和省政府合力共同推动的局面，所以甘肃省的合作事业得到了快速有效的发展。同陕西省一样，甘肃省农村组织的合作社，大都以信用合作社为主，主要是因为历年举办农贷，信用合作社的业务较简单，农民容易接受，且在当时农村金融枯竭的情况下，组织信用合作社流通金融，实为农村的迫切之事。据1941年9月统计，全省信用社公积金已达180502.57元，现金储

---

① 罗家伦主编：《中华民国史料丛编·西北问题论丛》（三）"甘肃省合作事业推行概况"，中国国民党中央委员会史料编纂委员会1943年影印版。

② 同上。

蓄为 312105.90 元，粮食储备 28808.89 石①。

表 6—3　甘肃省第四期合作社概况统计表（截至 1944 年 12 月底）

社别	社数	社员数	股金数
信用合作社	1720	107429	931600
生产合作社	739	38933	15545939
公用合作社	2	376	33566
消费合作社	125	27593	1892316
供给合作社	1	24	2000
运销合作社	17	862	79665
保社	2628	241136	6712662
乡镇社	454	93902	6010155
县联社	41	1025	3829538
省联社	1	41	27945739
合计	5727	511290	63700516

资料来源：罗家伦主编：《中华民国史料丛编·西北问题论丛》（三）"甘肃省合作事业推行概况"，中国国民党中央委员会史料编纂委员会 1943 年影印版。

（三）宁夏合作运动开展概况

宁夏的农村合作事业开始较晚。早在 1936 年，按照中国国民党指导合作运动的纲领及党员参加合作运动的纲领精神，"特令各县党部发动工作同志，协助指导工作，俾树立党的威信于合作组织之中。尤其以盐池、同心两县，接近边区，合作事业完全由党部负责"，"同时县党务之活动，亦深入农村，实事半而功倍也"②。1939 年，在中国农民银行宁夏支行成立后，根据"救济农村恢复生产；为使农民发生密切联系，进而建成新农村，以便解决乡村建设之各种问题"，农民银行协同省政府在省建设厅设立了合作科，统筹全省合作事业之推进。合作科内分设审核贷款、登

---

① 吴文英：《甘肃之合作经营》，《甘肃合作》第 18—20 期合刊，第 27—28 页。
② 马继德：《宁夏之合作事业》，《新西北》（月刊）第 7 卷第 6 期，转引自人民银行宁夏分行金融研究所编《宁夏金融史近代史料汇编》（下），油印资料，1987 年 3 月，第 156 页。

记、视察三部。科长由农民银行农贷股长陈起德兼任,视察员和科员由建设厅和农民银行双方派员。建设厅选派的人员都曾送到西北农学院经济科进行了培训。这年秋天,继永宁、宁朔二县之后,贺兰、平罗、惠农、磴口、灵武、金积、中宁、中卫八县陆续设立合作指导室,专门办理组社及贷放工作。不久建设厅又培训了一批合作指导人员约十余人,充实各县合作指导室。县合作指导室设主任指导员1人,指导员3人。

宁夏更大范围的合作事业的开展是在1940年以后。这一年,宁夏省政府"鉴于农村经济之岌岌可危,始决定推行合作事业"。在此之前,由于人力财力关系,仅在建设厅之内增设合作一科,并在各县设立合作指导室,随着时间的推移,业务越来越繁忙,以所设机构推行合作事业已力不从心。同时国民政府积极推行新县制,要求加强县各级合作社组织。因此,在1942年底,宁夏省当局把合作事业确定为省政府的中心工作,裁撤合作科,改设宁夏省合作事业管理处,新订合作事业及六条工作原则。1948年,又撤销了合作事业管理处,由民政厅社会科接管。①

宁夏的合作组织,首先是从信用社入手,进而为各种专业合作社,其名称最初是"互助合作社",后又改名为"信用合作社",1942年又改称为"保合作社",同时扩大了业务范围,增加了生产、消费、供销、公用、运输、保险等业务。但这些合作社正如时人所说:"实际上是虚有其名,一般仍然是经营存款放款业务,只有两三个地区兼营纺织生产。"②

到1943年全省有专营信用合作社225个,其中贺兰39社、永宁21社、宁朔23社、平罗15社、金积38社、灵武22社、中卫35社、中宁32社。③

(四)青海合作运动开展概况

青海省相较于西北其他三省的合作事业,起步更晚。1940年6月成立合作事业管理处,隶属于青海省建设厅,负责全省合作事业的发展和规划,1944年改组后又隶属于省政府。在基层组织方面,1944年至1945年

---

① 人民银行宁夏分行金融研究所编:《宁夏金融史近代史料汇编》(下),油印资料,1987年3月,第155—156页。
② 郭凤举:《宁夏省抗战期间推行合作社概况》,转引自人民银行宁夏分行金融研究所编《宁夏金融史近代史料汇编》(下),油印资料,1987年3月,第161页。
③ 宁夏金融志编审委员会:《宁夏金融志》,内部资料,第160页。

上半年，在西宁、湟中、乐都、民知、互助、大通、湟源等县市设立合作指导室，督导成立专营社。青海省由于地理与经济发展水平等方面的影响，合作事业的推进较为艰难，但还是取得了一些成绩。1944年，在青海省合作事业起步之初，所组建的合作社多为机关消费合作社、专营业务合作社、各蒙旗族合作社，1944年后，开始组织县各级合作社。1943年，全省26个县局共组建合作社54所，1944年增加到56所，截至1946年，共组建282所，社股67599股，股金18010009元。这一时期的合作社业务注重生产与消费社的经营，并普遍增设信用部，以流通农村金融，促进生产。青海省以牲畜皮毛为大宗，1944年3月组织畜牧生产合作社，以改良各种畜牧品种及制造方法，并借此机会来提倡农村副业的发展。工业社中以湟中县加牙庄栽绒生产合作社规模最大，有工人320人，资金2000万元。成绩较好的还有大通樵渔乡造纸生产合作社。至于消费方面，因青海省气候严寒，交通不便，合管处为广泛供应各种消费品，曾筹集资金5237600元，向各地购进物品，转发各单位社供应社员，湟中县谢家寨堡自主创办的消费合作社，有社员116人，股金675000元，获贷款2626200元，在流通金融方面，都取得了很大的成绩[①]。

三 信用合作社的运行方式

可以说，在全国各地积极开展农村合作运动的大背景下，20世纪20年代末至40年代，西北农村的合作运动开始有了一定程度的发展。这种发展最突出的表现在信用合作事业的发展方面。主要原因是人们普遍认为，信用合作事业能为农户提供资金，能减轻日益盛行的农村高利贷问题，是解决农村金融枯竭问题、复兴农村的重要途径。而且信用合作社易于建立，相比于其他类型的合作社，经营较为容易。关于信用合作社的运作方式，本书主要从以下方面进行考察。

（一）合作社的资金来源

信用合作社的资金是社员借贷的主要来源，它是由社内资金和社外资金构成的。社内资金就是自集资金，包括社股、存款和公积金三部分。社股，就是社员缴纳的股金，是农民加入合作社的前提条件和必须承担的经

---

① 罗舒群：《抗日战争时期甘宁青三省农村合作运动述略》，《开发研究》1987年第3期。

济责任（职业、年龄、品行等，是取得社员资格的另外几项条件）。各地合作社所固定的社员股额，低者每股1元，高者每股6元，一般为二三元①。以陕西、甘肃、宁夏为例，1933年，陕西信用合作社的数量是9个，社员数为1770人，股金额为25000元，平均每个社员的股金为14元②。1941年，甘肃省共计合作社数为6535所，其中信用合作社是6321所，社员人数341843人，股金额为1286132元，平均每个社员的股金约为3.8元③。宁夏信用合作社社员所认购的股额最少一股，最多2—5股不等，每股金额为2元，分为两次缴纳。至信用合作社变更为保社后，股金额每股提高至10元，新社员分两次缴纳，旧社员限定一次缴纳，截至1941年底，全省各社共有股金额为354419元④。

关于社内资金的管理，规定每社在贷放借款时，将社员股金、公积金等收齐，按实存余额，再贷给贫苦的社员，以示互助的精神，并可使社员明了股金及储蓄的意义与合作社社内资金的重要性。据调查，在宁夏的平罗、惠农二县，有少数的信用社能运用社内资金，资助社员解决突发事件，使社员得到了实惠。尽管如此，合作社的股金额很低，在乡村经济生活中很难发挥较大的影响力。存款是社员和非社员存放合作社的资金，借此储户可以得到利息，合作社可以增加放款的力量。存款又分储蓄、定期两类。储蓄存款是指零星的小额存款。定期存款指合作社与存款人约定一定期限，期满方可支取的存款。宁夏合委会规定，每社社员每月缴纳5角，每3个月缴纳一次。并提倡实物存储，主要是在贺兰、惠农、宁朔三县办理，夏季以小麦为主，秋季以稻和黄米为主，每个社员最少二升，最多为一斗。截至1941年，储金总额为23000余元。⑤在甘肃西固县，有5个信用社每月每人储蓄5分，有6个信用合作社规定每月每人储蓄1角。除此之外，还有粮食的储蓄，储蓄秋、夏粮

---

① 张镜予：《中国农村信用合作运动》，商务印书馆1938年版，第97页。
② 王文钧：《中国农村金融之现状》，《大公报》1934年6月13日。
③ 罗家伦：《中华民国史料丛编·西北问题论丛》（三）"甘肃省合作事业推行概况"，中国国民党中央委员会史料编纂委员会1943年影印版。
④ 宁夏省建设厅：《宁夏省合作事业》（3），1941年，第23页。
⑤ 同上。

2—3升的有12个信用社，5升的为11个社①。公积金是从合作社盈余中提取的一部分资金，按规定应存入银行，作为合作社的信用保证，但由于农村缺乏存储机构，这项资金用于合作社的放款。社内资金即自集资金，往往能反映出社员的总体生活水平，社内资金的比例小，说明农村整体生活水平低。在当时农村极端贫困的条件下，农民根本没有剩余的资本作为合作社的资金。

社外资金，是合作社以团体信用为担保，向社外机构所借的款项，主要来源于合作指导机关和举办农贷的银行两部分。在陕西，由于旱灾严重，农民经济十分窘迫，即使是很低的股额也无力交纳，所以借贷资金的来源主要是社外资金。一是全国经济委员会及省政府的拨款，1934年，陕西省合作事务局成立后，全国经济委员会拨款40万元，陕西省政府拨款30万元，共计70万元。二是由交通银行和中国银行在各自贷款区域的放款。交通银行以大荔、朝邑、咸阳、兴平、武功等五县为贷款区域，中国农民银行划定泾阳、三原、高陵、长安、临潼、渭南等六县为贷款区域②。1936年，合作事务局又介绍南郑、褒城、西乡等为陕西省银行贷款区③。甘肃省合作事业开始较晚，鉴于省政府财政资金有限，中国农民银行兰州分行倡导组建信用合作社，并发放农贷6万余元。国民政府向甘肃拨款三次，共计500万元，作为农贷专款④。从中可以看出，陕西、甘肃信用合作社的经营主要取决于外部条件，社员的借贷来源主要是社外资金。

可以看出，合作社的社外资金要多于社内资金，说明西北地区信用合作社的经营多依靠外部力量，正如时人所说："合作社放款资金，欲恃社内资金以为支持，殆不可能，因以不能不有望于外界资金之供给。"⑤

---

① 董继昌：《西固县第三期农贷工作总报告》，甘肃省图书馆西北地方文献阅览资料，手抄本，1942年。
② 秦孝仪主编：《革命文献》第84辑"抗战前国家建设史料合作运动"，（台湾）"中央"文物供应社1980年版，第178页。
③ 陕西省地方志编纂委员会：《陕西省志·金融志》，陕西人民出版社1994年版，第387页。
④ 魏永理：《中国西北近代开发史》，甘肃人民出版社1993年版，第83—84页。
⑤ 巫宝三：《华洋义赈救灾总会办理河北省农村信用社放款之考察》，《社会科学杂志》第5卷第1期，1934年。

(二) 借贷对象

信用合作社的借贷对象主要是农民及其他的乡村阶层。"与其他金融机构不同，信用合作社是农民直接参加的基层经济组织，是银行等金融机构贷放农民的纽带和中间环节"[1]。所以，信用社与农民借贷关系最为密切。但它作为一个中介，信用合作社的资金主要来源于银行等外部机构的贷款，因此，信用合作社具有双重性质，一方面它是银行的债务人，另一方面，它又是社员或其他农民的债权人。正如吴承禧所说，银行"必以农民分散，贷款没有保障而裹足不前，所以，现在的农村投资，大都是通过合作社而实现的"[2]。

尽管信用合作社的借贷对象主要是农民和其他阶层，但在放贷过程中却存在着很大的问题，这就是：有些合作社社员，多为富农或地主，把持操纵，冒名顶替，"一般普通农民，享受合作之甚少，或者须依赖农村有地位之人，始能借款，结果反以害者"[3]。如甘肃华亭县，佃农借贷只占到8%，地主、半地主、自耕农、半自耕农所占比例为92%[4]。这主要是因为，信用合作社在入社前，需要交纳一定数量的资金作为入社费用，如甘肃合作委员会颁布的《乡镇合作社章程准则》规定个人入社须认购不少于1股的合作社股金，每股股金视各社情况合一定数量的国币[5]。宁夏农民入股后才享有社员资格，才能贷款，规定每股2元，最少1股[6]。而此时西北地区的农民生活破败不堪，濒临破产，基本生活都没有保障，根本没有多余的资金交纳入社。此外，农民向合作社借款时，必须用田地或农产物作抵押，贷款手续也比较复杂，所以贫苦农民很难获得贷款。如在陕西"借款时以田地为标准"的，"地多的多分，地少的少分，没有土地的当然也就没有的分了"的现象。贷款手续，需"填报书表，往来函给，

---

[1] 李金铮：《民国乡村借贷关系研究——以长江中下游地区为中心》，人民出版社2003年版，第333页。
[2] 吴承禧：《中国银行业的农业金融》，《社会科学杂志》第6卷第3期，1935年9月。
[3] 梁好仁：《甘肃经济建设之商榷》，《陇铎》第2卷第2期，1941年。
[4] 张映瑞：《华亭县第三期一次农贷总报告》（手抄本），甘肃省图书馆西北地方文献阅览室，1942年。
[5] 《乡镇合作社章程准则》，《甘肃合作通讯》第1卷第5期，1943年。
[6] 郭凤举：《宁夏省抗战期间推行合作社概况》，转引自人民银行宁夏分行金融研究所编《宁夏金融史近代史料汇编》（下），油印资料，1987年3月，第161页。

每批贷款之拨付，手续之办理，往返恒需半月至一月，以至于影响双方空息之损失，放款之失时效之现象"①。另外，信用合作社出于自身经营的利益，也不愿意贷款给贫困农民。

（三）借贷用途

关于借贷用途，合作社章程明确规定：社员借款必须用于购买种子、粮食及饲料，购买牲畜、农具及偿还旧债，修治水利及灌溉，婚丧必需品费用，发展乡村工业等，否则拒绝贷款。简言之，就是信用合作社的借贷用途要正当，除了用于婚丧、偿还旧债者以外，一律要用于生产经营，这是新式借贷的一个重要特点。如在甘肃省农村信用合作社社员借款中，其用途主要用于购买牲畜的占44.41%，用于购买种子的占13.96%，用于购买农具的占4.9%，用于购买肥料者占3.8%，购买土地的占5.72%，购买粮食的占17.12%，用于婚丧的占9.98%②。西固县的农民借款用途如表6—4所示。

表6—4　　1942年甘肃西固县信用合作社社员借款用途统计表

用途	款额	百分比（%）	人数	百分比（%）
购买牲畜	18890	47.11	596	41.42
赎地	8830	22.02	299	20.78
粮食	7935	19.79	361	25.09
还债	2215	5.52	86	5.97
其他	565	1.41	18	1.25
总计	38435	10000	1360	10000

资料来源：董继昌：《西固县第三次农贷工作总报告》，甘肃省图书馆西北地方文献阅览室资料，手抄本，1942年。

由表6—4可以看出，借款用途中最主要的是购买生产资料，其中购买牲畜比例高达41.42%。宁夏农户信用社贷款用途也主要偏重于生产经营活动，据1942年对宁夏永宁、平罗、贺兰、宁塑、中宁等县每县抽查两个合作社共计1494个社员贷款用途的调查显示，贷款用途主要用于购

---

① 杨钟哲：《绥远战区一年来农贷工作之检讨》，《新西北》（月刊）第6卷第1、2、3合刊，1942年。

② 俊光：《五年来之甘肃合作事业》，《新西北》（月刊）第3卷第1期，1940年8月。

买籽种、耕畜、农具、肥料等项（见表6—5）。

表6—5　　　　　1942年宁夏信用社社员贷款用途之统计

用途种类	籽种	耕畜	食量	农具	肥料	家畜	赎地	租地	买布	总计
调查人数	668	289	101	39	113	40	114	85	15	1494
用途统计（%）	44.71	19.34	6.76	7.58	2.60	2.70	9.63	5.68	1.00	100
备注	购买耕畜用途，计包括牛、马、驴三种									
^	粮食用途中亦有借款交国防粮者									
^	家畜用途中购羊最多，猪次之									
^	购地贷款以永宁最多									
^	租地贷款中包括典田									

资料来源：马继德：《宁夏之合作事业》，《新西北》（月刊）第7卷第6期，转引自人民银行宁夏分行金融研究所编《宁夏金融史近代史料汇编》（下），油印资料，1987年3月，第165页。

（四）贷款方式

这里主要介绍社员的借贷条件、信用方式、借贷期限与偿还、借贷利率等内容。

1. 借贷条件。社员向信用合作社借贷时，须先向合作社领取借贷愿书，填写本人姓名、住址、借款数目、用途、期限、抵押品、担保人及还本付息的日期等项，然后交给合作社理事会审查，假若结果符合以下条件，即通知司库拨款。一般包括四项：一是信用良好。社员的信用度，由合作社理事会委员、监事委员组成的信用评定委员会进行评定，并记录成册。评定后做成社员信用表，由理事会主席保管，作为社员借款时审查的参考。二是用途正当，社员借款必须用途正当，除用于婚丧、偿还旧债以外，一律用于生产经营。三是抵押品及担保人确实可靠，合作社放款时，除了要注意借款人的信用及用途之外，还需要有社员2人或2人以上担保，或以动产不动产以及为收获的庄稼作抵押担保①。四是经理事会半数

① 秦孝仪主编：《革命文献》第84辑"抗战前国家建设史料"，（台湾）"中央"文物供应社1980年版，第480页。

同意后，方可借款。

2. 信用方式。借款的信用方式，有信用贷款和抵押贷款两种。信用贷款是指除由借款人担保归还外，另请他人为保证人，当借款人不能归还时，由保证人负责。根据1934年的调查显示，西北地区陕西、甘肃由于合作事业刚开始进行，社员借款以抵押贷款居多，随着合作事业的深入发展，信用担保的比例超过抵押担保借款，出现这种现象的原因，主要是历史传统的影响和合作社的组织优势所造成的。中国传统社会中，农户很重视个人的声誉，在经济生活中不推崇抵押担保。而且信用社成员大都是本村农户，相互了解，很少欺骗行为，又加上有熟人担保，信用社中普遍盛行信用借贷。

3. 借贷利率。与传统借贷方式相比，信用合作社的借贷利率较低，有助于减轻农民的负担。银行对于农村放款的利率多在1分左右，银行先放款于合作社，再由合作社放款给农民，农民从合作社的借款利率在1分以上。如农民银行的放款以当地借款的最低利息为标准，以动产抵押，银行对合作社收月息1分，各社对社员收息1分1厘，非社员1分2厘[①]。根据1936年的调查显示，陕西省合作社借入的利率月利最低为8厘至1分，合作社借出的月利为1分至1分2厘[②]。在甘肃，1935—1936年期间，银行贷款给信用社的月利为1分，1937年降为7厘，1938年至1939年底，月利增至8厘，信用社转贷给社员的月利，普通为1分2或3厘，最高不超过1分6厘[③]。在宁夏，中国农民银行贷放给信用社的利率月息为8厘至1分9厘。信用社转贷给社员的月息为9厘至2分2里[④]。这远远要低于月利4—5分或7—8分的高利贷。

4. 借贷期限与偿还。借款的期限与贷款的种类和借贷用途密切相关。信用社贷款有短期、中期和长期三种。短期贷款多用于购买种子、肥料及雇佣工人等，期限最短需6个月。中期贷款多用于购买农具、牲口等，因此类贷款数目较大，所发挥的效用可以使农民利用一年至数年，而且在短

---

① 秦孝仪主编：《革命文献》第84辑"抗战前国家建设史料"，(台湾)"中央"文物供应社1980年版，第532页。
② 同上书，第44—45页。
③ 俊光：《五年来之甘肃合作事业》，《新西北》(月刊)第3卷第1期，1940年8月。
④ 张致健：《旧时宁夏农村金融及农贷概况》，《宁夏史志研究》1986年第1期。

期内农民也无法偿还。长期贷款多用于购买耕地及改良耕地,期限需十年至数十年,故此类贷款数额更大,且短时间内无法收到效果。三种贷款作用各不同,需要同时推进,才能发展农业,复兴农村。然而由于农村经济社会发展不稳定,农村贷款的期限75%以上都在一年以内[①]。在甘肃的西固县,借款期限多在7个月至1年,一般是按各村农产品销售时期而定,借款期限为7个月的有13个社,8个月的有7个社,9个月的有1个社,10个月的有5个社,借款期限为1年的有3个社,以上均为一次还清[②]。

至于偿还,主要分为定期偿还和分期偿还两种,一般期限较长者多采用分期偿还的办法,定期偿还多适用于期限较短的贷款。在宁夏,各种贷款还没有到期之前,由指导人员在各县农村经济活跃的时期,分别指导各社何时还款,在还款之前,由各指导员指定各社,召开社员大会,讲解还款手续、应该付的利息、守信的重要性等,并指示各社职员进行分层负责,在规定的时间内完成工作,以降低信用合作社经营的风险以及防止合作社职员的舞弊行为,其结果是各县90%以上的信用社能按期还款,这其中也包括提前偿还本息的。但也有因职员舞弊或因社员服兵役差役等而逃亡,不能如期偿还的情况发生。

四 西北农村信用合作社借贷活动的特征

(一)信用合作社建立时间晚,但发展速度快。西北地区的合作事业主要以信用合作社的形式展开,这点与全国其他省份合作事业的发展相似。与其他省份相比,西北地区信用合作社建立的时间稍晚,但发展速度很快。1923年,华洋义赈总会在河北香河县建立第一个真正意义上的信用合作社,此后,在义赈会的推动下,河北省的信用合作社发展迅速。截至"1936年7月,信用合作社的社数为4737个,社员达122110人"[③]。进入20世纪30年代,信用合作社的发展不再是河北省的专利,其他省份都相继建立起了信用合作社,如江苏省信用合作社的数量在1934年底已

---

① 冯和法编:《中国农村经济资料》,黎明书局1935年版,第815页。
② 董继昌:《西固县第三次农贷工作总报告》,甘肃省图书馆西北地方文献阅览室资料,手抄本,1938年8月16日。
③ 梁思达:《河北省之信用合作》,南开大学商科研究所经济部第一班研究生毕业论文,手写稿,1937年。

达 1660 个①。1936 年为 2521 个，社员 131378 个。山东省的信用合作社有 1091 个，社员为 25531 人②。但总体上看，全国信用合作社的发展有着明显的地域差异，抗战以前，东部各省的信用合作社就已出现发展的高潮，但随着抗战爆发后东部各省的相继沦陷，在国民政府开发西北的背景下，西北地区的合作事业随之发展起来。在西北各省中，陕西省由于地理位置及历史因素的影响，成为西北地区信用合作社的代表。早在 1931 年，陕西就出现了类似信用社的组织。陕西合作事业发展起来后，开始了信用合作社的快速发展时期，至 1936 年，全省共组建了 2003 个信用合作社③。甘肃省信用合作社的真正发展是在其合作行政机构完善以后，"到 1941 年底，全省共有信用合作社数 6321 个，社员数为 341843 人"④。宁夏和青海的合作事业发展较晚，据 1943 年统计，宁夏全省共有专营信用合作社 225 个⑤。青海的合作事业是从 1944 年开始的，但由于经济发展水平低，主要以消费合作社为主，后来增设信用部，以流通农村金融⑥。

总体看来，西北地区信用合作社的发展主要是在抗战以后，但在国民政府、银行机构以及各省合作管理机构的共同推动下，信用合作社得到了快速有效的发展，并成为推动西北合作事业发展的主要力量。

（二）农民借贷的比重小于全国平均水平。西北地区的信用合作社虽发展较快，但其普及的程度很有限，农民们多不知信用合作社为何物。陕西省和甘肃省是西北合作事业发展较快的地区，根据 1934 年的调查，二省借贷来源仍以地主、富农、商家的私人借贷为主，而信用合作社的借贷，"陕西省只占到了 2.0%，甘肃省为 1.3%，低于全国平均 2.6% 的水平"。宁夏和青海此时没有开展合作事业，故没有数据可查。而同期，在信用合作社发展较快的河北省，"其合作社借贷的比例占到了 11.9%，山东省占 8.4%，安徽省占 8.6%，江苏省占 5.6%，湖北省占 4.9%，浙江

---

① 南京国民政府中央农业实验所农业经济科编：《农情报告》第 3 卷第 2 期，1935 年 3 月。
② 秦孝仪主编：《革命文献》第 86 辑 "抗战前国家建设史料"，（台湾）"中央" 文物供应社 1981 年版，第 467 页。
③ 南京国民政府中央农业实验所农业经济科编：《农情报告》第 5 卷第 2 期，1937 年 2 月。
④ 罗家伦：《中华民国史料丛编·西北问题论丛》（三）"甘肃省合作事业推行概况"，中国国民党中央委员会史料编纂委员会 1947 年影印版。
⑤ 宁夏通志编纂委员会：《宁夏通志》（财税金融卷），方志出版社 2009 年版，第 377 页。
⑥ 罗舒群：《抗日战争时期甘宁青三省农村合作运动述略》，《开发研究》1987 年第 3 期。

省占 4.5%，江西省占 3.2%"①，均高于陕、甘两省。形成这一统计结果的原因，我们认为，一是陕、甘两省合作事业发展晚于其他各省，虽然合作社的数量在增加，但它的发展只是一个量变的过程。二是由于西北地理位置的偏僻，农民对新事物的出现反应迟缓、适应较慢，农民多不知信用合作社为何物。三是因为西北地区特殊的环境，造就了高利贷资本的强大生命力。前文已述，西北地区的农民尤其是佃农生活异常困难，还要受自然灾害、兵匪的摧残，而农村的凋敝、农村金融的枯竭，致使农民告贷无门，只能以举借高利贷为生。

（三）社员成分多以富农为主。前文已述，信用合作社的借贷对象是农民及其他阶层，但前提条件是他们必须在加入合作社之后，才能享有借款的资格，而在加入合作社之前，不但要缴纳一定数额的股金，借款时还需要"保人、证人等，然而贫农们在农村中的社会地位极低，哪有资格和士绅、殷实商铺等往来，更哪能希望这些人能给他们作保，向银行借款"②。这就将多数濒临破产的农民拒之门外，因此，在西北地区，信用合作社的社员多以地主、富农、自耕农半自耕农为主。据 1945 年统计，甘肃省西固县信用合作社社员中地主、自耕农和半自耕农占社员的比例为 97.91%，佃农只占 1.53%③。而在江苏省的吴县，情况却恰恰相反，在吴县的信用合作社中，其社员的主体是佃农，占到社员总数的 58.7%，半自耕农紧随其后，位列第二，占到了社员总数的 27%，而自耕农、地主及其他成分的社员只占 6%④。我们认为，出现这种形象的原因可能与当地经济发展水平和合作社管理有关。江苏省位于东部经济发达地区，经济发展水平较高，组建信用合作社较容易，农民也较容易接受。社员主体多为朴实的贫民，能充分发挥自己的力量来维持这一组织。他们对于合作社的发展会形成一股凝聚力，他们会致力于自身的发展而使社内氛围趋于

---

① 千家驹：《中国农村经济论文集》，中华书局 1936 年版，第 167—169 页。
② 吴承禧：《中国银行业的农业金融》，《社会科学杂志》第 6 卷第 3 期，1935 年 9 月，第 498 页。
③ 董继昌：《西固县第三期农贷工作总报告》，甘肃省图书馆西北地方文献阅览室资料，手抄本，1938 年 8 月 16 日。
④ 秦孝仪主编：《革命文献》第 86 辑 "抗战前国家建设史料"，（台湾）"中央" 文物供应社 1981 年版，第 176—179 页。

健康。如江苏吴县南村信用合作社,"本年度,自请出社者 5 人,由社除名者 3 人",所淘汰之人多为合作事业意志不坚定者。又如姜家村信用合作社,积极培养社员的储蓄习惯,以壮大社内资金,其办法是"竹筒法,每人一筒,筒口留有余片,鉴以孔,套于墙壁预制木板之钉圈上,另以铁条一根,插各钉圈内,一头锁之,颇整齐客观。进行六个月以来,虽投入之数,均系三数铜枚,但倾出结算,已有十余元,所谓聚沙成堆之法,用之于储蓄,更见其意义之深远"。萧家村信用合作社的理事主席姚福泉"办事尤见忠勇,与常熟银行订立活期借款合同 1500 元,分期借取"[1],用以支持各项社务的进行。由此可以看出,江苏省吴县信用合作社的发展是先天优势和后天努力共同推动的结果。上到管理者,下到社员,团结一致,共同致力于信用合作社的良性发展。这样最缺资金的佃农、半自耕农把资金投入农业生产当中,从发展中得到实惠,可以刺激其入社的积极性,保持其社员成分中的主体地位。

而反观西北地区的信用合作社,前文已述,社员多为富农,他们也就成了主要的借贷对象,如 1937 年甘肃崇信县成立农贷办事处,而借贷对象"主要是商户及有权势的人家"[2]。1944 年,永昌县设立农贷通讯处,"贷款多向农村富户,很少贷给贫困农民"[3]。这样,他们也就顺理成章地成为合作社的直接操纵者,正如骆耕漠所说:"有许多地方更因银行贷款给合作社,或者合作社贷款给农民所取利息较低于乡间的高利,就发生一般豪绅包办转借的黑幕","放款利息也因经过豪绅的手而间接提高"[4]。据《申报月刊》载:"乡之强豪,常假名组织合作社,乃向农民银行借得低利之借款,用之转借于乡民,条件之酷,实罕其见。此种合作社非特无益于农民,反造成剥削农民之新式工具。"[5] 如甘肃省银行在山丹的实物(麦子)放款,月息为 2 分 7 厘,但经过合作社转到农民的手里,就变成

---

[1] 秦孝仪主编:《革命文献》第 86 辑 "抗战前国家建设史料",(台湾)"中央"文物供应社 1981 年版,第 171—172 页。
[2] 崇信县志编纂委员会:《崇信县志》,甘肃人民出版社 1997 年版,第 325 页。
[3] 永昌县志编纂委员会:《永昌县志》,甘肃人民出版社 1997 年版,第 624 页。
[4] 骆耕漠:《信用合作事业与中国农村金融》,《中国农村》第 1 卷第 2 期,1934 年。
[5] 《申报月刊》第 3 卷第 9 期,1934 年。

"加五"或"对斗子"了①。在陕西,"银行贷款,赤贫小农难以直接贷到,往往辗转贷得,一转手间,利率已无形增高"②。

综上所述,合作社社员主体成分不同,合作社就会成为不同利益的代表者,在江苏省吴县的信用合作社中,贫困的农民既是组织者又是受益者,而在西北,信用合作社在一定程度上成为富农剥削农民的新型工具。

(四)借贷用途的不同。社员主体成分不同,就会影响到借款用途的不同,在江苏省吴县,信用合作社的借贷主要用于生产经营,这就保障了农村进行简单再生产和扩大再生产。1936年春,江苏省农民银行拨款600万元,用于农民的春耕,办理青苗借贷,放款于信用合作社,再由合作社转贷给农民,月息为1分,秋收后归还。农民贷款方式有两种,一是现款,用于购买种子、肥料等物。一是实物贷款,即把青苗、种子、肥料等借贷给农民③。此外,信用合作社还组织农户运输、销售农产品,使农户减少中间商人的盘剥。因此,最需要资金救济的农民得到了实惠,有助于提高其生产的积极性。而在西北,信用合作社主要借给地主、富商们,他们在借到钱之后,并不是用于农业生产,而是进行转贷工作,即以信用合作社借贷之名行高利贷之实,广大需要救济的农民依然生活在水深火热之中。而从中借到款的一小部分佃农,主要的用途是用于农业生产,以购买籽种和牲畜居多,购买农具和肥料的比例很小。如在宁夏,购买籽种的占到44.71%,农具和肥料占到10.18%,用于租地的比例是5.68%,这种租地贷款中包括典田④。所以,佃农依然生活在富农的剥削之下。在甘肃西和县,购买牲畜的比例占到了59.3%,农具和肥料只占5.3%,用于还债的比例是2.6%⑤。由此可见,农户的借贷只能维持基本的农业生产,根本无力进行农业的扩大再生产。此外,由于借贷期限很短,农户在农作物没有成熟和无现金偿还时,不得不以低价卖粮,出卖耕牛、农具,用来

---

① 李化方:《甘肃农村调查》,西北文化书店1950年版,第57页。
② 陈庚雅:《西北视察记》下册,申报馆1936年版,第461页。
③ 《农村合作日报》1936年1月9日。
④ 马继德:《宁夏之合作事业》,《新西北》(月刊)第7卷第6期,转引自人民银行宁夏分行金融研究所编《宁夏金融史近代史料汇编》(下),油印资料,1987年3月,第165页。
⑤ 刘濬源:《西和县二期农贷工作总报告》,甘肃省图书馆西北地方文献阅览室资料,手抄本,1940年。

还款，辛苦一年仍一无所得，情况比过去更糟。

第三节　农民借贷所、农业仓库和合作金库

除了现代银行和农村信用合作社外，西北各省的一些地区还设有一些农民借贷所、农业仓库和合作金库。总体来看，这些农贷机构还不普遍，所发挥的作用也很有限。

一　农民借贷所

农民借贷所是一种小规模的农村借贷机关，往往和农业仓库、信用合作社有直接联系，也有单独经营的。农贷所的创建最初是由国民政府倡议的。1931年12月，在国民党四届三中全会第296次政治会议上，实业部长孔祥熙提出《筹设农民借贷所办法草案》，要求1931年大水灾区域皆得设立农借所，以为他日创办农民银行之基础，行政院转饬实业、交通、财政三部妥拟详细办法推行。[①]

对于农贷所的类型，一些学者已进行了概括[②]，对此不再赘述。从所见到的资料来看，西北各地建立的农贷所主要是由一些社会机构或政府提案，银行独资设立的下属金融机构，而由政府出资或合作社联合兴办的则很少。如陕西省民众教育馆于1931年在临潼创办华清新村实验区所设的村友借贷所，向华洋义赈会贷款1000元转贷给乡民，月息一分，期限三月，期满收回，成交良好，又先后向陕西赈务会贷款2000元，作为贷款资金，借贷所改名信用社，这是陕西农村信用社的先声[③]。中国农民银行设立的农贷所，据第七、八次营业报告称，到1935年12月，在全国成立农民借贷所的县镇共有20余处，其中就有陕西的潼关和甘肃的天水等地。

---

① 秦孝仪主编：《革命文献》第84辑"抗战前国家建设史料"，（台湾）"中央"文物供应社1980年版，第325—326页。

② 李金铮：《民国乡村借贷关系研究——以长江中下游地区为中心》，人民出版社2003年版，第330—331页；徐畅：《二十世纪二三十年代华中地区农村金融研究》，齐鲁书社2005年版，第342—344页。

③ 陕西省地方志编纂委员会：《陕西省志·金融志》，陕西人民出版社1994年版，第387页。

在上述省份其他县镇不久即可开业者，还有17处。①

宁夏农贷所的举办，在宁夏设立平民借贷所的提案中，就谈到"于各县设立农民借贷所，由财政厅训令省银行组织之"②。宁夏农民借贷所是在1935年后陆续成立的，其分布各县均有。建立这些农民借贷所的主要目的，正如当时宁夏省政府的提案所谈到的：一是设立借贷所以救济困民。这些"困民"，由于负担过重，"在青黄不接之时，或公款急迫之际，每相借用外债以解眉急"，因此"但受高利贷之剥削，实最大之原因"。二是设立各区农民借贷以调剂农村金融，缓解该地区社会金融枯滞现象，促进经济发展。在宁夏省农村借贷所贷款办法（草案）中也规定："本省各县为赈灾区，接济贫农耕作施行借贷者，悉以本办法之规定。"③ 各县借贷事宜，由农贷所负责办理无利息借贷。

二 农业仓库

农业仓库，在中国古已有之，如常平仓、义仓、社仓、惠民仓等，其主要功能是平抑粮价、积谷备荒，但有借贷活动。汉代主要是对常平仓的设置，仅限关中和边郡，没有普及。

隋以后，常平仓有所发展，在常平仓之外又设义仓、社仓、惠民仓等。按其仓谷来源与职能可分为官办与民办两种。常平仓以平抑粮价为主，属官办，大多设在政治中心。义仓以救济为主，也是官办，设于各县城镇。社仓也以救济为主，属于民办，设于各乡村。常平仓于青黄不接时，也贷出仓谷。义仓、社仓为推陈出新，平年也行春借秋还、外纳谷息的办法，都属于实物性质的借贷。

唐代对常平仓的设置，大致可分为贞观永徽和开元天宝两阶段。贞观十一年（638）因接连丰收"匹绢得粟十余斛"（十斗为斛），经马周建议，朝廷同意设常平仓④。到高宗永徽六年（655）因"大雨道路不通，

---

① 中国人民银行金融研究所：《中国农民银行》，中国财政经济出版社1980年版，第225页。
② 人民银行宁夏分行金融研究所编：《宁夏金融史近代史料汇编》（下），油印资料，1987年3月，第150页。
③ 宁夏金融志编委会：《宁夏金融志》，内部资料，第143页。
④ 张弓：《唐朝仓廪制度初探》，中华书局1986年版，第107页。

京城米价暴贵",在长安两市设置常平仓出籴粮食平抑米价,此后到开元初五十多年中,没有常平仓活动的记载。① 开元天宝时(713—755),常平仓又有大发展,有籴买有籴卖,设仓范围广大,淮河秦岭以北及山南诸州都设置了常平仓。

宋代先设置常平仓,后又置惠民仓(常平仓的变体)、广惠仓(近似义仓),因推行不得其人,弊端丛生,后为青苗法取代。元代世祖至元六年(1269)至武宗至大二年(1309)置常平仓,先后约40年即罢。明代行预备仓,陕西也有设置,泾阳县志即有预备仓的记载。

清代康熙年间(1662—1722)整理常平仓,建立各种仓储系统:常平仓置州县备赈,市镇乡村设义仓、设仓,便于就地赈贷。当时陕西乃西北首省,清政府很重视在陕西的设仓活动,除省、厅②、州、县均设常平仓外,市镇乡村设义仓、设仓,并在"省会重地,大府雄镇"设有储备军粮的道仓储府仓,遥远边鄙"汛防"③地方设有营仓。

民国以来,传统的仓储制度已毁坏殆尽。现代意义上的农业仓库,其主要功能更多的是保存、运销和抵押贷款等业务,它是从20世纪30年代前期在政府和银行的积极推动下建立和发展起来的。1933年5月6日,在国民政府行政院农村复兴委员会首次会议通过了农民银行必须在各县设立农业仓库的决定,同年实业部也在其制定的《农业行政计划纲要》中,把设立农业仓库作为首要任务,在《农业仓库法》中,令各省机关遵办。在国民政府各项法令的推动下,各省政府也纷纷制定法令、政策、措施,推动了各地农业仓库制度的发展。但这种发展正如时人所说:"农业仓库发达的情形和银行一样,是一种畸形的发展,即是说它多设于江、浙、河北、山东、湖北、湖南等富裕省份,而偏僻之区,尤其非富裕的省份,有的还没有农业仓库的设立,有的还很不普遍。"④

和东部地区相比,农业仓库在西北各省发展的不平衡,其中陕西省发

---

① 林荣、侯哲庵:《中国农业金融论》,《金融知识》第1卷第5期,1942年9月,第149页。
② 清代新开垦的新区称"厅",有的与府平行,有的与州平行,行政长官叫"同知"。
③ "汛":清代军队编制的单位。营下设"汛",由"千总""把总"分别统领。
④ 王承志:《银行资本在农村的活动》,《经济评论》第2卷第5号,1935年5月,第4—6页。

展得较快，建立的农仓也最多。从笔者所见到的资料来看，有中国银行在陕西独立举办过仓库的记载。而且即使在陕西的创办，也首先是从较富裕和交通便利的关中地区着手。如1934年9月27日的《西北文化日报》记载："不久以前，金城等三家银行，与经委会棉麦统制委员会，合作投资陕西，他们对于关中交通便利，水利发达之各县，已相继放款，但对于灾情较重、农村经济破产尤甚之各县，倒寥寥无几。"自1938年国民政府中央公布非常时期简易农仓暂行办法后，陕西省前合委会即派员指导各县合作社，"附设简易农仓，经营农产品之储押业务，共计有凤翔等36县，共1028所，存储产品多为小麦、稻、谷、杂粮等类，并办理抵押贷款业务"。各县历年建立的简易农仓，如表6—6所示。①

表6—6　　　　　　陕西省各县合作社附设简易农仓概况　　　　　单位：元

县名	1927年	1928年	1929年	1930年	合计
凤翔	35	26	4		65
眉县	38	6	2	22	68
礼泉	39	16	20		75
乾县	46	14	9		69
华县	10				10
户县	38	3	4	4	49
扶风	11	16	39	51	117
武功	9			2	11
大荔	5				5
咸阳	39	6			45
朝邑	7				7
蓝田	5				5
兴平	80	2			82
千阳		5	6		11
澄城	2				2
永寿	17	3	1	2	23

---

① 西安市档案局、西安市档案馆：《陕西经济十年（1931—1941）》，1997年，第320—321页。

续表

县名	1927年	1928年	1929年	1930年	合计
富平		7	27		34
周至	43	5	2	20	70
分县	5	6	1		12
白水		1	36		37
岐山	17	5	5		27
耀县		5	13		18
陇县	12	20	20		52
同官		8	3		11
宝鸡	11	13	5		29
淳化		3			3
长武		6	3	8	17
洋县			8		8
勉县			4	2	6
麟游			9		9
南郑			11		11
泾阳			7		7
渭南			3		3
三原			1		1
蒲城			22		22
城固			7		7
合计	469	176	272	111	1028

甘肃临泽县，光绪三十三年有临泽、沙河、平川、甘州四仓，"储仓斗粮五万零二百二十八石九斗一升六勺"。义仓（即社仓）光绪二年，"县属民捐仓斗粮四千零八十九石二斗一升二合，分绪各渠"。1928、1929年社仓共存储社粮"二千六百一十六石五斗争三升"。1936年，红军西路军过境，国民党政府下令过去社仓积谷"全数焚毁"。1941年，临泽县拟定重建仓积谷办法，"饬由各乡、镇、名模捐储公粮，以备赈灾恤

荒之需。但以呈奉省府指令,仰候统筹输作罢"①。

青海地区原有各种类型的农业仓库,如在西宁、湟源、大通、贵德、循化、民和、互助、乐都等县就有义仓、设仓、丰泰仓、丰黎仓、裕民社仓、丰裕社仓等,民国二十一年(1932)以后,在一些县又新增设了一些社库(见表6—7)。

表6—7 青海各县新增设仓储一览表

县别	仓名	储积	成立年份
共和	社仓	谷18石、洋500元	民国二十一年
都兰	社仓	洋1500元	民国二十一年
化隆	社仓	洋1000元	民国二十一年
同仁	社仓	洋100元	民国二十一年

资料来源:周振鹤编:《青海》,(台湾)南天书局1987年版,第154页。

上述所设的义仓,多由当时缙绅管理。仓谷来源不外义捐及课税时所附收。借放办法,各地大约于播种前,由村领袖负责调查该村请求借粮户数及其贫富情形,拟定该村各家需量,呈报义仓管理机关,"统盘筹算,传榜开仓。借粮人即以田契为质,或由二人担保,或由村长担保,春借小麦一斗,秋还小麦一斗二升。秋后不还者,明年即停止借粮,并追缴旧欠"。而设立的社仓"管理人员亦由设立者公推之","所积仓谷之来源及仓谷借贷办法,与义仓大同小异"②。

三 合作金库

合作金库为合作事业的金融组织。从全国看,其最早的建立是在1935年4月,国民政府军事委员会颁布的《剿匪区内各省合作金库组织通则》通令豫鄂皖赣等省成立合作金库,但当时建立的合作金库仅限于"剿匪"区各省。1936年12月,实业部颁布具有全国性质的《合作金库

---

① 高季良总纂,张志纯等校点:《创修临泽县志》卷七"财赋志",甘肃文化出版社2001年版,第199—202页。

② 周振鹤编:《青海》,(台湾)南天书局1987年版,第152—153页。

规程》，规定合作金库分为中央、省市、县市三级，以农本局作为附设合作金库的主要机构。抗战爆发后，中国农民银行、中国银行以及各省政府、合作行政机构、地方银行等也都相继附设合作金库。到1941年合作金库的发展达到顶峰。据统计，1940年底，国统区共有省合作金库5个，县合作金库397个，遍及16省2个特别市。其中，浙江、江西、湖南、湖北四省有省库2个，县库78个[①]。

合作金库在西北各省建立的时间相对较晚，主要在抗战之后。自民国25年（1936年）10月28日，国民政府实业部颁布《合作金库章程》，规定中央、省、市和县市三级合作金库，分别由各辖区内各种合作社及其联合社认股组成。

在西北各省中，陕西省建立合作金库较早。陕西省合作委员会从1938年始在咸阳筹设试办了一些县级合作金库，"金库股本，除由合作社认购外，余由该会及咸阳县政府酌认提倡股，并由该会主持经营"。1939年，经济部农本局派员来陕，办理农村业务，并以发展合作金库为中心工作。该局在贷款区域的9县中，一律设置合作金库，加上农民银行、中国银行附设的合作金库，共设置合作金库17所，放款总额5561845元（见表6—8）。[②] 1941年农本局结束，陕西所有县合作金库移交农行和中国银行。

表6—8　　　　　　　　陕西省各县合作金库概况

库名	成立日期	社员社数（个）	辅设机关	股本 社员股数	股本 提倡股	放款总额（元）
咸阳金库	1938年10月27日	136	合作处	2800	7200	24897
洋县金库	1939年6月18日	37	农本局	85	9915	282990
襄城金库	1939年7月15日	43	农本局	141	9805	97950
沔县金库	1939年9月17日	56	农本局	383	9857	104655
开阳金库	1940年2月5日	43	农本局	109	9901	123545

---

① 黄肇兴：《中国合作金库发展史鸟瞰》（下），《新中华》第1卷第11期，1943年11月。
② 西安市档案局、西安市档案馆：《陕西经济十年（1931—1941）》，1997年，第319—320页。

续表

库名	成立日期	社员社数（个）	辅设机关	股本 社员股数	股本 提倡股	放款总额（元）
留坝金库	1940年2月5日	50	农本局	20	9913	77581
略阳金库	1940年5月1日	54	农本局	94	9906	56289
麟游金库	1940年3月1日	55	农本局	150	9897	34805
凤县金库	1940年4月1日	57	农本局	347	9938	116185
宁强金库	1940年4月1日	105	农本局	408	9798	79296
安康金库	1939年12月24日	122	农本局	832	9400	152731
县金库	1940年4月19日	66	农本局	239	9839	93385
礼泉金库	1940年4月15日	186	农本局	653	9383	458062
宝鸡金库	1939年1月12日	87	农本局	464	9689	180910
凤翔金库	1939年11月12日	64	农本局	3379	9473*	321214
南郑金库	1940年7月14日	49	农本局	334	9666	3158779
紫阳金库	1940年9月15日	84	农本局	710	89800	200500
合计						5561854

注：1. 农本局辅设各金库，业务奉令移交各行接办，除洋县由中国银行接收外，余均由农行接收。

2. 各库放款总额，系截至1946年5月或6月底数字（累计数）。

3. 麟游及留坝金库，业经于1941年8月由农行商准合作处撤销，正办理结束。

中央合作金库陕西分库，建立的时间要晚一些。民国三十六年（1947）6月开始筹备，同年8月8日开幕营业，主要业务为存款、放款、汇兑、辅导合作社和代收税款。民国三十六年（1947）8—12月实际发放贷款109亿元，其中农业生产贷款仅占0.4%，工业生产贷款不到5%，运销贷款占94%以上。往来合作社70余家，占区内1801社的4%[①]。民国三十七年（1948）1—9月发放贷款"金圆券"99413元，其中合作社贷款占63%。合作社贷款中棉花贷款占73%。在37%的普通贷款中，民

---

① 百分比是按该库1947年8—12月业务报表数字计算得出。

生日用品贷款占64%①。

甘肃省最早建立的也是一些县级金库，它们包括：1939年1月成立的靖远县合作金库，资本10万元，1940年成立的皋兰县、酒泉县、武威合作金库，资本各10万元。同年3月、4月和11月在临洮、陇西、甘谷、张掖、泰安、定西、礼县、静宁、武都等县分别成立了合作金库，总计在省库成立之前已有县级合作金库13个。1940年1月由中国农民银行投资辅导设立县合作金库，大县则一县一库，小县则二县至四县联设一库，业务区域内之合作社均须加入为社员，计划设立合作金库20所，业务区域共为37县。

甘肃省级合作金库最初成立于1943年11月，资本额定2000万元。从1944年2月起，甘肃省政府主席指示合作金库与省银行合办实物放款，先由兰州市、皋兰县合办春耕种子实物放款，到1945年时达到23个县，贷出7019万元，月息1.7‰，另加仓租1‰②。1947年，省合作金库在34个县贷出小麦籽种四万两千市石。合作金库的放款按性质分有抵押放款、信用放款、信用供给放款、农业生产放款、工业生产放款、运销放款等项目，其中实物放款较为普遍。1947年12月，财政部将合作金库改为中央和省两级制，将各省的合作金库改为中央合作金库××省金库。同时财政部向甘肃分库投资120亿元，并于1948年5月，将甘肃省合作金库正式更名为中央金库甘肃分库，由此将合作金库纳入国民党政府中央级金融机构体系之中③。

1931年，青海省政府为解决财政困难和市面硬币缺乏问题，决定设立青海省金库，金库隶属青海省财政厅。1935年，"因省钞维挡券泛滥贬值，宣布撤销"④。

宁夏省1935年第二次省政会议上提出设立农民借贷所的议案后，省政府便饬令各县设立合作金库，由省银行领导，同时颁布了《宁夏省农

---

① 陕西省地方志编纂委员会：《陕西省志·金融志》，陕西人民出版社1994年版，第382页。
② 甘肃省地方志编纂委员会：《甘肃省志·金融志》，甘肃文化出版社1996年版，第50页。
③ 同上。
④ 青海省地方志编纂委员会：《青海省志·金融志》，黄山书社出版社1997年版，第73页。

村借贷新垦贷款办法（草案）》作为该机构从事业务活动的依据①。

第四节　新式借贷机构对西北农村经济发展的影响

对新式借贷机构进行农贷活动所发挥的作用如何评价，长期以来，学者和社会各界有不同的看法，其中较为流行的观点是：对国民政府实施的农贷活动的效果，批评和指责的多，肯定的少，总体评价不高。但也有学者对此进行了辩证的分析，既指出了新式农贷的不足和局限性，又肯定了其在缓解农村金融枯竭、高利贷对农户的沉重剥削和促进农业生产等方面发挥了一定的积极作用。值得关注的是，近年来国内的一些中青年学者，在对新式金融机构所进行的农贷活动的绩效进行评价时，采用了一分为二的观点，而且首先强调了农贷活动的积极作用。

笔者也认为，对农贷活动的整体绩效进行评价，运用两分法是科学的，同时也需要排除一些政治色彩和情绪化的言论，理性客观地进行分析。由于本书主要涉及民国时期西北地区的农贷活动，因此下述分析不是从宏观上作整体分析，而是结合西北地区的实际进行具体分析。

一　新式金融对西北农村经济、社会发展的积极作用

（一）在促使西北农村金融借贷关系转型和实现农村金融现代化方面是一次有益的尝试。尽管近代以来，伴随着中国社会的急剧变化，农村的自然经济开始缓慢解体，农户和市场的关系逐步密切，对资金的需求也迅速增加。但大量的资料表明，由于西北地区特殊的地理环境、落后的经济和生产力发展水平，农村中传统的借贷关系仍占主导地位，农户的借贷除了依赖私人、典当、钱庄的借贷外，几乎没有别的选择。如1934年，实业部中央农业实验所农业经济科对全国22省农民借款来源的调查显示，位于西北的宁夏、青海、甘肃和陕西四省，通过银行借贷的只有陕西，仅占农户借款来源的4.1％，其他三省为零；通过合作社借贷的只有陕西和

---

① 人民银行宁夏分行金融研究所编：《宁夏金融史近代史料汇编》（上），油印资料，1987年3月，第150页。

甘肃，所占比例分别为2.0%和1.3%，宁夏和青海仍为空白。而通过向私人（包括地主、富农和商人）的借款却高达50%以上，其中宁夏为78.2%，青海为78.8%，甘肃为80.1%，陕西为59.4%[①]。随着新式借贷机构的出现，特别是在政府的推动下，在西北各地建立的中国农民银行、农村信用合作社、农民借贷所、合作金库等机构，在一定程度上改变了农村借贷由私人和传统借贷机构垄断的局面，使新式借贷机构在西北农户的借款来源中所占的比重在逐渐提高，特别是1938年以后，这种情况有了很大改变。据1938—1946年国民政府对包括陕西、甘肃、青海和宁夏在内的全国15省农村放贷机构的调查显示，银行、合作社和合作金库的放贷比例在上升，而包括地主、富农和商人在内的私人放贷比例有了明显的下降。（见表6—9）

表6—9　　　　　　　1938—1946年农村高利贷主的变动　　　　　　单位：（%）

年份	合计	银行	钱庄	典当	商店	合作社	合作金库	地主、富农和商人
1938	100	8	3	13	14	17	2	43
1939	100	8	2	11	13	23	2	41
1940	100	10	2	9	13	26	2	38
1941	100	17	2	9	11	30	4	27
1942	100	19	2	8	10	34	6	21
1943	100	22	2	7	8	32	5	24
1944	100	21	3	8	13	27	4	24
1945	100	22	4	9	18	19	3	25
1946	100	24	5	9	20	19	2	21

资料来源：转引自严中平等编《中国近代经济史统计资料选辑》，科学出版社1955年版，第346页。

虽然在农家的借贷中，传统的借贷形式仍占主导地位，但从发展趋势上看，新式借贷机构在西北农村金融中所发挥的作用，正如李金铮教授所

---

① 根据南京国民政府中央农业实验所农业经济科编《农情报告》第2年第11期第108页的表格整理。

说的:"所有这一切,不管其力量多么弱小,不管其有多少缺陷,它总是传统借贷格局的一种异质力量,它提供了历史上所不曾有过的先进的东西,因此在中国经济尤其是农村现代化进程中应占有一席之地。"①

(二)对当地农业生产和农村经济的发展起了一定程度的促进作用。农贷活动,主要通过开展合作运动的形式,以创办信用合作社为主,在农业生产、消费、信用、保险、贸易和运销等各个方面进行了积极的工作,获得了一定的绩效,是值得肯定的。据资料记载,交通、金城、上海、浙江兴业和四省农民银行,为联合投资西北农村起见,于1934年委托陕西棉产改进所,在陕西、河南和山西三省境内组织了棉花产销合作社,办理农村贷款。款额以135万元为最高额外负担,由五行平均分担,当年共贷出约90万元。1935年,五行又以500余万元供作陕西、河南二省农村贷款。五行还于1934年发起组织中华农业合作贷款银团,1935年2月正式成立。该团第一期贷款预定为300万—500万元,暂先从棉业贷款着手,以后再扩充至其他农业贷款②。1934—1935年,陕西银行在咸阳境内共发放农贷532000元。其中,1934年发放三原7885元;1935年发放三原148485元,咸阳15345元,武功28562元;1936年发放给三原83986元,咸阳46283元,武功81774元,兴平76735元。发放农业贷款后,农村经济稍有起色,农民购买力稍有恢复③。另有资料记载,1947—1948年,为解决贫农春耕种子缺乏的问题,由银行、甘肃省合作金库合办农贷,为皋兰等34个县贷放麦种42000市石;为改良土地,在皋兰等12个县举办农田铺砂工作,受益农田达65664亩;在武威等25个县举办小型水利合作业务,受益农田达114532亩,增收粮食1234572市斤,农业合作生产总值为83890588417元,占全省总产值的14.78%④。

宁夏推行的农贷活动,从贷款用途来看,主要强调用于农户的生产经营活动。据1942年对宁夏永宁、平罗、贺兰、宁朔、中宁等县每县抽查

---

① 李金铮:《绩效与不足:民国时期现代农业金融与农村社会之关系》,《中国农史》2003年第1期。
② 符致逵:《商业银行对于农村放款问题》,《东方杂志》第32卷第22号,1935年11月,第11—12页。
③ 咸阳市金融志编纂委员会:《咸阳市金融志》,三秦出版社2000年版,第141页。
④ 翟大勋:《一年来之甘肃合作事业》,《新甘肃》1948年第2卷第2期。

两个合作社共计1494个社员贷款用途的调查显示，贷款用途主要用于购买籽种、耕亩、农具、肥料等项。（见表6—10）

从贷款期限和贷款利率来看，贷款期限一般定为一年，多为春借秋还，利率为月息8厘至1分9厘。合作社转贷社员时，利率为月息9厘至2分。具体来说，各类贷款的还款期限有所不同，如农业生产资金贷款，贷款时间与还款季节须绝对把握农业季节，以一年至五年为限。农村副业贷款中，对纺织生产合作社流动资金以供给三个月为限。购买运输工具贷款，其还款期限以一年至三年为准。供销与水利贷款中，供销业务"与社员生活必需品三个所需之资金供给之，还期以八个月至六年为准"，水利贷款中"专供社员凿井之工具与所需人工费用之八成为限。还款以三年为准"[①]。

表6—10　　　　1942年宁夏各信用社社员贷款用途之统计　　　　单位：人

用途种类	籽种	耕亩	食粮	农具	肥料	家畜	赎地	租地	买布	总额
调查人数	668	289	101	39	113	40	144	85	15	1494
贷款用途比例（%）	44.71	19.34	6.76	7.57	2.60	2.70	9.63	5.68	1.00	100
备注	1. 购买耕亩用途，计包括牛、马、驴三种 2. 粮食用途中亦有借款交国防粮者 3. 家畜用途中购羊最多，猪次之 4. 赎地贷款以永宁最多 5. 租地贷款中包括典田									

资料来源：马继德：《宁夏合作事业》，《新西北》（月刊）第7卷第6期，转引自人民银行宁夏分行金融研究所编《宁夏金融史近代史料汇编》（下），油印资料，1987年3月，第165页。

农业贷款对农业生产、水利建设、农工副业、土地改良、科技推广工作等方面有一定促进作用。如农业生产贷款，协助一部分农民在青黄不接之时，解决籽种、耕具、肥料等问题，有利于春耕生产；农田水利贷款，支持了修渠打井、抗旱排涝、疏通渠水等工作，对促进生产的发展和保护

[①] 宁夏省政府建设厅：《宁夏合作事业概况》，转引自人民银行宁夏分行金融研究所编《宁夏金融史近代史料汇编》（下），油印资料，1987年3月，第167—168页。

群众生命财产安全起到了一定作用;农村副业贷款,倡导农民经营各种副业,活跃了农村经济,增加了市场物资供应和农民个人收益;农业推广和土地金融贷款,提倡农民种棉,垦荒种草植树,改良土壤,选用稻麦、牲畜优良品种,提高单位面积产量,发展畜牧业等均收到一定效果①。

(三)新式金融机构向农村投入了一定数量的资金,也有利于缓解该地区农村资金市场的压力,一定程度上减轻了农户所受传统高利贷的剥削。从全国来看,在20世纪30年代以前伴随农村经济危机的加重,农村资金大量注入城市,农村金融严重枯竭。应该说,农村资金缺乏的现象在环境恶劣、经济落后的西北农村各地表现更加突出。从西北各地农村高利贷的泛滥情况,就有力地证明了资金越稀缺,就越推动私人和一些机构从事高利贷活动,从而也就越能从高利贷中获利的事实。因此现代金融机构向农村的放贷,虽然总量较少,对小农的借贷作用有限,但对缓解该地区农村的资金短缺,遏制农村高利贷的盛行有一定的积极作用。如从1943年开始,西北农村的高利贷就受到新式农贷体制的冲击,势头大减。以甘肃为例,据统计,1944年包括银行和信用合作社在内的新式农村借贷比例是58%,以高利贷为主的旧式借贷所占比例为42%;1945年,前者所占比例已达76%,后者下降为24%②。这在一定程度上反映出新式借贷已占有较大的市场份额。此外,新式农贷有利于减少农户所承受的高利贷的负担。在甘肃,农户借高利贷普遍在月息4分以上,甚至有对本利者,即借一元还二元者。如中国银行在甘放款已达700余万元,倘按月息4分计算,计息28万余元;若以月息8厘计算,则为5万余元,无形中为农民减少高利贷负担23万多元③。

二 新式金融机构进行农贷活动的缺陷与不足

新式金融机构进入农户借贷市场,对解决农村资金匮乏的难题,促进

---

① 人民银行宁夏分行金融研究所编:《宁夏金融史近代史料汇编》(下),油印资料,1987年3月,第163页。

② 中国农业银行经济研究处编:《中农月刊》第6卷第4期(1945年4月30日),第104页;第7卷第7、8期合刊(1945年8月)。

③ 《中中交农四行联合办事总处兰州分处函》,1942年7月31日,甘肃省档案馆,56—1—116。

农业生产和农村金融的现代化确实有一定的作用。由于现代农贷利率明显低于传统私人、店铺的高利贷利率，因此冲击了传统高利贷，减轻了农民所遭受的高利贷剥削，但这种作用是相当有限的。由于参与农贷各方的目的不一致，新式农贷机构数量太少，分布很不均匀，尤其在西北各地农村更加稀少，再加上一些农贷机构被地主、富农操纵；借贷手续烦琐、时效性差，贷款平均分散等局限，并未对传统借贷产生根本性的冲击。新式农贷活动的缺陷与不足表现在以下几个方面：

（一）由于进行农贷活动目的的不一致性，必然导致这一活动分布区域很不平衡，放贷的资金分配多寡不一。社会各界和国民党中央政府倡导农贷活动的目的，是"救济农村""复兴农村"，以达到挽救农村、长久抗战等政治目的。此外，国民政府对西北农村金融注入资金还有救治灾民的目的。如前述蒋介石先后为甘肃农村电拨500多万元，本着救人民于水火的战略意图，并没有牟取利润的目的。但对金融机构来说，其实施农贷的目的却在于牟利，"于法令许可范围内谋求利润之获得，其意义至为明显，亦为一般银行界领袖所坦然承认"①。因此商业金融机构办理农贷，除了获取利润外，很难有救国救民的社会责任。这一点我们从商业银行放款的地域就可看出其以追求利润为目的。从地域的选择上看，商业银行放款是有一定标准的，即不是富裕的省份，就是交通便利的县镇或农业经营条件比较优良的地区。在西北各省中商业银行在陕西的投资最多，其中很主要的原因"则因为关中一带，近年治安尚未称平靖，而水利与交通的建设尤见成效，长绒棉花的播种更有迅速的发展，因此，以安全为条件，以求利为目的，在开发西北的声浪之下，各商行便都跑向陕西去了"②。甘肃省的农贷也"仅分配于较大之县城，未能普遍，许多县份及边远农村，仍未得普惠"③。即使在同一地区，由于地理条件的不同，借贷资金也存在着较大的差异，"农村资金在本区山川未能平衡，在山较困，在川较裕"④。这种寻求利润的资金流向必然导致资金分配上的不合理。

---

① 杨骏昌：《我所希翼于农本局者》，《中国农村》第1卷第1期，1936年。
② 吴承禧：《中国银行业的农业金融》，《社会科学杂志》6卷3期，1935年9月，第477—478页。
③ 梁好仁：《甘肃经济建设之商榷》，《陇铎》第2卷第2期，1941年1月，第9页。
④ 《甘谷县第二区社会状况调查表》，1938年7月21日，甘肃省档案馆，4—8—564。

（二）农贷活动在制度和运作方式上的缺陷，导致交易成本过高，很多农民入社困难，贷款效率不高。

首先，在西北很多贫困地区出现的农民入社困难现象，究其原因，一方面是合作制度规定农民入社必须交纳一定数量的资金作为入社费用。如甘肃合作委员会颁布的《乡镇合作社章程准则》规定个人入社须认购不少于一股的合作社股金，每股股金视各社情况合一定数量的国币。① 宁夏农民入股后，才享有社员资格，始可贷款。规定每股二元，最少一股。② 而西北多为贫苦农民，自身生活都难以维持，更无多余资金交纳入社。此外，一部分中农也因畏惧贫农借款不能清偿时牵连自己为其垫付，也不肯援引贫农入社。

其次，农民向合作社借款，须用田地或农产物作抵押，贷款手续复杂、烦琐，造成贫苦农民很难获得贷款。如在陕西"借款是以田地为标准"的，"地多的多分，地少的少分，没有土地的当然也就没有得分了"。至于贷款手续，需"填报书表，往来函给，每批贷款之拨付，手续之办理，往返恒需半月至一月，以至于影响双方空息之损失，放款之失时效之现象"③。

再次，贷款额度低，不能达到促进生产的目的。如在甘肃，1941年时已有合作社6000余所，但以社员总数与人口总数之比例而言，不超过25%，按照统计，单位合作社平均借款额为4711元，单位社员平均借款为86元④。陕西省合作社放款额也是如此，每社社员也不能超过25元⑤。因为贷放的款项过低，借到款子的农民只有把款子用于某种作物的一部分，或作为整个生产过程中某一阶段的资金，或干脆用于消费，这样便导致稀缺的资金流入消费领域，未达到促进生产的目的。

最后，贷款期限太短，使农民贷去资金后，不能充分周转利用。"普通生（即生月）放熟（即熟月）收，为期不过一年，农民于取得贷金后，

---

① 《乡镇合作社章程准则》，《甘肃合作通讯》第1卷第5期，1943年。
② 郭风举：《宁夏省抗战期间推行合作社概况》，转引自人民银行宁夏分行金融研究所编《宁夏金融史近代史料汇编》（下），油印资料，1987年3月，第161页。
③ 杨钟哲：《绥远战区一年来家贷工作之检讨》，《新西北》（月刊）第6卷第1、2、3期合刊，1942年。
④ 杨子厚：《对甘肃农贷之实质建议》，《新西北》（月刊）第6卷第1、2、3期合刊，1942年。
⑤ 南秉方：《农村财产资金化之必要》，《新西北》（月刊）第1卷第5、6期合刊，1931年。

即购为耕牛、种子、肥料、农具，及禾熟，无现金偿还，只得以廉价售谷，不足复出卖耕牛、农具，以补之，其终也辛苦卒岁，仍一无所得，甚至饥寒交迫，不减于前。"① 借贷期限短，农民无法偿还，以致临时有典田鬻物种种现象②。

（三）一些地主豪绅把持农贷，造成贷款的分配不合理，贫苦农民获利较少。一方面，一些农贷组织在建立时，乡村中的大户和士绅利用手中的钱权把持职务，操纵农贷资金，或存款私用，又不肯负担利息。"目前有些合作社社员，多为富农或地主，把持操纵，冒名顶替，一般普遍农民，享受合作之甚少，或正农须依赖农村有地位之人，始能借款，结果反以害者。"③ 民国二十六年（1937）甘肃崇信县成立农贷办事处，而借贷对象"主要是商户及有权势的人家"④。民国三十三年（1944），永昌县设立农贷通讯处，办理业务要靠当地政府协助，"贷款多面向农村富户，很少贷给贫困农民"⑤。另一方面，一些大户和士绅并不需要贷款，其目的是获得银行的低利贷款，再以高利放出，这种情况常使得以铲除高利贷为目的之一的农贷运动功亏一篑，尤其是打击贫农对农贷活动的信心，促使本就举步维艰的农贷运动陷于更大的困境。如甘肃省银行在山丹的实物（麦子）放款，月息二分七厘，但经过合作社到农民手里，就变成"加五"或"对斗子"了。而在银行方面，为保证放款的安全，也愿意这样做，或不得不这样做⑥。在陕西，"银行贷款，赤贫小农难以直接，往往辗转贷得，一转手间，利率已无形增高"⑦。因此最后会出现，"虽经政府举办农贷救济农村，而农民所借之款仍多被高利贷者苛索"⑧ 的结果。

---

① 陈筮泰：《甘肃人民的生活问题》，《陇铎》第6期，1940年3月。
② 陈通哉：《当前西北农村里的几个问题》，《陇铎》第2卷第10、11合期，1941年12月。
③ 梁好仁：《甘肃经济建设之商榷》，《陇铎》第2卷第2期，1941年。
④ 崇信县志编委会：《崇信县志》，甘肃人民出版社1997年版，第325页。
⑤ 同上书，第624页。
⑥ 李化方：《甘肃农村调查》，西北文化书店1950年版，第57页。
⑦ 陈赓雅：《西北视察记》下册，申报馆1936年版，第461页。
⑧ 《甘肃省农村合作委员会呈为录本会议决议拟请评定取缔办法通令全省以除障碍而维也纳贷政请鉴核由》，1938年3月14日，甘肃省档案馆，15—7—388。

第七章

对民国时期陕甘宁根据地（边区）借贷关系的考察

陕甘宁根据地是由中共土地革命时期建立的陕北、陕甘边革命根据地发展而来。"1937年抗日民族统一战线建立以后，陕甘宁革命根据地改名为陕甘宁边区，正式成立陕甘宁边区政府，共辖陕西、甘肃、宁夏的23个县。"边区面积达到129608平方公里。"到1944年底，陕甘宁边区共辖延属、绥德、关中、陇东、三边五个分区的31个县、市，面积98960平方公里，人口约150万。"[①]

第一节 陕甘宁根据地建立之前借贷之基本情形

根据地建立以前，陕甘宁金融机构较多，许多县城、军镇有地主、官僚控制的大小典当、钱铺；有当地政府把持的官银钱局；陕西、甘肃两省地方银行也在各地设有办事机构；还有统治陕北的军阀井岳秀把持的陕北地方实业银行等[②]。但广大农村地区交通不便，地处偏僻，社会经济落后，货币经济十分不发达，可以说农村地区金融机构很少能够触及。《陕西实业考察》中"农村既无正式典当，又无金融机关"[③] 的记载虽不完全准确，却能反映陕甘宁地区农村借贷的大致情形。农村借贷以私人借贷为

[①] 杜鲁公等：《陕甘宁边区的农业合作》，陕西人民出版社1994年版，第3页。
[②] 陕西省地方志编纂委员会：《陕西省志·金融志》，陕西人民出版社1994年版，第158页。
[③] 陕西实业考察团：《陕西实业考察》，汉文正楷印书局1933年版，第88页。

主，甚或会有一些地主富豪开设的典当、商店等也能够在乡村借贷关系中占有一席之地。

一　债权人与债务人之构成

就陕、甘、宁三省的债权人构成来说，以商人、地主、富农等私人个体为主（见表7—1）。

表7—1　　陕、甘、宁三省农村借款来源百分比（1934年）　　单位：（%）

地区	合计	银行	合作社	典当	钱庄	商店	地主	富农	商人
全国平均	100	2.4	2.6	8.8	5.5	13.1	24.2	18.4	25.0
陕西	100	4.1	2.0	9.0	5.0	20.5	15.4	14.4	29.6
甘肃	100	—	1.3	2.6	—	16.0	21.3	22.7	36.1
宁夏	100	—	—	—	—	21.8	14.3	28.6	35.3

资料来源：《农情报告》第2年第11期，第108页，转引自章有义主编《中国近代农业史资料》第3辑，生活·读书·新知三联书店1957年版，第373页。

从表7—1中得知，陕、甘、宁三省借贷来源中私人借贷的比重分别是59.4%、80.1%、78.2%。如果将农民之间的互助性借贷活动算进去，私人借贷所占比例将更高。

二　私人借贷

陕甘宁地区的私人借贷，按照利息来划分，有群众之间的无利借贷、一般利率的私人借贷和高利贷，以高利贷为主；按信用形式来划分，有无须抵押的信用借贷、抵押借贷、预卖和赊借，以抵押借贷为主；按借贷形态划分，有货币借贷和实物借贷，实物借贷较多。

（一）借贷利率

陕甘宁地区，一般亲朋好友之间，由于天灾、人祸、婚丧、嫁娶、修庄、治病等临时性急需，往往都有互助互济的借贷行为。这种借贷面广量大，期限长短不一，数额不等，有粮、钱、物等。而且绝大多数不计利息，不立契约，不请担保①。另外，乡邻之间也有利息较轻微的借贷。最为盛行的则是高利贷。

1934年之前，陕甘宁地区高利贷剥削相当严重，各县几乎均有高利贷现象存在。绥德、延安等地高利贷利率最低月利3分，最高月利5分，甚至有借1元钱，一月后还2元的②。富县借贷利率一般为30%—50%，有的高达70%，甚至100%③。佳县的农民向地主富农借贷，一般月息为本钱的5%—8%，也有年息达100%的④。米脂的地主放账，月息有1—3分不等，以2分多见，最高5分，放粮一般放三还四⑤。靖边县境内"民国五年（1916），高利贷月息每元一般为1分8厘—2分；九年（1920）月息增至2分5厘—3分；二十六年（1937）增到6分左右"⑥。这里借贷利息的逐年增加与农民经济破产程度的逐年加重不无关系。

陇东一带的高利贷更是花样繁多，有大加一债，月息一般10分，1年后在本金的基础上翻倍；"对本利债"，借期3年，月息3分，所谓"1月3分利，3年是个对本利"；"财本债"，地主豪绅以谋财诱债，以土地为主要财产作抵押，到期无力归还本息，抵押物即归债主所有或变卖抵债；"预抵债"，又称青苗探卖，是商人高利贷者趁青黄不接时，超低价格探买青苗，从中牟利的方式；"稞子债"，普遍秋借小麦1斗，夏还1斗2升；印子钱，债主高利放债，每次还债时在折子（或契约）上加盖1印，后来变成放账时就已将利息计算折收的放贷办法⑦；"驴打滚债"，借款一般抵押小麦、地亩或请中人作保，到期还不上者，以息作本，重叠累算，逐月加收，年息高达本金的1倍甚至数倍⑧；等等。

（二）信用方式

陕甘宁根据地的传统借贷，除个别亲朋好友之间借贷无须抵押之外，

---

① 王来才主编：《华池县志》，甘肃人民出版社2003年版，第553页。
② 陕西省地方志编纂委员会：《陕西省志·金融志》，陕西人民出版社1994年版，第158页。
③ 富县地方志编纂委员会：《富县志》，陕西人民出版社1994年版，第115页。
④ 苗发源：《佳县志》，陕西旅游出版社2008年版，第200页。
⑤ 米脂县志编纂委员会：《米脂县志》，陕西人民出版社1993年版，第115页。
⑥ 靖边县地方志编纂委员会：《靖边县志》，陕西人民出版社1993年版，第235页。
⑦ 王来才主编：《华池县志》，甘肃人民出版社2003年版，第551—553页。
⑧ 庆阳县志编纂委员会：《庆阳县志》，甘肃人民出版社1993年版，第197页。

第七章 对民国时期陕甘宁根据地(边区)借贷关系的考察 / 319

其他借贷关系都是要有抵押品的。抵押品种类很多,有牛、马、羊、驴等牲畜,或土地、窑洞、房产等不动产,或劳动力,或树木等,甚至有以妻子儿女抵押借债的。其中,土地抵押最为常见,也是最主要的抵押物品。通常,农民用土地作抵押借款,到期限还不上本利,土地便被变卖用来还债,或是由债主收为己有。这是农民破产的一个主要原因,也是陕甘宁地区土地集中的一个重要方式。

典地,虽然与抵押借贷在运作形式上有差别①,但有一部分实际上是由抵押借贷发展而来,并且是这里贫苦农民最方便的一种"揭钱"方式。张闻天等人在神府县进行调查时,孟家沟人就讲道:"借钱难借到,一百元月利二十元,人家都不借,因为票子刁人,倒还不如典地。"② 实际上,农民口中的"典地"包含了土地抵押和典地两种含义。可以看出,"典地"显然比其他借贷方式来得可靠,而且是债主们比较乐意接受的一种放债方式。显然,转化为地租的"利息"往往要比抵押借贷时的利息来得更高一些③。

《米脂县杨家沟调查》中记载:"马国弼从他的父亲马鸣凤手里,除分得345.5垧买地外,还分得481垧'典地'",而"这些'典地'都是经过放高利贷来的"。《调查》中对这种情形作出的分析是:开始是"指地揭钱"(也有指窑、指房、指驴、指马、指牛、指树、指工的),在不能还清本利时,即将地出典(所谓"撩地")④。马维新经营的"崇德厚"的一个主要业务就是典地,在它存在的22年中,与之发生关系的118个典户中,有63个典户就是因积欠揭账还不了,以典出土地还债的。这种由"揭"到"典"的户数,占总典出户数的53.39%。这就是说,这些典地中有一半以上是高利贷的直接后果⑤。

---

① "典地与抵押借贷的不同在于,后者采用的是借贷方式,农民必须按期支付利息;而前者却要暂时转移地权,负债农民不用支付利息,按期缴纳地租。"引自薛暮桥《旧中国的农村经济》,农业出版社1980年版,第73页。

② 张闻天:《神府县兴县农村调查》,人民出版社1986年版,第52页。

③ 抵押借贷利息来自本金的收益,而转化为地租的利息则出自土地的收益,土地的收益往往要比农民能够借到的本金多出许多。

④ 延安农村调查团:《米脂县杨家沟调查》,生活·读书·新知三联书店1957年版,第33—34页。

⑤ 同上书,第56页。

可见，这里的"典地"往往都是从最初的"指地揭钱"即抵押借贷转化而来，即便纯粹的典地，大多也是因为借款的需要。因此，典地成为借贷关系、租佃关系的双重承担者，也是由抵押借贷向租佃关系转变的一座桥梁。这就为高利贷者摇身变为地主创造了一条捷径，也为地主们通过高利贷活动集中土地，以巩固自己的经济地位打开了一扇方便之门。如果出典人在期限内交不上地租，则典地中的一部分就变成"绝卖"，这就顺利地完成了一次地权的转移。只是这样的活动变得更加复杂了一些，其发生的根源和变得复杂的原因都是由于债务人（抑或称"出典人""佃户""卖主"）贫困，需要靠借贷来维持生存。这些状况在陕北则表现得更明显些。丽水的《陕西绥德县鹅崆峪村的借贷》[①]对这一过程作了详细的分析。

（三）借贷形态

在借贷形态方面，就整个陕、甘、宁三省来说，货币借贷和实物借贷都有，货币借贷稍多（见表7—2）。

表7—2　　陕甘宁三省农村借款和借粮债户百分比（1933年）

地区	农村总户中的比例（%）	
	借款农户	借粮农户
全国平均	56	48
陕西	66	56
甘肃	63	53
宁夏	51	47

资料来源：转引自章有义主编《中国近代农业史资料》第3辑，生活·读书·新知三联书店1957年版，第749—750页。

注：在旧的农村经济统计中，所谓农家既包括农民，也包括地主。因此，这里所反映的收支状况不只是农民的，更不只是中贫农的收支状况。

胡如雷认为，"借贷资本采取何种物质形态，主要取决于再生产的社会性质、商品经济的发展水平及债务人、债权人的经济地位"[②]。陕甘宁

---

① 丽水：《陕西绥德县鹅崆峪村的借贷》，《中国农村经济研究会年报》1934年第2期。
② 胡如雷：《中国封建社会形态研究》，生活·读书·新知三联书店1979年版，第303页。

地区地处偏僻，以农业生产为经济基础，然农业经济之破产，使主要债务人——农民极度贫困，其借贷主要以借吃粮维持生存为目的。加之这一地区乡村社会货币经济极不发达，直到20世纪40年代初，农民要获得现钱，尚需将农产品驮到货币经济稍发达的一些市镇上去卖①。借贷形态以实物借贷居多。"实物借贷"究竟占何种比例，尚无明确的统计资料。但从陕、甘、宁三省借贷形态的统计中，我们能够看出，虽然货币借贷比实物借贷多，但差距并不很大。如前所述，陕甘宁地区可以说是三省的边远贫困地区的最佳组合，实物借贷为主要形态，应当无疑。

三 有组织的传统借贷

（一）请会

除私人借贷外，为了抵制高利贷的剥削，农民之间也形成了一些互助的借贷组织，如请会、孝义会等。参加这种组织的主要是贫苦农民。

请会是农民为了对付高利贷剥削而自发组织的一种临时性信用形式。一般由有困难的人"请会"，称为"会主"。按需钱多少决定请会规模。参加的人称"押会"。"押会人"在第一会按集体约定的数目，给会主集资，叫"老会"。除"老会"外还有"小会"，"小会"的数目与"随会"人数相等。"会主"每月或数月聚会一次，每会偿还一家之款。得还款者叫"得会"。每人可得一次"会"，"得会"使用投标的办法，谁画的利大，谁得"会"。得了会的叫"死会"，没有得"会"的叫"活会"，"活会"每会垫出一定数目，"死会"则每会还出本利。利有明暗两种，明利一般为一毛，还本时加上明利还出；暗利是得"会"人自己愿出的利，大家交钱时，即在整垫数内扣了，还本时照整垫数出。得会多以掷骰子决定。这种请会无利息。但第一会和会尾要吃酒席，费用由会主负责。会主需请保人，如发生拐骗、偿还不起等"烂包"问题，保人负有完全替赔的责任。

"请会"又可分为"借会"和"画会"。"借会"只有"老会"，实是一种除少数酒席等费用外、不生利息的整借零还，是多数人扶助一人。"画会"除"老会"外还有"小会"。"小会""画利"是秘密的，以使急

---

① 陕甘宁边区财政经济史编写组、陕西省档案馆编：《抗日战争时期陕甘宁边区财政经济史料摘编》（第5编：金融），陕西人民出版社1981年版，第434—435页。

于用钱的人互相竞争，抬高利钱。因此，往往发生得"会"后拐款逃跑的现象，容易发生"烂包"的问题。在这一点上，"画会"则往往变成了高利贷的一部分。"画会"的"小会"使本来不需要借款的家户，被人请上几次，亏空无法填补，只有画会得利，高筑债台；浪费人力物力，影响邻里关系；而一些急需用钱的人为了得会，抬高利钱，使画会变成无一定利息标准的高利贷。因此，借会实际上是一种纯粹互助性质的无利借贷，而"画会"则逐渐成为高利贷的一种。

另外，庆阳一带比较盛行孝义会。这种互助组织的参加者大多是家有老人的农民，主要目的是解决办理丧事的困难。民国初年，正宁县山河镇东关村组织孝义会6个，参加人数占全村有老人农户的90%①。

（二）典当

典当是一种古老的融资方式。往往以实物作抵，给予大大低于实物应有价值的现金，到期还本付息，赎回所当实物。到期如不偿还，实物归当铺议价拍卖②。起初，陕甘宁地区典当多由各县城、集镇的一些商号兼营。

民国以后，典当业规模扩大，当铺数量增多。但大部分当铺仍然为商铺所兼营，如西峰镇最大的商号"永城店"1922年开办"永和当"，经营典当业10余年③。一个商号兼营数个当铺的现象也不少。如庆城"八大家"中的李悌商号"恒义兴"，在悦乐和柔远分别开设"恒义和"与"恒义富"当铺；韩振武商号"裕茂隆"分别在南梁、林镇、悦乐、柔远开设"裕茂昌""裕茂魁""裕茂隆""裕顺恒"四家当铺④。也有一部分独立开设的典当，如佳县的"便民当铺"（1918年开业）⑤。延长县乡村有利堡赵姓2家当铺，黑家堡彭姓1家当铺，安河1家当铺⑥，等等。这些当铺多为小本经营，无雇佣店员，多在乡村地区。

---

① 庆阳地区金融志编纂委员会：《庆阳地区金融志》，中国金融出版社1992年版，第165页。
② 旬邑县地方志编纂委员会：《旬邑县志》，三秦出版社2000年版，第352—353页。
③ 庆阳县志编纂委员会：《庆阳县志》，甘肃人民出版社1993年版，第186—187页。
④ 王来才主编：《华池县志》，甘肃人民出版社2003年版，第518页。
⑤ 苗发源主编：《佳县志》，陕西旅游出版社2008年版，第405页。
⑥ 延长县地方志编纂委员会：《延长县志》，陕西人民出版社1991年版，第306页。

名谚谓，"典当者，穷人之后门"①，即典当是穷人不得已的最后一招生计。20世纪二三十年代，陕甘宁地区当铺数量骤然增加，一个重要原因就在于农民经济的破产。如淳化县在1929年的奇重的旱灾之后，贫苦农民生计艰难，不得已以仅有衣物、首饰小件典当为生。由于当者突增，当铺遂增，最甚者有私家以商代当②。

（三）商号

商号或称"字号"、商铺，除兼营典当外，自身也放款取息，这在陕甘宁地区非常普遍。明清时期，吴堡县宋家川、辛家沟、岔上一些商号，向农民放高利贷，牟取利润③。在清代，绥德县城及一些镇子就有商号将盈余的货币放账牟取利息④。民国以来，商号增多，兼营放款业逐渐在商号中普及开来。如旬邑的永泰和、天成晁、天成隆、明兴和⑤，西峰镇的"同盛林""广裕永""福茂店""通顺店""世丰源""德兴店""三溢店""兴盛店""日兴店""聚义店""永成裕""渭川永""祥泰生""天生爵""永成魁""日兴成"等30多家商号都兼放过贷款⑥。

米脂县杨家沟地主马维新经营的"崇德厚"最为典型。"崇德厚"从1917年开业，到1938年停业，共经营了22年。经营的主要业务是高利贷、典买土地和出卖粮食。它的经营方式是从典买土地收进租粮，把租粮卖出换钱，从行本银收进利息，利息又是钱，于是又把钱借出收息，或典买土地收租子。这样的一个循环过程使"崇德厚"年年盈利，达到了它"放账置地"的目的。就放高利贷一项，"崇德厚"自开张时共有行本银（即放高利贷的钱）913串，以后放账数目逐年增加，1927—1933年内达到最高峰。自1934年起，由于"闹红军"，高利贷活动逐渐陷于停滞状态。在这22年中，共有揭（借）户514户，除"字号"11户和"堂号"22户外，其余的483户中，绝大多数是农民。此间，与"崇德厚"发生

---

① 杨肇遇：《中国典当业》，商务印书馆1929年版，第2页。
② 淳化县志编纂委员会：《淳化县志》，三秦出版社2000年版，第512页。
③ 吴堡县志编纂委员会：《吴堡县志》，陕西人民出版社1995年版，第397页。
④ 李林等主编：《绥德县志》，三秦出版社2003年版，第303页。
⑤ 旬邑县地方志编纂委员会：《旬邑县志》，三秦出版社2000年版，第352—353页。
⑥ 庆阳县志编纂委员会：《庆阳县志》，甘肃人民出版社1993年版，第186—187页。

临时借贷关系的899户中，一般农户有710户[①]。从"崇德厚"的业务经营中，我们可以看到，它不是单纯的经营买卖，而是将农村中最有利可图的业务几乎都网罗进去，以形成一个比较稳定的循环生财链。

（四）钱号（钱庄或银号）

清末民初，许多大的商号兼办私人钱庄业务。如庆阳城的"恒义兴"（主人李子良）、"永茂隆"（主人韩少文）、"复兴李"（主人李庆隆）3家大商号兼营过放款和汇兑业务，放款利率为月息1—3分，起着钱庄的作用。[②] 也有一些地方有专门钱号，如佳县有"万金积""丰金炉""永顺昌"3家银号先后开业，办理存款、贷款业务。[③] 淳化县在清末时期，有钱号经营短期抵押贷款，中人作保，一直延至民国。民国十三年（1924），驻守淳化县城某军队曹、陈两营长倚仗权势合办"惠公钱局"，私印县境内流通的纸质流通券[④]。瓦窑堡、安定在革命前也设有2家钱庄。[⑤] 一般商号兼营或是独立经营的钱号，有强大的资金链和经常性的放款对象以及熟练的业务能力，经营都比较长久。而民国时期，一些为牟取利益，依靠军队势力临时开设的钱局则不长久，如前述"惠公钱局"，经营短短两年，就宣告倒闭，储户被坑害者倾家荡产，苦不堪言。

钱号多设在县、镇地方，专门经营较大款项的汇兑业务，与之往来的多是商号、店铺及当地一些富裕大户，与之发生关系的农户较少。

第二节 陕甘宁根据地传统借贷关系的革命历程

中共对于陕甘宁地区传统关系的破除，经历了土地革命时期的废债毁约运动和抗日战争时期的减息清债运动，以及贯穿于中共革命全过程的打击高利贷活动。这既是一个比较完整的破除旧事物的历史过程，也演绎了一个完整的革命进程。

[①] 延安农村调查团：《米脂县杨家沟调查》，生活·读书·新知三联书店1957年版，第51—58页。

[②] 庆阳县志编纂委员会：《庆阳县志》，甘肃人民出版社1993年版，第186—187页。

[③] 苗发源主编：《佳县志》，陕西旅游出版社2008年版，第405页。

[④] 淳化县志编纂委员会：《淳化县志》，三秦出版社2000年版，第512页。

[⑤] 子长县志编纂委员会：《子长县志》，陕西人民出版社1993年版，第411页。

一 废债毁约运动

（一）废债毁约运动的背景

1. 中共对"农民问题"重要性的认识。关于农民革命的重要性，早在中国共产党成立之前就已经有所认识。1921年4月，由上海共产主义小组创办的《共产党》（月刊）就发表《告中国农民》文章指出："中国农民占人口的大多数，无论在革命的预备期和革命的实行期，他们都是占重要的位置的。"[①] 基于此，"向田间去"，向农民"宣传"，"促进"农民的"阶级觉悟"，以促成农民革命，就成为中共早期革命的一项重要任务。1923年5月，共产国际根据这次大会精神，第一次向共产党指出，在建立反帝统一战线的同时必须"进行反对封建主义残余的农民土地革命"[②]，并一再指示强调：中国革命"全部政策的中心问题乃是农民问题"。虽然中共中央直到7月18日才收到这个指示，但同年6月的中共"三大"中也专门作出了农民运动的决议案，要求组织小农佃户及雇工开展反帝反封建的斗争[③]，以保护农民之利益，促进国民革命运动。这足以说明当时的中国共产党人对革命形势的认识并不滞后于国际社会。在此之前，早期一些中国共产党人，如沈定一、彭湃、毛泽东等已经认识到农民对于中国革命的重要性，注意到了农民运动不可忽视的作用，并已经在各地组织领导农民运动和探讨农民问题[④]。1924年5月中国共产党的扩大会议上提出了武装农民、乡村自治和反对苛捐杂税等口号。1925年1月召开的中国共产党第四次全国代表大会专门作出农民运动的决议，指出农民

[①] 何东等：《中国新民主主义革命时期的农民土地问题》，中国人民大学出版社1983年版，第39页。

[②] 《共产国际执委会给中共第三次代表大会的指示》（1923年5月），中国社会科学院近代史研究所翻译室译，《共产国际有关中国革命的文献资料》（第1辑），中国社会科学出版社1981年版，第78页。

[③] 中央档案馆编：《中共中央文件选集》（第1册），中共中央党校出版社1989年版，第151页。

[④] 1921年秋，沈定一等在浙江省萧山县组织了中共成立后的第一个农会，进行了减租斗争；1922年9月，彭湃在广东省海丰县开始建立农会并组织领导和扩大了广东省的农民运动；与此同时，毛泽东创办了湖南长沙自修大学补习班，讲授了农民问题，并详细分析了农村各阶级的社会经济状况。

问题的极端重要性:"中国共产党与中国工人阶级要领导中国革命至于成功,必须尽可能地系统地鼓动并组织各地农民逐渐从事经济的和政治的斗争。没有这种努力,我们希望中国革命成功以及在民族运动中取得领导地位,都是不可能的。"① 此后,为了培养农民运动干部,中国共产党通过由林伯渠任部长、彭湃任秘书的国民党中央农民部,在广州开办农民运动讲习所。培养出的学员后来返回全国各地,深入广大农村,举办农民讲习所,建立农民协会,组织农民运动,促进了全国农民运动的迅速开展。1926年5月,广东省第二次农民代表大会上通过的《农民运动在国民革命中之地位决议案》认为:"在经济的观点上和群众的观点上,农民问题是国民革命中的一个中心问题,国民革命能否进展和成功,必以农民运动能否进展和成功为转移。"② 在这个意义上,发展农民作为中国革命的后盾力量是当时国共两党的共识。因此,国共两党均对当时农民问题进行了关注。

2. 中共农村借贷关系方面的早期革命宣传和政策。中共在组织领导革命运动的初期,就已经有废除封建剥削的口号和志向。传统的乡村借贷关系尤其高利贷,是农村社会中封建剥削的典型,当然被列在打击的对象之中。自1921年中共早期革命领袖领导的农民运动就比较重视废除高利贷。

1924年,国共两党第一次合作建立后,在农民借贷问题上一致认为,"农民之缺乏资本至于高利借贷以负债终身者,国家为之筹设调剂机关,如农民银行等,供其匮乏,然后农民得享人生应有之乐"③。1925年11月《中国共产党告农民书》中做出了一些具体的规定,如"由各乡村自治机关动用地方公款办理乡村农民无利借贷局""重利放债者不得为(农会)会员"④ 等。1927年7月13日,《中国共产党中央委员会对政局宣言》

---

① 中央档案馆编:《中共中央文件选集》(第1册),中共中央党校出版社1989年版,第358页。

② 中共中央党校党史教研室选编:《中共党史参考资料》(二),人民出版社1979年版,第263页。

③ 《中国国民党第一次全国代表大会宣言》(1924年1月23日),中共中央党校党史教研室选编《中共党史参考资料》(二),人民出版社1979年版,第7页。

④ 中共中央党校党史教研室选编:《中共党史参考资料》(二),人民出版社1979年版,第176页。

中也规定:"限制高利贷盘剥,设立农民合作社,要求国家以充分的经济辅助农业,并实行拨款借贷于农民。"① 此前,农民运动比较成熟和激烈的一些省份,如广东、湖南、江西等省,已经就如何对待农村的借贷关系作了一些明确的、具体的规定。1925年6月13日颁布的《中国共产党广东区执行委员会对于广东时局宣言》中规定:"严厉取缔高利贷盘剥。"② 1926年5月的广东省第二次农民代表大会上,农民代表们认为:"我们现在借钱还债,是应该的。可是少数拥有资财的人,往往趁多数贫困农民工人于饥饿难堪、青黄不接的时候,便提高利息,贫困的农民工人以其'现死不如赊死',明知道借高利贷是终于必死的,然比较目前即时饥死,总觉得好些,故任由债主提高利息到如何程度、也必出","应请我政府明令制止,规定最高利律〔率〕,以杜流弊,而安民生"③。1926年12月,湖南省第一次农民代表大会上颁布的《取缔高利贷决议案》认为:"在现在的社会制度下,借了人家的钱米,当然应付一种利息;可是乡下的土豪劣绅、奸商、不法地主等惯于乘贫民需钱急迫的时候,实行高利盘剥。贫民因高利贷的逼迫,有至于卖妻鬻子,或自杀的。即幸而能够还债,不久的工夫,就要弄到赤贫的地位。这种惨无人道的事情,在革命政府之下,是绝对不应该存在的。""最厉害的高利贷应请政府一律明令禁止,并于最短期间,实现国民党新政纲之规定利率不得超过百分之二十。"④ 1927年3月江西第一次全省农民代表大会中通过的《取缔高利贷草案》中认为:"现在江西各县普通的利息,虽不算高,然三四分利息的,亦复不少,有的竟高至七分八分。尤其是到青黄不接或银根紧急之时,一般大地主及拥有资财的富翁,提高利息到一倍以上,如印子钱,加一老利借新谷等,以图厚利。贫苦的农民,因此债台高筑,拖累重重,典当器物,变卖家产,卖妻鬻女,逃走自杀者,不可胜计。我们为救济农友起见,一致决议:自民国十六年起,根据中国国民党最近联席会议(禁止重利盘剥,最高利率年利不得过百分之二十)之决议案,实行减息,

---

① 中共中央党校党史教研室选编:《中共党史参考资料》(二),人民出版社1979年版,第531页。
② 同上书,第156页。
③ 同上书,第280—281页。
④ 同上书,第374—375页。

取消息典租；并根据中国国民党江西第三次全省代表大会决议案，废除父债子还制度。"①

由此可见，大革命时期农民运动的发动者们认为农村中一般的借贷关系的存在是合理的，对广大贫苦农民构成剥削的主要是高利贷。因此，应该对农村高利贷进行严厉打击。而打击和限制高利贷的主要手段，一是限制借贷利率。前述湖南省农民代表认为以实现"国民党新政纲之规定利率不得超过百分之二十"为目标。稍早的《中国共产党第三次中央扩大执行委员会关于农民运动决议案》（1926年9月）规定"每月利息最高不能过二分五厘"②。二是建立新的借贷组织如信用合作社等，确能谋贫农间金融之流通而轻减其借贷之利息，以抵制地方土豪、地主等高利贷。③ 三是禁止"重利盘剥者"加入农民协会。④（农民运动时期，农民协会可以说是农村中的权力机关，农民协会的会员可以受到农协的保护，而未加入农协的富裕分子则是农民协会的主要斗争对象。因此，有许多富裕分子通过各种方式想要加入农协，以求得对自己财富的保护。）四是减息。湖南农民代表自一年来湖南农民的斗争中了解到减息与减租、废除苛捐杂税等一样成为农民所急迫的要求⑤。

3. 中共革命中心逐渐转向农村后，废债毁约运动成为中共农民革命的一个基本方式，并开始在南方一些根据地实践开来。毛泽东在农村进行调查和分析之后指出：农村的主要矛盾是以佃雇农和贫农为主体的贫苦农民与地主富农之间的矛盾。地主富农通过租佃关系、借贷关系、雇佣关系等封建的和资本主义的关系对广大贫雇佃农进行残酷的剥削。因此，要取得农村革命的胜利，首先要在农村建立起无产阶级的经济基础，并发动农村中最广大的农民以壮大中国共产党的阶级基础。那就必须解放农村的生产力和农民。解放农村生产力和解放农民的最大障碍是农村封建的资本主义生产关系。必须冲破农村旧的生产关系，才能使农民得到解放，农民解

---

① 中共中央党校党史教研室选编：《中共党史参考资料》（二），人民出版社1979年版，第437页。
② 同上书，第320页。
③ 同上书，第282—283页。
④ 同上书，第321页。
⑤ 同上书，第380页。

放了，农村的生产力就得到了解放。而借贷关系作为中国农村中最普遍的经济关系，是中共革命的主要对象。

南昌起义失败以后，中共革命斗争的重心转向国民党势力较为薄弱的农村。"八七会议"确定了"土地革命"的斗争方式。为了发动农村社会最广大的农民参加到土地革命中来，中共制定了许多有利于农民的措施，对乡村借贷进行革命的废债毁约运动就是其中比较有效的措施之一。

生产关系上的革旧鼎新是 20 世纪 20—30 年代中国农村社会的内在要求。

20 世纪 20—30 年代是中国农村社会经济濒临破产的时期。造成农村社会经济破产之诸因素，早在民国之前就已显现出来，而到了民国时期，尤其是 20—30 年代，农村社会一片凋敝，农业生产无法持续进行，亟待恢复。广大农民饿死的饿死，逃荒的逃荒，亟须救济。为此，民国时期的仁人志士奔走呼叫。国民政府制订了一套详尽的复兴农村的计划，并通过新式的金融机构向农村投放大量的贷款，以复兴农村经济。然而，由于旧的生产关系的存在和阻挠，以及政治的腐败，复兴农村经济之业绩并不理想。相比来说，中共"土地革命"政策与农民亟待解放自身、发展自身的愿望紧密相连，效果似更明显一些。这一时期的陕甘宁地区，地主豪绅、军阀官僚、商人和高利贷者"四位一体"的剥削，农民只能靠借高利贷维持生命。债台层层高筑，农民翻身的希望越来越渺茫，只是过着"借着吃，打着还，跟着碌碡过个年"的悲惨生活。农村生产力为流毒般的生产关系所束缚，农村社会经济一片残破。这样的残酷现实，使革除旧的生产关系成为农村社会的内在要求和农民的最大愿望。

（二）废债毁约运动的开展

废债毁约运动是土地革命的一个重要内容，亦是中共领导农村革命的重要组成部分，不同的阶段和不同的地区在程度上都有不同的表现。这是由各个时期中共革命斗争的形势、革命的目标以及各个根据地的社会经济状况决定的。

南昌起义失败以后，中共领导的各个武装力量分散进行转移，并意图在转移过程中从事革命活动。一直到第五次反围剿失败，中共领导革命重心始终在南方，并形成了一系列革命根据地。因此，土地革命在时间上和空间上：南方各个根据地比较早，北方各个根据地相对较晚。各个根据地的土地革命大都以"打土豪、分田地"的活动开始,在打土豪的同时,宣布废除农民欠土豪的债务,并烧毁了债约。但是,由于早期的出发点主要在阶级斗争上,斗争程度比较激烈,斗争情况自发性比较强,斗争的经济目标不是很明确。

为了尽早在西北地区发动农村革命,早期共产党人在这里作了许多探索。共产党人王孝锡以行医为掩护,深入甘肃宁县、庆阳和陕西长武、旬邑、郴县等农村进行调查,分析当地农村各阶级的经济状况、政治地位以及对待革命的态度,并于1927年10月写出了《解决中国问题的草案》。他认为:"要彻底变革中国的土地制度,必须肃清一切崩溃混乱的社会关系。"在借贷方面,他主张"一切苛约重债一概取消。我们要组织低息的农民借贷,设立农业银行及农业之借贷合作社"①。并指出,"佃农是农村社会中最没有地位的群体,……但到农暇和青黄不接之时,揭借于人,常揭人一斗须加五升或六七升的利息,待农作物收获后,得到资本收租所余,以偿此债,甚至有倒仓倾囷而不足者。不如此,他日必不能再借得出。所以佃户的生活,无一日不在忍饥受饿,穷迫困苦之中"②。

与此同时,陕北、陇东地区的废债毁约运动也逐渐拉开了序幕。最初的口号是"打土豪,分浮财"。早在1927年,谢子长在安定县领导农民运动,先后拘禁和审判了土豪宋运昌、李耀辉、王伯阳,赶走了全县最大的高利贷者王玉书、马子厚,当众烧毁文契,宣布免除欠债③。刘志丹等人组织了陕甘游击队之后,便开始执行土地革命的总任务,到处开展打土豪斗争。打土豪的同时,总要焚毁其地契债约④。根据中共陕西省委的指示成立的中国工农红军陕甘游击队,1932年2月13日拂晓占领旬邑县职田镇。召开群众大会时,宣布"打土豪,分田地",当场处决了8个大地主,焚烧了田赋账簿和借贷契约,随即开仓放粮,赈济贫苦农民⑤。第二

---

① 巩世峰主编:《陇东革命根据地》,中共党史出版社2011年版,第18页。
② 王孝锡:《农村阶级分析》,马兴文主编《民主革命时期宁县党史资料汇编》,内部资料,1927年,第14页。
③ 《"谢青天"的故事》,《革命英烈》1982年第1期;吴志渊:《西北根据地的历史地位》,湖南人民出版社2001年版,第15页。
④ 刘凤阁主编:《陇东的土地革命运动》,中共庆阳地委党史资料征集办公室,内部资料,1992年,第3页。
⑤ 毕兴、贺安华:《阎红彦传》,四川人民出版社1987年版,第50页。

天逢集，游击队当场烧毁了区公所的文书、账本及逮捕的豪绅的账债契约，并开仓放粮。这里的老百姓看到中国工农红军陕甘游击队是穷人自己的队伍[①]。之后，刘志丹与黄子文联合署名发表了《中国工农红军陕北游击队布告》，其中申明废除一切"高利贷、账债、契约"[②]。1933年3月15日《陕西省委给红26军的指示信》中指出："一切农民过去的欠债与租税应立即废除。"[③]

1934年陕甘边革命根据地南梁政府成立后，首先进行了消灭封建剥削制度的土地革命斗争，地主的土地证和债约全部烧毁[④]。在酝酿召开陕甘边区工农兵代表大会的同时起草了《土地决议案》。根据中共中央1930年关于土地革命的法令——《苏维埃土地法》及1932年4月12日《中共中央关于陕甘宁土地革命的指示》[⑤] 中关于债务方面的规定和要求，该《土地决议案》规定："废除一切债务（不含农民之间的债务）和高利贷"[⑥]。南梁政府在全面建政的基础上，开展了轰轰烈烈的土地革命斗争。各县、区都成立了土地委员会，带领群众斗争地主、恶霸，烧毁地契、债约，没收地主的土地、牛羊、粮食、房屋、窑洞和其他财产，分配给贫苦农民[⑦]。此后在边区苏维埃政府土地委员会领导和动员之下，很快形成了土地革命斗争高潮，玉皇庙川、白马庙、二将川、豹子川等地，到处是焚毁契约债据、斗争地主、分配土地和财产的繁忙景象[⑧]。

---

① 巩世峰主编：《陇东革命根据地》，中共党史出版社2011年版，第49页。
② 张文先总主编：《庆阳通史》（下卷），商务印书馆2011年版，第1252页。
③ 中央档案馆、陕西省档案馆：《陕西革命历史文件汇集》（1933.1—3），内部资料，1992年，第334页。
④ 《南梁根据地土地革命时期群众斗争的调查》（1959年陕西省党校访问记录），刘凤阁主编《陇东的土地革命运动》，中共庆阳地委党史资料征集办公室，内部资料，1992年，第84—85页。
⑤ 《中共中央关于陕甘宁土地革命的指示》中规定，"一切农民过去的欠债及租税应立即废除。"中央档案馆编：《中共中央文件选集》（1932年），中共中央党校出版社1991年版，第204页。
⑥ 刘凤阁主编：《陇东的土地革命运动》，中共庆阳地委党史资料征集办公室，内部资料，1992年，第7页。
⑦ 巩世峰主编：《陇东革命根据地》，中共党史出版社2001年版，第91页。
⑧ 刘凤阁主编：《陇东的土地革命运动》，中共庆阳地委党史资料征集办公室，内部资料，1992年，第8页。

(三) 废债毁约运动的评价

1. 解除了农民的债务负担，充分调动了农民革命的积极性。过去，地主富农通过一纸借约或高息借贷将农民牢牢拴在自己的手掌心里。凡是有债务在身的农民，时时刻刻处于偿还债务的状态。只要有一点点剩余的东西，迅即被债主们逼上门来拿了去。债务一旦不能按时还上，就会被滚利入本，负担越来越重，生活似乎永远脱离不了苦海。

中共的废债毁约运动是伴随"打土豪，分田地"运动开展起来的，不但废除了以前的旧债，毁掉了契约，很多地方将债主的财产、土地没收，甚至将债主处死，使农民彻底翻了身。陕甘宁根据地过去常有典地借债或以地抵债的，即所谓"子田滚债"，最后滚为"猪娃不离圈"。如赤水一区六乡北村冯祥恩，民国十八年（1929）借刘桂起糜子1石6斗，同中言明，加5行息，到期无法归还，将自己70亩地当给刘桂起，由刘添了60元作为当价，仍租给冯祥恩耕种，后冯欠租8石，又换成卖地文约，仍由冯租种着，但地权已经属刘桂起。废债毁约运动开展以后，即宣布"借钱搭地作废"，地权重归冯祥恩所有。这样，既废除了债务，又使债务人收回了土地[①]。红军游击队自1933年起在宁县九岘塬地区打击镇压恶霸地主的活动，处决了兼放高利贷的恶霸地主北庄子崔结子、西孤村刘长毛等，当地群众无不拍手称快[②]。废债毁约运动解除了农民身上沉重的包袱，尤其是债约的焚毁使农民更加相信革命，相信共产党，提高了农民参加革命的积极性。这使农民对红军游击队所从事的革命活动有了初步认识，认为中国共产党领导的队伍是真正穷人自己的队伍，为以后开展工作打下了群众基础。陇东地区传唱的一首《盼红军》的民歌，道出了陇东人民"盼红军"的心情："种下庄稼盼收成，穷人日夜盼红军。红军来了打土豪，仇要报来冤要申。"[③]

2. 改善了农民生活，改变了农村的阶级结构。废债毁约运动开展以后，各地农民的债务负担解除。随着农民生产积极性的提高、财产的增加

[①] 甘肃省社会科学院历史研究室编：《陕甘宁革命根据地史料选辑》（第3辑），甘肃人民出版社1983年版，第23页。

[②] 刘凤阁主编：《陇东的土地革命运动》，中共庆阳地委党史资料征集办公室，内部资料，1992年，第93—94页。

[③] 马西林、王钊林：《陇东革命斗争史》，甘肃人民出版社2009年版，第15页。

和生活处境的改善,农村阶级结构也发生了改变。如华池县房台区三乡二村孙秀才,原是河南人,民国十二年(1923)移民到该村,家中大小五口,租田种,生活很苦,靠高利贷过日子,一直继续了10年。革命后,高利贷废除了,又有了一些牛羊和几十垧土地,经过几年经营,现在有羊百余只,牛驴十余头,儿子娶了媳妇,家中有四个长工,又在庆阳买了土地,开了两个店,一个商号,据云资本约在10万元以上,生活质量大大提高了。革命前,二村全村有居民30户,其中佃农16户,贫农14户,共有土地350垧,过着被高利贷重利盘剥的生活。革命时取消了一切债务,16户佃农又得土地450垧,经过五六年的发展,现在该村共有居民37家,其中新兴富农2家,中农24家,贫农6家,另有缺乏劳动力的佃农5家,系移来的难民[①]。延安柳林区二乡的刘建昌革命前因年景不好,摊派过重,负债4000元,因此一年赚的钱,都被饥荒(债务)背去了。革命后,所负的债务,卖了牛还了一部分,余下的就因为起了革命取消了。到1939年上升为富农了。延川禹居区三乡革命前有50户中农,1939年年中已有10户上升为富农了[②]。可见,废债毁约运动使原来普遍贫困的农民生活处境改善了,成分也有所上升。

3.废除了高利贷,扫除了农村旧的生产关系的剥削,解放了生产力。高利贷的剥削并不是一种单一的剥削形式,而是整个旧的剥削机制的一个重要组成部分。高利贷者与地主、富农、商人等形成了一个循环的剥削链条,通过地租、高利贷、商业差价等手段对陕甘宁地区的农民进行残酷的剥削。地主通过高利贷剥夺农民资财和土地,富农及商人在青黄不接时期压价探买青苗并趁机从事高利贷活动。农民维持生存,只好将还没有成熟的庄稼低价探出。这就是农民年年月月、世世代代过着牛马生活,吃不饱、穿不暖,还不清高利贷债务的原因之一[③]。

土地革命时期,中共革命政权主要从以下三个方面清除高利贷债务:

---

① 《华池群众生活改善》,《解放日报》1942年8月7日;陕甘宁边区财政经济史编写组、陕西省档案馆编:《抗日战争时期陕甘宁边区财政经济史料摘编》(第9编:人民生活),陕西人民出版社1981年版,第87—88页。

② 陕甘宁边区财政经济史编写组、陕西省档案馆编:《抗日战争时期陕甘宁边区财政经济史料摘编》(第9编:人民生活),陕西人民出版社1981年版,第127页。

③ 何载:《延安的光辉》,陕西人民出版社1993年版,第146页。

一是严厉打击高利贷活动；二是废除原有高利贷关系；三是强制没收高利贷者的现金和物资。这不仅废除了原有的高利贷，打击了伺机而动的高利贷活动，而且从根本上废除了高利贷活动的存在基础。当我们不再将眼光聚焦于高利贷者和高利贷本身，而是从其背后更深更广层次甚至于更久远的社会历史诸因素去解析高利贷的运作机制，就很容易发现高利贷者多重身份的特征。那么，废债毁约运动就不仅仅是解除了高利贷者对农民的债务剥削，而且斩断了循环的剥削机制的锁链中的一个重要环节，为摧毁农村社会整个旧的剥削机制创造了条件，从而彻底地解放农村社会的生产力，为农村社会经济的恢复和发展扫清障碍。

4. 废债毁约运动对中共革命和农民的解放确实有着非常关键的作用，但也造成了一个相当严重的后果。那就是，它将陕甘宁地区农村的借贷关系荡涤殆尽，对于本来就金融枯竭的陕甘宁地区的农村雪上加霜。直接造成了农户的借贷无门，农民生活跌入低谷。

"废债毁约"运动将农村借贷关系一扫而光，许多地区已经不存在借贷关系。表7—3中清涧县几个村子革命前后的债务调查资料中可以说明。

表7—3　　　　　清涧县几个村子革命前后的债务调查

村名	革命前债务情况		革命后债务情况	
	放债（放账）	欠债（揭账）	放债（放账）	欠债（揭账）
新社区五乡曹家圪	2家数百元	—	无	
新社区王马家圪崂	—	3250元	无	
解家沟二乡小马家山	2人	13人	无	无
袁家沟区四乡袁家沟村	7家	20余家	无	无

资料来源：根据1942年5月《（清涧县）东河畔经济发展之一斑》（节录）编制而成。引自陕甘宁边区财政经济史编写组、陕西省档案馆编《抗日战争时期陕甘宁边区财政经济史料摘编》（第9编：人民生活），陕西人民出版社1981年版，第94—97页。

这个事实在张闻天对神府县的调查报告中得到了证实。报告中记述，"各村关于借贷材料最少"。原因是"现在农民间无借贷"。而且"革命后把反对高利贷看成反对一切借贷，故有钱的人，有钱也不敢借出"[①]。可

[①] 张闻天：《神府县兴县农村调查》，人民出版社1986年，第51页。

见，土地革命时期的废债毁约运动中，虽然没有把农民之间的债务列为废除对象，但愈发激烈的群众斗争已经使斗争的目标变得越来越模糊。已经难以明确区别哪件债务该废除、哪件不该废除，抑或群众根本就没有想要区别这个问题。因此，农村的"一切借贷关系"果真都被废除了。农民自己却因为告贷无门，生活陷入窘境。

二 减息清债运动

"减息"是中共在抗战时期为建立广泛的抗日民族统一战线而提出的"减租减息"政策的重要组成部分。历来专家学者在研究根据地、解放区"减租减息"政策时，往往较多地关注了直接与土地问题相关的"减租"，对于减息则缺乏足够的关注。即便在研究减租减息政策时对"减息"给予了足够重视的研究成果，在观点上也往往倾向于一边倒，即认为："中共的革命性政策对传统借贷从未妥协、调和，而是所向披靡，由此跳出和避免了历代王朝所遇到的困境，解决了长期困扰农民的借贷难题。"[①] 2006年，李金铮教授在《历史研究》上发表《革命策略与传统制约：中共民间借贷政策新解》一文，也对中共在根据地、解放区的减息政策给予了全面的解析和评价。

"清债"是中国共产党对经历过土地革命的地区已经废除的旧债的清理，是中共巩固土地革命成果的一项措施。虽然它并没有被当作一项革命政策明确地提出来，却是中国共产党实行过的一项重要措施，是中共巩固政权基础的有力保障。在中共各项债务条例以及许多重要的政令、指示中，都有关于清理旧债方面的明确规定。

（一）减息运动

1. 减息政策的制定和实施

抗战前夕，随着日本对中国步步紧逼，中共早有建立第二次国共合作以共同抗敌的意向。1937年2月，中共在《给中国国民党三中全会电》里提出停止没收地主的土地，以促成国共合作。同时，陕甘宁苏区于同年4月宣布了苏维埃政府关于债务的规定："以前农民借地主的债，如果利

[①] 李金铮：《革命策略与传统制约：中共民间供贷政策新解》，《历史研究》2006年第3期。

息超过本钱或者与本钱相等的,则不再付利,没有超过本钱的酌量减轻。""以后借债,最高利息不得超过五厘。"① "七七事变"爆发之后,中国进入了全民族抗战的时期。1937年8月,中共洛川会议正式决定"以减租减息作为抗日战争时期解决农民问题的基本政策",并将这一政策写进了8月25日公布的《抗日救国十大纲领》中②。

减息政策适用于陕甘宁根据地未经过土地革命的地区于抗战前成立的、在抗战爆发后仍然存在的旧债。1941年5月1日颁布的《陕甘宁边区施政纲领》中申明:在土地未经分配的区域,如绥德、富县、庆阳,保证债主的债权,惟须减低债务利息,债务人须向债主缴纳一定的利息,政府对债务关系加以合理的调整③。在规定地主减息的同时,规定农民交息。1942年1月28日中央政治局通过的《关于抗日根据地土地政策的决定》对减租减息的基本原则进行了具体规定,称"实行减租减息以后又须实行交租交息,减租减息以保障农民的人权、政权、地权、财权,借以改善农民的生活,提高农民抗日与生产的积极性;交租交息以保障地主富农的人权、政权、地权、财权,借以联合地主富农一致抗日"④。1943年9月14日《陕甘宁边区政府关于旧债纠纷处理原则》中对未经土地革命的地区抗战以前旧债的偿还办法进行了具体的规定⑤。

关于减息后的利息计算,陕甘宁边区各个分区根据各地不同情形都有相应的规定。1940年7月,绥德分区公布的《减租减息暂行条例草案》规定:借贷金钱者其利率不得超过月息1分5厘;借粮食者利息不得超过3/10⑥。1940年9月18日,陇东分区临时参议会也通过了减息议案,规定最高利率每月2分,旧欠利率归还时,应按拖欠时间规定3年以内不得

---

① 《回苏区的豪绅地主要收租还债怎么办》,《新中华报》(第349期)1937年12月23日。
② 刘凤阁主编:《陇东的土地革命运动》,中共庆阳地委党史资料征集办公室,内部资料,1992年,第16页。
③ 陕甘宁边区政府秘书处:《陕甘宁边区重要政策法令汇编》,1949年,第3页。
④ 刘凤阁主编:《陇东的土地革命运动》,中共庆阳地委党史资料征集办公室,内部资料,1992年,第106—107页。
⑤ 中国社会科学院经济研究所现代经济史组:《中国土地改革史料选编》,国防大学出版社1988年版,第153页。
⑥ 陕甘宁边区财政经济史编写组、陕西省档案馆编:《抗日战争时期陕甘宁边区财政经济史料摘编》(第2编:农业),陕西人民出版社1981年版,第284页。

超过原本50%，3年以外者不得超过原本70%[①]。1941年2月27日林伯渠在边区县长联席会议上的报告提要《把握统一战线的政策》中强调："减息应以一分至一分半为原则。"[②] 1942年1月28日中央政治局通过的《关于抗日根据地土地政策的决定》附件中对"减息"问题进行了具体的规定：减息是对抗战前成立的借贷关系，为适应债务人的要求，并为团结债权人一致抗日起见，而实行的一个必要政策，应以一分半为计息标准。如付息超过原本一倍者，停利还本；超过原本两倍者，本利停付。至于抗战后的息额，应以当地社会经济关系，听任民间自行处理，政府不应规定过低息额，致使借贷停滞，不利民生，同时对减息交议、抵押品处分权、典地回赎等进行了明确规定。并规定：对于抗战后成立的借贷关系，债务人确因天灾人祸等不可抗拒的原因而无力履行债约者，经政府调处后亦可酌量减息或免息还本；纸币跌价引起的债务纠纷，由政府调处之[③]。

关于减息的程度问题，洛川会议上毛泽东就强调：一方面，应该规定地主实行减息，以发动基本农民群众的抗日积极性，但利息不要减的太多，不要减到超过社会经济借贷关系所许可的限度。另一方面，要规定农民交息，不要因减租减息而使农民借不到债，不要因清算老账而无偿地收回典借的土地[④]。1940年2月13日林伯渠和高自立在《关于成立富县县政府给罗成德的便函》中指示：减息，"一下子不要减的太多，稍微减点点，减得方式，采取较和平的方式。要争取正绅、知识分子、商人，不要使这些人跟着反共派跑"[⑤]。1940年4月12日《陕甘宁边区政府对陇东分区今后工作的指示》中也指出：租息"不能减得太低"，"要取得双方的同意，或许地主、高利贷者、商家老板不一定会善手善脚同意的，但因为统一战线的关系，不能不要求我们用耐心的工作去

[①] 刘凤阁主编：《陇东的土地革命运动》，中共庆阳地委党史资料征集办公室，内部资料，1992年，第151—152页。

[②] 陕西省档案馆、陕西省社会科学院合编：《陕甘宁边区政府文件选编》（第3辑），档案出版社1987年版，第86页。

[③] 陕甘宁边区财政经济史编写组、陕西省档案馆编：《抗日战争时期陕甘宁边区财政经济史料摘编》（第2编：农业），陕西人民出版社1981年版，第265页。

[④] 《毛泽东选集》第2卷，人民出版社1991年版，第767页。

[⑤] 陕西省档案馆、陕西省社会科学院合编：《陕甘宁边区政府文件选编》（第2辑），档案出版社1987年版，第58页。

取得同意"①。可见，中共在减租减息的态度和方式上，已经不单纯是为某一阶层服务或为贫苦农民着想。一方面反映了其争取抗战力量、建立抗日民族统一战线的初衷，另一方面也是争取更广泛的阶层和民众以巩固政权、减少反共力量的需要。这两个目的的实现都是要建立在缓和阶级矛盾的基础之上。因此，中共减息政策甚至其他的经济政策，都必须服从对阶级关系的处理。

对于违反减息规定者，政府进行了严肃处理。关中专署对所辖东区，凡还利超过三倍者一律停止还利和本，并要求债主须将债约交还债务人，并将利息退还一部分。再如宜耀三区四分王中贵借友区债主200元，每年利息粮食1石，四年已交粮4石，债主还继续要利息，政府下令禁止再交，如债主来边区逼债时，可通知政府处理；同宜耀三区四乡张世海借友区雷台海200元，言定每年利息为100元，后改为4石粮食，第一年已交4石粮，政府查清此事后，准备把借约还给张世海，还要给雷台海严厉处罚②。

2. 减息运动中存在的问题

一是土地革命留给"减息"政策的难题。土地革命时期，废债毁约运动几乎将一切旧的借贷关系一扫而光，造成陕甘宁根据地农民借贷的真空状态。实际上，由于农民借贷的需要，高利贷已经在农村社会底层秘密活动开来。陕甘宁边区政府又颁布了打击和严禁高利贷的相关政策。这给减息政策的推行造成了困难。1940年10月19日绥德边区就"金融不流通一事"呈文边区政府，认为"政府禁止高利贷之后，没有低利贷来代替"是"金融不流通"的主要原因之一。并建议"政府暂不公布减息条例，俾各业生产者可以较高利息——二分至三分借利钱或增高利率"。边区政府在《复绥德分区关于减息及低利贷款事》批准"暂不颁布减息条例"③。这就使减息政策在执行上滞后了许多。

---

① 陕西省档案馆、陕西省社会科学院合编：《陕甘宁边区政府文件选编》（第2辑），档案出版社1987年版，第175页。

② 陕甘宁边区财政经济史编写组、陕西省档案馆编：《抗日战争时期陕甘宁边区财政经济史料摘编》（第2编：农业），第381—382页。

③ 陕西省档案馆、陕西省社会科学院合编：《陕甘宁边区政府文件选编》（第2辑），档案出版社1987年版，第499页。

二是"减息"政策本身存在的问题。由于陕甘宁边区各个县乡的社会经济状况的差别,以及各项旧债不同的特征,边区政府规定的减息的具体措施并不能尽然解决借贷关系中存在的问题。许多具体的规定不仅不解决问题,反而加剧了矛盾。边区政府在实践过程中已经意识到问题之所在。1940年6月8日,陕甘宁边区政府在答复庆阳县工作报告的便函中指出:"减息一项,旧欠利息,归还时不得超过原本,这点也有不妥的地方。因为拖欠的时间有长短,欠的时间长的占便宜,欠的时间短的要吃亏。"① 边区政府对于既定的借贷政策也在不断反省,适时作出相应的调整。

三是"欠租行息"与"借粮扣租"。"欠租行息",是一种将旧欠地租作为借贷资本,并加收利息的行为。边区政府在宣布减租减息政策后,就曾规定,承租人交够了政府法令规定的额数的地租就不算欠租,禁止出租人把余额作为欠租。但仍然有许多地主这样做。或者"将欠租改为借粮,叫佃户立借据"②。镇原县在对各地区的调查中就发现,许多地主对付民国二十八年之前的旧租豁免办法,是将原来的欠租契约改为借粮契约,而且地主们不承认这是欠租,总是说:"这是他借了我的粮,应该归还我呀!"③ 1942年10月11日,《中共中央西北局关于彻底实行减租的指示》中再次声明:"禁止把欠租作欠行息。"④

"借粮扣租":一些地主因减租使他们收到的租子减少了,就向佃户借粮,准备在庄稼歉收时扣作租子。新正县农民杨清元租种刘振清1亩地,1944年打了1石5斗谷子,交了3斗6升租子。当时刘振清还向杨清元借了2斗谷子,始终未还⑤。

以上这两种纠纷突出体现了乡村社会经济关系的复杂性,租佃关系与借贷关系往往交错在一起。这给中共减息政策的执行造成了重重困难,影

---

① 陕西省档案馆、陕西省社会科学院合编:《陕甘宁边区政府文件选编》(第2辑),档案出版社1987年版,第281页。

② 刘凤阁主编:《陇东的土地革命运动》,中共庆阳地委党史资料征集办公室,内部资料,1992年,第159页。

③ 同上书,第217页。

④ 同上书,第118页。

⑤ 同上书,第239页。

响了中共的革命进程。这也从另一个角度证明了中共实行土地革命的正确性。早在土地革命初期,中共就将借贷关系作为土地革命的一个重要组成部分,对旧的借贷关系进行了彻底的清理。减息政策实际上是早期借贷政策的适时延续和调整。后来的土地改革时期,更是将"减息、退息"作为农民获得土地的一种间接方式,使土地改革的进程加快了许多。

(二) 清债运动

1. "清债"政策的法令规定。实行减息政策的同时,为巩固土地革命的成果,对抗战前成立的在土地革命中已经宣布废除的旧债也进行了规定。抗战初期,为巩固革命成果和发动农民参与抗战,凯丰在1937年7月8日的《抗日民族统一战线阶段上的农村革命政纲》中建议政府"整理农民债务,禁止高利贷盘剥,由国家和银行出资以低利直接贷与农民等一系列措施"[①]。1938年6月15日陕甘宁边区政府公布的《关于边区土地、房屋、森林、农具、牲畜和债务纠纷问题处理的决定》中明确规定:凡是曾经被废除的债务,债主不得向欠债人取偿,其已取偿者,应归还当地政府,由政府根据多数人的意见处理,其未追偿者应停止追偿[②]。凡是违背法令规定、强行索要旧债者,要进行严厉的法律制裁。1940年7月陕甘宁边区绥德分区专员公署制定的《陕甘宁边区绥德分区专员分署关于旧债赎地暂行办法》中规定:民国元年以前的账债一律废除,民国元年以后的账债已付利息超过本利者,停利还本。如从未付息或只付部分者,可酌量还息,但不得超过本银。已废除的债务关系不得再索取(这个办法并未正式颁布,只能作为参考)[③]。1943年9月,边区政府公布的《陕甘宁边区土地典当纠纷处理原则及旧债纠纷处理原则》中再次强调:"曾经宣布废除旧债的区域(不管土地分配彻底与否),不准再行索还,居住于其他区域的债权人不得向居住于上述区域的债务人索取已经宣布废除的旧债。"[④]

---

① 中国社会科学院经济研究所现代经济史组:《中国土地改革史料选编》,国防大学出版社1988年版,第1页。

② 同上书,第14页。

③ 同上书,第37页。

④ 甘肃省社会科学院历史研究室编:《陕甘宁革命根据地史料选辑》(第1辑),甘肃人民出版社1981年版,第340页。

2. 清债运动中的纠纷及处理。一是回乡地主豪绅索要旧债引起的纠纷。虽然国共合作局面已经形成，但是陕甘宁边区周围的一些如何绍南等的顽固分子，在抗战时期仍然不断制造摩擦，唆使地主豪绅索要旧债。早在减租减息政策正式颁布之前，苏区对旧债问题就作了规定：在已分配了土地的区域，已经取消了的债务，不许再索还；在没有分配土地的区域，利息超过本或等于本的，不再付利；利息尚未及本的，可酌量情形，付给微利；以后账债，均以一分五为最高利息①。减租减息政策实行以后，根据地政权法令明确规定，地主返乡受到欢迎，给予其与农民同样的待遇。许多土地革命时期外逃地主豪绅利用可以重新返乡的机会，采取散布谣言、恐吓群众等种种手段，明目张胆地索要旧债。关中分区"过去宣布了的租子债务许多，西安事变后因工作不深入，债主仍讨债的不少"。政府的法令规定以及干部的深入宣传，使群众明白已得到了的利益仍然受到保护，如新宁县一区七乡群众要回废债50余元，群众利益得到了保护。②然而，当时地主豪绅回乡索要旧债已形成一股邪风，安塞、志丹、定边等县都出现了地主讨索旧债、破坏法令的事件。志丹县许多地主豪绅"要旧账时不但要本，而且要这许多年的利息，可是这些讨还旧债的人，口头上还说并不是他们要讨旧账，是那借账的人情愿偿还。其实借账的人都是迫不得已，被他们迫勒才拿出来的"③。安塞县一二区的土豪劣绅讨要旧债的办法更巧妙，他们向曾经欠他们债的群众说："现在我们没有办法过活，要求你给我借一些东西好吗？"在这种情况下，群众被逼得无法推诿，只好将过去所借的旧债还给他。④ 鉴于此，1938年4月1日，边区政府发出《关于处理地主土地问题》的布告，重申："在已分配了土地的区域"，"已取消的租债不许再索还"⑤。1938年5月15日，陕甘宁边区政府和八路军后方留守处《联合布告》中亦规定：对于"已经废除过之债

---

① 《新中华报》1937年4月29日。
② 刘凤阁主编：《陇东的土地革命运动》，中共庆阳地委党史资料征集办公室，内部资料，1992年，第221页；《新中华报》1937年7月15日。
③ 《新中华报》1938年6月10日。
④ 《新中华报》1938年7月15日。
⑤ 韩延龙、常兆儒编：《中国新民主主义革命时期根据地法制文献选编》（第4卷），中国社会科学出版社1984年版，第194页。

务","本府本处当保护人民之既得利益,不准擅自变更"。对于"利用各种方式""强迫欠户交还已经废除之债务"的"不顾全大局之徒","一律严惩不贷"①。1938年5月27日,陕甘宁边区政府等发出的《关于贯彻实行五月十五日布告的指示》中,再次强调:"凡是已被废除之债务,豪绅地主、富农不得再向欠债人追偿。如已经追偿回者,其追偿回之部分,由当地民众公议处置之。"而对于各级机关人员曾经要求将自己过去的债务索还者,除立即将索回之债务归还农民外,应立即停止其工作②。1939年11月2日,高自立副主席对安塞县《关于地主阶级活动情况报告的复函》中指示:对"冒充贫农工人隐藏在群众中,曾收回土地或废债的亦应严办"③。

二是"红""白"并立引起的债务纠纷。红、白政权并立引起的债务纠纷有两种。一种是友区工作的国民党基层政权人员索要旧债。早在抗战初期,横山县威武区联保主任就借口接横山县县政府的命令,要把三年前的旧债一律收齐。群众纷纷表示不满。因为"横山县是沙漠之地,不长庄稼,又加战争的破坏,群众的痛苦已很厉害了","加之最近的雹灾,有些地方秋收均已绝望,假如还要逼迫人民还故债,人民岂不是只有坐以待毙么?"④对于此类事件,1938年5月25日,边区政府主席团在给佳县负责人杨和亭、乔钟灵"关于处理顽固分子破坏边区问题"的复信中提出的办法是,对于顽固分子索要债务等破坏团结行为"逐一有条理的、证据确凿的写成公函"呈报,并向国民党地方政府提出严重抗议⑤。但此类事件仍然频频发生。影响最大的是1940年12月21日甘泉县国民党政府县长"派人强收教款问题"⑥一事。中共甘泉县县长王明月曾就此事给边区政府写报告征求处理意见。报告中详呈如下:

---

① 陕甘宁边区政府秘书处编:《陕甘宁边区重要政策法令汇编》,1949年,第1页。
② 陕西省档案馆、陕西省社会科学院合编:《陕甘宁边区政府文件选编》(第1辑),档案出版社1987年版,第67、69页。
③ 同上书,第415页。
④ 《新中华报》1937年7月23日。
⑤ 陕西省档案馆、陕西省社会科学院合编:《陕甘宁边区政府文件选编》(第1辑),档案出版社1986年版,第63页。
⑥ 陕西省档案馆、陕西省社会科学院合编:《陕甘宁边区政府文件选编》(第2辑),档案出版社1987年版,第543—544页。

甘泉城内北街小学之基金，在革命前给乡村群众放一部分钱得利息，经革命过程，该账一并停止。不料，徐县长自西安受训回甘，没有通知我们，便在我们区域内讨要学校旧债。并且派差人梁福祥、杨照堂，到边区所属四区三乡王家庄，将欠债人李生云带回交徐县长。因李某家中十分贫寒，不能将洋付到，便将李某关押。我们认为徐县长要过去已废除的旧债，并且在我们区域内，不通知我们，随便逮捕是不对的，所以向徐县长交涉。我们说你如在边区内，要讨过去群众欠学校的欠债时，应当经过我们双方行一具体的办法；另一方面，应由双方上一级行一整个的解决。但是徐县长向我们答复说，城里、乡村，他都有权力领导。那时，我们就向他说："你如在边区范围内，不经我们的组织，随便捣乱时，我们是不允许的。"但他们说："反正学校的款子是要要的。"所以他们第二次又派梁福祥、杨照堂到边区所属三区五乡土黄沟，逮捕欠学校欠债的马崇文。……我们现在的对此案应付：一方面边区范围内一切旧债已废除了；另一方面乡村学校完全是免费教育，你们应当免费或者少给教员一些钱，以免捣乱边区的布告和法令。现在友方组织保安队，准备到边区内要一切旧债、旧租及已分了的土地。……

边区政府给甘泉县县长的指示中，认为"徐继森故意向边区找磨擦，破坏边区法令，殊堪惋惜"，并指示："对此类似事件，应根据政府布告及六月九日决定，予以严厉制裁。如发现再有差人捕人时，准予逮捕，十分必要时，或当场击毙。"[1]

另外一种是未宣布废除旧债的"友区"的债权人与宣布了废除旧债的边区的债务人之间的纠纷。从1939年3月5日庆环专属的专员马锡五给时任边区政府副主席高自立的报告中，可略见一二。报告中称："时有友区的土豪账债，原放给我区的群众，因他家在友区住，未没收，而账债在我区已宣布作废。但是今天我区之欠债人住到友区内，他们强逼要债，

---

[1] 陕西省档案馆、陕西省社会科学院合编：《陕甘宁边区政府文件选编》（第2辑），档案出版社1987年版，第543页。

已有数家在土豪势力之下,已还部分。虽然我们宣布解释不给,但以后一定还要继续发生,请来一原则上的指示。"① 1939年3月20日《陕甘宁边区政府对庆环专属报告的指令》中指示:"对土豪欠群众之债,如果系无力清偿者,可以缓收。债权必须保留。至边区人民所欠友区土豪之账债,因我们政权之不能达及,只有消极的办法,使群众避免到彼方去可也。"② 后来马锡五在1939年6月21日的《曲子县政府1939年上半年民政工作报告》中对此事作了简略报告:"友区地主及高利贷者,在国内和平未取得以前,对宣布取消的账债,在今年一二月间也有复向群众勒收的,也由政府负责处理,并将已要去的退回。"③

三是货币折价引起的债务纠纷。抗战时期,金融不稳定,纸币(边币)贬值,白洋和银子与纸币的折合率变动引起清偿旧债时的纠纷。为解决清偿债务时因各种货币折合引起的纠纷,1941年上半年,绥德专署曾规定,白银一两折合纸币一元半,白洋一元折合一元,这使地主债主过于吃亏。1941年10月21日,绥德专署就此问题再向边区政府呈文。呈文中建议:"一、清偿旧债,归赎典产(土地、房屋等时)每两银子折合现行货币四元,每元现洋折合现行货币三元。二、偿还旧债,归赎典产如从前系用制银时,则在民国五年以前者,每钱文折合现行货币三元;民国六年至十年者,每千文折合现行货币二元;民国十一年至十五年者,每千文折合现行货币六角。三、任何纸币均以现行货币如数偿还时,不得有折合办法。"边区政府的批示是:"在边府未有新的规定以前,准如所拟办理。"④ 1942年边区高等法院代院长李木庵在给边区的法律呈文中,有关于定边、清涧等县货币折算引起的债务纠纷问题。呈文中提道:"革命前银圆计算之典权及债权,现在回赎或偿还,是否按实银计算,抑按法币计算",并建议"革命前契约所载银圆之折算一节,似应照法币折合边币为

---

① 陕西省档案馆、陕西省社会科学院合编:《陕甘宁边区政府文件选编》(第1辑),档案出版社1986年版,第197页。

② 同上书,第195—196页。

③ 刘凤阁主编:《陇东的土地革命运动》,中共庆阳地委党史资料征集办公室,内部资料,1992年,第179页。

④ 陕西省档案馆、陕西省社会科学院合编:《陕甘宁边区政府文件选编》(第4辑),档案出版社1988年版,第438、437页。

合于情理"。边区政府在批示中并没有明确规定如何处理此类问题,但指出"在现在三三制政府底下,又在立法过渡期间,所拟具之意见,尚属合乎法理人情,且亦与中央政策无违,自属可行。但须说得具体、明确,以便下面执行"①。可见,由于金融不稳定,货币贬值之迅速,当时边区政府也并没有明确的解决标准,似乎只要是"合法""合理""合情"之办法尽可用之。关于钱币折合纠纷,经相关的规定解释后,大都解决了。

3. 清债纠纷原因分析。一是早期土地革命时期,红军游击队在一些地区革命政策执行上的不彻底,留下一些隐患。如陇东一些地区,"没收地主家庭时仅将其牛羊驴粮等分配了,其土地和账债一点未动,也未宣布没收"②。抗战以后,许多这样的地区被划分为经历过土地革命、废除了旧债的地区(实际上这些地区的债务并没有被宣布废除),要将抗战前的旧债一律废除。这就引起了债主们的反对,农民也不知道如何是好。

二是自"打土豪、分田地"以来,农民沉浸在一浪接一浪的土地革命的汹涌波涛之中。革命的惯性使农民对缓和阶级矛盾的新政策适应期过长,在思想上没有立即转变过来。对于新政策的接受速度慢、程度浅,甚至不了解上面的政策,或者对政府突然扭转政策产生怀疑。另外,由于革命前倍受军阀土匪土豪劣绅的残酷压迫,以及革命后当地匪患亦未全部清除之顾虑,多数群众对于革命政权能否巩固持怀疑态度。因此,地主豪绅稍一恐吓,便束手就擒。同样的原因也使一些乡村干部不敢对地主的违法行为进行斗争。这使地主豪绅索债行为更加猖獗,引起的纠纷越来越多。

三是边区政府政策制定和宣传上的滞后性。开始执行清债政策时,边区政府并没有预料到许多纠纷的出现,在解决纠纷的政策的制定上滞后了许多。早期出台的一些临时处理办法,也没能及时向群众广为宣传,广大群众对政府的政策不能清楚明晓。甚至像政府的高层工作人员李木庵,在1942年给边区政府的呈文中还问道:"未经过土地斗争之地区关于革命以前的债务是否全部废除,抑是废除一部分(即无力偿还之

---

① 陕西省档案馆、陕西省社会科学院合编:《陕甘宁边区政府文件选编》(第6辑),档案出版社1988年版,第219、218页。

② 刘凤阁主编:《陇东的土地革命运动》,中共庆阳地委党史资料征集办公室,内部资料,1992年,第184页。

贫户），抑或全不废除。"①（实际上，边区政府在此前甚至更早就明令规定，在未经土地革命斗争的地区对继续存在的革命以前的债务实行减息交息政策）或者制定的办法原则性太强而可行性不够，具体执行起来困难，抑或因一些办法不够具体明确产生了歧义（这从边区政府给各个分区的批示中能够反映出来）。

四是两个政权重叠，给中共清债政策的执行造成了一定的困难。在剖析这些事件背后的因素时，我们不难发现，许多债务纠纷并不是偶然发生的。抗战之前，国共两党在陕甘宁地区互相争夺地盘，在陕甘宁根据地周围形成了犬牙交错的"红"区与"白"区的界限。许多县份，往往既有国民党政权的县政府，也有秘密存在的共产党的县政府。国共合作之后，共产党的县政府开始公开活动。于是这些县份便出现了"红"区与"白"区并立，两个县政府分治的情形。两个政权在政策上的迥异甚至是对立，使跨越"红""白"两区群众之间的经济关系得不到一致的彻底的处理，纠纷自然就产生了。而且一些国民党基层政权并没有因为国共合作而放弃他们对全县的统治权，该县的共产党政权为维护自己的政策和革命成果，二者不免发生冲突。抗战进入相持阶段后，国共合作也渐渐出现了裂痕。自1939年起，双方就多次发生摩擦。这种犬牙交错的形式，尤其是基层政权的重叠，是摩擦产生的一个条件。中共清债政策的执行过程中不可避免也受到这些因素的影响。

五是抗战时期的金融变动引起的债务纠纷。皖南事变之后，陕甘宁边区政府为尽快使边币成为边区的主要流通货币，大量发行边币，加之边区内外经济的不稳定，边币贬值迅速。边币的贬值使白洋、银子与边币之间的折合率不稳定。边币还债使债主们吃亏不少。一些债权人也故意不接受债务人以边币还债，也不讨债，意在等待时局如有变动，可以收法币或白银。②遂引起了还债时的诸多纠纷。

（三）减息、清债运动的绩效与不足。减息运动中，利息基本限制在

---

① 陕西省档案馆、陕西省社会科学院合编：《陕甘宁边区政府文件选编》（第6辑），档案出版社1988年版，第218—219页。

② 陕甘宁边区财政经济史编写组、陕西省档案馆编：《抗日战争时期陕甘宁边区财政经济史料摘编》（第2编：农业），陕西人民出版社1981年版，第360页。

1分至1.5分以下，使农民获得了实际的利益。贫雇农的债务负担减轻了，生活得到了很大改善。如绥德的吴俊亮，以前欠人家300元白洋，2分利每年付利60元白洋（当时能买20石粗粮），弄得他没有办法，就断断续续把20来垧地典完，每年再付利。实行了减息政策后，拿了300元法币还了债，典地如数赎回，现在的日子很好①。这极大地激发了农民的革命热情。"翻身"了的农民说："共产党为了咱们穷人能过上好日子，真是把心操碎了。""往后八路军走到哪里，咱们跟到哪里，看他国民党能怎么样。"② 减息运动也调动了部分地主富农的积极性。一些开明地主纷纷主动要求减息，或者将以前的债务悉数废除，并当众烧毁契约，给边区政策的执行树立了榜样。"在政治上削弱了封建势力，提高了农民的政治地位，在经济上使农民受益，而且为实行土地改革，消灭封建剥削制度，打下了一定的思想基础和组织基础。"③

减息虽然调动了一些开明地主的积极性，但对大多数地主，尤其是经历过土地革命的地主来说，实际上并没有太大的吸引力，却在一定程度上给了地主豪绅们回乡破坏革命政权的机会。原因在于，地主们还在眷恋着以前的高息放贷所带来的无尽的财富。过去的一切被革命剥夺之后，地主们早就怀恨在心。始终认为，中国共产党不管执行什么样的政策措施，都是为了从他们身上拿去一些东西。所以，即便是将借贷恢复到以前的状态，他们也不会感激中共，况且减息本身就是对他们敛财行为的一种限制。因此，执行减息政策之后，边区出现了如前所述的现象：返乡地主向农民索讨债务，并与外界勾结破坏边区政权等活动。结果是，中共通过减息政策确实重新肯定了地主与农民之间借贷关系的合理性，民间借贷关系却并没有恢复到以前的盛行局面。一些民间的借贷组织早在土地革命时期已经被废除殆尽，地主在阶级斗争的阴霾和对先前高息放贷的眷恋中怀着低落的心情将资本藏掖了起来。农民由于告贷

---

① 边区政府建设厅：《绥德县刘玉厚乡人民生活上升调查》（1945年9月8日）；陕甘宁边区财政经济史编写组、陕西省档案馆编：《抗日战争时期陕甘宁边区财政经济史料摘编》（第9编：人民生活），陕西人民出版社1981年版，第77—78页。

② 刘凤阁主编：《陇东的土地革命运动》，中共庆阳地委党史资料征集办公室，内部资料，1992年，第43页。

③ 庆阳县志编纂委员会：《庆阳县志》，甘肃人民出版社1993年版，第100页。

无门，在季节性的生活转变中跟跄度日。在以这两种力量为核心的诸多因素的推动下，高利借贷死灰复燃了。因此，中共抗战时期减息清债的政策中，减息确实使陕甘宁边区的借贷利率逐渐趋于合理化、规范化，但对于缓和农民与地主之间的关系以及调动农民、地主的积极性上的作用不能过高估计。

相比之下，清债不仅是对土地革命成果的巩固，使农民安心于生产，对于调动农民的积极性产生了很大作用，并且使农民从过去沉重的债务负担中解脱了出来，彻底翻了身。陕甘宁根据地约有60%的土地经过了土地革命。土地革命时期废除了各种各样的债务，消灭了大多数农民所受的封建剥削①。清债运动为后来的中共边区农民借贷的重建扫清了障碍，加速了陕甘宁根据地农民借贷的规范化进程。

减息清债作为中共在特殊的国内外形势下制定的借贷政策，是中共整个借贷政策的一个重要组成部分。抗战时期执行的减息清债政策，既体现了中共在农村经济政策上妥协的一面，也体现了革命的一面。分析"减息""清债"必须结合其历史背景和各根据地的社会经济状况。减息是为了缓和农村各阶级之间的矛盾，以团结各阶级共同抗日。地主减息的同时，农民要交息，既保障了地主的债权，又减轻了农民的债务负担。同时，如果不对既有的革命成果进行肯定和保护，农民则会对中共领导的革命产生怀疑态度。尤其减息政策执行后，许多返乡的地主向农民要旧债，农民感到十分恐惧，以为中共革命的成果不算数了。边区政府立即颁布相应的法令，制止了这种行为，使农民能够安心地生产。清债是对土地革命时期废债成果的保证，为根据地合理借贷关系的建立扫清了道路。

三 打击高利贷活动

对高利贷的废除、打击和严禁，是贯穿中共农村革命全过程的一个重要举措。早在中共领导早期农民运动时期，就已经宣布要取缔农村的高利

---

① 《西北局调查组关于边区土地和减租问题的研究》（1943 年），中央档案馆、陕西省档案馆编《中共中央西北局文件汇集》（1943 年 2 月），内部资料，1994 年，第 481 页。

贷活动①。到土地革命时期，在"取消一切借贷"②的号召下，高利贷成为首当其冲的对象。在陕甘宁根据地，经过土地革命时期的废债毁约运动，旧的借贷关系和借贷组织已经被革除殆尽，根据地农村的借贷关系已经完全停顿。但抗战时期，高利贷又死灰复燃，新一轮的打击高利贷的活动也逐渐地开展起来。

（一）抗战时期边区的高利贷活动

国共合作实现以后，随着根据地乡村经济的发展，农村社会对于资金的需求增加。但因生息借贷在当时被认为是不合法的，富户们不敢公开进行借贷，甚或将余钱藏掖起来。农村资金流通不畅，金融枯竭。农民告贷无门，只好靠出卖粮食来补贴家用。据当时调查反映，安塞县宋家沟和西河口村，29家农户共收获粮395.5石，其中有28户出卖过粮食，共卖粮74.95石，所卖的粮食占到粮食总收获量的19%。可见，这里几乎所有的农民都要靠出卖粮食补贴家用。其中相当一部分是收获前探卖出去的"青苗"。绝大多数是市价每斗800元，探卖每斗300元，时间是7月交钱，10月交粮③。而"探买青苗"本身就是商人们操控的一种高利借贷行为，最吃亏的仍然是农民。

抗战时期，由于农村资金短缺，"探花""探买青苗""挖崩子账"等高利贷活动异常活跃。如固临县1942年秋，棉花一斤（大秤）卖到80元边币，但高利贷者却以30元探买棉花一斤，大批收买；安塞县麦价每斗150元上下，但农村中却有以50—60元一斗作价探买的④。抗战后期的几年，粮食的价格直线上升，使高利贷活动更加猖獗。农民往往是"探卖一季粮食，三年也翻不过身"。即便如此，为了熬过青黄不接的时期，

---

① 1925年1月中国共产党第四次全国代表大会通过的《对于农民运动之决议案》提出："创立农民借贷银行——免除高利借贷之苦。"中央档案馆编：《中共中央文件选集》（第1册），中共中央党校出版社1989年版，第360页。

② 这个口号是在1930年的《苏维埃土地法》中提出的。虽然这个口号后来被认为是不妥当的，但随着革命斗争热潮的高涨，也果真在革命实践中几乎取消了一切的高利贷。在陕甘宁根据地尤其如此，张闻天在神府县的调查活动中已经证实了这个结果。

③ 陕甘宁边区财政经济史编写组、陕西省档案馆编：《抗日战争时期陕甘宁边区财政经济史料摘编》（第5编：金融），陕西人民出版社1981年版，第614页。

④ 陕甘宁边区金融史编辑委员会编：《陕甘宁边区金融史》，中国金融出版社1992年版，第124—125页。

农民们尤其是贫农也不得不这样做。平时借贷，利息也极高。据1943年12月12日《解放日报》报道："延安附近各集市借款（揭钱），目前皆以一集为期，大加一的利，即借5天每元1毛钱的利。"① 频繁的灾荒也助长了高利贷的活动。1943年6月10日，镇原县致边区政府的《呈报本县灾情》中述道："因饥荒致成之严重现象不断发生，群众用斗加5、6、7、8升利息借粮者甚多。如柳洲区杨家塬头居民杨正宽用加7合子利息向友区屯子镇借粮。地主刘成祖暗中以加八利息在友区和边区放粮。"② 延安一带又盛行一种"请会"（亦名钱会），虽经延安县政府禁止，而仍大量发展。

高利贷活动的猖獗，使农民的辛勤劳动成果大部分被盘剥去了，从而影响了边区农民生活和农业生产。但高利贷、请会等借贷形式的恢复和流行，也正说明边区农村急需一种借贷制度来解决群众迫切的借贷需求。

（二）边区政府打击高利贷的政策、措施

鉴于高利贷的沉渣泛起，边区政权主要通过下面几种方式进行严禁和打击：一是通过颁布法令法规来禁止高利贷活动，限制借贷利息率；二是通过建立合理的借贷关系和借贷组织来破坏高利贷的生存环境；三是劝说富户进行低利借贷。

1. 出台法令法规，严禁高利借贷。早在1934年11月，南梁革命根据地就根据中国革命军事委员会1930年颁布的《苏维埃土地法》，并结合南梁地区的实际情况规定："废除一切债务和高利贷。"③ 苏维埃时期，中共中央、中央政府西北办事处《关于土地政策的指示中》（1936年7月22日）也明确指出："对高利贷宣布取消。"④

抗日战争时期，边区政府更是严厉禁止和打击高利贷。1939年4月4日陕甘宁边区政府公布的《陕甘宁边区抗战时期施政纲领》第26条规

---

① 陕甘宁边区财政经济史编写组、陕西省档案馆编：《抗日战争时期陕甘宁边区财政经济史料摘编》（第9编：人民生活），陕西人民出版社1981年版，第19页。
② 陕甘宁边区财政经济史编写组、陕西省档案馆编：《抗日战争时期陕甘宁边区财政经济史料摘编》（第9编：人民生活），陕西人民出版社1981年版，第47页。
③ 星光、张杨主编：《抗日战争时期陕甘宁边区财政经济史稿》，西北大学出版社1988年版，第17页。
④ 杜鲁公等：《陕甘宁边区的农业合作》，陕西人民出版社1994年版，第137页。

定:"废止高利贷,政府举办低利借贷,奖励合作社之发展。"① 1940年3月1日颁布的《陕甘宁边区政府优待外来难民和贫民之决定》中规定:"禁止对难民或贫民之高利盘剥。"② 1941年11月公布的《陕甘宁边区债务条例》(草案)中除规定"禁止高利贷及一切剥削行为之债务"外,对于现行借贷关系的利率也作出了明确规定。条例指出,"凡债务关系除适用民法债篇外,以本条例处理之","债息以月息一分五厘至二分为准,不得超过之"③。

2. 组织合理的借贷关系,摧毁高利贷的存在基础。抗日战争时期,高利贷活动之所以死灰复燃,根源在于抗战前的废债毁约运动造成陕甘宁根据地借贷关系的真空状态。而中共在革除旧的借贷关系之后,又没有很快地建立起新的借贷关系。随着根据地农村社会经济的发展,以及频繁的自然灾害的侵袭,农民对于借贷的需求越来越甚。尤其是青黄不接的时节,贫寒农户需要吃粮,有些富有者趁机放高利贷,贫苦农户就被惨重剥削④,这是高利贷在农村社会底层蔓延开来的客观因素。因此,要比较彻底地解决高利贷问题,必须迅速建立起根据地农村新的借贷关系。

抗战之前,苏维埃政权已经在组织和发动春耕运动。对于春耕期间缺乏耕牛、农具、籽种的农民进行了借贷,并在1936年春拨出9万元低息贷款,帮助农民解决生产问题。同时,发动群众进行互济互助。抗战初期,边区政府商得陕西省合作委员会从中国农民银行拨边区农贷20万救助边区农村经济。为解决青黄不接时期农民的借贷需求,1939年4月15日《陕甘宁边区政府对关中分区三月份工作报告的指令》中指示:"群众在新[青]黄不接时,少数缺乏粮食者可酌量借贷,一俟小麦收割后即

---

① 中国科学院历史研究所第三所编:《陕甘宁边区参议会文献汇辑》,科学出版社1958年版,第41页。

② 陕西省档案馆、陕西省社会科学院合编:《陕甘宁边区政府文件选编》(第2辑),档案出版社1987年版,第84页。

③ 陕西省档案馆、陕西省社会科学院合编:《陕甘宁边区政府文件选编》(第4辑),档案出版社1988年版,第311页。

④ 魏协武主编:《陕甘宁边区金融报道史料选》,陕西人民出版社1992年版,第276页。

行归还。"① 这些贷款在一定程度上解决了边区群众的借贷急需,促进了生产,打击了高利贷。但这些举措都不是经常性的借贷活动,远远不能满足边区群众的借贷需求。

皖南事变以后,随着国内形势的变化,中国共产党从"发展经济,保障供给"宗旨出发,开始在陕甘宁边区农村进行大规模农贷活动。随着合作运动的广泛开展,信用合作社也逐渐成为调剂乡村金融的重要信用组织。在法令法规的规范作用和边区政府的倡导下,合理的私人借贷以及一些低利的传统借贷形式逐渐地恢复和建立。合理的传统借贷恢复和现代农村金融的建立,破坏了高利贷活动存在的环境和基础。

3. 劝说富户进行低利借贷。1940 年,边区政府在《复绥德分区关于减息及低利贷款事》指出:"政府应对富户多加解释说服,使其低利借贷,以利民生。"② 最初,许多富户们并没有被政府说服去提供低利贷,"以利民生"。一些富户因陷于土地革命时期阶级斗争的阴霾中不能自拔,深怕放了款,就会被扣上"剥削"的帽子;也怕富户的名字传出去了,以后加重税费负担,或者借出去不给利息等。经过调查了解、解释劝说,并"保证按有关信贷所决定执行利息,决不作收入计算",愿意借贷③。但仍有一些在土地革命中受到清算的富户,对边区政府怀恨在心,又怀着对过去高息放贷的眷恋之情,宁可将自己的余资藏掖起来,也不响应边区政府的口号,将它贷予他人,以利民生。

(三)打击和严禁高利贷的效果

在抗战的特殊时期,打击高利贷有两方面的影响。一方面,为后面抗日根据地合理借贷关系的重建扫清道路,不仅解除了原有的高利借贷关系,新的借贷关系也逐渐走向规范化。另一方面,打击高利贷使根据地农村借贷更加凝滞,阻碍了如前述减息等其他政策的推行。

---

① 陕西省档案馆、陕西省社会科学院合编:《陕甘宁边区政府文件选编》(第 1 辑),档案出版社 1986 年版,第 239 页。
② 陕西省档案馆、陕西省社会科学院合编:《陕甘宁边区政府文件选编》(第 2 辑),档案出版社 1987 年版,第 499 页。
③ 陕甘宁边区财政经济史编写组、陕西省档案馆编:《抗日战争时期陕甘宁边区财政经济史料摘编》(第 9 编:人民生活),陕西人民出版社 1981 年版,第 351 页。

第三节 陕甘宁边区借贷关系之恢复与重建

中共在陕甘宁根据地农民借贷关系的恢复和重建中做了许多工作,主要包括:鼓励、支持和组织乡村民间借贷的恢复和重建,宣传组织根据地信用合作社的建立和发展,制定和推行农贷政策。

一 民间借贷的恢复与重建

(一)鼓励民间私人借贷

在打击高利贷的同时,陕甘宁边区政府对于合理的民间私人借贷持鼓励态度,并制定了《奖励民间借贷办法》,其要点是:(1)借贷绝对由双方自愿,不得强迫,各级政府亦不得强迫一方借给另一方;(2)利息期限由双方自由议定,书立字据,到期本利如数清还;(3)借款到期而不清还本利或经索讨仍不清还者,得诉请区、乡政府或法院追还;(4)贷款所得利息,免予征税;(5)资金调剂以自愿为原则,有利息、有期限、有借有还,乡政府或村主任,不得强迫摊派,其经过乡政府或村主任调剂者,乡政府或村主任必须负责按期催还,不得借故搪塞拖延[①]。该《办法》中明确强调了借贷自愿、契约自由、利息合理、纠纷由政府调处等原则,有助于合理借贷秩序的建立。

此外,政府还出面发动群众组织和建立合理合规的民间借贷关系,成效显著。边区政府发动群众间互相调剂,尤其是在灾荒之年,主要是调剂粮食。起初,一些有粮户不愿出借。原因是:他们"生怕把有办法的名字传出去以后加重负担,或者把借出的粮食算在收入内,或者借出去不还,或不给利息等问题"。为此,边区政府就"怎样发动群众""怎样使存粮户拿出粮来""要不要利息"等做了专门的调查和研究。对有余粮的富户进行解释说服,"保证按有关信贷所决定执行利息,决不作收入计算",由政府担保,有借有还。这样才使一些有粮的借户同意借出粮来。同时也发动一些干部、劳动英雄、积极分子、进步人士借粮。如子洲老君

[①] 陕西省地方志编纂委员会:《陕西省志·金融志》,陕西人民出版社1994年版,第160页。

殿区的21个干部集了小米4斗2升；劳动英雄吴满有借出5石，申长林借出13石，乔连珠准备借出17.15石；环县甜水区4个进步人士也拿出20石粮食等。还利用亲戚朋友关系进行自愿的互助借贷，不取利息，或者只取少量利息。例如延安县丰富区用此法调剂粮93.17石，曲子揭吃粮238石而不取利，吴旗调剂中大都为亲友所借，不取利[①]。表7—4是子洲县亲友的借贷情况。

表7—4　　　　　　　　　子洲县发动亲友借贷表

	谷子（石）	糜子（石）	黑豆（石）	绿豆（石）	荞麦（石）	小米（石）	人力	畜力
一乡	1.1						74	28
二乡	1.025	0.14						
三乡	0.45	0.18	0.18	0.13			21	9
四乡	0.21	0.05						
五乡	0.45	0.585			0.15			
市镇乡	0.16	0.15		0.02		1.4	15	2
合计	3.395	1.105	0.18	0.15	0.15	1.4	110	39

资料来源：陕甘宁边区财政经济史编写组、陕西省档案馆编：《抗日战争时期陕甘宁边区财政经济史料摘编》（第9编：人民生活），陕西人民出版社1981年版，第354页。

注：上表中大部分为亲友间的借贷。

政府发动民间借贷的形式很多，在群众中流行的有这样几种：一是向地主借贷，这个方式在有地主的地方才能用；二是交换或转借，交换是群众自动自愿的简单解决问题的办法，如吴旗等地即是，有草无牛与有牛无草的人交换或给粮食，或用洋换粮；三是重转借，主要解决"越有越好借，越穷越难借"的问题，另外就是干部和有威望的人士可以借出粮，转给无粮者；四是安庄稼、调份子，这本来是群众中常有的事，很多地方在灾荒中也出现这个办法；五是用钱买及揭借生息的办法，这主要是对有些存粮户不肯出借，只好从别处借来钱去买他的粮，吴旗即用这个办法，

[①] 陕甘宁边区财政经济史编写组、陕西省档案馆编：《抗日战争时期陕甘宁边区财政经济史料摘编》（第9编：人民生活），陕西人民出版社1981年版，第350—353页。

利息是一升至二升①；等等。

抗战初期，中共主要是鼓励群众之间进行调剂。在借贷利息方面，群众是以借贷和信用两种办法调剂的。利息每月1元超不过2分，粮食分季归还，每斗利息超不过2升，借麦还麦。如以其他粮食相抵，则以市价而论②。发动老户给难民的借贷，春前借1斗，秋后还1斗3升，有3分的利③。

（二）传统借贷组织的恢复

1. 义仓。"储粮备荒"的政府行为早在先秦时期就已经有了。但"义仓"一词最早出现在《隋书》中。据《隋书·长孙平传》载："奏令民间每秋家出粟麦一石以下，贫富差等，储之里巷，以备凶年，名曰义仓。"④作为中国古代农业社会救灾和经济活动的一项重要内容，义仓对农民的生活和生产有着重要的意义。

陕甘宁根据地的义仓首先是在民间发起的。首创义仓之举的是关中分区的张清益。他从救贫民、防旱灾的目的出发，发动本村村民通过集体劳动开荒，开义田，组织了陕甘宁边区的第一个义仓——雷庄义仓。在他的热心帮助和边区政府的鼓励与宣传下，关中分区发展了义仓23处⑤。随后，边区各个区县纷纷开展开义田、办义仓的活动。绥德分区自夏田丰收后，许多老百姓都把余下的麦子存入义仓，绥德四十里铺区到1944年10月16日，入仓的户数已经达到724户，占全区总户数1/3，该区采取的是"零碎存粮，防备荒年"的办法⑥。关中分区到1944年6月，创办义仓39处（见表7—5）。

---

① 陕甘宁边区财政经济史编写组、陕西省档案馆编：《抗日战争时期陕甘宁边区财政经济史料摘编》（第9编：人民生活），陕西人民出版社1981年版，第354—355页。

② 同上书，第540页。

③ 同上书，第395页。

④ （唐）魏征等撰：《隋书·长孙平传》，中华书局1982年版。

⑤ 杜鲁公等：《陕甘宁边区的农业合作》，陕西人民出版社1994年版，第360页。

⑥ 陕甘宁边区财政经济史编写组、陕西省档案馆编：《抗日战争时期陕甘宁边区财政经济史料摘编》（第9编：人民生活），陕西人民出版社1981年版，第368页。

表 7—5　　　　　　　　　关中分区义仓统计

	新正	赤水	淳耀	新宁	合计
已有义田（亩）	280	140	50	200	670
已有义仓（个）	14	7	5	13	39

资料来源：陕甘宁边区财政经济史编写组、陕西省档案馆编：《抗日战争时期陕甘宁边区财政经济史料摘编》（第9编：人民生活），陕西人民出版社1981年版，第363页。

抗战结束前，关中张清益倡办义仓63处，开义田180亩，集粮44石；陇东分区建立了67个义仓，集粮1008.31石；甘泉县有38个义仓1195亩义田，集存粮食201.1石[①]。

后来政府鼓励，并给予支持，义仓便以"官助民办"的形式蓬勃发展起来。各区义仓具体办法不一，大致情形是：义仓大都由村民选举的管理委员会管理，借粮须由村民大会通过。义仓收入，一些荒地较多的地区主要通过集体开义田，收获粮食入仓，关中分区是如此；一些人口稠密的地区，主要通过居民自由存入余粮的办法收集，绥德分区是如此。义仓主要用于备荒或解决青黄不接时期农民的吃粮问题。平时，贫苦农民或移难民吃粮困难也可少许借予。借粮利息，参加开义田者或余粮入仓者，借贷利息较低；未参加者利息略高；贫苦农民或难民借粮一般不加息。

义仓作为"全村共有的合作经济，一面按劳耕作，一面按劳分配，以集体经济的力量为个体经济输血，办了一家一户办不到的事，它的基本特点是以生产为出发点，又以生产为落脚点，发展壮大集体经济，改善人民生活"[②]。例如，固临义仓在1945年贷出123.43石粮食给200户，群众认为"自己装的粮救了自己"。其他如子长、新宁、靖边、定边、盐池、延长、志丹都有义仓粮借出[③]，解决了群众的荒年和青黄不接时期的吃粮问题。绥德县吉镇区三乡王家坪，从1944年起到1949年5月27日止，

[①] 陕甘宁边区财政经济史编写组、陕西省档案馆编：《抗日战争时期陕甘宁边区财政经济史料摘编》（第9编：人民生活），陕西人民出版社1981年版，第361页。

[②] 杜鲁公等：《陕甘宁边区的农业合作》，陕西人民出版社1994年版，第98页。

[③] 陕甘宁边区财政经济史编写组、陕西省档案馆编：《抗日战争时期陕甘宁边区财政经济史料摘编》（第9编：人民生活），陕西人民出版社1981年版，第352页。

创办义仓的 6 年中，共有义地 15 垧，总计收入粮食 40 石①，不仅及时解决了贫苦农民的生活困难，而且培养了农民集体互助的合作习惯，推动了农副业生产发展。

2. 请会。请会是陕甘宁地区农村一种旧的信用关系。在土地革命之前，在陕甘宁各地普遍流行，利息比一般的放账较低。在土地革命时期，陕甘宁地区的请会随着废债毁约运动的开展，一并被当作高利贷废除了。抗战之初，随着高利贷的沉渣泛起，请会形式也逐渐在农村普遍得到恢复。最初，只是在市镇上或者炭工之间，个别地秘密地进行。1943 年以后逐渐在农村普遍流行开来。从"请会"比较盛行的姚店等地的"随会"人成分及其"得会"用途的统计表 7—6 中，我们很容易地了解到，陕甘宁地区的"请会"主要是贫苦群众之间为解决急用而进行融通资金的形式。

表 7—6　　　　延安县 19 个"会主"成分及"请会"用途统计

会主成分＼用途	纯粹农户	兼营副业农户	半农半商	商家店家	手工业工人	合计	家庭经济情况
婚丧	5	2		1		8	中等 5 户，上中 2 户，下中 1 户
开饥荒		4	1	1	2	8	中等 5 户，下等 3 户
做经营资本		1		2		3	中上 1 户，中等 1 户，下等 1 户
合计	5	7	1	4	2	19	中等 11 户，中上 3 户，中下 1 户，下等 4 户

资料来源：陕甘宁边区财政经济史编写组、陕西省档案馆编：《抗日战争时期陕甘宁边区财政经济史料摘编》（第 5 编：金融），陕西人民出版社 1981 年版，第 624 页。

注：19 户"会主"中有 3 个"借会"，都是为娶媳妇请的。

姚店子地区接近市镇，且有很多炭窑，属于经济比较发达的地区。因此，"得会"人中商人和手工业者也占一定比例。但从表 7—6 中，我们

---

① 杜鲁公等：《陕甘宁边区的农业合作》，陕西人民出版社 1994 年版，第 98 页。

仍然可以一目了然地知晓，在 19 个"会主"中农户占到了 2/3 左右，大多数都是务正的庄稼户。在经济普遍比较落后、农户占绝对优势的其他地区，"得会"人中农户的比例则会更高。从该表中反映的"请会"用途数据来看，用来办理"婚丧"和"开饥荒"的"会主"占到了总数的 84% 强。可见，"请会"主要是贫苦农民用来解决生活急用的一种互助方式。

在陕甘宁根据地流行的请会形式一般有借会和画会两种。由于请会有"借会"和"画会"这两种性质完全不同的形式，使边区政府和农民对于"请会"认识也各有不同。画会比较盛行的地区，农民要求政府禁止"请会"；"借会"比较盛行的地区，农民往往将"请会"视为"农村中最守信用的事"[①]。政府人员中也持两种观点：一种观点认为"'请会'带给人们的利少、害多，是一种浪费人力、物力，影响群众关系，无一定标准的高利贷，应当加以禁止"[②]。另一种观点则认为，"'借会'固然是一种纯粹的互助的借贷，就是'画会'也可以说是一种农村中互相的信用组织，且有储蓄作用，如果政府禁止了高利贷，就用不着禁止'请会'了"[③]。其实，"请会"兴起的非常重要的原因，就是农民生活的贫困和农村资金流通的不畅。因此，在农贷制度和信用制度建立起来之前，作为乡村普遍的一种信用组织形式，"请会"对乡村社会的金融调剂和经济发展无疑起到了一定的作用。尤其在废债毁约运动之后，边区又实行了减息清债的运动，高利贷活动沉渣泛起。"请会"作为边区农村群众间一种经常性的互助活动则显得更加重要，对于组织乡村借贷、流通乡村金融、发展乡村经济起到了相当大的作用。

二　信用合作社的建立和发展

"合作社是农民直接参加的基层经济组织，是银行等金融机构贷放农

[①] 陕甘宁边区财政经济史编写组、陕西省档案馆编：《抗日战争时期陕甘宁边区财政经济史料摘编》（第 5 编：金融），陕西人民出版社 1981 年版，第 627 页。

[②] 叶潘：《"请会"——农村中流行的一种贷款形式》，《解放日报》1945 年 12 月 3 日；魏协武主编：《陕甘宁边区金融报道史料选》，陕西人民出版社 1992 年版，第 280—285 页。

[③] 黎以宁：《延安县姚店子一带"请会"情况调查》（1944 年），陕甘宁边区财政经济史编写组、陕西省档案馆编《抗日战争时期陕甘宁边区财政经济史料摘编》（第 5 编：金融），陕西人民出版社 1981 年版，第 626—627 页。

民的纽带和中间环节,是新式乡村借贷网络的神经末梢"①。发展和巩固信用合作社对于根据地乡村社会借贷制度的建立有非常重要的意义。

在过去,高利贷非常盛行,就是因为农民缺少流动资金,在生产和生活上有困难。一遇到天灾人祸,农民虽然明明知道高利贷剥削的残酷,但为了继续生存,不得不忍受高利贷的盘剥,许多人因此家破人亡。边区政府帮助农民组织信用合作社,就可以使农民在生产和生活上得到周济,也发展了农业生产,活跃了农村经济。而且信用合作社还解决了富裕农民的余钱和乡村游资的出路问题,使他们获得合理的利息。同时,限制和打击了高利贷活动,促动了根据地农村合理借贷关系的建立和发展。

(一) 政府关于信用合作社的政策

中共中央早在1935年就有了发展信用合作社的计划。当年的11月,中央政府西北办事处国民经济部制定《发展合作社大纲》,其中指出:"信用合作社是专门管理社员借款和存款的机关,社员要做什么事,缺乏资金的,可向合作社低利借贷资金;有剩余的,不论多少,随时存入,得到相当利息。这和私人的银行绝不相同。私人银行的目的,在剥削借贷的人;信用合作社的目的,是为社员全体谋利益,不仅免去高利贷的剥削,同时合作社赚的红利仍分给社员。"②

陕甘宁根据地真正开始办理信用合作社是在抗日战争时期。鉴于抗战初期高利贷纷纷抬头,农民为了生活和生产不得不举借高利贷,1938年5月11日陕甘宁边区政府召开政务会议讨论总结合作社工作,再次提出发展生产、信用和运输合作社的任务③。1939年10月,边区合作总社于延安新市场举办成立大会,会议通过了"设立信用合作社,办理储蓄汇兑,借贷业务,以资流通各县金融,繁荣边区农村案"④,并计划扩大股金3万元,在吴中、庆环、定边、延川、延安等地各建一处信用合作社⑤。

---

① 李金铮:《民国乡村借贷关系研究——以长江中下游地区为中心》,人民出版社2003年版,第333页。

② 魏协武主编:《陕甘宁革命根据地银行编年纪事》,中国金融出版社1993年版,第212页。

③ 同上。

④ 同上书,第213页。

⑤ 杜鲁公等:《陕甘宁边区的农业合作》,陕西人民出版社1994年版,第181页。

1940年4月12日，陕甘宁边区党委、政府《关于本年度经济建设计划的决定》中再次指出："发展信任（用）合作，实行低利借贷，首先在某些健全的消费合作社内，设立信任（用）部，逐渐扩充信任（用）合作社。"1943年12月12日，《解放日报》发表了西北局调查研究室介绍南区合作社办理信用合作社经验的文章，认为："在边区生产日益发展的条件下，农村信用合作社是一个很重要的问题。"[1]鉴于信用合作社已经逐渐地在各个区县兴办起来，1944年7月7日，陕甘宁边区合作社联系会议通过的《决议》提出了"对信用合作社采取大量发展"的方针，并提出"每区建立一个信用社"的口号，要求学习南区李生章信用社的办法，实行低利借贷，吸收民间游资，输入生产，流通金融[2]。

（二）边区信用合作社的兴起和发展

虽然边区政府很早就提出要办理信用合作社的计划，但抗战初期，由于边区政府忙于军政应付，在借贷方面由废债毁约转向了减息清债，还继续实行着打击高利贷的政策，对借贷关系已经处于真空状态的现实还没有深刻的认识。兴办信用合作社的计划并没有像其他合作社一样在边区有计划地实施开来。虽然也制定了一系列发展农村信用合作社的计划，但都只是例行公事般的讨论讨论，就搁置起来了。直到1938年，延安县南区沟门才提出办理信用合作社，解决人民借钱困难。这次试办信用社，入股的500多人，股金1000余元。终因资金数目太小，不敷放款周转，并入了消费社，另由消费社提出400元，专无利借给有紧急需要的社员。这是南区合作社第一次试办信用合作社[3]。此后，信用合作社并没有像其他合作社一样迅速发展起来，但延安南区一些地方如柳林子、沟门上、三十里铺、罗家崖等合作社实际上已经兼营信用业务了。[4]

皖南事变后，边区外援断绝，经济被封锁，中共不得不领导边区人民走向自力更生的发展道路。农村经济、农民生活的状况随着边区政府

---

[1] 魏协武主编：《陕甘宁革命根据地银行编年纪事》，中国金融出版社1993年版，第215页。

[2] 同上书，第217页。

[3] 中共西北中央局调查研究室编：《介绍南区合作社》，（香港）新民主出版社1949年版，第4—10页。

[4] 杜鲁公等：《陕甘宁边区的农业合作》，陕西人民出版社1994年版，第493页。

的一系列调查活动浮现在边区政权的面前。边区政权也从"发展经济,保障供给"的目的出发,在边区农村组织生产活动,创办了以合作社为中心的一系列互助组织。从抵制高利贷、活跃农村借贷关系、吸收农村社会游资的动机出发,在政府政策的帮助和民间群众的努力下,边区信用合作社才逐渐兴办起来,并发展壮大。到1943年,沟门合作社试办吸收存款和放款生息的信用合作社,有社员107人,股金100080元。成为边区第一个规模比较完备的信用合作社。到1944年2月,沟门信用社社员增至666人,股金3614087元,增加了36倍[1]。1943年11月,《解放日报》对延安南区信用合作社的经验予以介绍,并做了大量宣传工作,延属各区陆续试办信用社[2]。到1944年7月合作社联席会时,延属分区共有10处信用合作社。联席会议号召每区建立一个信用社后,到1944年9月延属分区召集信用社联席会议时,信用社已普及分区各县,达到23处[3]。其他各区的信用合作社事业也都逐渐地兴办起来了。1944年6月,延安、安塞、曲子、赤水、米脂等县就已经发展了22个信用合作社[4]。

与此同时,民间的信用合作社也逐渐兴起。1940年,关中赤水劳动英雄蒲金山看到新户初到,人生地疏,借贷困难,即发动老户以粮食入股,成立信用合作社统一贷出。第1年入苞谷1石3斗,借时打条据、盖指印,秋后归还,每斗加2升利息[5]。民间的小型信用社在绥、米地区尤其典型,米脂最多。绥、米地区的特点是人稠地少,粮食供给是这个地区最大的困难。但村子大,人口集中,组织起来就比较容易。这两个因素是绥米小型信用社兴起的主要动因。在白益山、李善来、杜良起、李万桂、冯得英等一批积极分子的推动下,群众纷纷要求组织成立粮食信用合作社,一方面调剂粮食,扶助买地,另一方面

---

[1] 杜鲁公等:《陕甘宁边区的农业合作》,陕西人民出版社1994年版,第373页。
[2] 魏协武主编:《陕甘宁革命根据地银行编年纪事》,中国金融出版社1993年版,第215页。
[3] 陕甘宁边区财政经济史编写组、陕西省档案馆编:《抗日战争时期陕甘宁边区财政经济史料摘编》(第5编:金融),陕西人民出版社1981年版,第615页。
[4] 星光、张扬主编:《抗日战争时期陕甘宁根据地财政经济史稿》,西北大学出版社1988年版,第452—453页。
[5] 魏协武主编:《陕甘宁革命根据地银行编年纪事》,中国金融出版社1993年版,第213页。

解决借贷困难。① 1943 年，米脂号召农民成立了 17 个小型的粮食信用合作社，共计入股粮食 108 石，以低利或无利放给贫苦农民，一般利息为半年 15%，或 1 月 2.5%（社员）至 3%（非社员）②。

据统计，1943 年，全边区共有合作社 643 个，其中信用合作社 6 个③。到 1944 年上半年止，陕甘宁边区各种合作事业单位达到了 1280 个，信用合作社达到了 86 个④。1944 年 6 月，边区合作社联席会议确定的合作社八项任务之一就是："每区一个信用社。学习南区李生章信用社的办法，实行低利借贷，抵制探买粮和高利贷，吸收民间游资，转入生产，流通资金。"⑤ 此后，自 1944 年 7 月合作代表会后到 1945 年 1 月的半年里，又发展了 30 余个信用合作社，存款由最初的 2200 万元增至 5 亿元⑥。相对于其他合作社，信用合作社起步较晚，在规模和数量上都无法与之比拟。但从信用合作社本身的发展来看，它的发展速度仍然十分可观。

边区信用合作社按照组织形式的不同，可以分为两种：一种是由民间自发组织的粮食信用社，一种是边区政府倡导组织的信用合作社。

民间自发组织的粮食信用社，如前述赤水劳动英雄蒲金山成立的粮食信用社、冯云鹏粮食信用社，安塞樊彦旺粮食信用社，清涧折家坪区二乡成立的义粮保管委员会，米脂县民丰区信用合作社、农会互济社等。这种信用社的组织者多半是乡村中的劳动英雄或是有威望的人。他们发动群众，在自愿的原则下，将剩余的粮食集中起来，由本村保存，统一管理，以备不时之需，并选举"理事会"负责借贷事宜。粮食信用社也有两种不同的性质：一是作为互助性质，供给无利借贷的互济粮；一是作为入股性质，供给有利借贷的信用粮。互济粮主要借给移民家属和遭受意外的穷

---

① 陕甘宁边区财政经济史编写组、陕西省档案馆编：《抗日战争时期陕甘宁边区财政经济史料摘编》（第 7 编：互助合作），陕西人民出版社 1981 年版，第 121—122 页。

② 陕甘宁边区财政经济史编写组、陕西省档案馆编：《抗日战争时期陕甘宁边区财政经济史料摘编》（第 7 编：互助合作），陕西人民出版社 1981 年版，第 326—327 页。

③ 杜鲁公等：《陕甘宁边区的农业合作》，陕西人民出版社 1994 年版，第 78 页。

④ 同上书，第 584 页。

⑤ 陕甘宁边区财政经济史编写组、陕西省档案馆编：《抗日战争时期陕甘宁边区财政经济史料摘编》（第 7 编：互助合作），陕西人民出版社 1981 年版，第 74 页。

⑥ 魏协武主编：《陕甘宁革命根据地银行编年纪事》，中国金融出版社 1993 年版，第 219 页。

苦农民，半年归还，不要利息。信用粮主要借给有急用的本村人，必须付有一定利息。信用粮所得红利，主权归出粮人，作为备荒之用，平时不分红、不抽本，如果跌下年成，就用来救荒。到灾荒时，入股者可以优先取得红利，以度困难。因此，粮食信用社也就具有救灾备荒和调剂互助两种作用：对入股者来说，保存了实物原数，而且有红利，每逢灾荒又可以救济；对贫困者亦可得到低利息粮，以解决急时之需，也可避免青黄不接时高利贷的剥削。可见，粮食信用社兼有义仓和信用社两种性质①。由于政府号召成立义仓，以作长期备荒的打算，许多这样的组织后来也都改成了义仓。

　　政府倡办的信用合作社，这种信用合作社为边区政府所倡导，办理合作社由有经验者组织，纯属合作性质，自由入股退股，借贷生息，定期分红。这种信用合作社都是综合性合作社下的一个单位，组织系统比较完善，是现代信用合作社的雏形。其组织形式分为两种：一种是在信用社下兼营消费业务，消费业务服从于信用业务，从信用社内部来调剂资金，沟门信用社便是如此；另外一种，除信用业务外，不做其他营业，资金独立。第二种又分为两个类型：第一个类型是专门经营的信用合作单位，如川口信用社；第二个类型，名义上资金独立，但非专门经营单位，系由其他单位（如消费合作社）兼办，如河庄信用社②。

　　在吸收资金方面，最初采取入股的办法。一种是存、借款时抽一部分入股，一种是除存款和借款入股外的自由入股。沟门信用社这两种办法都曾采用，规定存款扣10%，放款扣20%作为股金，以积累资金；另外，任何人可以自由入股，股金数目不定，不到1年不得自由退股。入股满5000元可自由退股，并可在5天内无利借贷2.5万元。入股1万元，可在5天内无利借贷5万元。以后借款，不超过其入股的20%，超过此数，则借款即按照20%比例增加其入股额③。这种办法适用于信用合作社兴办初期，由于大量吸收资金的需要，不得不采取一些强制性的办法。抗战后

---

　　① 杜鲁公等：《陕甘宁边区的农业合作》，陕西人民出版社1994年版，第784页。
　　② 陕甘宁边区财政经济史编写组、陕西省档案馆编：《抗日战争时期陕甘宁边区财政经济史料摘编》（第5编：金融），陕西人民出版社1981年版，第634页。
　　③ 魏协武主编：《陕甘宁革命根据地银行编年纪事》，中国金融出版社1993年版，第214页。

期，许多信用合作社取消了入股的办法，实行存款制度。吸收存款的政策：一是利导，即必要的利息和保证还本付息的办法；二是自由，即随时存取，不受限制。吸收存款的种类包括了白洋、金银条块、首饰银器、边币、法币等多种，白洋等须上交银行，利息折付边币，严禁买卖白洋、法币以牟利的现象①。

存放款利息不定，随物价的变化有所调整。如边区信用合作社的典范——延安南区沟门信用合作社。1938 年试办时，未吸收存款，放款也不计息②；1943 年独立办理信用合作社，按照存款月息 1 毛 5 分，放款 2 毛，复利计息；1944 年 4 月 1 日起，存款每元每月利息 1 角，借款每元每月利息 1 角 5 分③。由于战争时期金融的不稳定，边区其他信用合作社的存放款利息也都不是一成不变的。1944 年 10 月，边区政府建设厅和边区银行在给贺龙、陈云的报告中指出："为了照顾存款，推进储蓄，利息不能过低于社会上一般利润率，但要逐渐达到低于或者相当于生产利润，故订利息时，应以物价变动及一般利润为标准，同时参考当地借贷关系及信用社资力情形。"④ "总之，它必须适应着当时社会经济情况，过高过低，都是不过宜的"⑤。

举办信用合作社的目的决定了其放款的主要用途。合作英雄刘建章在 1944 年 10 月 4 日《解放日报》上发表的《关于信用合作社》的文章中指出："一切合作社的目的都是集中大量的资金，投入生产，来发展人民的经济，信用合作社自然也是一样。"⑥ 借款除主要用于生产之外，农户在平时急用时也可向信用社借款。用于生产的贫困户或扎工队，可以不付利

---

① 陕甘宁边区财政经济史编写组、陕西省档案馆编：《抗日战争时期陕甘宁边区财政经济史料摘编》（第 7 辑：互助合作），陕西人民出版社 1981 年版，第 329—330 页。
② 魏协武主编：《陕甘宁革命根据地银行编年纪事》，中国金融出版社 1993 年版，第 212 页。
③ 同上书，第 214 页。
④ 陕甘宁边区财政经济史编写组、陕西省档案馆编：《抗日战争时期陕甘宁边区财政经济史料摘编》（第 7 辑：互助合作），陕西人民出版社 1981 年版，第 333 页。
⑤ 中共西北中央局调查研究室：《介绍南区合作社》，（香港）新民主出版社 1949 年版，第 40—42 页。
⑥ 魏协武主编：《陕甘宁革命根据地银行编年纪事》，中国金融出版社 1993 年版，第 217 页。

息或少付利息。信用合作社的放款实行两条原则：一是讲求实效，尤其是生产实效；二是有借有还，并收取利息①。即：一方面要照顾发展生产的方针，以能用于直接帮助生产，并发挥最大的效能为目的；一方面不要发生烂账。为了保证放款有借有还，放款时须立借据、定期限、有保人。保人不能借，借款人不能保，以免烂账。零还整还均可，如有特殊情况，到期无法偿还的，可申请准予延期②。存款、借款和入股的手续简便，没有固定办公时间，随时随地可以办理。

这种信用社组织有下列几个特点：一是凡是存户和借户都成为社员，这样随着业务的扩展，股金和社员数目也扩大了，就保证了合作社手下有一笔固定可靠的资金可以运用，不致发生周转不灵的现象。它又把社员个人利益和合作社集体利益联系起来，合作社从存借利率差额中得到一部分利益，仍为原存、借户（"即"社员）所公有。二是根据当时物价与币值不稳定的情况，规定了较高的利率，在物价与币值一趋稳定再随时规定利率，故它对于存户和借户仍都是有利的。三是信用合作社的工作作风、组织机构，也是真正实现了群众化与企业化，它适合于农村环境，也适合于农民群众的要求③。

（三）边区信用合作社的特征

信用合作社作为边区后起的一种合作形式，具有边区合作社的一般特征；作为专门的融资机构，它又具有自己的独特性。

1. 民间组织与官方倡办双管齐下，最终发展为"民办官助"的合作组织。早在苏维埃时期，陕甘宁根据地政府就在信用合作社的宣传和政策的制定方面做了许多工作。南区刘建章1938年8月试从消费合作社中分出股金办理信用合作事业，但没有成功。后来，民间一些劳动英雄开始举办粮食信用合作社。这些民间的信用社解决了群众的借贷需求，尤其解决了农民在荒年和青黄不接时的粮食问题，深受根据地农民的欢迎。除信用

---

① 星光、张杨主编：《抗日战争时期陕甘宁根据地财政经济史稿》，西北大学出版社1988年版，第454页。

② 陕甘宁边区财政经济史编写组、陕西省档案馆编：《抗日战争时期陕甘宁边区财政经济史料摘编》（第5编：金融），陕西人民出版社1981年版，第630页。

③ 中共西北中央局调查研究室编：《介绍南区合作社》，（香港）新民主出版社1949年版，第37—42页。

合作社以外，生产、消费、运输等其他合作社的蓬勃发展也大大促进了根据地合作事业的迅速发展。1939年后，边区政府提出了"合作社群众化"的口号，但由于各地仍然按照摊派股金的旧方式推行"群众化"，合作社仍被认为是摊派负担，不是群众自己的。1942年1月，建设厅根据延安南区合作社的经验，提出"克服包办代替，实行民办官助"[①]。于是，自1942年春季实行民办政策。股金由人民自愿筹集，社务与业务均由社员自行管理经营；政府只负责从旁协助，使合作社更与广大群众密切联系。自此之后，信用合作事业开始蓬勃发展。"民办"，使信用合作社更加符合农民的需要。合作社的股金由当地农民"自愿筹集，自己选人管理"；营业完全自由，政府决不干涉；资金公开，会计独立[②]。农民参加合作社的积极性空前提高，纷纷将自己的余钱余粮拿来存入合作社，一方面可以从信用社中获取分红，一方面也方便了农民自己的借贷诉求。"官助"，是边区政府给予有困难的信用社以帮助。这使边区农村信用社有了一个强大的后盾，为边区信用社的发展提供了保证。

2. 信用合作社的出发点和落脚点都是发展生产。发展生产是边区组织信用合作社的主要目标，这从边区信用社放款对象和放款用途上便可知晓。边区信用社的放款办法："凡于推动生产有利的均可贷款，婚丧等特殊大事可酌量放款，欲借款进行投机者不放。放款主要对象是农民、手工业工人。"[③] 可见，边区信用社放款的主要对象是那些有资金需求并从事生产的劳动者。而放款的主要用途是生产放款。如表7—7所述，边区兴办最早的南区信用社1943年3月至1944年2月一年的放款总额达到14277115元，借户共706户。其放款总额中，用于生产购买耕畜、农具、开付工资等生产活动的占到53.7%。放款户数和放款金额都占到了放款总数的一半以上。1944年边区合作社联席会的决议中强调：信用合作社必须与发展生产密切地结合起来，不这样则信用社

[①] 陕甘宁边区财政经济史编写组、陕西省档案馆编：《抗日战争时期陕甘宁边区财政经济史料摘编》（第7编：互助合作），陕西人民出版社1981年版，第60页。

[②] 杜鲁公等：《陕甘宁边区的农业合作》，陕西人民出版社1994年版，第255页。

[③] 陕甘宁边区财政经济史编写组、陕西省档案馆编：《抗日战争时期陕甘宁边区财政经济史料摘编》（第5编：金融），陕西人民出版社1981年版，第630页。

的任务，便不算完成①。朱德在此次会议的发言中着重强调指出："合作社要向生产方面发展。"② 另外，信用合作的模范地区——延属分区在1945年8月的《延属分区合作干部会总结》中也强调："一切业务的举办应从扶助基本群众的生产和与生产有关的迫切需要出发，绝对不得从事违法或破坏边区经济政策的业务。"③ 可见，生产放款始终是边区信用合作社的主要任务。这样，既能够促进边区农户生产、农业经济的发展，又能够保证放款不"烂包"，有借有还，以维持信用合作社的可持续发展。另外，除商业放款和消费放款之外，婚丧放款也被作为重要的放款对象。这解决了农村群众的急需问题，使信用合作社更加成为"群众的组织"，在边区群众中广受欢迎。

表7—7　　　南区信用社1943年3月至1944年2月放款用途

放款用途	放款户数（户）	占放款总户数的比例（%）	放款金额（元/边币）	占放款总金额的比例（%）
生产放款	364	51.6	7668300	53.7
商业放款	100	14.2	2382470	16.7
消费放款	157	22.2	2142900	15.0
婚丧放款	85	12.0	2076856	14.6
总　　计	706	100	14277115	100

资料来源：中共西北中央局调查研究主编：《介绍南区合作社》，（香港）新民主出版社1949年版，第40—42页；陕甘宁边区财政经济史编写组、陕西省档案馆编：《抗日战争时期陕甘宁边区财政经济史料摘编》（第5编：金融），陕西人民出版社1981年版，第654页。

注：表中数据乃笔者根据《介绍南区合作社》及《抗日战争时期陕甘宁边区财政经济史料摘编》（第5编：金融）二书内容，整理校对后计算而得。两书中在个别放款金额数据零头上有一些差异，但不影响数据对问题的说明。本表主要参考《介绍南区合作社》的数据。"消费放款"在《金融》中记载为"日用放款"。

---

① 陕甘宁边区财政经济史编写组、陕西省档案馆编：《抗日战争时期陕甘宁边区财政经济史料摘编》（第5编：金融），陕西人民出版社1981年版，第631页。
② 陕甘宁边区财政经济史编写组、陕西省档案馆编：《抗日战争时期陕甘宁边区财政经济史料摘编》（第7编：互助合作），陕西人民出版社1981年版，第61页。
③ 陕甘宁边区财政经济史编写组、陕西省档案馆编：《抗日战争时期陕甘宁边区财政经济史料摘编》（第5编：金融），陕西人民出版社1981年版，第629页。

3. 与边区银行的密切合作是信用合作社发展的重要保障。边区的信用合作社与边区银行密切合作、互相帮助，流通边区金融。一方面，边区合作社通过县联社与边区银行间接联系，取得边区银行的资金支持。边区银行以低于信用社放款利息的利息率放给信用社资金，以支持信用社的周转和发展；信用社也可将款子存入银行生息。在业务上，银行人员帮助各个信用社建立会计账目，把洋办法和土办法结合，即西式会计与中式会计结合起来。使信用合作社的账目更加清楚，便于合作社业务的发展[①]。另一方面，信用合作社帮助银行分担业务，辅助银行流通农村资金。吸收乡村社会游资，在过去一直是银行的工作任务，但结果一直都不太理想。信用合作社建立以后，不管是吸收游资的方式，还是与乡村人民群众的关系方面都比银行更近了一步，这个任务就由信用合作社承担起来了。可以说，"如果没有信用社，不仅游散与停顿着的资金难于吸收，而民间生产资金不足，高利贷者必然复活。倘银行欲大量放款去解决这个问题，势将影响它本身的支出与发展"[②]。边区信用合作社在推行边币、发放农贷、周转农村资金、推进农村存款储蓄、办理农村的破票兑换等方面做出了突出成绩，是边区银行的得力助手。

4. 信用合作社的办理与抗日战争的时代背景密不可分。创设合作社以解决农民借贷问题的计划，早在中共领导开展农民运动时期就已经提出[③]。当时斗争中心还未转向农村，信用合作社的办理只能寄希望于农民自发的组织。土地革命时期，中共在乡村借贷关系方面的举措，主要是开展配合土地革命的废债毁约运动。对于乡村借贷制度的建设方面，也只是放在乡村革命的计划之中，并没有真正地去组织发动。抗日战争爆发以后，在国共合作的前提下，国内进入短暂的和平时期。中共执行的减租减息政策，使各个根据地阶级斗争逐渐停歇。重新组织根据地生产关系，发展根据地农村社会经济以壮大根据地实力，逐渐成为边区政府的大政方

---

① 陕甘宁边区财政经济史编写组、陕西省档案馆编：《抗日战争时期陕甘宁边区财政经济史料摘编》（第 5 编：金融），陕西人民出版社 1981 年版，第 639 页。
② 同上书，第 642 页。
③ 1927 年 7 月 13 日，《中国共产党中央委员会对政局宣言》中规定："限制高利贷盘剥，设立农民合作社，要求国家以充分的经济辅助农业，并实行拨款借贷于农民。"中共中央党校党史教研室选编：《中共党史参考资料》（二），人民出版社 1979 年版，第 531 页。

针。边区信用社兴办和发展也就是在抗日战争这个大的时代背景下进行的。另外，战争造成的经济不稳定，给边区金融造成了很大影响，信用合作社也不可避免受其影响。物价的变动，使信用合作社的利息不得不随之变动，以保护信用双方的利益。这是战争环境下，信用合作社的一个基本特征。

5. 合作社的发展方向是综合性合作社。边区合作社的发展总方向是"一揽子"合作社，这是朱德在边区合作社联席会议上所特别强调指出的。朱德认为：由于边区"交通条件和资金的限制，合作社单独办一项事业不容易发展，但如果生产、运输、信用、卫生、消费样样俱全，就适应了群众的要求"①。这也跟边区合作事业发展的先天不足有着密切的联系。边区早期的合作事业都是个体之间的或是小范围的合作，合作组织简单，很多只是临时的互助组织，没有坚实的合作基础和长远的合作计划。边区在交通、资金、经验等方面的不足，分散的单个经营的合作社就更加显得软弱无力，组织起来成立综合性合作社按需要去经营，是边区合作社光明前途之所在。

（四）信用合作社的绩效评价

1. 促进了生产，发展了农村经济。由于信用社兴办之初，目标很明确，就是要吸收农村游资，以集中投资，发展生产。故信用合作社在生产建设方面的贡献也就尤为明显。如之前"南区合作社的放款统计表"中，在放款总数 1400 余万中，生产放款（买牲口、开工钱等）占 760 余万，约占放款总额的一半以上。其余商业放款、消费放款、婚丧放款三项共占不到一半的放款额。信用社不但解决了人民困难，而且扶持了农业生产的发展，这个作用是显而易见的②。具体到农户，以延安南区的个别农户作为参考。1943 年，农户马根堂借 10 万元，买 1 头牛，多耕七八垧地，能多打 5 石粮，每石卖 2 万元，共为 10 万元，计借 3 个月，付利 6 万元，多获 4 万元，而牛本身也赚了钱；李长崇，上年伙种别人的庄稼，本年借

---

① 陕甘宁边区财政经济史编写组、陕西省档案馆编：《抗日战争时期陕甘宁边区财政经济史料摘编》（第 7 编：互助合作），陕西人民出版社 1981 年版，第 61 页。
② 中共西北中央局调查研究室编：《介绍南区合作社》，（香港）新民主出版社 1949 年版，第 40—42 页。

1万元买了镢头，自己种庄稼，不然自己先得给别人打短工，赚下来才能买工具，那样就误了生产；常维有，上年锄地时雇短工借了信用社1万元付利工资，这样多锄了一次地，增加了粮食产量；李太平，合作社未成立之前，因他信用不好，借钱很困难，欠别人钱又无法归还，只好贱卖了一头牛，今年借信用社37000元，本利已经赚回来了；马学有，第一次借了5000元，买了一头驴子，驴子的本利已经从驮柴中赚出来了，第二次借2000元买布做衣服①；等等。陇东分区信用合作社，1944年上半年借给群众共有670万元，用以买牛45头，铧75页②。

2. 部分地解决了农户的资金困难，减轻了农民的高利贷负担。之前由于农村信用借贷的不发展，高利贷十分盛行。信用合作社建立之后，为农村社会尤其是贫苦农民提供了借贷来源。边区凡建立信用合作社的地区，农户有困难就找信用社借。例如高家崄粮食信用社，在青黄不接时给17户贫雇农低利借粮2.65石；给4户难民和2户特殊困难户借互济粮9.55斗；艾生昌老汉病故后，家里很困难，合作社就借给2斗米帮助埋葬；帮助18户社员解决了贩炭资金，增加了副业收入。因此，许多群众感激地说合作社真是"雪中送炭"③。庆阳一村村民肖生跌崖受伤，没钱医治，去找合作社借了2万元；王茂家死了人没吃的，合作社借给他1斗麦④。这使农民需要借款时都涌往信用合作社，高利贷失去了生存的环境，借贷利息一路陡跌。如延安南区沟门1943年3月建立信用社，月月钱息即由20%—30%跌至15%；李家渠1944年2月成立信用社后，月月钱息由30%—50%跌为20%—25%，"挖崩子账"利息由去年每集15%—20%，跌为当春（1944年）5%—10%，该村素来依靠探卖解决困难者，都改到信用社借钱了。相反，信用合作社尚不发展的清华、盘龙等区，探

---

① 陕甘宁边区财政经济史编写组、陕西省档案馆编：《抗日战争时期陕甘宁边主区财政经济史料摘编》（第5编：金融），第655—656页。

② 陕甘宁边区财政经济史编写组、陕西省档案馆编：《抗日战争时期陕甘宁边区财政经济史料摘编》（第7编：互助合作），第107页。

③ 杜鲁公等：《陕甘宁边区的农业合作》，陕西人民出版社1994年版，第20、87页。

④ 陕甘宁边区财政经济史编写组、陕西省档案馆编：《抗日战争时期陕甘宁边区财政经济史料摘编》（第7编：互助合作），第107页。

卖仍然非常盛行①。信用合作社的发展，在降低农村民间借贷利率、打击高利贷、促进乡村合理借贷关系形成方面的作用相当明显。

3. 推动储蓄，吸收游资，活跃乡村金融。乡村农民、雇工、妇女、儿童、退伍军人以及学校人员等都有相应的个人收入，或因数额不大，或因时期未至，不便置产或投资，也不敢放贷他人，经常苦无其他处置，又无生息机会。流传下来或者收集起来的白洋、银器等，或窖藏或搁置家中隐秘地方。信用合作社建立之后，将这些游资吸收到合作社。对乡村群众来说，不仅起了储蓄作用，而且能够生息取利。对合作社来说也能够建立起雄厚的资本基础，以扩大信用合作社的规模。对乡村社会来说，起到了调剂有无、流通资金的作用。

表7—8　1943年3月到1944年2月延安沟门信用社存款状况表

存款户别	存款户数（户）	占存款总户数的比例（%）	存款金额（元/边币）	占存款总金额的比例（%）
机关存入	5	2.4	1017100	16.7
公务员存入	76	36.7	2479704	40.7
农户一般存入	49	23.7	1532869	25.1
民妇存入	30	14.5	313407	5.1
银洋法币存入	47	22.7	754410	12.4
总计	207	100	6097490	100

资料来源：陕甘宁边区财政经济史编写组、陕西省档案馆编：《抗日战争时期陕甘宁边区财政经济史料摘编》（第5编：金融），陕西人民出版社1981年版，第649页。表中数据是笔者根据材料计算而得。

由表7—8中数据可见，沟门信用合作社业务自1943年开始办理以来发展速度相当之快，存款总额在一年内达到了600多万。存款户中不仅有机关和公务人员，农户的存入也占到了相当的比例，普通农民存户达到了存款总户数的38%以上（包含了农户和民妇两类存款户），存款金额达到

---

①　陕甘宁边区财政经济史编写组、陕西省档案馆编：《抗日战争时期陕甘宁边区财政经济史料摘编》（第5编：金融），第616—617页。

30%以上。皖南事变以后，边区推行边币，禁止法币流通，许多持有法币和银洋的农户都将其藏匿了起来。后来信用社组织吸收法币和银洋，农户纷纷取出存入信用社。因此，银洋、法币存款户中有相当一部分是乡村农户。这些存户多半是有钱暂时没用途，或者需要积累起来集中运用的。可见，信用合作社在吸收农村游资，以集中放款发展生产方面起到了重大作用。尤其是民妇存款也在信用社村款中占有一定的比例，更能够说明信用合作社在根据地农村社会之广受欢迎。

三 中共农贷政策的推行

作为政府行为的"借贷"，至迟在西周时期已经出现，《周礼》记载："凡民之贷者，与其有司辨而受之，以国服为之息。"[1] 在中国传统社会，国家农贷无疑是农户寻求信贷支持的首选对象[2]。史实可考最早的农贷机构是西周的"泉府"。近代以来，金融事业的发展对国家农贷政策的制度化起了关键性的作用。民国时期，国民政府通过银行等金融机构发放了大量农贷款，对乡村社会经济的复兴起了一定作用。后起的中国共产党作为一种新兴的革命力量，农贷是其"新民主主义革命政权扶持和发展农民经济的重要措施之一，是整个新民主主义经济建设的重要组成部分"[3]。发放农贷亦是"皖南事变后边区一项重要的农业政策，也是边区银行的主要业务之一"[4]，对陕甘宁边区借贷制度的形成和农业生产的发展起了巨大作用。

（一）陕甘宁根据地的早期农贷活动

中共在陕甘宁根据地的农贷活动始于苏维埃时期。1936年春，陕北苏维埃政府从恢复陕北苏区生产建设和巩固革命根据地的目的出发，"决定由国家银行拨出八万元进行农村贷款"[5]。这次贷款是由苏

---

[1] 《周礼》卷二《地官司徒》。
[2] 张杰：《农户、国家与中国农贷制度：一个长期视角》，《金融研究》2005年第2期。
[3] 李金铮：《论1938—1949年华北抗日根据地、解放区的农贷》，《近代史研究》2000年第4期。
[4] 黄正林：《陕甘宁边区社会经济史（1937—1945）》，人民出版社2006年版，第545—546页。
[5] 《红色中华》，1936年2月6日。

维埃国家银行代理政府发放的。不管是和传统借贷的各种形式[①]相比,还是与后来边区组织的农贷活动及信用社贷款[②]相较,这次农贷的利息都是相当低的。具体而言,农贷利率1—3个月月息0.3%,4—6个月月息0.4%,7—12个月月息0.5%[③]。贷款对象主要是缺乏农具、肥料、籽种的贫、雇、中农。贷款手续简便,属于无须抵押品的信用借贷。后来,边区社会环境发生变化,贷款未能收回。这次农贷,一方面透射出苏维埃政权彻底革除旧的借贷关系的决心,另一方面也反映出当时苏维埃政府还没有就农贷的发放作出详细周密的计划。"这次农贷本可以给农民很大帮助,但因放款经验缺乏,宣传动员尚不深入,以致部分资金被留在了区乡政府,没有贷到农民手里。而放出之款,又因规定借款人须相互担保归还,以致红军家属和贫苦农民无人担保,也就大部借不到款"[④]。

抗战爆发初期,国共两党在民族独立问题上达成了共识。国民政府承认陕甘宁根据地作为国民政府统治下的"特区"而暂存,并发给整编后的八路军河防军饷每月63万元法币[⑤],以补给共产党队伍的抗日费用。根据地政权取得合法地位后,积极争取外援,为巩固革命政权和壮大抗日力量筹集物资。

1938年,边区政府商得陕西省合作委员会从中国农民银行拨边区农贷20万。计延安45600元,安塞27200元,志丹16000元,靖边36000

[①] 传统中国"民间通行的借贷利率一般都在3分以上"。引自李金铮《革命策略与传统制约:中共民间借贷政策新解》,《历史研究》2006年第3期。

[②] 陕甘宁边区政府1941年11月公布的《陕甘宁边区债务条例(草案)》第二条指出:"凡债务关系除适用民法债篇外,以本条例处理之。"(《中华民国民法·债篇》显示:民间借贷年利率不得超过20%,即2分)该条例(草案)第七条明确规定:"债息以月息一分五厘至二分为准,不得超过之。"引自陕西省档案馆、陕西省社会科学院合编《陕甘宁边区政府文件选编》(第4辑),档案出版社1988年版,第310页。

[③] 陕西省地方志编纂委员会:《陕西省志·金融志》,陕西人民出版社1994年版,第158页。

[④] 陕甘宁边区财政经济史编写组、陕西省档案馆编:《抗日战争时期陕甘宁边区财政经济史料摘编》(第5编:金融),第413页。

[⑤] 朱理治:《朱理治金融论稿》,中国财政经济出版社1993年版,第162页。

元，定边 26000 元，甘泉 16000 元，延长 26000 元，富县 16800 元①。3 月 3 日，建设厅即指示以上各县，协助陕西合作委员会在各县办理农贷发放工作②。

此次贷款主观愿望很好，由于乡村干部及"农贷诸位人员的热心努力，保证了在春耕未结束前全部放出，赶上了农民春耕的需要，解决农民中部分困难"③，给当年的春耕以很大帮助。如安塞县，"由于县长干部的努力，保证了建设厅的号召，使农贷款散放在贫苦农民手中，解决农民在春耕中农具籽种的困难"④。但此次贷款也问题百出。在农贷发放过程中，由于组贷人员为图便利，使许多住在较远山沟里的真正需要借款的贫农未能入社借款。即便是一些贷款覆盖到的区域，也由于调查不够深入，与当地乡村干部联系不密切，人生地疏，致使贷款对象鱼龙混杂。许多贫困的勤于生产的农民没有得到贷款，一些富裕农民甚至流氓分子却贷到款胡乱支用。例如，延长四区一乡，"没有遵照边府建厅所规定的办法施放，以将款项放给不务正业，或有办法的人，真正穷苦的农民及抗属没有得到"⑤。另外，许多组贷人员害怕穷人还不上贷款，表面上同意将贷到款的落后分子的款项匀给贫苦农民，暗地里又告诉落后分子，不许他们这么做。组贷人员的种种错误行为，在群众中造成许多纠纷，引起贫苦农民的不满。后来经政府纠正，才解决了农贷的问题及人民春耕中的困难。纠正的办法虽然是站在了群众的利益上，结果却是将本不多的农贷款三元、五元的分了下去，对于农户的生产是杯水车薪。因此也确如闫庆生所言："国民政府这次农贷由于视察员的一意孤行，没有发挥应有的作用。但给以后边区政府独立发放农贷提供了许多值得借鉴的经验教训。"⑥

这两次农贷虽然在执行上有很多缺点和错误，但在方便群众、宣传农

---

① 陕甘宁边区财政经济史编写组、陕西省档案馆编：《抗日战争时期陕甘宁边区财政经济史料摘编》（第 5 编：金融），第 446 页。

② 魏协武主编：《陕甘宁革命根据地银行编年纪事》，中国金融出版社 1993 年版，第 28 页。

③ 《新中华报》1938 年 7 月 15 日。

④ 《新中华报》1938 年 10 月 5 日。

⑤ 《新中华报》1938 年 7 月 20 日。

⑥ 闫庆生：《抗战时期陕甘宁边区的农贷》，《抗日战争研究》1999 年第 4 期。

贷和总结经验方面意义重大,加深了老百姓对农贷的了解,为后来农贷活动的全面展开开创了局面。其中暴露出的许多弊病也为后来农贷政策的制定敲响了警钟。

(二) 中共独立自主农贷政策的制定和实施

抗战初期,由于国共两党达成一致抗日的协定,边区政府也得到国民政府和国内外各个团体的承认。边区的主要财政来源是国民政府的军费、外援以及边区银行货币的发行。随着抗日形势的逐渐变化,国共两党的关系也日益恶化。国民政府在对边区实行军事、政治打击的同时,经济封锁也逐渐强化。中共"中央感于外援之不可靠,于三九年组织生产运动,提倡自己动手,以求得经济上的自力更生"①。但此时,由于缺乏对时局估量的政治远见及应对突然事变的灵敏反应,边区政府和边区银行在生产投资方面并没有作出太大反应。另一方面,边区银行自1937年10月正式成立后,主要业务是吸收存款、经营光华商店以积累资金,壮大自身实力。由于资金太小,在普通业务方面,除通过发行货币补充财政之外,对生产建设投资方面的力度不是很大②。而且"其投资的对象大部分是在其直接领导下的生产部门,对于私营企业注意很少,而对于群众农业贷款的思想,则简直没有"③。1940年9月,国民政府停止拨付八路军军饷,边区收入锐减,财政透支增加④。边区政府不得不制定相应的对策,以解决困境。1940年12月7日,边区银行在边府召开的第一次委员会中,提出边区银行的任务是为建设边区经济、健全边区财政服务⑤。但边府和边行真正关注农业生产建设,则是在皖南事变以后。

1941年1月6日,皖南事变发生后,国民党加紧对边区政权的经济封锁,不准国内外一切援助款汇入,边区财政困难达到极点⑥。边区政府决定大量发行"边币",同时发布《关于停止法币行使》的布告及收回光

---

① 陕甘宁边区财政经济史编写组、陕西省档案馆编:《抗日战争时期陕甘宁边区财政经济史料摘编》(第5编:金融),第16页。
② 同上书,第390页。
③ 同上。
④ 魏协武主编:《陕甘宁革命根据地银行编年纪事》,中国金融出版社1993年版,第36页。
⑤ 同上书,第38页。
⑥ 同上书,第39页。

华代价券,使边币成为边区单一的货币,并确定1941年经济建设的方针是:由半自给自足的地位发展到完全自给自足的地位,保证供应战争的需要,摆脱经济上对外的依赖性,打下新民主主义的基础与敌人的经济封锁做斗争。2月12日,边区政府召开的专员、县长联席会议上,林伯渠提出要对农业、工业和贸易积极放款与投资,以发展经济①。该年农业贷款的发放总额是23.5万元,只占到1941年边区生产建设贷款总数的2.1%②。实际上,1942年之前,边区银行对生产建设放款都是很少的,更不用说对农业生产的专项放款了。

表7—9　　　　1938—1942年五年中边区放款统计　　　　单位:边币/元

放款种类	1938年	1939年	1940年	1941年	1942年
财政机关放款	10924116	19537082	279198224	12394347	27752515
生产建设放款	1141945	13514472	10478258	10896752	15075400
放款总额	50524346	108278101	403699811	26814316	78947234
生产建设放款占全年放款额之百分比(%)	2.26	12.48	2.60	40.64	19.10

资料来源:陕甘宁边区财政经济史编写组、陕西省档案馆编:《抗日战争时期陕甘宁边区财政经济史料摘编》(第5编:金融),陕西人民出版社1981年版,第392页。

由表7—9可知,自1938年之后生产建设放款基本维持在1000万余元,乍看上去很稳定,1941年的这项放款超乎寻常地占据了全年放款的40.64%。但是我们考虑到自1939年以来物价的连年飙涨(见表7—10),反见这项放款虽然比例增大了,但对于生产建设上的效果是一年不如一年,对于边区农业建设的作用就更加微不足道了。

---

① 魏协武主编:《陕甘宁革命根据地银行编年纪事》,中国金融出版社1993年版,第40页。

② 陕甘宁边区财政经济史编写组、陕西省档案馆编:《抗日战争时期陕甘宁边区财政经济史料摘编》(第5编:金融),第391页。

表 7—10　延安市物价总指数（基期：以 1937 年上半年平均 = 100）

年份	1937 年	1938 年	1939 年	1940 年	1941 年	1942 年	1943 年	1944 年	1945 年
全年平均物价水平	105.2	143.1	237.3	500.6	2228.9	9904.0	124078.4	616487.4	1591495.4

资料来源：陕甘宁边区财政经济史编写组、陕西省档案馆编：《抗日战争时期陕甘宁边区财政经济史料摘编》（第 5 编：金融），陕西人民出版社 1981 年版，第 182 页。

注：延安市是抗战时期边区的政治经济中心，也是边区交易市场比较发达的地区，故以延安市的物价水平为参考来分析边区的物价水平是可行的。

农贷不仅数目少，而且由于经验不足没有发放到真正需要贷款的农民手中。而前述 1941 年生产建设放款所占之比例是建筑在当年全年投资额骤降的基础之上的，非但得不出生产建设上的投资受到重视的论断，反而衬托出皖南事变发生之后，边行忙于帮助政府解决财政问题，在经济建设的投资上则无暇顾及。时任边区银行行长的朱理治在 1941 年 7 月的《关于边区经济与金融的贸易报告》中也指出：1941 年上半年银行为财政拖累得一点气也透不过来[①]。但必须清楚的一点是，对于生产建设尤其是个体农户的投资过少，并不表示边区政府不关注或者只在口头上关注个体农户的生产自给。皖南事变以前，在政府没有能力投资农户生产的时期，主要发动基层公务人员及各级合作社组织群众互助调剂，以补充农户生产上耕牛、农具、籽种等生产资料上的不足[②]。如组织春耕委员会为群众解决在春耕中遇到的困难；组织合作社为群众代为购买耕牛、农具；发动亲友关系为群众借或换籽种，发动老户为新户及难民调剂种子、食粮等。而且就 1941 年整个投资都被削减而生产建设放款依然如故并有所上升这个事实来说，边区政府对于生产建设方面投资确实力图有所突破，只是力不能及。

1941 年 8 月，在中共中央关于"金融问题"的讨论会上，毛泽东作

---

① 魏协武主编：《陕甘宁革命根据地银行编年纪事》，中国金融出版社 1993 年版，第 50 页。

② 陕甘宁边区财政经济史编写组、陕西省档案馆编：《抗日战争时期陕甘宁边区财政经济史料摘编》（第 2 编：农业），陕西人民出版社 1981 年版，第 192 页。

结论指出:"边区的问题,基本上不是金融问题,而是经济与财政的矛盾,解决这个矛盾,只有通过发展生产加以解决。"并批评过去银行投资过于偏重于公营经济,以后应多向私人经济投资,特别要注意促进农业的发展①。10 月 13 日,边区政府第 82 次政府委员会议上,根据毛泽东的指示,决定 1942 年发放农业贷款 1000 万元,以加速边区的农业经济建设。10 月 15 日,边区政府决定扩大办理农贷,拟放数百万元,责成建设厅及银行办理。银行为计划周全,请有关机关团体负责人会同经济专家及办合作农贷有经验人士座谈数次,对贷放区域、方式、过程、种类、对象,以及如何促进农业发展进行了探讨,制定了办法②。10 月 25 日,延安中国农学会③在自然科学院召开全体学员大会,讨论次年农业贷款如何帮助边区群众发展农业生产。他们认为应由建设厅和银行双方迅速进行调查研究,决定具体方针成立农贷机构,主持其事,以便不失时机地将农业贷款有计划而又妥善地贷给边区农业劳动者。该会准备将意见拟成正式提案。提交行将召开的边区参议会讨论④。11 月 1 日—16 日,边区银行举办短期农贷训练班,培训农贷人员。当月,边区银行拨出 243525 元实物贷款,并派农贷人员前往安塞、甘泉、安定等县试办农贷业务。12 月 15 日,边区政府第三次政务会议通过银行提案,决定从 1942 年起进行农贷工作,并组成农贷委员会,以李鼎铭、朱理治、高自立、南汉宸、刘景范、阎子祥和农业局长 7 人为委员,高自立为主任,朱理治为副主任⑤。1942 年 1 月 30 日,边区农贷委员会在边区银行举行了农贷座谈会,讨论了耕牛、农具贷款及植棉贷款等问题。并于当月公布了《陕甘宁边区银行农业贷款暂行章程》,规定了贷款目的、对象、手续、种类等 18 条⑥。1942 年 12 月毛泽东在陕甘宁边区高干会议上作的《经济问题与财政问题》报告

---

① 魏协武主编:《陕甘宁革命根据地银行编年纪事》,中国金融出版社 1993 年版,第 52 页。

② 同上书,第 54—55 页。

③ 延安中国农学会成立于 1941 年 2 月 6 日,主要有延安农学家组成,会址在边区农校,宗旨是:研究农业学术,普及农业知识,推动农业建设。

④ 魏协武主编:《陕甘宁革命根据地银行编年纪事》,中国金融出版社 1993 年版,第 57 页。

⑤ 同上书,第 62 页。

⑥ 同上书,第 68 页。

中总结了1941—1942年农贷工作的经验，详细阐述了"发展经济，保障供给"的方针，并对边区农贷提出了一系列政策性意见。根据毛泽东的意见，结合边区实际情况，边区先后制定了《三十二年度（1943年）农贷实施办法》《农贷小组暂行组织办法》《陕甘宁边区农业贷款章程》等法规、文件。据此，边区农贷分为生产、副业、供销、农田水利四类。利率长期年息1分，短期月息1厘，以一年为期①，并相继制定和颁布了"植棉贷款""青苗贷款""移难民贷款"等专项贷款条例。自此，边区农贷政策的执行措施基本趋于完善。自1942年起，陕甘宁边区每年都向农村投放大量的农贷款，以利民生。皖南事变以后的农贷总额，"据统计，1941年23.5万元，1942年增加到800万元，1943年为2780万元，1944年为1亿元，1945年为5.99亿元"②。

（三）农贷的运作方式

1. 农贷的组织形式

农贷的组织形式，简言之，就是"如何将农贷款发放到农民的手中"。陕甘宁边区的农贷是由陕甘宁边区银行与陕甘宁边区政府建设厅协同组织发放的。1941年，边区政府成立了以副主席高自立为主任的农贷委员会，授权边区银行负责农贷的发放工作③。直到1943年之前，主要是由农贷委员会制定农贷办法，陕甘宁边区银行农贷人员进行具体贷款工作。由于边区银行与边区政府建设厅在"农贷折实"等问题上的诸多分歧，1943年2月28日，边区银行呈文边区政府，提出"农贷工作划回建设厅管理"。同年3月1日，边区政府第41次政务会议通过了《陕甘宁边区农业贷款章程》。3月4日，边区政府就"建设厅派员接管农贷工作事宜"批答边区银行行长黄亚光。3月6日，边区政府通知各专员、各县市长：《陕甘宁边区农业贷款章程》正式公布④。此后，农贷由边区银行转

---

① 陕西省地方志编纂委员会：《陕西省志·金融志》，陕西人民出版社1994年版，第393页。

② 闫庆生：《抗战时期陕甘宁边区的农贷》，《抗日战争研究》1999年第4期。

③ 魏协武：《农业贷款的基本经验》，魏协武《边区银行风云录》，陕西人民出版社1996年，第182页。

④ 魏协武主编：《陕甘宁革命根据地银行编年纪事》，中国金融出版社1993年版，第100—101页。

入边区政府建设厅一手操办。边区政府建设厅的农贷指导思想是：只要使"借户真正发展了生产"，"政府故须蒙受相当的损失"。这使区乡干部对农贷的认识模糊不清，发放农贷过程中出现了许多失误。最终证明：政府办理农贷是个失误。1944年起，不得不重新交回银行发放①。

县一级有县农贷委员会组织动员群众，协助贷款工作。县农贷委员会由县政府、抗敌后援会、县参议会、所在地银行分支行或办事处、县联社等单位负责人组成，并聘请当地有威望及了解农民情况之人士数位为委员。其经常性工作为：一是讨论并检查农贷进行办法；二是推动生产互助合作事宜；三是切实监督农贷用途；四是保证执行契约信用②。1943年1月13日，边区政府第39次政务例会上，对县级农贷组织进行改头换面。规定：农贷由县委领导县政府发放，边区农贷办事处负责监放和帮助的责任，贷方手续力求简单，废除之前边区银行制定的"申请书"制度③。

乡有乡农贷委员会。由乡政府二人、各行政村主任、乡参议会三人、学校及群众团体负责人组成，必要时聘请有威信的个别人士参加为委员或经常顾问。并推选评判员数人，经常负责办理农贷事务。乡农贷委员会的主要任务是：推动各行政村建立生产互助小组和乡互助合作社共同借款生产；审查组员（社员）借款条件和款项分配办法；监督借款用途和按期归还等④。

村一级组织农贷小组，银行农贷人员将贷款发给组长，由组长发给农贷组员。1943年农贷交由建设厅办理以后，放款时按行政村为单位（大庄子借款人数多时，也可按自然村）召开户长会议，决定贷款人数和借款额，再由借款人组织农贷小组，经乡长介绍前往区政府领款。如果区合作社办得好的，放款可以交给区合作社，但区政府仍负责监督；离区政府

---

① 魏协武：《农业贷款的基本经验》，魏协武《边区银行风云录》，陕西人民出版社1996年版，第183页。

② 陕西省档案馆、陕西省社会科学院合编：《陕甘宁边区政府文件选编》（第4辑），档案出版社1988年版，第376页。

③ 魏协武主编：《陕甘宁革命根据地银行编年纪事》，中国金融出版社1993年版，第98—99页。

④ 陕西省档案馆、陕西省社会科学院合编：《陕甘宁边区政府文件选编》（第4辑），档案出版社1988年版，第377页。

较远的乡，为使农民领款方便，也可由区政府派员携款前往乡上放①。

2. 农贷种类

陕甘宁边区农贷最初实行单一的耕牛贷款。农贷委员会成立之后，在农贷委员会的组织领导下，边区银行、农学会、建设厅等单位协调工作，农贷的种类迅速丰富起来。按贷款用途分有耕牛及农具贷款、植棉贷款、青苗贷款、农田水利贷款等，有时还将农村副业贷款、农村供销贷款归入农贷。1942年1月，边区政府发出《边区农贷的基本任务和目前的实施办法》中规定："要以迅速求得生产实效，增产粮食为前提，以耕牛、农具贷款为主。"② 因此，耕牛、农具贷款始终为边区农贷之大宗。

3. 农贷对象

鉴于边区仍然有1/3的农民缺乏耕牛和农具③而限制了农业进一步发展的事实，边区农贷的主要内容是耕牛农具贷款，发放的主要对象：一是有部分生产基础、生产积极性高又急需耕牛和农具的贫农；二是边区生产的主要力量、数量最多、有较好生产基础又缺乏耕牛和扩大生产的资金的中农；三是90%缺乏耕牛、几乎没有农具，亟待从事生产的移民和难民④。这其中的原因，首先是发展生产的需要和边区严重缺乏耕牛、农具的现实。其次是响应"发展经济，保障供给"的口号，即所谓："如果你不能参加生产，索性不借给你，既然贷给你了，就要使得你的劳动力和土地能够发挥出生产的力量来，真正帮助你解决春耕里的问题，像买牛呀、锹呀、铧呀、种籽呀……"⑤ 第三方面，也缘于边区政府对边区经济成分的基本认识。1941年4月的《陕甘宁边区政府工作报告》中指出："边区主要经济是农业，农业中主要成分，是自给的、稍许有点剩余的个体农民。要把所有农民都提高到能自给有剩余，所以我们对于贫雇农特别予以

---

① 陕甘宁边区财政经济史编写组、陕西省档案馆编：《抗日战争时期陕甘宁边区财政经济史料摘编》（第5编：金融），陕西人民出版社1981年版，第409页。

② 陕西省地方志编纂委员会：《陕西省志·金融志》，陕西人民出版社1994年版，第393页。

③ 星光、张杨主编：《抗日战争时期陕甘宁根据地财政经济史稿》，西北大学出版社1988年版，第158页。

④ 同上书，第158—159页。

⑤ 魏协武：《农业贷款的基本经验》，魏协武《边区银行风云录》，陕西人民出版社1996年版，第183—184页。

帮助，如耕牛、种籽的发给与互助，减免捐税负担等"①。边区政府在1941年12月18日给安塞、安定、延安、甘泉四县《关于迅速办理农贷的指示信》中指出："凡属以从事生产为目的而缺乏耕牛之贫苦农民及新来之移民，均可视其实际需要，按章贷与资金，以为购置耕牛之用。"②最后一个原因是，解决抗战时期涌入边区的26万移难民问题的现实需要③。为了使人数众多的移难民广泛参加到边区生产建设中来，边区政府专门制定了《陕甘宁边区优待移难民垦荒条例》，该条例第四条规定："凡移难民无力购买耕牛、农具、种籽，或缺乏食粮者，得由县政府呈请边区政府优先予以农贷之帮助。"④ 并在1942年2月6日公布的《优待移民实施办法》中规定，划定延安、甘泉、华池、志丹、靖边、富县、曲子为移民开垦区，无力迁移之人民，可向政府申请贷款⑤。1942年12月，毛泽东在陕甘宁边区高干会议上作的《经济问题与财政问题》的报告中，再次强调："贷款应发给荒地多的区域，有劳动力而缺乏耕牛、农具的农户等。"⑥ 其他如植棉贷款主要贷给有植棉之土地并愿意种植棉花，但无力增植棉花之困难农民⑦。青苗贷款是为帮助农民解决青黄不接时或锄草时的各种困难，凡有此困难之农户皆可贷予。关于农贷款发放的主要对象，可从1943年富县一个县的农贷发放统计表中了解到基本情形（见表7—11）。

---

① 陕西省档案馆、陕西省社会科学院合编：《陕甘宁边区政府文件选编》（第3辑），档案出版社1987年版，第189页。

② 陕西省档案馆、陕西省社会科学院合编：《陕甘宁边区政府文件选编》（第4辑），档案出版社1988年版，第375页。

③ 刘立、段延辉：《对抗战期间陕甘宁边区移难民农业贷款问题的分析》，《西安邮电学院学报》2010年第4期。

④ 甘肃社会科学院历史研究室编：《陕甘宁革命根据地史料选辑》（第1辑），甘肃人民出版社1981年版，第261页。

⑤ 陕甘宁边区财政经济史编写组、陕西省档案馆：《抗日战争时期陕甘宁边区财政经济史料摘编》（第9编：人民生活），第399页。

⑥ 陕西省地方志编纂委员会：《陕西省志·金融志》，陕西人民出版社1994年版，第393页。

⑦ 陕甘宁边区财政经济史编写组、陕西省档案馆编：《抗日战争时期陕甘宁边区财政经济史料摘编》（第5编：金融），第428页。

表7—11　　　　　　　1943年富县各区农贷发放调查表

区别	贷款数（单位：元）	户数	成分				
			地主	富农	中农	贫农	难民
大升区	140000	123				123	
牛武区	95000	58			5	53	
交道区	130000	99				98	1
永平区	80000	99	1		29	69	
道德区	120000	105				105	
太乐区	100000	154			13	181	
张村驿	150000	219			8	210	1
直罗区	150000	200				200	
大义区	90000	85			5	80	
城关区	130710	88			4	78	6
双龙区	60000	90				14	76
合计	1245710	1340	1		64	1194	84

资料来源：《富县四三年春季耕牛农具贷款发放报告》（1943年8月18日），陕甘宁边区财政经济史编写组、陕西省档案馆《抗日战争时期陕甘宁边区财政经济史料摘编》（第5编：金融），陕西人民出版社1981年版，第427页。

表7—11中，富县各区贷款总户数1340户中，贫农达到了1194户，占到了89.10%。除了1户地主外，其他1339户都属于以上所列举的农贷的主要发放对象。大升、交道、道德、直罗、双龙等区将农贷全部发放给了贫农和难民。这足以表明边区在发放农贷时，对于农贷对象调查之仔细，把关之严密，力求将农贷款额发放到真正需要贷款的农民手中去。

4. 农贷利息

利息方面，最初1941年的货币贷款，大部分采用信用借款办法，利息最高额月息一分三厘（1.3%）。但由于物价的上涨，正常的利息率已经无法执行，农贷改为实物借贷。1942年，银行关于利息问题向边区政府呈请批示，而未得批示[①]。实际的执行利率是非常低的。1943年1月15

[①] 陕甘宁边区财政经济史编写组、陕西省档案馆编：《抗日战争时期陕甘宁边区财政经济史料摘编》（第5编：金融），第458—459页。

日,《陕甘宁边区三十二年度农贷实施办法》规定:"借款的利息,除由政府规定豁免者外,春耕贷款秋后归还者,一律以实物年利一分计算。其他青苗等短期借款,即以所折实物,按月收取百分之一的利息。"[①] 后来,"新订的农业贷款章程第八条"又规定:"长期年利一分,短期月利一厘。"[②] 历年具体的借贷利息大致如表7—12。

表7—12　　　陕甘宁边区1942—1946年农贷利率统计情况

年份	贷款种类	利息率
1942年	货币贷款	1‰
	折实贷款	无息
1943年	春耕贷款(春借秋还)	年利10%
	青苗贷款	月息1‰(疑有误,应为1%)
1944年	植棉贷款	无息
1945年		月息1.5‰、3‰、5‰
		月息3‰、5‰、6‰
1945年10月		月息2.5‰
1946年	货币贷款	2%、3%、5%
	实物贷款(粮食)	春耕1斗秋后还1.2斗

资料来源:延安地区金融志编纂委员会:《延安地区金融志》,2000年,第87—88页。

注:该表统计数据不全面,一些年份只是对贷款种类比较明确的贷款利率作了统计。另外,1945年的利率和1946年的货币贷款利率缺乏具体说明,暂存疑。

5. 农贷形态及贷款偿还

由于农贷最初的资金来源主要靠边区银行的发行,陕甘宁边区在1941年投放的23.5万元,全为货币贷款。后来,考虑到货币贷款"对于一般习于物物交换的农民,的确是感到大不方便"[③],以及边币的大量发

[①] 陕甘宁边区财政经济史编写组、陕西省档案馆编:《抗日战争时期陕甘宁边区财政经济史料摘编》(第5编:金融),第410页。
[②] 陕西省档案馆、陕西省社会科学院合编:《陕甘宁边区政府文件选编》(第7辑),档案出版社1988年版,第128页。
[③] 陕甘宁边区财政经济史编写组、陕西省档案馆编:《抗日战争时期陕甘宁边区财政经济史料摘编》(第5编:金融),第434页。

行导致通货膨胀等诸因素，农贷委员会于1941年12月24日作出《农业货币贷款改为实物收放方针》的决定①。

在实际的农贷活动中，鉴于边区各个分区社会经济状况的差异，并没有将所有的农贷都执行实物收放的办法，而是采取货币与实物相兼的收放办法。如在1942年发放的400万元农贷中，对延安、甘泉、子长的部分贷款仍实行以货币形式贷放②，其余的基本上采用实物贷款的方式进行贷放。

就实物收放来说，也是根据不同地区的不同社会经济状况，采取相应的具体办法。如安塞、志丹等县用一种实物贷出（发放镢头、犁、铧等农具），收回另一种实物（农产品）；东三县的植棉贷款及安塞、志丹两县的部分贷款以现钱贷出，用棉花或粮食归还；安塞县还在青黄不接时放出小米，秋收后仍用小米归还③。个别县份如环县、曲子的贷款有一部分采取了以实物时价折合现款贷出，又以时价折合现款收回的办法进行④。总体来说，实物收放基本采取下列四种形式：一是贷出必需品（农具及种子），收还农产品（粮食）；二是贷出现款，收还农产品（棉花）；三是贷出粮食（青苗贷款），收还粮食；四是贷出实物（棉花），收还现款⑤。此时，无论是以什么样的形态收放，都是以实物为本位作价折算，而不再以货币为本位计算贷款。至于哪种最合适，则要看贷款的种类和各地的具体情况决定。

1943年1月15日公布的《陕甘宁边区三十二年度农贷实施办法》中规定："为使农贷的发放，不因物价的涨落而使借贷一方受到损失，并鼓励农民生产，帮助推销农产品。不论贷出货币或实物，均按贷款时市价折成借款农民的生产品，如棉花、粮食等归还。"但在实际执行中，还是根据各地不同的社会经济状况具体问题具体处理。许多地方的农民看到粮食价格一天天上涨，怕吃亏，不愿意交还粮食。边区政府只好在《解放日

---

① 魏协武主编：《陕甘宁革命根据地银行编年纪事》，中国金融出版社1993年版，第63页。

② 陕甘宁边区财政经济史编写组、陕西省档案馆编：《抗日战争时期陕甘宁边区财政经济史料摘编》（第5编：金融），第435页。

③ 同上。

④ 同上书，第434页。

⑤ 魏协武主编：《陕甘宁边区金融报道史料选》，陕西人民出版社1992年版，第141页。

报》上声明,"农贷概不折实,迅速放完促进生产",并"确定'放钱还钱,放粮还粮'的原则"①。经过宣传解释之后,农民才放心使用。最终形成了"借钱还钱,借粮还粮"的合理办法。

(四)中共农贷的基本特征

闫庆生的研究指出,抗战时期陕甘宁边区的农贷特征有三点,即:贫困的勤于农业生产的农民是边区农贷发放的主要对象,体现了农贷支持贫困农民发展生产的原则;政府发放农贷与农民自筹资金相结合;采取了以实物放贷和实物收贷的方法②。将农贷的一般特征总结得比较全面。笔者通过对陕甘宁根据地农贷史的梳理和分析认为,边区政府在农贷政策的执行方面,不同于传统的国家政府行为,是通过陕甘宁边区银行这种现代金融组织来执行农贷政策的,而且边区政府农贷政策的推行过程是处在战争背景下的。因此,除了闫庆生所总结的三个基本特征外,还有一些更加明显的时代特征值得注意:

1. 发放贷款的原则与推行边币的需要相一致。抗日战争的全面爆发使法币受到了严重的冲击。陕甘宁根据地自1936年用法币收回苏币以后,法币成为根据地的主要货币。为了摆脱法币贬值给根据地带来的经济损失,中华苏维埃国家银行西北分行在改为陕甘宁边区银行以后,就有计划地发行根据地自己的货币。但由于国共合作的需要,以及国民政府不允许陕甘宁边区有独立货币的存在,边区银行建立之初对外以光华商店的名义存在,发行边币主要是用来解决财政问题,边币没有广泛投入边区的农村市场。1941年初,禁止法币流通后,边币也没有市场基础,市场上出现了货币断层。因此,久为边区主币的法币并没有因为一纸禁令就销声匿迹,而是通过地下组织隐形流通,对边币的推行十分不利。

农贷在推行边币和稳定边区金融市场的活动中起到了非常关键的作用。由于农贷自身有着特殊的惠农性质,通过农贷的发放,使边币很快掌握到边区农户手中,为边币进入边区市场打开了方便之门。农贷的发放也确实为推行边币、巩固边币在农村的信用起到了作用。"比如边币在安

---

① 魏协武主编:《陕甘宁革命根据地银行编年纪事》,中国金融出版社1993年版,第100页。

② 闫庆生:《抗战时期陕甘宁边区的农贷》,《抗日战争研究》1999年第4期。

塞，最初信用是不高的。农贷放过后，其信用便大为提高。因为群众借得边币买到了耕牛农具，而且买到了农贷办事处替他们运来的便宜农具（较市价低一半）。"① 再以政府对法币的禁令及回收政策，推动法币退出边区市场，边币也很快成为边区市场上流通的主要货币。

另一方面，"放款资金的唯一来源，是依靠发行边币，这是放款业务的一个特点"②。自抗战以来，边区财政主要依靠外援。皖南事变之后，陕甘宁边区解决财政困难的唯一途径就是发行边币，对工农业的投资也只有靠发行边币。可见，边币的发行也是农贷政策推行的基础。

2. 发展生产与稳定金融相协调。农贷的发放，为陕甘宁边区农民解决了生产方面的资金需求，推动了边区农村社会经济的恢复和发展。但是，农贷自一开始，并不是靠政府的财政税收来支配，而是靠银行的发行。在边区物资储备补充不足的情况下，大量发行纸币，势必造成通货膨胀，物价上涨，边币贬值。这给银行的运转和农贷的发放造成了巨大困境。1941年、1942年两年银行放款利息的最高额是月息1分3厘（1.3%），物价每月涨13%，银行借出100万元，一年后收回的只等于原来放出的40%，只能收回40万，其余60万等于赠予各借户③。当时政府颁布的"债务条例"规定：债息以月息1分5厘至2分为准，不得超过之。④ 如果农贷利息随物价的飙涨而上调，不仅与"债务条例"相抵触，也不免有银行放高利贷之嫌，而且使农贷的放款更为困难，这就违背了发放农贷"发展经济，保障供给"的宗旨。反之，随着物价飞涨，放出去

---

① 陕西省档案馆、陕西省社会科学院合编：《陕甘宁边区政府文件选编》（第6辑），档案出版社1988年版，第456页。

② 边区银行：《关于金融工作总结》（1944年2月），陕甘宁边区财政经济史写组、陕西省档案馆编《抗日战争时期陕甘宁边区财政经济史料摘编》（第5编：金融），陕西人民出版社1981年版，第17页。

③ 陕甘宁边区财政经济史编写组、陕西省档案馆编：《抗日战争时期陕甘宁边区财政经济史料摘编》（第5编：金融），陕西人民出版社1981年版，第455页。

④ 1941年11月公布的《陕甘宁边区债务条例（草案）》第二条指出"凡债务关系除适用民法债篇外，以本条例处理之"，据《中华民国民法·债篇》显示：民间借贷年利率不得超过20%（即2分），转引自李金铮《革命策略与传统制约：中共民间借贷政策新解》，《历史研究》2006年第3期；该条例第七条明确规定："债息以月息一分五厘至二分为准，不得超过之。"引自陕西省档案馆、陕西省社会科学院合编《陕甘宁边区政府文件选编》（第4辑），档案出版社1988年版，第310页。

的农贷款不但收不回利息，本金也很难全部收回。农贷放款使银行逐年亏损。这不仅不利于银行的发展，对于农贷政策的可持续推行无疑也是釜底抽薪。为了稳定金融，边区银行负责人主张"审慎的放款"①。但边区政府工作人员认为这是金融本位主义，是银行的"保本行为"。经过边行内部多次激烈讨论及与边区政府的多次协调，认为农贷"采取实物计算办法"较为妥当。如此，"银行对生产事业担任双重任务，即借给资金与推销产品，各生产单位可以安心生产，银行方面又可借实物力量来调剂物价，稳定金融"②。

3. 资金投入与农产品运销相结合。边区农贷绝不是单纯的贷款收款，而是与边区农产品的运销及必需品的供给相结合进行的，而且只有将这二者配合起来，才能发挥农贷的最佳效用。尤其农贷转为"折实偿还"之后，将农产品（如土纺、羊毛、皮革、棉花等）从农村吸收出来，作为边区一些工厂的原料和半成品。这样，既可减少一部分工厂的采购人员，又可减少一部分资金周转，也为边区农产品提供了销路，甚至组织运销合作社，将边区部分过剩农产品运销边区以外，换取边区需要的物品，既销售了边区过剩农产品，又为边区购进一些紧缺物资或必需品。农贷与农产品的运销相结合，活跃了农村经济，保证了农业生产的顺利进行和农民收入的增长。

（五）中共农贷的绩效评价

关于农贷的作用，陕甘宁边区银行在1942年的农贷总结时认为："（一）得到借款的农民，的确在生产上比去年提高了，比没有借款的人也提高了。（二）一方面由于农民得到耕牛、农具的帮助，另一方面是政治上鼓励了他们的生产热情。（三）从生产收获的总值上看，贷款农民在一年期限之内，除了保持已买的耕牛、农具和还清贷款（实物）之外，

---

① 陕甘宁边区财政经济史编写组、陕西省档案馆编：《抗日战争时期陕甘宁边区财政经济史料摘编》（第5编：金融），第37页。

② 边区银行：《两年来放款工作的初步总结》（1943年），陕甘宁边区财政经济史编写组、陕西省档案馆编《抗日战争时期陕甘宁边区财政经济史料摘编》（第5编：金融），第458—459页。

还有三倍以上的生产盈余。"[1] 本书主要从以下几个方面对中共农贷的绩效进行评价。

1. 提高了生产力，发展了边区农业经济。农贷为根据地农村增加了生产工具和生产资料，促进了生产力的发展。具体成绩表现在扩大了边区的耕地面积和植棉面积，增加了边区粮食产量和棉花产量。

一是农贷组员比非农贷组员生产能力明显增强（见表7—13）。

表7—13　安塞二区三乡三行政村非农贷组员与农贷组员比较表

年份 组别	上年（1941年）					本年（1942年）				
	牲畜 （牛）	农具 （件）	种地 （垧）	开荒 （垧）	收获量 （石）	牲畜 （牛）	农具 （件）	种地 （垧）	开荒 （垧）	收获量 （石）
非农贷组员	3	13	28	—	14.5	3	12	27	0.5	13.8
农贷组员	—	5	21	4	12.5	2	8	2.9	7.5	18.5

资料来源：陕甘宁边区财政经济史编写组、陕西省档案馆编：《抗日战争时期陕甘宁边区财政经济史料摘编》（第2编：农业），陕西人民出版社1981年版，第71页。

注：1942年种地的垧数2.9有误，应为29。西北地区1垧合3亩或5亩。

由表7—13可知，非农贷组员1942年的农具、种地面积和收获量等与1941年相比，非但没有增加，反而有所减少，只有开荒面积增加了0.5垧。农贷组员1942年的牲畜、农具、种地面积、开荒面积及收获量都比1941年有了大幅度提高，而且除牲畜和农具外，其他方面都超过了非农贷组员，尤其比非农贷组员多开荒7垧。据统计，1942年边区银行在延安、甘泉、安塞、子长、志丹、富县、延安市等七县市，以及南泥湾垦区与裴庄水渠的农户中，发放耕牛农具贷款1579393元，加上农民自己筹资1036921元，购买了2672头耕牛、4980件农具，解决了8025户农家耕牛、农具不足的困难，增加了108780亩耕地，多打了3万石粮食。以1000元1石折算，在国民经济方面，估计可能增值

---

[1] 边区银行：《1942年边区银行农贷的初步总结》（1942年11月2日）；陕甘宁边区财政经济史编写组、陕西省档案馆编：《抗日战争时期陕甘宁边区财政经济史料摘编》（第5编：金融），第415页。

将近 3000 多万元的财富①。

二是耕地面积与粮食产量显著增加（见表7—14）。

表7—14　　　　陕甘宁边区历年耕地面积及粮食产量统计

年代	1936年	1937年	1938年	1939年	1940年	1941年	1942年	1943年	1944年	1945年
耕地	8431006	8626006	8994487	10040319	11742082	12223344	12486937	13774473	12205553	14256144
粮食产量	—	1260000	1270000	1370000	1430000	1470000	1500000	1600000	1750000	16000000

资料来源：南汉宸：《陕甘宁边区的财经工作》（1947年），陕甘宁边区财政经济史编写组、陕西省档案馆编《抗日战争时期陕甘宁边区财政经济史料摘编》（第2编：农业），陕西人民出版社1981年版，第85—86页。

注：单位：耕地（亩），粮食产量（原表中无单位）。

表7—14中显示，自1936年至1945年，边区耕地面积基本呈上升趋势。抗战胜利时的耕地面积几乎要达到抗战前耕地面积的2倍。耕地面积增加的主要途径就是开荒，而生产工具和耕牛的增加是耕地增加的主要原因。这些都是耕牛农具贷款的成果。据不完全统计，截至1943年7月，延安、甘泉、安塞、安定、志丹、富县等10个单位，发放耕牛、农具贷款1541543元，购买耕牛2672头，购买农具4980件，新增耕地36260垧②。

随着耕地面积的增加，粮食总量也显著增加。1937—1944年，粮食产量以每年超过10%的速度稳定增加。表7—11中1945年居然比1944年增产了9倍之多，此数据令人难以置信，暂存疑。但从该组数据总的趋势上，以及耕地面积渐趋上升的侧面反映来说，粮食产量呈增长趋势的结论是毋庸置疑的。

三是植棉面积和棉花产量大幅增加。为了发挥边区一些地方在植棉方

---

① 边区银行：《1942年边区农贷的初步总结》（1942年11月2日）；星光、张杨主编《抗日战争时期陕甘宁根据地财政经济史稿》，西北大学出版社1988年版，第159页。

② 星光、张杨主编：《抗日战争时期陕甘宁根据地财政经济史稿》，西北大学出版社1988年版，第441页。

面的优势，边区举行了专项的植棉贷款，扩大了植棉面积，增加了棉花产量，为边区人民解决了穿衣问题。

表 7—15　　　　陕甘宁边区 1939—1945 年植棉面积统计表

年份	1939 年	1940 年	1941 年	1942 年	1943 年	1944 年	1945 年
面积（亩）	3767	15177	39087	94405	150287	295778	300500
产量（斤）	—	—	508131	1403646	2096995	—	—

资料来源：陕甘宁边区财政经济史编写组、陕西省档案馆编：《抗日战争时期陕甘宁边区财政经济史料摘编》（第 2 编：农业），陕西人民出版社 1981 年版，第 87、594 页。

从表 7—15 中，我们能够直观地了解到，自 1939 年到 1945 年的七年中，边区的植棉面积一直处于大幅度上升的趋势；产量方面虽然只有三年的数据，但仍可见其一路攀升的总趋势。据不完全统计，截至 1943 年 7 月，边区主要植棉区延长、延川、固临三县发放植棉贷款 1000350 元，贷户植棉由 1942 年的 10951 亩，增加到 51574 亩，[①] 占到了边区当年总植棉面积的 1/3 强。

2. 推行了边币，稳定了边区的金融，活跃了农村经济。1943 年之前，农贷的发放由边区银行一手操办。起初，边区银行将农贷的发放作为发行边币的一种途径。一方面，以最有效的途径将边币推广到农村市场，完成边区金融独立的任务。另一方面，补充边区农村资金的不足，达到流通金融、活跃经济的目的。

抗战初期，法币贬值给边区的金融造成很大的冲击。皖南事变之后，随着边币的推行，边区的金融事业逐渐稳定下来。但是，为了能够让边币很快地占领边区市场，也为了解决边区政权的财政问题，边区政府督促银行大量发行边币，最终导致通货膨胀，物价上涨，边币贬值。边区的金融事业受到严重影响。边区银行从投资农村经济、发展生产和保本的立场出发，将农贷的收放形式改为实物，并与边区运销合作事业相结合，不仅增加农村资金，活跃了农村经济，而且银行借助实物力量，调剂了物价，稳

[①] 星光、张杨主编：《抗日战争时期陕甘宁根据地财政经济史稿》，西北大学出版社 1988 年版，第 441 页。

定了金融，可谓一举两得。

3. 很好地解决了抗战时期边区的一个重大问题——移难民问题。抗战时期，移难民是涌入边区的一个特殊群体。移难民问题如得不到解决，将是边区一大社会问题；如得到了很好的解决，将移难民中蕴藏的巨大生产力挖掘出来，便会为边区社会经济的发展增益不少。陕甘宁边区政府发动边区老户，通过调剂和借贷等手段，为移难民解决了吃住问题。同时，边区政权制订了移难民专项贷款计划，解决了移难民来到边区后从事农业生产所需要的耕牛、农具、种子等问题，为他们在边区安家落户创造了条件。因此，抗战时期的几年间，边区移难民数量急剧增加。而移难民的增加也是边区社会经济发展的一个动力因素（见表7—16）。

表7—16　　　　陕甘宁边区1937—1945年移难民统计表

年份数目	1937—1940年	1941年	1942年	1943年	1944年	1945年	合计
移难民户数（户）	33735	7855	5056	8570	7823	811	63850
移难民人口（人）	170172	20740	12431	30447	26629	6200	266619

资料来源：陕甘宁边区财政经济史编写组、陕西省档案馆：《抗日战争时期陕甘宁边区财政经济史料摘编》（第9编：人民生活），陕西人民出版社1981年版，第400页。

由表7—16可知，抗日战争时期到达边区的移难民总计高达26万人次之多。据陕甘宁边区民政厅1944年3月公布，当时边区总人口数字是1424786人[1]。移难民在边区安家落户之后，基本上都定居于此。如用1944年为止的移难民总数260419人来作比，则移难民人口占到了边区总人口的18.3%，到1945年有可能超过了20%。这些移难民为边区增加了充足的劳动力，尤其在开荒运动中做出了巨大的贡献。1938—1943年的5年中，"陕甘宁边区共扩大耕地240万亩，其中有200万亩是靠移难民的力量开荒增加的"。边区细粮每年要增产8万石，其中60%是靠移难民来

---

[1] 陕甘宁边区财政经济史编写组、陕西省档案馆编：《抗日战争时期陕甘宁边区财政经济史料摘编》（第2编：农业），第8页。

完成的。①

4. 打击了高利贷，改善了边区借贷关系，建立起了新的乡村借贷网络。抗战时期，高利贷活动沉渣泛起，高利贷者利用农村金融枯竭、农民生活困难的机会，采用探买等方式进行剥削。青苗贷款对于打击这类高利贷起到了直接的作用。据不完全统计，截至 1943 年 7 月，延安、甘泉、安塞、子长、志丹、延长、延川等 7 县发放青苗贷款 383893 元，解决了农民生产生活上的困难，抵制了农村贱价"探买"青苗的剥削②。随着青苗贷款的发放，"高利贷探买便一时的销声匿迹了"③。

农贷政策作为中共发展陕甘宁根据地农村经济的一种投资方式，与之前边区存在的传统借贷有着本质上的不同。在经营方式上，它以专门经营货币金融的"银行为中心，形成了银行与党政、民、合作社相互配合的农贷网络"，是现代金融进驻传统农村社会的重要一步。在贷款性质上，"农贷以贫苦农民为主要贷款对象，以扶持生产为主要贷款用途，并实行政策性优惠低利借贷"④。在借贷利率上，其以有息、低息借贷为基本特征，既能够适时、适度地解决农民的基本借贷需求，又能够保证农贷事业的可持续发展。尤其是抗战后期，农贷已经作为农民解决生产和生活需求的一项主要资金来源，在农村中深深扎根，并结合信用合作社以及合理的传统借贷形式，在陕甘宁边区农村形成了一个新的借贷网络。

5. 改变了农村阶级结构。农村阶级结构的变化，是农村社会经济整体发展的结果。陕甘宁根据地农村阶级结构的最显著表现是中农队伍的迅速壮大和富裕中农的出现与增加。农贷作为中共发展陕甘宁根据地农村经济的一项重要举措，对于农村阶级结构的变化，尤其是贫、雇、中农阶级成分无疑具有十分关键的促进作用。1942 年，边区银行在对子长、延安、安塞二区等几个地区的农村阶级成分变化情况的调查中了解到，"过去的

---

① 《大量移民》，《解放日报》1943 年 2 月 22 日，陕甘宁边区财政经济史编写组、陕西省档案馆编《抗日战争时期陕甘宁边区财政经济史料摘编》（第 2 编：农业），第 652 页。

② 星光、张杨主编：《抗日战争时期陕甘宁根据地财政经济史稿》，西北大学出版社 1988 年版，第 441 页。

③ 阎子祥：《今年的农贷工作》，《解放日报》1942 年 12 月 22 日，引自黄正林《陕甘宁边区社会经济史（1937—1945）》，第 548 页。

④ 李金铮：《论华北抗日根据地、解放区农民借贷的停滞和缓解措施》，李金铮《近代中国乡村社会经济探微》，人民出版社 2004 年版，第 662 页。

贫农，已经发展成为中农了。而雇农，几乎全部是因为借到农业贷款的缘故，而成份上升变为自耕农了。以安塞为例，借到农业贷款的十户按庄稼的，十六户调份子的，三十二户雇农都开始自耕了"[1]。进入边区的移难民的经济发展也很快，经济地位和社会成分得到很大提升，"一年即可扩大生产基础，二年就能成家立业，三年以后即可成为中农以致富裕之中农"[2]。

---

[1] 陕甘宁边区财政经济史编写组、陕西省档案馆编：《抗日战争时期陕甘宁边区财政经济史料摘编》（第5编：金融），第415—416页。

[2] 陕甘宁边区财政经济史编写组、陕西省档案馆编：《抗日战争时期陕甘宁边区财政经济史料摘编》（第9编：人民生活），第405页。

结　　语

近代以来，特别是民国时期，中国社会处于一个革旧鼎新的时代。在乡村借贷关系方面，则主要表现为传统借贷关系的衰落和现代金融向农村的逐渐渗透的过程。然而，对于民国时期西北的广大农村社会，尽管近代以来的资本主义生产方式开始渗透，但以一家一户为生产规模的自给自足的自然经济仍占主导地位，加上特殊的自然、社会和历史文化传统的影响，使传统的借贷，特别是高利贷的存在仍然具有深厚的土壤。

研究表明，负债是民国时期西北乡村社会的普遍现象，在农户的借贷中至少有一半以上的农户陷于高额的债务中，这和同一时期全国其他地区具有相似性。但西北地区农户的负债率明显高于全国的平均水平。

如果我们仅从借贷利率的量的方面来考察，参考国民政府对借贷利率的规定，把超过年利率20%或月利1.67%就算高利贷的话，西北农户借贷的平均利率无论是现金借贷还是实物借贷，利率都高于全国其他地区，而且实物借贷的利率远高于货币借贷利率，属于更为残酷的高利贷剥削。

民国时期西北农户的负债，有其深刻而复杂的社会背景，是多种原因交织在一起、共同影响的结果。其中农民负担的沉重，严重的自然灾害，人地矛盾的突出，农业生产力水平的低下，农村金融的枯竭、现代金融的缺乏，以及农村中一些陋习的影响等因素，汇合在一起，形成了巨大的综合压力，迫使农家陷入普遍的贫困和破产的状态之中，而为了求得生存，维持最低限度的生活水平，这些农家不得不付出高昂的代价，踏上借贷之途。

研究表明，民国时期西北的典当业从发展态势上看呈衰败趋势，这一点和全国其他地区非常相似，但也呈现出该地区典当业发展的一些特点。

如当铺总体数量少，经营规模小，以小押当居多；典当业在西北农户的借贷来源中比例偏低；资本来源与资金用途较为单一，缺乏商业资本和其他金融机构的支持，大多数当铺都是私人资本独自或合资经营，而且业务范围多限于本省，几乎没有私营当铺参与救济百姓、免除利息的相关记录；组织形式较为落后，整体行业力量十分薄弱，特别是几乎很少见行帮组织等。

民国时期，典当业在西北地区的存在，是当地金融市场的需要，它既有剥削的一面，又有便民的一面。尽管典当业作为盈利机构存在一定程度的高利剥削，但在民国时期西北乡村社会，对于广大难以维持生存的贫苦人民而言，典当业的存在使他们只要有物可当，便可解燃眉之急。

尽管典当业的存在对民国时期西北地区农户的生产生活有着一定程度积极的影响，但其自身仍以盈利作为根本目的，再加上农村地区小押当猖獗，其利息高、周期短且缺乏正规管理，在社会混乱、经济萎靡的西北地区，很容易加剧农民破产从而激起民怨。典当业借贷款项多用于生活性融资，对农业畜牧业的长期发展并没有足够的帮助，农村经济无法从根本上好转，农民只当不赎的情况时有发生，当物积压过多，出当困难甚至成为当地当铺无法维持经营的原因，这一矛盾的激化导致农民与当铺之间的关系日益紧张甚至产生恶性循环。另外典当不问贷款用途、绝对对物信用的特点也从侧面助长了近代西北地区的鸦片吸食之风。当地政府虽然出台一些政策试图稳定当息、改善当铺与百姓的矛盾，但其最关心的仍然是当铺为当地带来的税收，没有从根本上整顿金融市场，改善经营环境，培养并储备专门人才，更无力解决当铺亏损与百姓受剥削的双重问题。

总之，民国时期，西北地区地理位置偏僻，金融市场发展迟缓，典当业难以独撑大局，虽能在短期内对农村经济和农民生活起到辅助作用，却无法从根本上解决农村经济凋零与农民生活艰难的问题。

与高利贷单纯以谋取高额利润为目的的借贷行为不同，合会作为一种互助合作组织，具有互助性和非营利性的特点，其目的是"缓急相济，有无相通"。由于特殊的自然环境和传统习俗、经济发展水平等因素的影响，合会在民国时期西北乡村的发展和运行方式也呈现出一些特点，如：和全国其他地区相比，西北地区合会的数量很少；整体看其经济功能的发挥弱于南方地区；请会的原因大多是为了应对突发性的临时事件，资金大部分是用于结婚、丧葬、还债、治病等，用作扩大生产事业经营的很少；和私人借贷等其他借贷形式相比，合会在西北农民的借贷来源中所占比例最低，但借款数额较大等。

合会组织在近代中国各地虽然普遍流行，但其区域性差异十分明显，这种差异主要是由经济发展状况的不同而导致的。在经济发展水平较高的地区，合会组织的数量多，类型丰富，资金用途广泛，应用于经营和生产事业的比重高。但是在西北地区，社会经济凋敝、金融枯竭，广大农民负担沉重，常年受高利贷的盘剥，生活苦不堪言，根本没有多余资金，组织合会多是为了处理某些突发性事件，如生老病死、婚丧嫁娶等。因此西北农村地区的合会组织，不仅在数量上少于长江中下游及华北等经济比较发达的地区，而且在20世纪20—30年代，当全国各地的合会活动普遍受到严重打击时，其衰落程度亦远甚于全国其他地区。

作为一种适应前资本主义生产方式的古老形式的生息资本，高利贷在民国时期的西北广大农村地区十分猖獗，其活动的形式也五花八门、名目繁多，仅从借贷的名目来看，见于文献记载的就有二三十种之多。此外民国时期西北农村高利贷的债权人构成也非常复杂，虽然以包括地主、富农、商人在内的私人借贷占主要地位，但不能忽视的是，军人及与军人有关系的放债者，一些在地方既有经济实力、又有政治势力和社会背景的人，农民中的部分富裕户、回民中的部分富裕阶层等，以及寺院、学校、典当行、钱庄等机构与组织也进行放贷，他们构成一张复杂、庞大的高利贷放贷队伍网络。

对于高利贷的历史作用，笔者始终认为，衡量一个时期高利贷的历史作用，不应该抛开当时所处的社会历史条件，不能仅从理论上来分析它的影响，而忽视它在特定历史条件下所产生的实际作用。具体到民国时期的西北广大农村社会，在剧烈的社会动荡、天灾人祸以及官府的横征暴敛之下，农村的生产力发展极其衰弱，农家的生活处于极度贫困状态的情况下，无论如何不应过高估计高利贷所起的积极作用，即使是农家的生活性借贷在延续家庭人口的生存方面所起的作用。因为，一是由于借贷利率高、增长快；二是许多意外因素的冲击，使大多数小农家庭背上沉重的债务负担，永世难以翻身，最终走向破产，甚至生存都会成为问题。前面所列举的大量材料中，通过实施高利借贷而给农家带来更加悲惨厄运的事实证明了这一点。所以对高利贷资本在小农再生产过程中的作用我们必须要注意具体分析，不可一概而论。

民国时期新式金融所实施的农贷活动，在一定程度和某一阶段上减少了农户所承受的高利贷负担，促进了农村经济的发展，提高了农业的生产力，尤其是增加了粮食的产量。可以说，农贷活动成为推动该地区借贷体制演变和金融现代化的主要动力。然而，需要指出的是，民国时期西北地区的农村借贷，仍是一种以传统借贷（尤其是高利贷）为主的旧式借贷和以现代银行、信用社为代表的新式借贷并存的二元体制。这种二元并存的借贷体制，也使西北乡村资金融通体制仍显得极为单一，缺乏多样化的资金融通渠道，农村借贷体制的市场化程度很低。上述农贷活动的不足与新式借贷机构存在的弊端表明，新式借贷机构未能在西北农村金融中发挥更大的作用，特别是未能取得传统借贷尤其是高利贷的优势地位，传统借贷仍是农户借贷的主要途径。

虽然随着新式借贷机构的出现，特别是在政府的推动下，在西北各地建立的中国农民银行、农村信用合作社、农民借贷所、合作金库等机构，在一定意义和一定程度上改变了农村借贷由私人和传统借贷机构垄断的局面，使新式借贷机构在西北农户的借款来源中所占的比重在逐渐提高，特别是1938年以后，这种情况有了很大改变。新式金融机构进入农户借贷市场，对解决农村资金匮乏的难题，促进农业生产和农村金融的现代化确实有一定的作用。由于现代农贷利率明显低于传统私人、店铺的高利贷利率，因此冲击了传统高利贷，减轻了农民所遭受的高利贷剥削。然而需要指出的是，这种作用是相当有限的。由于参与农贷各方的目的不一致；新式农贷机构数量太少、分布很不均匀，尤其是在西北各地农村更为稀少；再加上一些农贷机构被地主、富农操纵；借贷手续烦琐、时效性差；贷款平均分散等局限，并未对传统借贷产生根本性的冲击。

"破旧立新"是社会发展的一般特征。新的生产关系要与根深蒂固的旧的生产关系斗争，并最终取得胜利，并不是非常容易的。陕甘宁根据地经历了十年内战时期的土地革命运动、抗日战争时期的减租减息运动以及解放战争时期的土地改革运动，是唯一完整贯彻了中共革命时期各项土地政策的地区。而中共关于农民借贷的政策自始至终都与中共的土地政策紧密相随。它完整地体现了20世纪20年代末至新中国成立之初，中共革命政策对中国乡村社会经济关系破旧立新的过程。这个"破旧立新"过程并不是一帆风顺的，它是现代的社会经济关系与中国传统社会经济关系在经济基础薄弱的中国农村互相较量的一个过程，也是一个互动的过程。对中国共产党来说，则是经历了一个漫长的探索和挑战的过程。

中共在乡村社会推行革命政策的初衷是解放农村最广大的农民，并将之发动起来作为其革命的同盟军和政权基础。但在执行过程中由于对复杂的社会经济关系的触动，却客观上解放了农村的社会生产力。或者说，要发动广大农民，必须解放农民，而农民就是农村的社会生产力，因此中共革命政策的执行本身就是解放农村社会生产力的过程。主观愿望是好的，客观效果也是好的，只是过程复杂曲折些，这反映了新事物与旧事物斗争并取得胜利的基本过程。

在"破除"旧的借贷关系方面，中共土地革命时期的"废债毁约"运动不仅废除了农民与地主之间的旧债，对于请会、典当、店铺等传统借贷组织及其他私人借贷也一并废除。一方面，严厉打击了高利贷活动，废除了高利贷债务；另一方面，却造成了农村社会的借贷真空和农户的告贷无门，为抗战初期高利贷的死灰复燃种下了隐患。抗战时期随着土地政策的变化，以及缓和阶级矛盾的需要，在处理已经废除的旧债方面，中共主要开展的是清债运动。清债运动是将原来已经宣布废除的旧债悉数清除，保证土地革命的成果不因减租减息政策的实行而有所损失。这不仅是对于土地革命成果的巩固，使农民安心于生产，对于调动农民的积极性产生了很大作用，并且使农民从过去沉重的债务负担中解脱了出来，彻底翻了身，为后来中共乡村借贷关系的重建扫清了障碍，加速了陕甘宁根据地农民借贷的制度化进程。

"减息政策"，是抗战特殊历史背景下中共不得不实施的一种缓进的借贷政策。实际上，减息过程中，不仅受到民间传统惯行的阻挠，而且受到他们认为要用此政策团结的地主富农的阻挠。即使减息的同时也严格强调执行农民交息，但债主们仍然或明减暗不减，或恐吓群众不要减息，或暗中进行破坏活动。在效果上，也没有像中共所预期的，能够让地主与农民之间的债务在合理的情况下恢复起来。即便通过"暂不颁布减息条例，政府应对富户多加解释说服"，也没有能让地主富农们进行"低利借贷，以利民生"。不仅是因为地主们仍然笼罩在过去的"废债毁约"运动的心理阴影中不能自拔，更重要的是减息本身对地主并没有太大的吸引力。对他们来说，过去的"废债毁约"运动是对他们财产的无条件"掠夺"，抗战时期的"减息"也仍然是对他们发财手段的一种遏制。在他们看来，农民交息是必需的，不但要交息，而且应该按照原来的利息还清原来的债务。因此，他们利用减租减息政策施行后地主被允许返乡的机会，制造事端，索要旧债，甚至组织力量破坏边区政府。因此，与土地革命时期的"废债毁约"运动和抗战时期的"清债"运动相比，减息政策无论从效果上还是在推动革命进程的作用上，都表现出曲高和寡的尴尬处境。但这并不表示减息政策对历史进程的作用不突出，只能说它并没有像中共所期望的那样，在改善阶级关系和巩固政权方面突出表现出来。更多地表现在"减租减息"政策本身的政治效应上，奠定了中共在人民群众中和国内外社会团体中的好形象，为中共争取群众呼声和社会资源打开了方便之门。

土地革命中旧的借贷组织和借贷关系被荡涤得一干二净，地主们携带着大量资本逃离了农村，根据地农村陷入金融枯竭、农户借贷无门的境地。高利贷活动死灰复燃，在农村底层社会流行开来。新的借贷关系亟待建立。为了解决农民最迫切的生产需要，中共发动组织了春耕运动，为需要农具、籽种、耕牛的农户进行调剂。但这只是一种临时的调剂行为，并不能解决长期的农村金融枯竭问题。后来，农村信用社、义仓等在民办官助的形式下逐渐组织起来，为农民调剂资金。边区政府对农村社会民间借贷利率进行明确规定。皖南事变以后，根据地被封锁，中共带领人民群众走上了自力更生的道路，"发展经济，保障供给"成为陕甘宁根据地最响亮的口号。根据地绝大部分地区属于落后的农村，要发展经济首先的一件事情就是振兴农村，发动农民到生产中来。资本的投入是活跃农村经济的源头之水，农贷事业也就逐渐得到重视，并成为推动根据地农村经济发展的关键性因素。农贷事业的发展并不是一帆风顺的，经历了数次易手和多次转折，一次次吸取教训总结经验，最终形成了比较成熟的农业发展手段。到抗战后期，以农贷为主导结合信用合作社贷款以及合理的民间借贷形成的农村借贷制度实际上已经建立起来了。因此，中共对陕甘宁根据地借贷关系的"破旧立新"的基本进程,在抗日战争后期也基本完成。抗战胜利后,国共谈判破裂,内战在所难免。1946年土地改革政策拉开了序幕,减租减息和退租退息被作为获取土地的一种方式,而真正在农村执行的债务措施仍然是废债运动。1947年《土地法大纲》颁布之后,将土地改革运动前的债约全数缴销,基本完成了中共乡村借贷制度变迁的善后工作。

主要参考文献

一、著作

1. 谢小钟：《新疆游记》，甘肃人民出版社 2003 年版。
2. 张水良：《中国灾荒史（1927—1937）》，厦门大学出版社 1990 年版。
3. 罗运炎：《中国禁烟问题》，大明图书公司 1934 年版。
4. 杨肇遇：《中国典当业》，商务印书馆 1929 年版。
5. 卜凯：《中国土地利用》，金陵大学农学院农业经济系，1931 年。
6. 区季鸾：《广东之典当业》，中山大学经济调查处 1934 年版。
7. 顾执中、陆诒：《到青海去》，商务印书馆 1934 年版。
8. 丘咸：《青海农村经济》，甘肃省立图书馆藏书，1934 年。
9. 潘益民：《兰州之工商业与金融》，中华书局 1935 年版。
10. 王宗培：《中国之合会》，中国合作学社 1931 年版。
11. 杨西孟：《中国合会之研究》，商务印书馆 1935 年版。
12. 傅作霖：《宁夏省考察记》，正中书局 1935 年版。
13. 范长江：《中国的西北角》，天津大公报馆 1936 年版。
14. 陈赓雅：《西北视察记》（上、下册），申报馆 1936 年版。
15. 安汉、李自发：《西北农业考察》，南京国立西北农林专科学校，1936 年。
16. 梁思达：《中国合作事业考察报告》，天津南开大学经济研究所，1936 年。
17. 宓公干：《典当论》，商务印书馆 1936 年版。
18. 寿勉成：《中国合作运动史》，正中书局 1937 年版。
19. 王亚南：《中国半封建半殖民地经济形态研究》，人民出版社

1957 年版。

20. 邓云特：《中国救荒史》，生活·读书·新知三联书店 1958 年版。

21. 彭信威：《中国货币史》，上海人民出版社 1965 年版。

22. ［美］埃德加·斯诺：《西行漫记》，董乐山译，生活·读书·新知三联书店 1979 年版。

23. 何让：《甘肃田赋之研究》，（台湾）成文出版社、［美国］中文资料中心 1936 年版。

24. 夏普明：《中国气象灾害大典》（宁夏卷），气象出版社 2007 年版。

25. 谢觉哉：《谢觉哉日记》（上），人民出版社 1984 年版。

26. 徐安伦：《宁夏经济史》，宁夏人民出版社 1998 年版。

27. 陈秉渊：《马步芳家族统治青海四十年》，青海人民出版社 1981 年版。

28. 陈岩松：《中华合作事发展史》，（台湾）台湾商务印书馆 1983 年版。

29. 石毓符：《中国货币金融史略》，天津人民出版社 1984 年版。

30. 陈翰笙：《解放前的地主与农民——华南农村经济危机研究》，中国社会科学出版社 1984 年版。

31. 韦庆远：《档房论史文编》，福建人民出版社 1984 年版。

32. 潘敏德：《中国近代典当业之研究》，台湾师范大学历史研究所，1985 年。

33. 黄宗智：《华北的小农经济与社会变迁》，中华书局 1986 年版。

34. 星光、张杨主编：《抗日战争时期陕甘宁边区财政经济史稿》，西北大学出版社 1988 年版。

35. 赖建诚：《近代中国的合作经济运动：社会经济史的分析》，（台湾）正中书局 1990 年版。

36. 傅建成：《社会的缩影——民国时期华北农村家庭研究》，西北大学出版社 1993 年版。

37. 魏永理：《中国近代西北开发史》，甘肃人民出版社 1993 年。

38. 陈舜卿：《陕甘近代经济史》，西北大学出版社 1994 年版。

39. 杜鲁公等：《陕甘宁边区的农业合作》，陕西人民出版社 1994

年版。

40. 李文海等：《近代十大灾荒》，上海人民出版社1994年版。
41. 刘秋根：《中国典当制度史》，上海古籍出版社1995年版。
42. 常梦渠主编：《近代中国典当业》，中国文史出版社1996年版。
43. 姜旭朝：《中国民间金融研究》，山东人民出版社1996年版。
44. 李清凌：《甘肃经济史》，兰州大学出版社1996年版。
45. 王致中、魏丽英：《中国西北社会经济史》，三秦出版社1996年。
46. ［日］浅田泰三：《中国质屋业史》，东方书店1997年版。
47. 曲彦斌：《中国典当手册》，辽宁人民出版社1998年版。
48. 曲彦斌：《中国典当史》，九州出版社2007年版。
49. 周振鹤编：《青海》，（台湾）南天书局1987年版。
50. ［美］明恩溥（Arthur Henderson Smith）：《中国乡村生活》，午晴、唐军译，时事出版社1998年版。
51. 翟松天：《青海经济史》（近代卷），青海人民出版社1998年版。
52. 崔永红、张德祖等：《青海通史》，青海人民出版社1999年版。
53. 李金铮：《借贷关系与乡村变动——民国时期华北乡村借贷之研究》，河北大学出版社2000年版。
54. 夏明方：《民国时期自然灾害与乡村社会》，商务印书馆2000年版。
55. 刘秋根：《明清高利贷资本》，社会科学文献出版社2000年版。
56. 费孝通：《江村经济——中国农民的生活》，商务印书馆2001年版。
57. 林鹏侠：《西北行》，甘肃人民出版社2002年版。
58. 高良佐：《西北随轺记》，甘肃人民出版社2003年版。
59. 李金铮：《民国乡村借贷关系研究——以长江中下游地区为中心》，人民出版社2003年版。
60. 黄宗智：《法典、习俗与司法实践：清代与民国的比较》，上海书店出版社2003年版。
61. 刘文海：《西行见闻记》，甘肃人民出版社2003年版。
62. 李金铮：《近代中国乡村社会经济探微》，人民出版社2004年版。
63. 徐畅：《二十世纪二三十年代华中地区农村金融研究》，齐鲁书社

2005 年版。

64. 谷苞：《西北通史》，兰州大学出版社 2005 年版。

65. 黄正林：《陕甘宁边区社会经济史（1937—1945）》，人民出版社 2006 年版。

66. 曲彦斌：《中国典当史》，九州出版社 2007 年版。

67. 曲彦斌：《中国典当史话》，沈阳出版社 2007 年版。

68. 行龙：《走向田野与社会》，生活·读书·新知三联书店 2007 年版。

69. 赵泉民：《政府·合作社·乡村社会——国民政府农村合作运动研究》，上海社会科学院出版社 2007 年版。

70. 张玮：《战争·革命与乡村社会》，中国社会科学出版社 2008 年版。

71. 高石钢：《高利贷与 20 世纪西北乡村社会》，中国社会科学出版社 2011 年版。

72. 林竞：《西北丛编》，（台湾）文海出版社 1974 年版。

73. 巩世峰：《陇东革命根据地》，中共党史出版社 2011 年版。

二、论文

1. 陈去病：《五石脂》，《国粹学报》第 4 卷第 7—10 期，1980 年。
2. 陈翰笙：《崩溃中的关中的小农经济》，《申报月刊》第 1 卷第 6 号，1932 年 10 月。
3. 石荀：《陕西灾后的土地问题和农村新恐慌的展开》，《新创造》（半月刊），1932 年 7 月 22 日。
4. 王翰芳：《西北农村经济之凋敝及其救济政策》，《西北研究》1932 年第 3 期。
5. 陈翰笙：《破产中的汉中的贫农》，《东方杂志》第 30 卷第 1 号，1933 年 1 月。
6. 何挺杰：《陕西农村之破产及趋势》，《中国经济》第 1 卷第 4、5 期合刊，1933 年 8 月。
7. 邹枋：《中国田赋附加税的种类》，《东方杂志》第 31 卷第 14 号，1934 年 7 月。

8. 徐西农：《宁夏农村经济之现状》，《文化建设月刊》1934年第2、3期。

9. 骆耕漠：《信用合作事业与中国农村金融》，《中国农村》第1卷第2期，1934年11月1日。

10. 王寅生：《高利贷资本论》，《中国农村》第1卷第1期，1934年10月10日。

11. 李纪如：《广西农村固有合作的调查》，《新农村》第16期，1934年9月15日。

12. 宓君伏：《我国典当业与农村关系之分析》，《民族》第3卷第9期，1935年9月。

13. 杳君硕：《被压于高利贷下的西北农民》，《农业周报》第4卷第10期，1935年3月。

14. 丘咸：《青海农村经济概论》，《新青海》第3卷第9期，1935年9月。

15. 吴承禧：《中国银行业的农业金融》，《社会科学杂志》第6卷第3期，1935年9月。

16. 马永强：《甘肃近代灾荒备忘录》，《档案》2001年第6期。

17. 秦碧素：《民国时期四川典当业研究》，硕士学位论文，四川大学，2003年。

18. 余春寿：《高利贷产生之原因及影响》，《农林新报》第13卷第14期，1936年。

19. 余昌源：《甘肃的农村经济》，《农村周刊》第130期，《天津益世报》1936年9月5日。

20. 朱轶士：《江北农村间之合会》，《农行月刊》第3卷第6期，1936年6月15日。

21. 耕夫：《安西的人祸和天灾》，《东方杂志》第33卷第10号，1936年5月。

22. 崔晓立：《浙江鄞县农村中的"会"组织》，《东方杂志》第33卷第6号，1936年3月。

23. 蒋杰：《关中金融调查》，《西北农林》1938年第4期。

24. 南秉方：《陕西关中区农村金融问题之初步分析》，《西北农林》

1938年第2期。

25.《甘肃合作》第18—20期合坤，1937年。

26. 顾祖德：《甘肃省合作事业与农业金融》，《中农月刊》第1卷第4期，1940年4月。

27. 南作宾：《建设甘肃农村的途径》，《陇铎》第1卷第5期，1940年2月。

28. 陈筮泰：《甘肃人民的生活问题》，《陇铎》第1卷第6期，1940年3月。

29. 梁好仁：《甘肃经济建设之商榷》，《陇铎》第2卷第2期，1941年1月。

30. 陈通哉：《当前西北农村里的几个问题》，《陇铎》第2卷第10、11合期，1941年12月。

31. 宋荣昌：《陕西农村合作事业之质的分析》，《中农月刊》1941年第11期。

32. 杨子厚：《对甘肃农贷之实质建议》，《新西北》（月刊）第6卷第1、2、3期合刊，1942年。

33. 罗炳绵：《清代以来典当业的管制及衰落（1644—1937）》，（台湾）《食货》第7卷第5、6期。

34. 陆国香：《中国典当业资本之分析》，《农行月刊》第3卷第5期，1936年5月。

35. 鲍正熙：《二十世纪上半叶苏州典当业论述》，硕士学位论文，苏州大学，2001年。

36. 罗炳绵：《近代中国典当业的社会意义及其类别与税捐》，（台湾）《"中央研究院"近代史研究所集刊》第7期。

37. 肖一平、郭德宏：《抗日战争时期的减租减息》，《近代史研究》1981年第4期。

38. 李祥瑞：《合作社经济在陕甘宁边区经济建设中的地位》，《西北大学学报》1981年第3期。

39. 陈瞬卿：《试论陕甘宁边区的减租减息政策》，《西北大学学报》1982年第4期。

40. 汪玉凯：《陕甘宁边区实行减租减息政策的历史考察》，《党史研究》1983 第 3 期。

41. 方行：《清代前期农村高利贷资本问题》，《经济研究》1984 年第 4 期。

42. 孔永松：《试论抗战时期陕甘宁边区的特殊土地问题》，《中国社会经济史研究》1984 年第 4 期。

43. 罗炳绵：《近代中国典当业的分布趋势和同业组织》，台湾师范大学历史研究所，1985 年。

44. 姚会元：《抗日战争时期陕甘宁边区的金融事业》，《党史研究》1985 年第 3 期。

45. 张致健：《旧时宁夏农村金融及农贷要略》，《宁夏史志研究》1986 年第 1 期。

46. 罗舒群：《抗日战争时期甘宁青三省农村合作运动述略》，《开发研究》1987 年第 3 期。

47. 乔幼梅：《宋元时期高利贷资本的发展》，《中国社会科学》1988 年第 3 期。

48. 君羊：《抗战时期甘宁青三省之农贷探讨》《开发研究》1988 年第 3 期。

49. 姜枫：《抗战前国民党的农村合作运动》，《近代史研究》1990 年第 3 期。

50. 吴承明：《中国经济史研究的方法论问题》，《中国经济史研究》1992 年第 1 期。

51. 张忠民：《前近代中国社会的高利贷与社会再生产》，《中国经济史研究》1992 年第 3 期。

52. 刘秋根：《试论中国古代高利贷的起源和发展》，《河北学刊》1992 年第 2 期。

53. 范崇山、周为号：《抗战前我国农村信用合作社之考察》，《学海》1992 年第 2 期。

54. 刘秋根：《唐宋高利贷资本的发展》，《史学月刊》1992 年第 4 期。

55. 李金铮、邓红：《二三十年代华北乡村合作社的借贷活动》，《史学月刊》2000 年第 2 期。

56. 李金铮、邓红：《论二三十年代华北乡村合作社的借贷活动及其效果》,《史学月刊》2000 年第 4 期。

57. 刘秋根:《论元代私营高利贷资本》,《河北学刊》1993 年第 3 期。

58. 方行:《清代前期农村的高利贷资本》,《清史研究》1994 年第 3 期。

59. 王天奖:《近代河南农村的高利贷》,《近代史研究》1995 年第 2 期。

60. 傅建成:《二三十年代农家负债分析》,《中国经济史研究》1997 年第 3 期。

61. 慈鸿飞:《二十世纪前期华北地区的农村商品市场与资本市场》,《中国社会科学》1998 年第 1 期。

62. 徐畅:《合会"述论"》,《近代史研究》1998 年第 3 期。

63. 黄正林:《边钞与抗战时期陕甘宁边区的金融事业》,《近代史研究》1999 年第 2 期。

64. 闫庆生:《抗战时期陕甘宁边区的农贷》,《抗日战争研究》1999 年第 4 期。

65. 刘秋根:《关于中国古代高利贷资本的历史作用》,《史学月刊》2000 年第 3 期。

66. 李金铮:《论 1938—1949 年华北抗日根据地、解放区的农贷》,《近代史研究》2000 年第 4 期。

67. 刘秋根:《关于明代高利贷资本利率的几个问题》,《河北学刊》2002 年第 5 期。

68. 马俊亚:《典当业与江南近代农村社会经济关系辨析》,《中国农史》2002 年第 4 期。

69. 单强、昝金生:《论近代江南农村的"合会"》,《中国经济史研究》2002 年第 4 期。

70. 李金铮:《绩效与不足:民国时期现代农业金融与农村社会之关系》,《中国农史》2003 年第 1 期。

71. 闫庆生、黄正林:《抗战时期陕甘宁边区的农村经济研究》,《近代史研究》2003 第 3 期。

72. 昝金生:《20 世纪二三十年代江南农村信用合作社述论》,《中国农史》2003年第3期。

73. 温锐：《民间传统借贷与农村社会经济——以20世纪初期（1900—1930）赣闽边区为例》，《近代史研究》2004年第3期。

74. 徐畅：《高利贷与农村经济和农民生活关系新论》，《江海学刊》2004年第4期。

75. 张杰：《农户、国家与中国农贷制度：一个长期视角》，《金融研究》2005年第2期。

76. 李金铮：《革命策略与传统制约：中共民间借贷政策新解》，《历史研究》2006年第3期。

77. 王沛郁：《民国时期山西的"合会档案"》，《山西档案》2006年第2期。

78. 胡中生：《钱会与近代徽州社会》，《史学月刊》2006年第9期。

79. 黄正林：《20世纪80年代以来国内陕甘宁边区史研究综述》，《抗日战争研究》2008年第1期。

80. 储建国：《论钱会的由来及其性质和特点》，《浙江学刊》2010年第11期。

81. 黄正林：《农贷与甘肃农村经济的复苏》，《近代史研究》2012年第4期。

三、调查统计资料、资料集

1. 南京国民政府中央农业实验所农业经济科编：《农情报告》（月刊）。
2. 陕西实业考察团：《陕西实业考察》，南京汉文正楷印书局1933年版。
3. 孙晓村：《废除苛捐杂税报告》，《农村复兴委员会会报》12号，1934年5月。
4. 许涤新：《捐税繁重与农村经济之没落》，《中国农村问题》，1935年。
5. 国民政府农村复兴委员会：《陕西省农村调查》，商务印书馆1934年版。
6. 冯和法编：《中国农村经济资料》，黎明书局1935年版。
7. 冯和法编：《中国农村经济资料》（续编），黎明书局1935年版。

8. 金陵大学农学院农业经济系：《豫鄂皖赣四省之典当业》，金陵大学，1936年。

9. 《甘肃省二十七县社会调查纲要》，1933—1934年，甘肃省图书馆藏书。

10. 北京联合准备银行调查室：《北京典当业之概况》，中国联合准备银行，1940年。

11. 李化方：《甘肃农村调查》，西北文化书店1950年版。

12. 中央农业部计划司：《两年来中国农村经济调查汇编》，中华书局1952年版。

13. 中国共产党甘肃省委员会农村工作部编：《甘肃省土地改革文集》（党内文集），1954年。

14. 严中平等：《中国近代经济史统计资料选辑》，科学出版社1955年版。

15. 延安农村调查团：《米脂县杨家沟调查》，生活·读书·新知三联书店1957年版。

16. 章有义主编：《中国近代农业史资料》（第2、3辑），生活·读书·新知三联书店1957年版。

17. 中国科学院历史研究所第三所：《陕甘宁边区参议会文献汇辑》，科学出版社1958年版。

18. 李扩清：《甘肃河西农村经济之研究》，（台湾）成文出版社、[美国]中文资料中心1977年版。

19. 中共中央党校党史教研室选编：《中共党史参考资料》（二），人民出版社1979年版。

20. 甘肃省社会科学院历史研究室：《陕甘宁革命根据地史料选辑》（第1辑），甘肃人民出版社1981年版。

21. 陕甘宁边区财政经济史编写组、陕西省档案馆：《抗日战争时期陕甘宁边区财政经济史料摘编》（第2编、第5编、第7编、第9编），陕西人民出版社1981年版。

22. 赵世英：《甘肃历代自然灾害简志》，甘肃省政协文史资料研究会《甘肃文史资料选辑》第20辑，甘肃人民出版社1985年版。

23. 中共中央文献研究室：《毛泽东农村调查文集》，人民出版社

1982 年版。

24. 秦孝仪：《革命文献》（第 84 辑、第 86 辑，第 90 辑），（台湾）"中央"文物供应社 1980—1982 年版。

25. 甘肃省社会科学院历史研究所：《陕甘宁革命根据地史料选辑》（第 3 辑），甘肃人民出版社 1983 年版。

26. 青海省编辑组：《青海省回族撒拉族哈萨克族社会历史调查》，青海人民出版社 1985 年版。

27. 青海省编辑组：《青海省土族社会历史调查》，民族出版社 2009 年版。

28. 青海省编辑组：《青海藏族蒙古族社会历史调查》，青海人民出版社 1985 年版。

29. 张闻天：《神府县兴县农村调查》，人民出版社 1986 年版。

30. 陕西省档案馆、陕西省社会科学院：《陕甘宁边区政府文件选编》（第 1 辑），档案出版社 1986 年版。

31. 陕西省档案馆、陕西省社会科学院：《陕甘宁边区政府文件选编》（第 3 辑），档案出版社 1987 年版。

32. 人民银行宁夏分行金融研究所编：《宁夏金融史近代史料汇编》（上、下），油印资料，1987 年 3 月。

33. 中国社会科学院经济研究所现代经济史组：《中国土地改革史料选编》，国防大学出版社 1988 年版。

34. 毛泽东：《寻乌调查》，《毛泽东文集》第 1 卷，人民出版社 1991 年版。

35. 中央档案馆、陕西省档案馆：《陕西革命历史文件汇集》（1933.1—3），内部资料，1992 年印行。

36. 魏协武主编：《陕甘宁边区金融报道史料选》，陕西人民出版社 1992 年版。

37. 魏协武主编：《陕甘宁革命根据地银行编年纪事》，中国金融出版社 1993 年版。

38. 魏协武：《边区银行风云录》，陕西人民出版社 1996 年。

39. 前南京国民政府司法行政部编：《民事习惯调查报告录》，中国政法大学出版社 2005 年版。

40. 人民出版社编辑部：《新区土地改革前的农村》，人民出版社1951年版。

41. 崔永红、张德祖等：《青海通史》，青海人民出版社1999年版。

42. 本书编写组：《大通回族土族自治县概况》，民族出版社2009年版。

43. 实业部中国经济年鉴编纂委员会：《中国经济年鉴》，商务印书馆1934年版。

44. 中央大学经济资料室：《田赋附加税调查》，上海商务印书馆1935年版。

四、报刊、档案资料

（一）报刊

天津《大公报》、天津《益世报》、《西北日报》、《东方杂志》、《申报月刊》、《新青海》、《解放日报》、《西京日报》、《新西北月刊》、《中国农村》、《陇铎》、《新中华报》、《甘行月刊》、《新创造》、《文化建设月刊》、《新农村》、《农行月刊》、《西北农林》、《中农月刊》、《甘肃合作》、《新闻报》、《新中华杂志》、《农村新报》、《陕灾周报》、《农业周报》等。

（二）档案资料

1. 西安市档案局、西安市档案馆：《陕西经济十年（1931—1941）》，1997年。

2. "二十九年度中央信托局、中国银行、交通银行、中国农民银行、农本局办理后方各省农贷区域表"，重庆市档案馆藏"四联总处档案"，档案号0285—1—205。

3. 《洮沙县自然及人文概况》，1946年4月至1948年1月28日，甘肃省档案馆，15—11—182。

4. 《甘肃省敦煌农村借贷关系调查表》，1935年4月，甘肃省档案馆，15—6—187。

5. 《甘肃省崇信农村借贷关系调查表》，1935年10月20日，甘肃省档案馆，15—6—178。

6. 《崇信县自然及人文概况调查主要项目》，1947年8月至1948年2

月，甘肃省档案馆，15—11—179。

7.《甘肃省陇西农村借贷关系调查表》，1935年1月24日，甘肃省档案馆，15—5—180。

8.《甘肃省皋兰县农村借贷关系调查表》，1933年10月11日，甘肃省档案馆，15—6—179。

9.《甘肃省和政县农村借贷关系调查表》，1934年2月10日，甘肃省档案馆，15—6—179。

10.《甘肃省和政县自然及人文概况调查》，1947年11月，甘肃省档案馆，15—11—181。

11.《甘肃省安西县农村借贷关系调查表》，1935年10月15日，甘肃省档案馆，15—6—187。

12.《甘肃鼎新县农村借贷关系调查表》，1935年4月1日，甘肃省档案馆，15—6—187。

13.《甘肃省山丹县自然及人文概况调查》，1947年8—11月，甘肃省档案馆，15—11—181。

14.《甘肃省张掖县自然及人文概况调查》，1947年9月，甘肃省档案馆，15—11—181。

15.《渭源县第三区农村经济及农贷需要调查表》，1938年5月22日，甘肃省档案馆，15—7—348。

16.《临泽县第二区社会状况调查表》，1938年7月28日，甘肃省档案馆，4—8—563。

17.《甘谷县第二区社会状况调查表》，1938年7月21日，甘肃省档案馆，4—8—564。

18.《两当县第二区社会状况调查表》，1938年7月20日，甘肃省档案馆，4—8—564。

19.《泰安县第三区社会状况调查表》，1938年7月21日，甘肃省档案馆，4—8—564。

20.《玉门庭若县政府报严禁重利盘剥维持农村经济拟贴布告底稿的呈文》（附布告原稿一份），1935年7月4日，甘肃省档案馆，15—4—317。

21.《甘肃省农村合作委员会呈为录本会决议拟请评定取缔高利贷办

法通令全省以除障碍而维贷政请鉴核由》，1938 年 3 月 14 日，甘肃省档案馆，15—7—388。

22.《中中交农四行联合办事总处兰州分处函》，1942 年 7 月 31 日，甘肃省档案馆，56—1—116。

23. 宁夏省政府秘书处：《十年来宁夏省政述要》，1942 年。

24. 中国第二历史档案馆：《中华民国史档案资料汇编》第 5 辑 1 编"财政经济（七）"，江苏古籍出版社 1994 年版。

25. 中国社会科学院、中央档案馆：《中华人民共和国经济档案资料选编》（农村经济体制卷），社会科学文献出版社 1992 年版。

26. 国民党政府内政部禁烟委员会：《禁烟纪念特刊》，1935 年 6 月。

27.《申报年鉴》，1933 年，P 部分第 70 页。

五、志书（地方志、县志）资料

1.（清）乾隆：《重修肃州新志》"杂税"，《肃州》第 3 期。

2.（清）徐宗千修，蒋大庆等纂：《秦安县志》"食货，杂税"。

3. 王怀斌修，赵邦楹纂：《澄城县附志》卷 4 "商务"，民国十五年铅印本。

4. 余正东等纂修：《宜川县志》卷 14 "财政志·附金融"，民国三十三年铅印本。

5. 余正东修，黎锦熙纂：《洛川县志》卷 14 "财政志·金融"，民国三十三年铅印本。

6. 余正东修，吴致勋等纂：《黄陵县志》卷 12 "财政志·地方金融"，民国三十三年铅印本。

7.《重修古浪县志》，民国二十八年铅印本。

8. 盖世儒修，张逢泰撰：《化平县志》，影印民国二十九年序本。

9. 张道明修，任瀛翰撰：《崇信县志》，1926 年重修手抄本。

10. 陈鸿宾等：《渭源县志》，1926 年手抄本。

11. 焦国理总撰，贾秉机总编：《重修镇原县志》（三），1935 年铅印本。

12. 陕西省地方志编纂委员会：《陕西省志·金融志》，陕西人民出版社 1994 年版。

13. 陕西省地方志编纂委员会：《陕西省志·民俗志》，三秦出版社 2000 年版。
14. 陕西省地方志编纂委员会：《陕西省志·农牧志》，陕西人民出版社 1993 年版。
15. 延安地方志编纂委员会：《延安地方志》，西安出版社 2000 年版。
16. 咸阳市金融志编纂委员会：《咸阳市金融志》，三秦出版社 2000 年版。
17. 三原县地方志编纂委员会：《三原县志》，陕西人民出版社 2000 年版。
18. 武功县地方志编纂委员会：《武功县志》，陕西人民出版社 2001 年版。
19. 定西县志编委会：《定西县志》，甘肃人民出版社 1990 年版。
20. 陕西省地方志编纂委员会：《陕西省志·水利志》，陕西人民出版社 1999 年版。
21. 黄陵县志编纂委员会：《黄陵县志》，西安地图出版社 1995 年版。
22. 兴平县地方志编纂委员会：《兴平县志》，陕西人民出版社 1994 年版。
23. 柞水县地方志编纂委员会：《柞水县志》，陕西人民出版社 1998 年版。
24. 陇县志编纂委员会：《陇县志》，陕西人民出版社 1993 年版。
25. 眉县地方志编纂委员会：《眉县志》，陕西人民出版社 2000 年版。
26. 凤翔县地方志编纂委员会：《凤翔县志》，陕西人民出版社 1991 年版。
27. 千阳县志编纂委员会：《千阳县志》，陕西人民教育出版社 1991 年版。
28. 旬邑县地方志编纂委员会：《旬邑县志》，三秦出版社 2000 年版。
29. 岐山县志编纂委员会：《岐山县志》，陕西人民出版社 1992 年版。
30. 乾县地方志编纂委员会：《乾县志》，陕西人民出版社 2003 年版。
31. 横山县地方志编纂委员会：《横山县志》，陕西人民出版社 1993 年版。
32. 陕西省地方志编纂委员会：《关山镇志》，陕西人民出版社 1991

年版。

33. 吴堡县地方志编纂委员会：《吴堡县志》，陕西人民出版社 1995 年版。

34. 米脂县志编纂委员会：《米脂县志》，陕西人民出版社 1993 年版。

35. 延长县地方志编纂委员会：《延长县志》，陕西人民出版社 1991 年版。

36. 李林等：《绥德县志》，三秦出版社 2003 年版。

37. 子长县志编纂委员会：《子长县志》，陕西人民出版社 1993 年版。

38. 扶风县志编纂委员会：《扶风县志》，陕西人民出版社 1993 年版。

39. 宝鸡县志编纂委员会：《宝鸡县志》，陕西人民出版社 1996 年版。

40. 定边县地方志编纂委员会：《定边县志》，方志出版社 2003 年版。

41. 蓝田县地方志编纂委员会：《蓝田县志》，陕西人民出版社 1994 年版。

42. 凤县地方志编纂委员会：《凤县志》，陕西人民出版社 1994 年版。

43. 泾阳县志编纂委员会：《泾阳县志》，陕西人民出版社 2001 年版。

44. 甘肃省地方志编纂委员会：《甘肃省志·金融志》，甘肃文化出版社 1996 年版。

45. 甘肃省志财税志编纂委员会：《甘肃省志·财税志》，甘肃人民出版社 1990 年版。

46. 甘肃省志农业志编委会：《甘肃省志·农业志》（上），甘肃人民出版社 1995 年版。

47. 甘肃省庆阳地区志编纂委员会：《庆阳地区志》，兰州大学出版社 1998 年版。

48. 中国农业银行天水市分行：《天水市农村金融志》，甘肃人民出版社 1998 年版。

49. 甘南州志编委会：《甘南州志》，民族出版社 1999 年版。

50. 庆阳地区金融志编纂委员会：《庆阳地区金融志》，中国金融出版社 1992 年版。

51. 张家川回族自治县志编委会：《张家川回族自治县志》，甘肃人民出版社 1999 年版。

52. 临泽县志编委会：《临泽县志》，甘肃人民出版社 2001 年版。

53. 渭源县志编委会：《渭源县志》，兰州大学出版社1998年版。

54. 临洮县志编委会：《临洮县志》，甘肃人民出版社1990年版。

55. 康县志编委会：《康县志》，甘肃人民出版社1989年版。

56. 文县志编委会：《文县志》，甘肃人民出版社1997年版。

57. 通渭县志编委会：《通渭县志》，兰州大学出版社1990年版。

58. 平安县志编委会：《平安县志》，陕西人民出版社1996年版。

59. 成县志编委会：《成县志》，西北大学出版社1994年版。

60. 宕昌县志编委会：《宕昌县志》，甘肃文化出版社1995年版。

61. 海宴县志编委会：《海宴县志》，甘肃文化出版社1994年版。

62. 崇信县志编委会：《崇信县志》，甘肃人民出版社1997年版。

63. 靖远县志编纂委员会：《靖远县志》，甘肃文化出版社1995年版。

64. 王存德修，高增兴撰：《临泽县志》，1943年铅印本。

65. 榆林市地方志编纂委员会：《榆林市志》，三秦出版社1996年版。

66. 民勤县志编纂委员会：《民勤县志》，兰州大学出版社1994年版。

67. 临潭县志编纂委员会：《临潭县志》，甘肃民族出版社1997年版。

68. 两当县志编纂委员会：《两当县志》，甘肃文化出版社2005年版。

69. 临夏县志编纂委员会：《临夏县志》，兰州大学出版社1995年版。

70. 静宁县地方志编纂委员会：《静宁县志》，甘肃人民出版社1993年版。

71. 宁县志编纂委员会：《宁县志》，甘肃人民出版社1998年版。

72. 泾川县志编纂委员会：《泾川县志》，甘肃人民出版社1996年版。

73. 庄浪县地方志编纂委员会：《庄浪县志》，中华书局1998年版。

74. 山阳县地方志编纂委员会：《山阳县志》，陕西人民出版社1991年版。

75. 宁夏金融志编审委员会：《宁夏金融志》，内部资料。

76. 宁夏通志编纂委员会：《宁夏通志》（财税金融卷），方志出版社2009年。

77. 固原县志办公室：《民国固原县志》（上），宁夏人民出版社1992年版。

78. 固原地区志编委会：《固原地区志》，宁夏人民出版社1994年版。

79. 灵武市志编委会：《灵武市志》，宁夏人民出版社1999年版。

80. 永宁县志编纂委员会：《永宁县志》，宁夏人民出版社 1995 年版。
81. 中卫县志编纂委员会：《中卫县志》，宁夏人民出版社 1995 年版。
82. 海源县志编纂委员会：《海源县志》，宁夏人民出版社 1999 年版。
83. 中宁县志编纂委员会：《中宁县志》，宁夏人民出版社 1994 年。
84. 吴忠市志编纂委员会：《吴忠市志》，中华书局 2000 年版。
85. 青海省地方志编纂委员会：《青海省志·金融志》，黄山书社 1997 年版。
86. 贵德县志编委会：《贵德县志》，陕西人民出版社 1995 年版。
87. 大通县志编委会：《大通县志》，陕西人民出版社 1993 年版，
88. 湟中县志编委会：《湟中县志》，青海人民出版社 1990 年版。
89. 湟源县志编委会：《湟源县志》，陕西人民出版社 1993 年版。
90. 化隆县志编委会：《化隆县志》，陕西人民出版社 1994 年版。
91. 永昌县志编委会：《永昌县志》，甘肃人民出版社 1993 年版。
92. 甘肃省金昌市地方志编纂委员会：《金昌市志》，中国城市出版社 1995 年版。
93. 永登县地方志编纂委员会：《永登县志》，甘肃民族出版社 1997 年版。

后　记

　　展现在读者面前的这本学术著作，是我主持的 2010 年度国家社科基金项目"民国时期西北乡村借贷关系的历史考察研究"的最终结题成果。该成果的出版得到了宁夏大学 2015 年度优秀学术著作出版基金的资助。

　　可以说，这项研究成果是我十余年来对中国近现代西北乡村史研究的又一标志性成果，也是对 2009 年我主持完成的国家社科基金项目"20 世纪西北乡村民间高利贷与乡村社会变迁研究"的一个深化与拓展。2009 年，我主持完成的国家社科基金项目顺利结题，其结题最终成果《高利贷与 20 世纪西北乡村社会》在中国社会科学出版社出版。尽管此书获得了一些荣誉（先后获得 2011 年中国社会科学出版社优秀图书奖、2013 年首届全国金融图书"金羊奖"以及宁夏第十二届社会科学优秀成果一等奖），得到了学术界的好评，但我深知，此项研究还存在一些不足和需要深入探讨的问题，其中最为突出的是缺乏从整体上反映和揭示民国时期西北乡村传统借贷和新式借贷关系的全貌。在进行了认真准备、科学论证之后，2010 年我又以"民国时期西北乡村借贷关系的历史考察研究"为题，申报该年度的国家社科基金项目并获得立项。经过三年多紧张而辛苦的研究，该项目终于顺利结题。

　　此项课题能够以良好的鉴定成绩结题并即将出版，与来自各方面的支持、帮助和课题组成员的共同努力、辛勤工作是分不开的。对此，我要感谢国家社科基金的各位评审专家在课题评审、结题过程中所付出的辛勤劳动，感谢宁夏回族自治区社科规划办的白超副处长、宁夏大学科技处李学斌处长对课题结题所提供的巨大帮助，感谢中国社会科学出版社孔继萍编辑为此书出版所提供的帮助和付出的辛勤劳动，感谢宁夏大学人文学院的霍维洮教授对本课题的研究所给予的关心和支持。还要特别感谢的是我的爱人郭鸿雁教授在课题研究中给予我的巨大帮助和支持，她不仅在精神上鼓励我，为我的课题研究创造良好的家庭环境，甚至还抽出时间参与了著作的翻译和校阅工作。应该说，课题的完成与著作的出版与她的付出密切相关。此外，我所带的研究生杨双利、郑丹丹、魏娜和李晓光作为课题组的成员也参与了课题的资料收集和整理工作，并与我共同发表了一些阶段性的成果，他们的硕士论文的选题也与本课题紧密相关。在此一并表示深深的谢意！

我在课题研究过程中，还参考了各位同行专家的相关研究成果，在此表示衷心的感谢！由于该课题研究者水平有限，成果中疏漏和错误之处在所难免，望不吝指正。

高石钢

2016 年 3 月